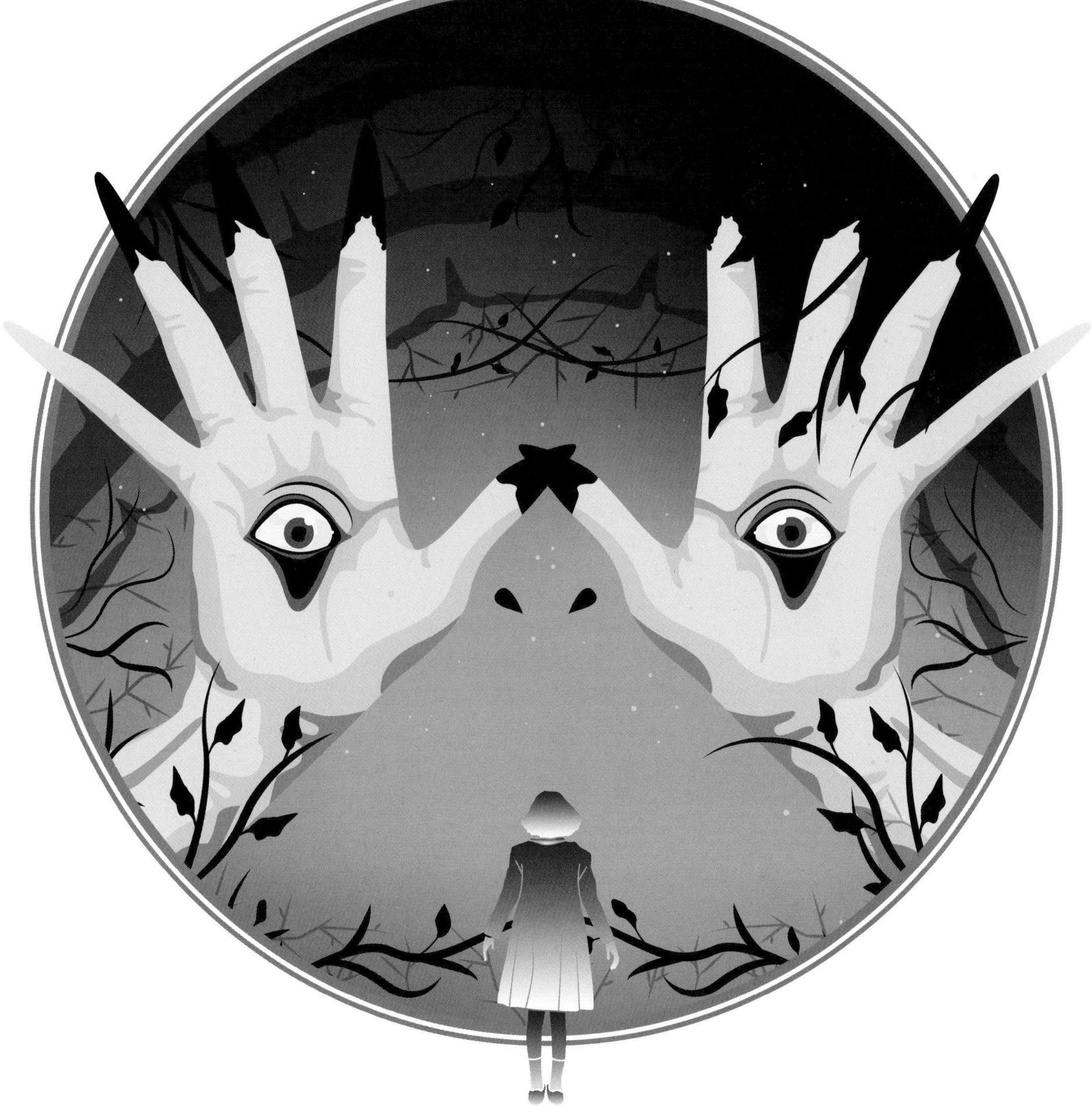

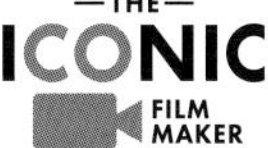
THE
ICONIC
FILM
MAKER

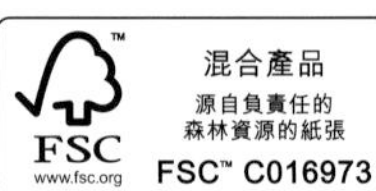

怪物製造機｜吉勒摩・戴托羅：暗黑怪奇電影大師，在恐怖與華麗之中的善惡救贖
GUILLERMO DEL TORO : THE ICONIC FILMMAKER AND HIS WORK

作者｜伊恩・納桑（Ian Nathan） 譯者｜葉中仁 美術設計｜郭彥宏 校對｜呂佳真 行銷企劃｜林瑀、陳慧敏
行銷統籌｜駱漢琦 營運顧問｜郭其彬 業務發行｜邱紹溢 責任編輯｜張貝雯 總編輯｜李亞南
出版｜漫遊者文化事業股份有限公司 地址｜台北市松山區復興北路三三一號四樓
電話｜(02) 2715-2022 傳真｜(02) 2715-2021
讀者服務信箱｜service@azothbooks.com 漫遊者書店｜www.azothbooks.com
漫遊者臉書｜www.facebook.com/azothbooks.read 發行營運統籌｜大雁文化事業股份有限公司
地址｜台北市松山區復興北路三三三號十一樓之四 劃撥帳號｜50022001 戶名｜漫遊者文化事業股份有限公司

初版一刷｜2022年8月 定價｜台幣900元（精裝） ISBN｜978-986-489-622-6

國家圖書館出版品預行編目(CIP)資料

怪物製造機吉勒摩・戴托羅：暗黑怪奇電影大師，在恐怖與華麗之中的善惡救贖
/ 伊恩.納桑(Ian Nathan)著；葉中仁譯. ── 初版. ── 台北市：漫遊者文化事業股份有限公司, 2022.08

176面；24X 21公分
譯 自：Guillermo del Toro : The Iconic Filmmaker and his Work ISBN 978-986-489-622-6(精裝)

1.CST: 托羅(Toro, Guillermodel, 1964-) 2.CST: 電影導演 3.CST: 電影美學 4.CST: 影評

987.099549 11004984

THE ICONIC FILMMAKER AND HIS WORK

GUILLERMO DEL TORO

怪物製造機

吉勒摩・戴托羅

暗黑怪奇電影大師，
在恐怖與華麗之中的善惡救贖

伊恩・納桑
IAN NATHAN
著

葉中仁
譯

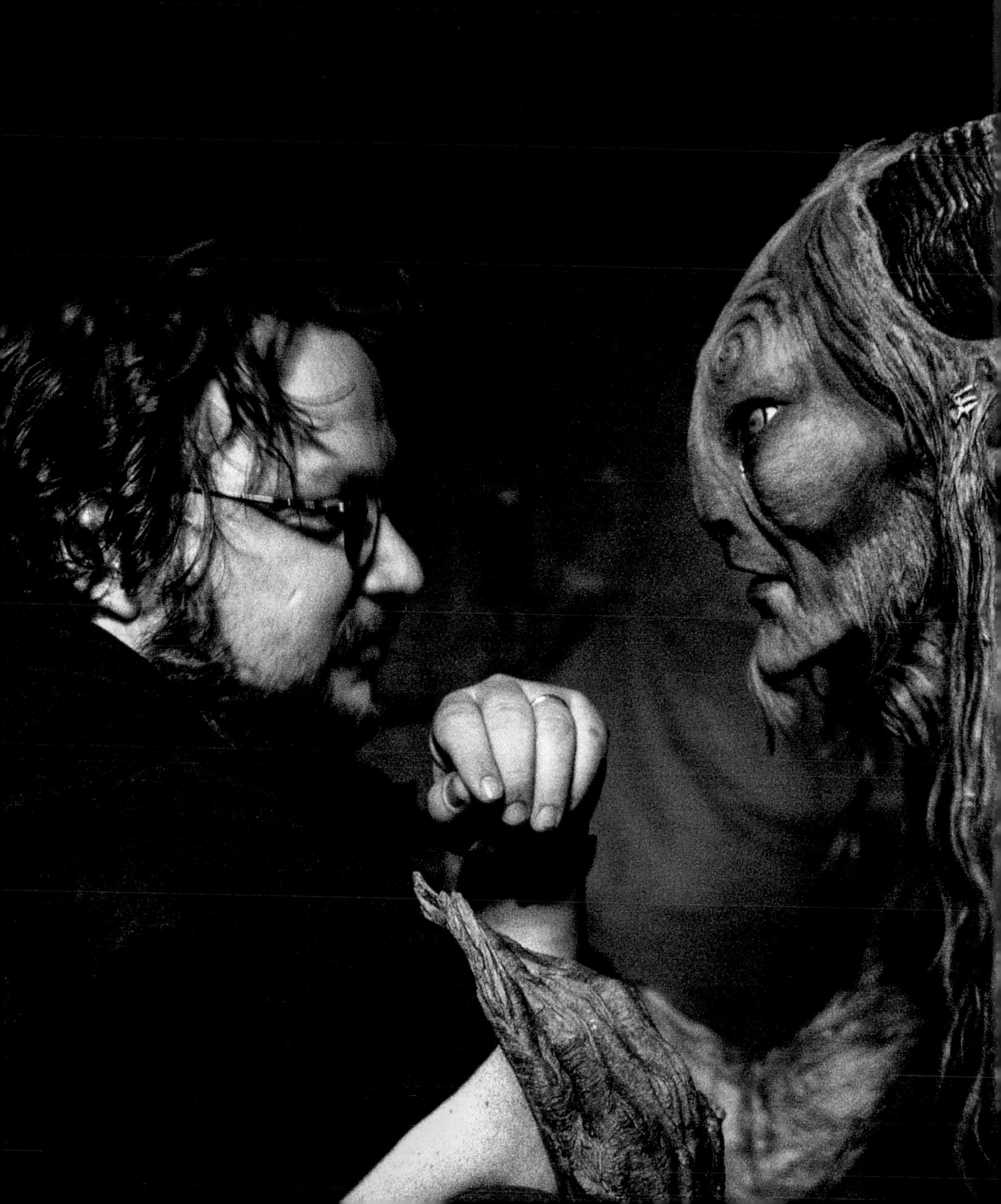

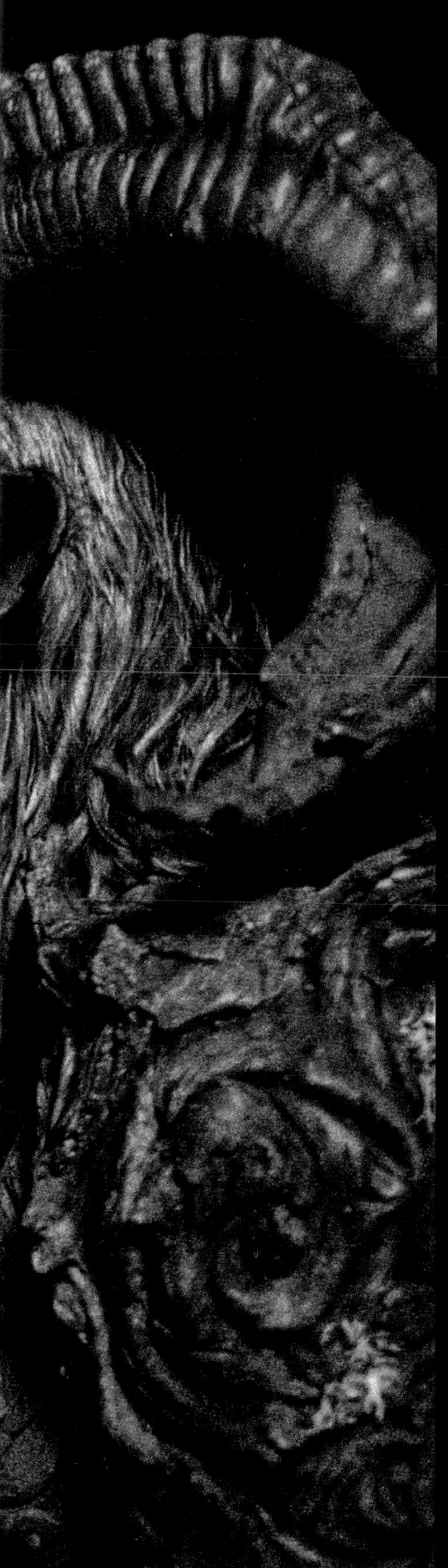

目錄

前言

怪物（*Monster*），名詞。

1.a. 最初用法：半人半獸或結合兩種或多種動物形態的神話生物，多半體型巨大且外表兇猛。稍後用法：泛指任何巨大、醜陋、且駭人的想像生物。***b.*** 延伸與譬喻的用法：在過去與其他詞搭配使用，如「無瑕怪物」（***faultless monster***）、「完美怪物」（***monster of perfection***），形容驚人或超乎自然程度的優異。***2.*** 不尋常或非自然的事物；令人驚嘆的事件；奇葩、神奇的人物。過時的用法：也指某件特別巨大的事物。[1]

——《梅里安－韋伯斯特字典》

我們可以用很多種方法來總結吉勒摩．戴托羅，他那了不起的人生和電影。不過，基本上，這位藝術家能夠列舉出所有傅滿洲（Fu Manchu）——那是他的心頭好——的狡猾陷阱，而這些細節當然是來自薩克斯．羅默（Sax Rohmer）的原著小說。戴托羅會幫你補充背景知識，告訴你羅默曾是脫逃大師哈利．胡迪尼（Harry Houdini）的好朋友。至於傅滿洲，則是中國黑道老大，長長的八字鬍有如觸鬚一路垂到肚臍。

於是出現了陷阱：好人們接到通知，隔壁房間是傅滿洲最最邪惡的裝置。他們準備好手槍，鼓足了勇氣準備衝進去……結果房間是空的。裡面什麼都沒有。接著，其中一個人的嘴裡突然冒出了一朵香菇。接著又長出一朵，又一朵：蕈類從他們的嘴巴、眼睛、鼻孔裡冒出來。這個房

「我就愛這樣！」[2] 戴托羅說。

你看，戴托羅就是傅滿洲。他把空房間變成邪惡的陷阱。他總會出其不意。這位墨西哥導演，有著親和的舉止和寬大胸懷，還有源源不絕的熱情，他是真正的魔術師。他用驚悚、童話、科幻、哥德羅曼史、華麗超級英雄、玩偶、還有黑色電影捕捉我們的想像，我們總是猝不及防。

我第一次和戴托羅見面，是為了討論《羊男的迷宮》，這或許是他風格多樣的眾作品之中的巔峰，雖然有些時候，我和戴托羅一樣，會把《惡魔的脊椎骨》（*The Devil's Backbone*）的鬼魂視為融合奇幻和情感的經典。也有時，我最愛的是《地獄怪客》滿滿的鮮紅。我們坐在他下榻飯店裡的書齋，那裡有著精裝本經典書籍、橡木的鑲板、仿維多利亞時代的壁燈、皮製的扶手椅、還有桌面如魔鏡般光亮的古

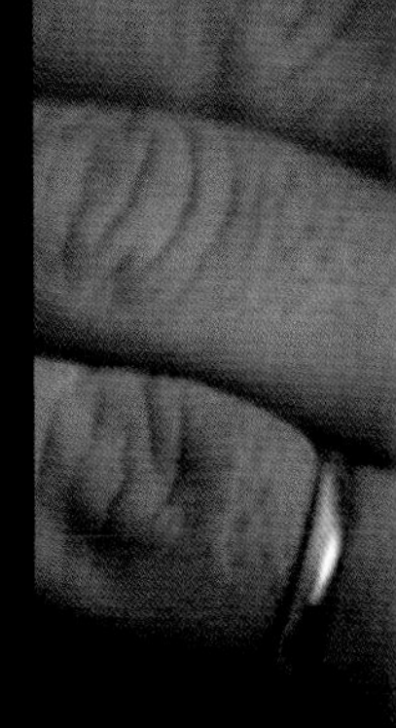

→｜眼神說明了一切——當戴托羅

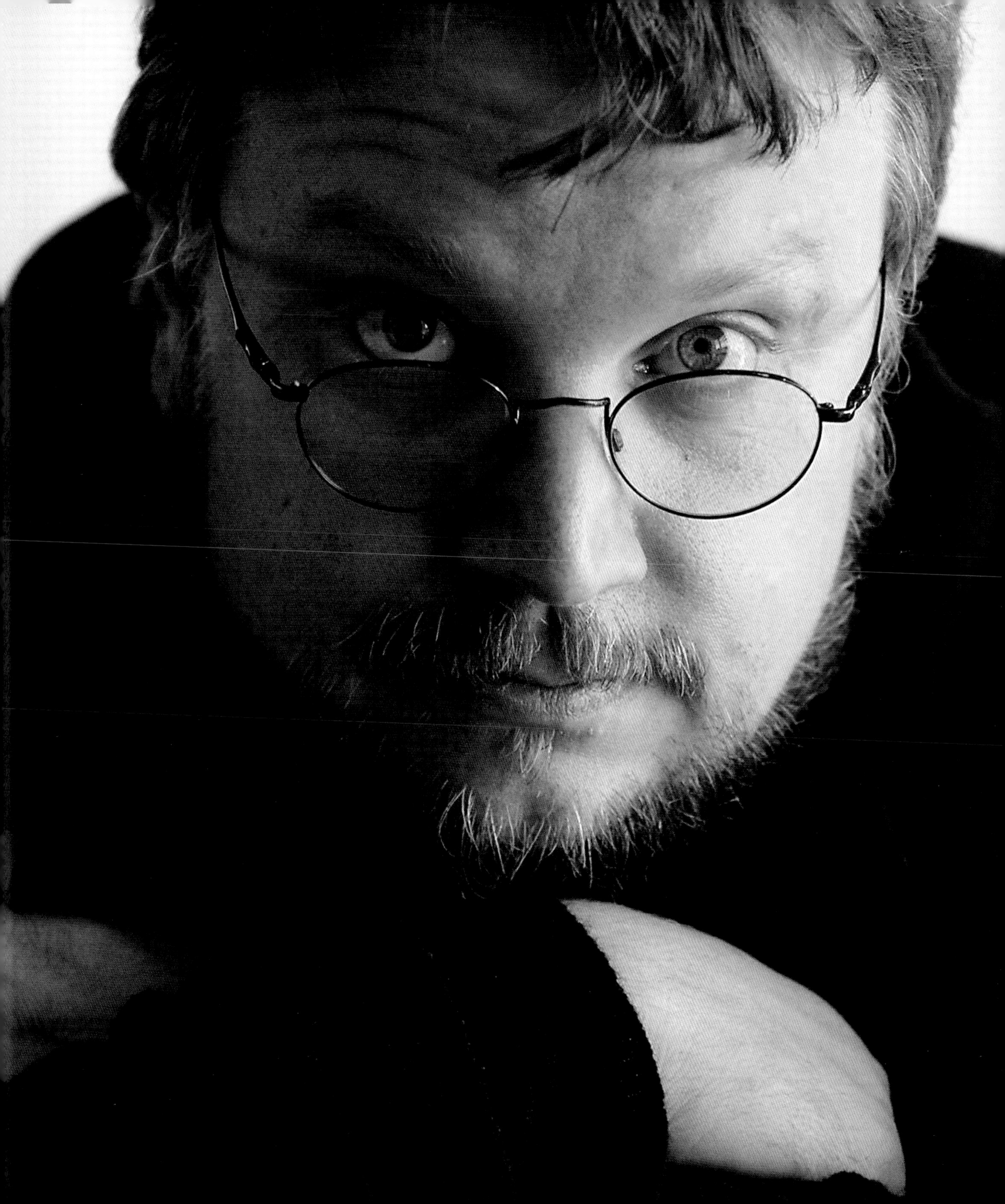

我有點期待進來和我握手的對象，會像是福爾摩斯或是愛倫．坡（Edgar Allan Poe）筆下的奧古斯特．杜邦（Auguste Dupin）。這個地方像是「荒涼山莊」（Bleak House）的前哨站——「荒涼山莊」是戴托羅在洛杉磯的宅邸，被改建為儲藏所，存放他所有的靈感來源：包括書籍、電影、繪畫、漫畫、雜誌、甚至是醫學期刊，提供他說故事的養分；全套的傅滿洲故事也在其中。戴托羅清楚交代自己電影作品的資料來源，並引以為豪。他和過去持續不斷對話。他站在巨人們（以及巨大機械人）的肩膀上。

問他一個問題，就像一腳踏進了大瀑布裡。

我擔心排定的訪談時間，在我第一個試探的問題就會被用光。戴托羅的念頭天馬行空。轉眼之間，他的話題就從羊神的繁複設計，跳躍到希區考克被忽略的珍寶（供參考：《黃寶石》〔*Topaz*〕和《大巧局》〔*Family Plot*〕）。他的想法一個接一個翻騰湧現，熱切期待被人聽到。他彷彿對著自己的問題在自問自答。

只有昆汀．塔倫提諾（Quentin Tarantino）會像他這樣，建立自己作品的脈絡和神話系譜。彷彿每一次的專訪，都是他精緻、宏大傳記的又一章。

戴托羅顯然採用的是作者導演（auteur）的手法，但並不矯揉造作。在學院和影評動手之前，他已先一步解構自己的電影：點出哪些線索回溯到他的墨西哥童年，或某個特定色系的安排是為了達到預期的心理效果，或者每個充滿寓意的布景道具，它們多半是真的家具。他會告訴你《羊男的迷宮》裡，母親的床怎樣巧妙地刻上羊角的主題。

質感太重要了：他打造出了精緻的場景、道具、和怪物，只有在別無他法時才會求助於CGI（電腦合成圖像）。

不過戴托羅絕不黑暗。他慷慨、熱情、甚至多愁善感（他的拉丁血液！）。他喜歡笑，愛搞惡作劇和說俏皮話，會為了各種瘋狂的事咯咯發笑，特別是對好萊塢和它顧盼自雄的荒謬。《地獄怪客》言簡意賅的回應完全是戴托羅風格。

「沒有比發生在親密關係的恐怖故事更恐怖的了。」[3] 他曾如此說。他的每部作品都帶有個人色彩，不管故事中的下水道牆壁上濺了多少血。

有些拍片計畫他視如親生寶貝，卻從無開拍的機會。好萊塢總猜不中他出的謎題——他到底是藝術家、還是只為了找刺激？他是嗜血獵犬、還是詩人？答案是以上皆是。拍不成他心目中偉大作家洛夫克拉夫特（H. P. Lovecraft）的史詩鉅作《瘋狂山脈》（*At the Mountains of Madness*），是他永遠無法完全癒合的傷口。也只好如

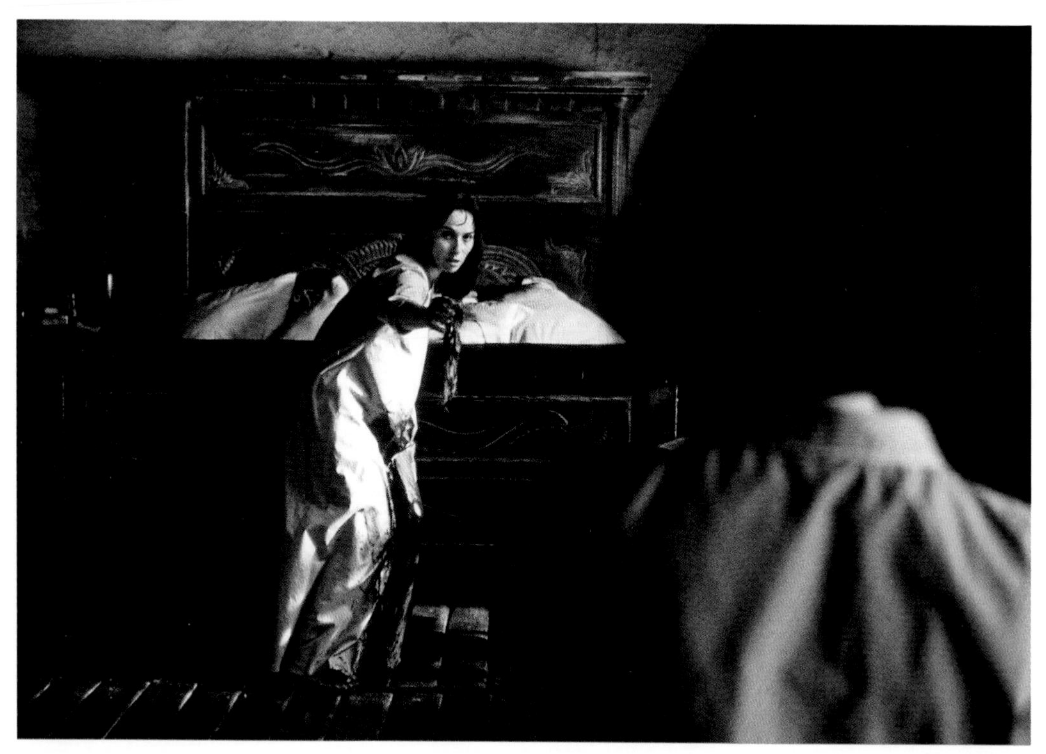

←｜《羊男的迷宮》裡，一臉驚恐的奧菲莉亞看著母親的身體情況惡化。羊男彎曲犄角的圖案就刻在床架上。

→ | 戴托羅驕傲地站在《腥紅山莊》下雪的場景裡。對這位偉大的墨西哥導演來說，華麗場景的重要性就和演員們一樣。

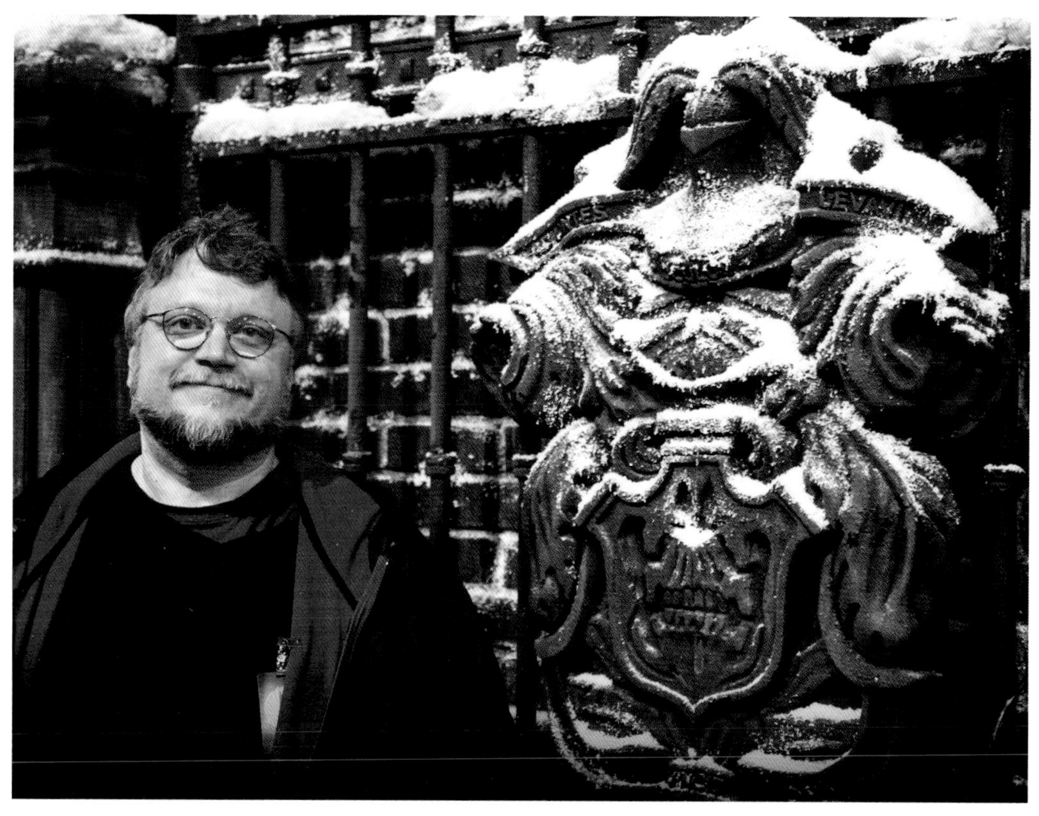

此了——每一部未實現的電影都會活在他的心裡。他的各種傷痕，像是《祕密客》的種種折磨、第三部《地獄怪客》、或是他未拍出的《哈比人》（*Hobbits*），都成了他下一個偉大構想的藍圖。

他的個人背景故事也充滿傳奇。生長於相對富裕的瓜達拉哈拉（Guadalajara）郊區，有務實的父親、魔幻的母親、和一個憤怒的祖母。他不是一位甘願的天主教徒，對宗教的儀式和罪愆毫無興趣。墨西哥代表的不只是他的國籍，也是超強力量的來源。他的所有電影，不管在哪裡拍攝，也不管出資的金主是誰，都是墨西哥電影。

戴托羅始終專心一致，而且具有天賜（或來自超自然）的才華。他先是上大學讀電影——他會信手拈來電影知識，這點與馬丁．史柯西斯（Martin Scorsese）不相上下。之後他進入了本地電視產業，開始製作（如假包換的）怪物。他初試啼聲的電影，是當代吸血鬼傳奇故事《魔鬼銀爪》。我們初次品嘗了他在日後十二部電影所注入的異國風情。

還有誰能用佛洛依德混搭史丹．李（Stan Lee）、用布紐爾（Luis Buñuel）混搭哥吉拉、用夏綠蒂．勃朗特（Charlotte Brontë）混搭撒旦、用哥雅（Goya）混搭傅滿洲？

在你手中的這本書，是帶你進入他非凡想像力的未知之境（terra incognita）的一段頌讚、一份指南、一套用語索引、以及一份地圖——它確實是怪物等級。一部接一部的電影、一段接一段的美麗影像，讓我們有機會沐浴在這道瀑布裡。

戴托羅身為藝術家的另一個祕密（別忘了他也畫畫、雕刻、編劇、寫令人陶醉的詩、設計電玩遊戲），是他總是一本正經。就如他所崇拜的童話大師，包括了安徒生、格林兄弟、以及夏爾．佩羅（Charles Perrault），他潛心研究世界的根源。究竟是什麼讓人類如此魔幻？為什麼最糟糕的怪物永遠都是人？

「你拍的不是你要拍的電影，」他如此解釋，「你拍的是需要你拍的電影。」[4]

ONCE UPON A TIME IN MEXICO

從前，在墨西哥：早年生涯和魔鬼銀爪

1993

古怪而早熟的墨西哥童年生活，孕育了戴托羅對怪物和魔法的熱愛，並開啟了他的電影之路，首部作品翻轉了吸血鬼的故事，重塑類型片的樣貌。

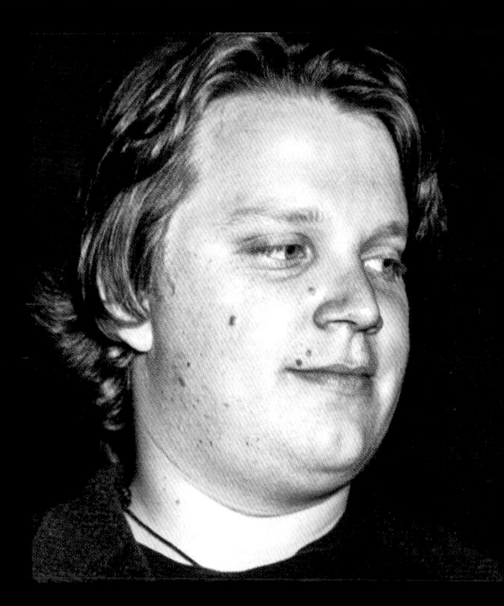

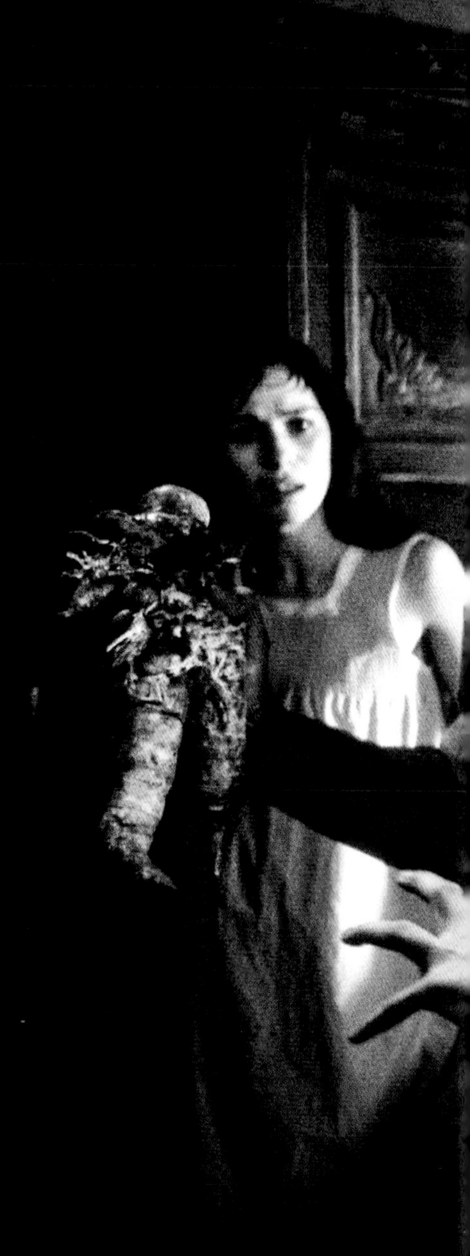

五歲那年，吉勒摩・戴托羅把曼德拉草列為自己聖誕節願望清單的頭一項。他很清楚地告訴爸媽，這是為了黑魔法。他想把它變成嬰兒，或是某種小人精靈。他的母親瓜達盧佩處之泰然，黑色眼眸或許還閃著一絲驕傲的光芒。畢竟她自己也是個詩人，以及塔羅牌的熱情信徒。父親則茫然失措。戴托羅開心地回想，他說父親費德里科不大有想像力，他古怪又神奇的電影生涯，或許就出自想給天性良善的父親惹麻煩的單純渴望。他的祖母則嚇壞了。這位驕傲的天主教徒大家長，有如多凱馬達[1]的未亡人，全心關注孫子的性靈健康。她的信仰如此嚴厲，她深信罪惡就在她孫子的蒼白皮膚下翻攪，因此她必須一天兩次用聖水為他驅魔，還把翻轉的瓶蓋放在他的鞋子裡，好讓他的雙腳流血留下如聖殤的傷痕。瓜達盧佩不得不介入。

很多年之後，年輕的奧菲莉亞（Ofelia）這位《羊男的迷宮》裡有著深色眼珠、熱愛童話故事的女主角，顯然就是戴托羅黑魔法的最佳演繹，她把浸在牛奶裡的曼德拉草放在她生病的母親床底下；她試圖用地精的力量來治癒她。她專制的繼父發現之後，把它丟入了火堆，這個曼德拉草發出了如嬰孩的嚎叫。羊男——奧菲莉亞的導師兼犯罪煽動者——事前已經跟她預告，它是「夢想成為人的植物」。[1] 羊男自己也應該懂：他的外貌既像植物又像動物。

↖｜在1993年拍攝《魔鬼銀爪》期間，一臉稚嫩的戴托羅準備向墨西哥影壇引介怪物電影的趣味。

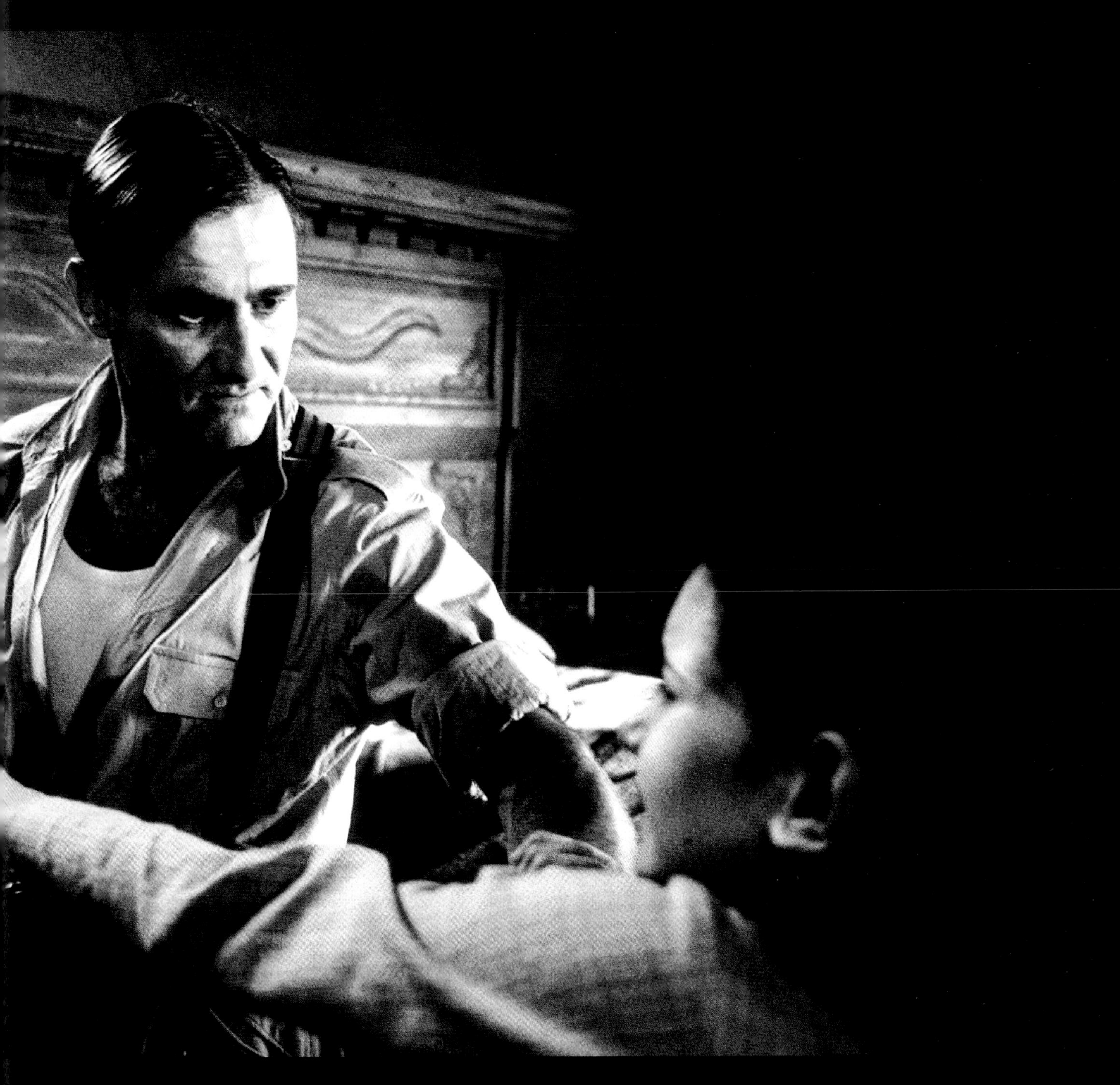

↑｜在《羊男的迷宮》裡，維多上尉（沙吉・羅培茲）發現了藏在床底下的曼德拉草——它的形象在戴托羅童年的奇妙想像就已經萌芽。

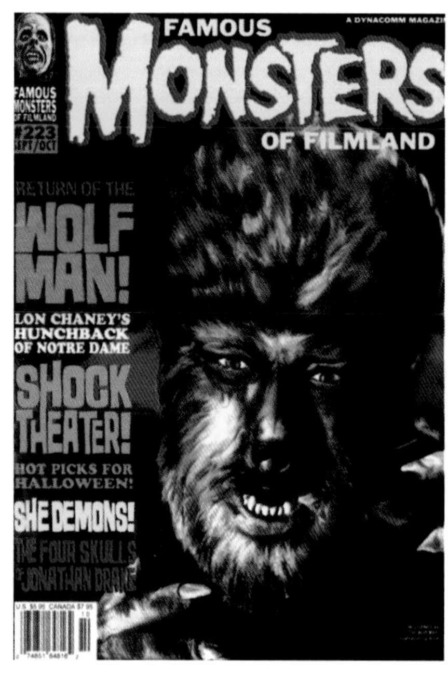

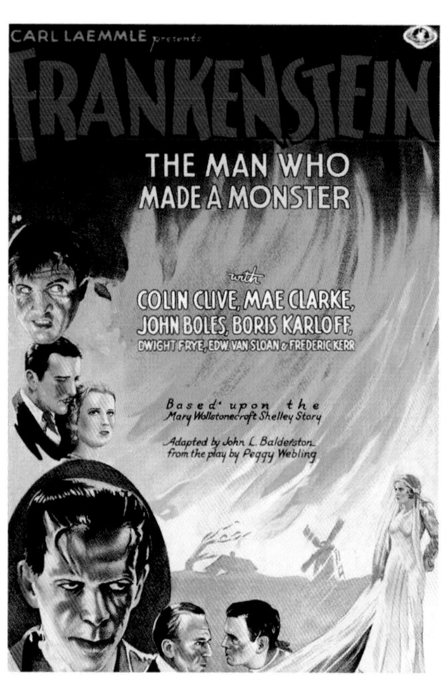

←｜《電影裡的著名怪物》滿懷熱情介紹類型電影的歷史、珍稀圖片，還有著獨具一格的幽默，簡直是專門為墨西哥熱衷怪物的小子專門打造的雜誌。

←｜詹姆士．惠爾1931年改編的經典電影《科學怪人》海報，這部電影對戴托羅的敘事手法有著最深遠的影響。

→｜化妝大師傑克．皮爾斯的巧手，將波里斯．卡洛夫化身成《科學怪人》裡的悲劇怪物。創造讓人同情的怪物，成了戴托羅的中心哲學。

怪物早就潛伏在吉勒摩的臥室裡。在地板上延展的是可怕的萊姆綠長毛毯，那像是屬於《王牌大賤諜》奧斯汀．鮑爾（Austin Powers）的東西。從他的嬰兒床往下盯著看。他看到如海浪般的綠手指，正等著把他拉入地底深處。

「於是我尿了床，我媽打我屁股，」他回想兒時。「有一天，我實在不想再被打屁股了，所以我起身爬下了嬰兒床，對著怪物們說：『如果你們讓我去尿尿，我會永遠當你們的朋友。』」[2] 從此之後，他可以幸福快樂地上廁所。

他向長毛毯的古神致敬的場面，出現在日後青苔般的蔓生觸鬚和巨大的青綠色元素精靈（Elementals）。每一部戴托羅的銀幕傳奇故事，按照各自的方式，成了兒時他所謂「清明夢」（lucid dreaming）[3] 的延伸。他仍是那個孩子。

「內心仍保留著那個小男孩，那正是他的神奇之處，」長期擔任製片的貝妲．納瓦洛（Bertha Navarro）如此讚嘆。「我認為這是戴托羅觀看事物獨特且有力的方法。」[4]

▶ 迷戀黑暗事物的孩子 ◀

換句話說，他是地獄怪客；他是奧菲莉亞；他是用木頭刻出一個兒子的傑佩托。

戴托羅出生於1964年10月9日，不難想像他是一個心思複雜、想像力豐富、但稍微有點麻煩的小孩，安逸地生活在墨西哥大城瓜達拉哈拉的中產階級郊區，一棟有著白牆的宅邸。一張中獎的彩券讓這個家庭的生活方式就此升級。父親開創克萊斯勒的汽車經銷事業；兒子則開了動物園：蛇、老鼠、還有一頭會反芻的母牛。吉勒摩的臥室有如鬣蜥，裡面排滿了書籍、漫畫、還有怪物模型。（如今身為知名導演，他的生活品味再次升級，他有整整兩棟房子擺滿民間傳說和歷史的書籍，皮革精裝的小說，平裝的廉價小說，五千本漫畫冊，道具，繪畫，解剖模型，發條自動裝置，以及各式的模型玩偶，其中包括一座真人大小的陰鬱塑像，那是化妝大師傑克．皮爾斯〔Jack Pierce〕製作，波里斯．卡洛夫〔Boris Karloff〕飾演的科學怪人。）

當時的吉勒摩瘦得像支掃帚，明亮的藍色眼睛上垂著一團濃密的白髮。「人們以為我是白化症，」[5] 他大笑。他是格格不入的邊緣人，同輩的人對他視而不見；他滿足於有哥哥費德里科和姊姊蘇珊娜為伴，或是滿書架的書可供閱讀。早熟的吉勒摩總是埋首於黑暗而奇幻的故事，從漫威英雄（主要是偏向恐怖色彩的）和童話故事，逐漸轉移到洛夫克拉夫特、愛倫．坡、波特萊爾、和狄更斯。

有時他也畫畫，熟練地繪製建築草稿，或是描摹從美國這個神奇國度郵寄來的《重金屬》（*Heavy Metal*）漫畫雜誌裡頭的豪乳女戰士。為了嚇唬保母，他學會利用製造皮膚緊縮效果的火棉膠（collodion）在自己的圓臉上畫出假傷口。他父親書架上的《家庭健康指南》和《醫療百科全書》裡面的解剖圖顯然有詳實的資訊。

「我和我哥哥會用黏土和橡皮泥製作完整的人體——肝臟、腸胃、心臟——在上面塗滿番茄醬，然後從屋頂把它們丟下

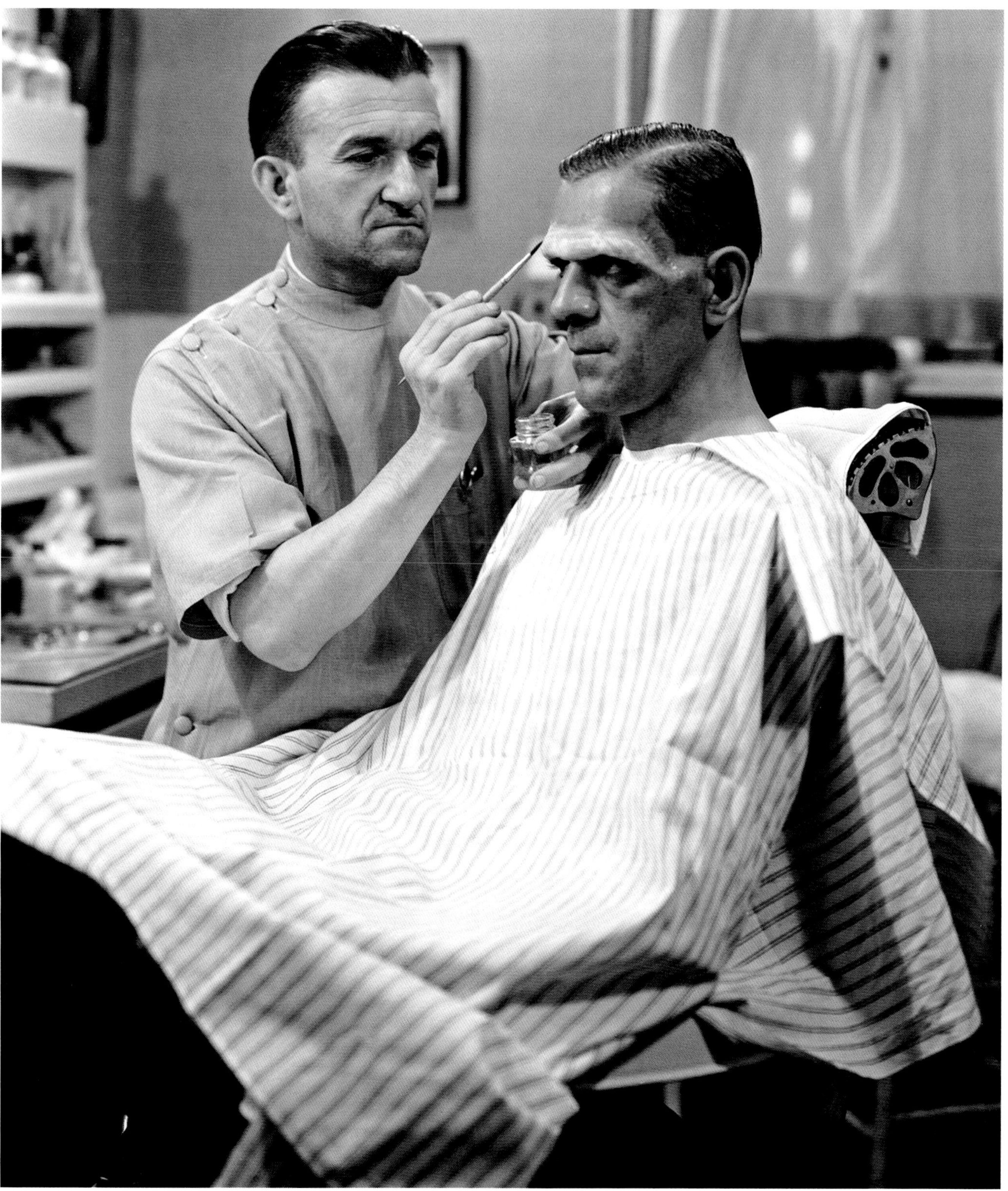

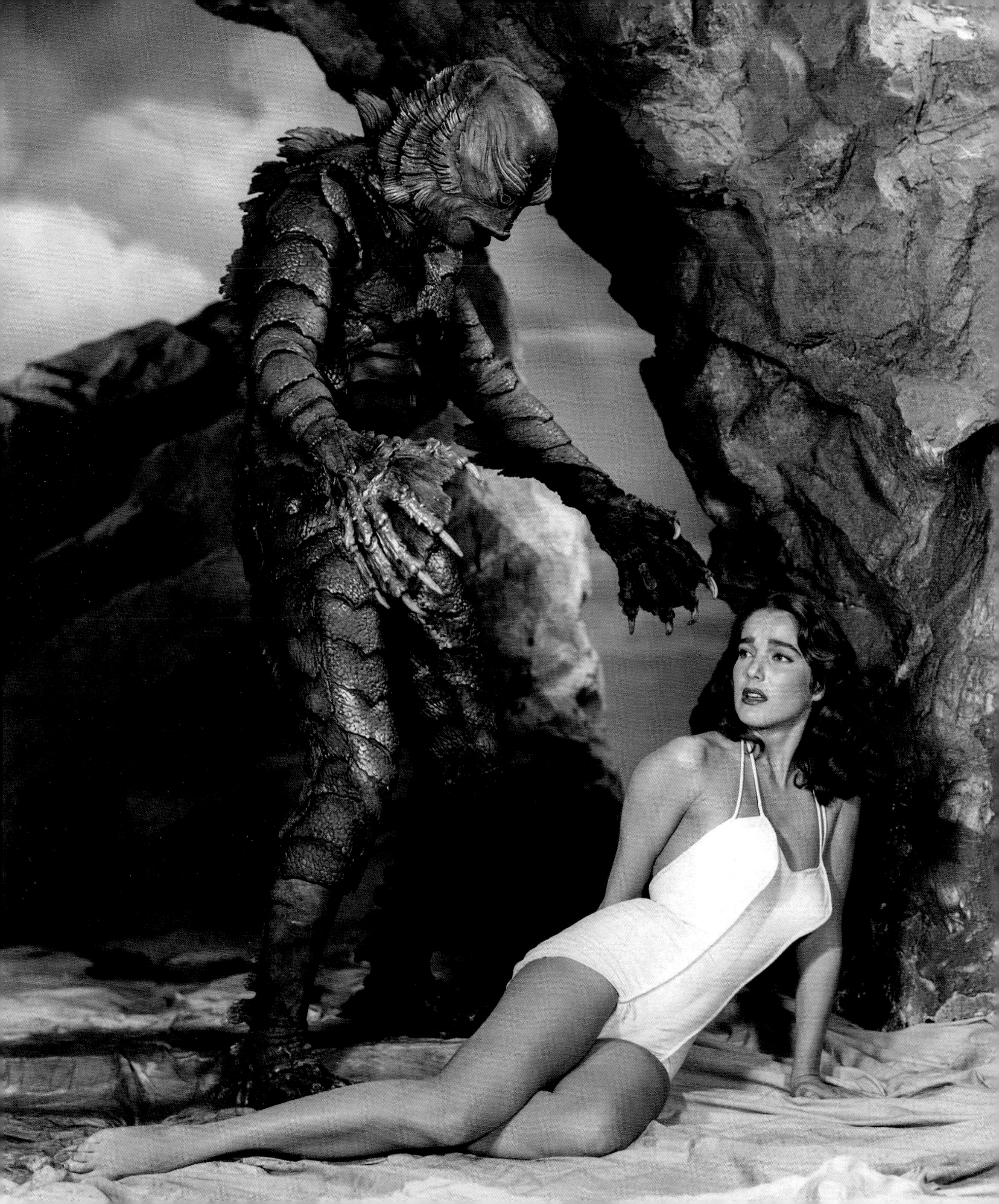

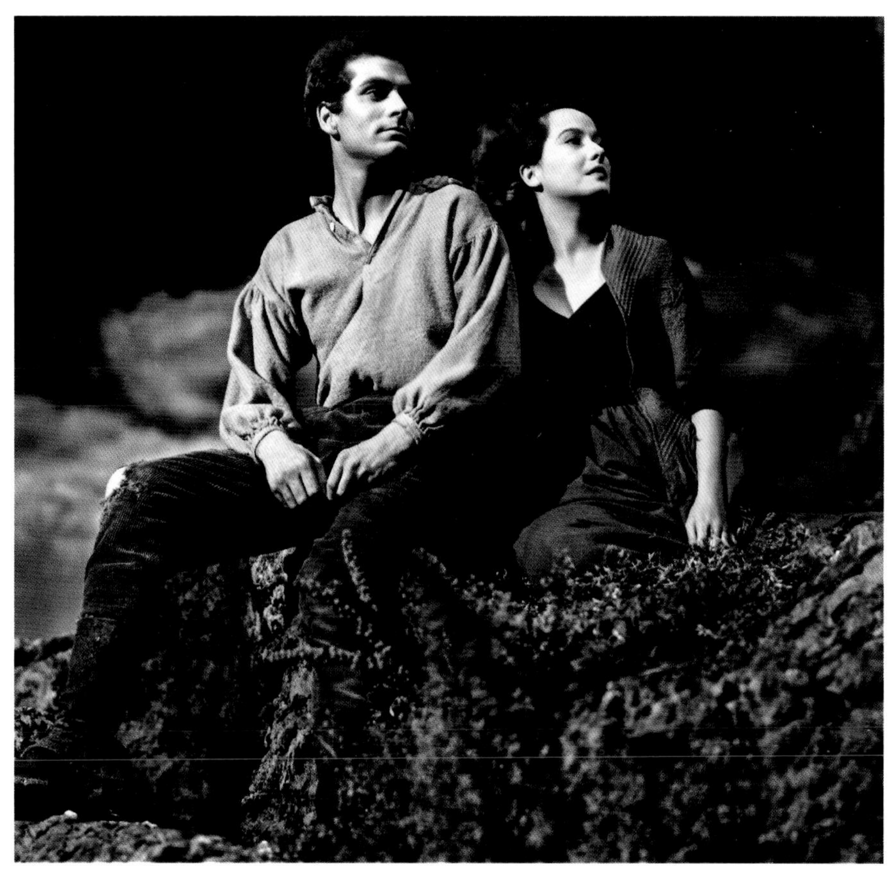

←｜在《黑湖妖潭》(1954) 的宣傳照裡頭，茱莉・亞當斯逃出了半魚人的掌握，這是深植在戴托羅想像的另一部經典怪物電影。

↑｜戴托羅還在襁褓中，就已經坐在母親懷裡看了由勞倫斯・奧立佛和梅爾・奧伯倫主演的1939年版本電影《魂歸離恨天》。

來，」他開心地回想。「所以說我是有藝術天分，但極度迷戀黑暗事物的孩子。」[6]

他最早對於電影冷冽黑暗的記憶，來自與父母一起觀看梅爾・奧伯倫（Merle Oberon）與勞倫斯・奧立佛（Laurence Olivier）合演版本的《魂歸離恨天》（*Wuthering Heights*，原著小說今譯《嘯風山莊》）。他還是小嬰孩，不斷睡著，電影如夢境般迷離。他聲稱電影的「哥德精神」（gothic spirit）[7] 給他留下了終身的印記。很快他就開始大量飽覽星期天早上電視播映的怪獸電影（creature feature）、恐怖、科幻影集，還搭公車到當地髒舊的劇院搶看最新上映的電影。美國電影或許打動了容易受影響的墨西哥觀眾，但戴托羅最愛的是來自日本的哥吉拉和動畫，香港（中國）的武打電影，英國的鬼故事，以及墨西哥導演們的少量作品。不過，2017年10月，他在法國里昂的盧米埃電影節裡公開表示，他心目中的聖三位一體是「《科學怪人》（*Frankenstein*）、《黑湖妖潭》（*The Creature from the Black Lagoon*）、以及狼人系列電影」。[8]

他是熱愛怪物的男孩。「當年墨西哥被征服時，出現了所謂的文化綜攝現象（syncretism），征服者的天主教信仰與舊的信仰融合在一起，」他用慣常的生動比喻做解釋。「就我而言，則是天主教和怪物。它們融合在一起。在我還是小孩時，我真的從這些怪物得到救贖。別人見到了恐怖，我看到了美。」[9]

他在九歲讀了瑪麗・雪萊的《科學怪人》，從此沉迷無法自拔。他並不是被怪物嚇到，而是把他看成試圖逃脫專制父親掌控的叛逆青少年。他對這些被誤解的怪物的迷戀，成了他一生追尋的目標。

青少年時代他多了些體重，自此之後他始終跟自己的腰圍奮戰。不過，熊一般的龐大身材倒是很適合他。他的角色如此鮮活巨大，心靈和肉體都需要龐大的胃口。「我會胖是因為我無法自制，」他笑著說。「如果你帶給我四份墨西哥捲餅，我不會只吃一份，而是吃掉四份。對電影類型（genres）我的情況也一樣。」[10]

▶ 電影啓蒙與創作開端 ◀

他在本地超市的書架上，發現美國邪典電影雜誌《電影世界的著名怪物》（*Famous Monsters of Filmland*）的那一天，是一段美好友誼的開始。他學習英文主要是為了解讀它的陳腔濫調。雜誌編輯佛瑞斯特・艾克曼（Forrest J. Ackerman）

是戴托羅的暗黑宗教的守護聖徒。他做過經紀人、製片、演員、雜誌編輯、以及狂熱的怪物迷，艾克曼高高的額頭和嘴唇上細細鬍髭，帶有文森．普萊斯（Vincent Price）的影子，他還有存放在洛杉磯一座大宅邸的大量收藏品，其中包括了1931年《吸血鬼德古拉》（*Dracula*）電影裡貝拉．洛戈西（Bela Lugosi）穿的披風，以及弗里茲．朗（Fritz Lang）執導《大都會》（*Metropolis*）戴的單眼眼鏡。

艾克曼讓他知道，他並不孤單。

於是小寶寶吉勒摩，成了少年戴托羅（他姓氏的原意是「公牛」），他不再滿足於觀賞和閱讀電影相關的東西。他租來了超八毫米（Super 8）的影片，它們是一些被刪減至荒謬程度的B級電影，像是波里斯．卡洛夫的《紅邪》（*Curse of the Crimson Altar*），膠卷從父親的放映機投射出光影，向他輕輕訴說了無窮的可能性。他手握家中的超八毫米攝影機，開始利用他的玩具來拍攝定格動畫的戰鬥場面，那些巨型機器人和龐然巨獸的惡鬥。

他回憶當時，「我帶著成卷的底片到藥房，心中充滿狂喜。」[11] 到了今天，儘管有大把鈔票供他支配，他在尋求的仍是這種強烈的快感。

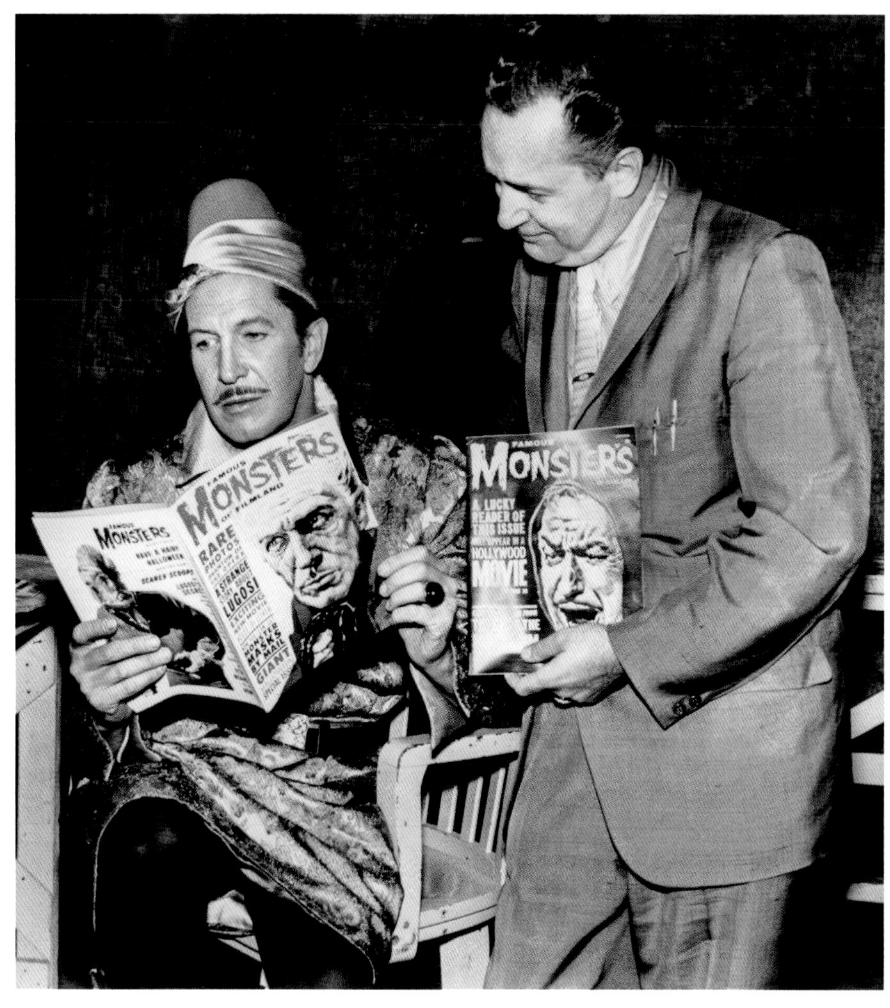

↑｜恐怖片的超級巨星文森．普萊斯與《電影世界的著名怪物》創辦人佛瑞斯特．艾克曼，手拿著與他們相關的幾期雜誌。這兩人出於不同的原因，都成了戴托羅的偶像。

→｜以巫術為主題的《紅邪》是戴托羅租來的超八毫米B級電影之一，有機會在自己家裡放映影片讓他興奮不已。

很快地，他野心變得更大。中學時他拍了一部怪物從廁所裡爬出來的短片。兩部16毫米和35毫米的早期實驗作品，由他美麗動人的母親擔任主角。在1987年的《幾何》（*Geometria*）裡頭，殭屍挖出了她的眼珠、牙齒咬了她的脖子。戴托羅接受各種佛洛依德式的解讀。「在這之前，她還在另一部更怪異的短片《瑪蒂達》（*Matilde*）演出過，」他毫不掩飾自己的得意。「它講的是一個對自己臥房牆壁裂縫有性幻想的女子，結果一個巨大的盲眼胚胎從這個裂縫跑出來把她勒死。」[12]

超現實、大衛．林區式的執迷，持續在他電影的底層潛行。關於人們對他電影裡性象徵的詮釋，他開心地大聲回應，「當然是這樣，因為我是個變態！」[13]

我們不應該誤以為戴托羅單純是個功成名就的怪胎，自滿於安身在類型電影的叢林中。瓜達拉哈拉大學在他協助下，創立了電影研究中心，在這裡他沉浸於電影媒介的深度研究。這所大學1982年的畢業冊裡，在戴托羅穿西裝、戴墨鏡的大反派照片旁邊，寫著他是「一個衷心的電影狂」[14]，「強押著」[15] 朋友們跟他一起進電影院。

像他同輩導演昆汀．塔倫提諾一般坦

率，戴托羅毫不猶疑點名了眾多帶給他啟發的導演。他的專訪中，話題總是開心地轉向討論黑澤明（Akira Kurosawa）、史丹利．庫柏力克（Stanley Kubrick）、大衛．連恩（David Lean）、英格瑪．柏格曼（Ingmar Bergman）、或是史蒂芬．史匹柏（Steven Spielberg）。接著，在毫無停頓的情況下，他又開始拆解泰瑞．吉連（Terry Gilliam）天馬行空的想像、達里歐．阿吉多（Dario Agento）俗艷的色彩設計、或是智利大師亞力山卓．尤杜洛斯基（Alejandro Jodorowsky）的象徵主義。

▶ 經典和通俗文化都是養分 ◀

戴托羅才廿三歲，就出版了五百四十六頁厚厚一大冊的專書探討希區考克。他本人設計的封面上把自己畫成了一隻鳥，落腳在這位緊張大師的雪茄上。在他心中，希區考克有如神一般的存在。

「我如使徒般聽著他的話，」他說，「不過我不認為自己曾經想模仿任何他做過的事。我想把他的話當成建議，把他的洞見和智慧當成指南。」[16] 他們有些相同之處：希區考克身軀龐大，是不怎麼虔誠的天主教徒，也是卓越的匠師，他設計電影有如在設計一套複雜且致命的陷阱。

聽戴托羅說話你就會了解，假如他選擇了不同的人生道路，他會是個優秀的影評人。事實上，有十年的時間他曾為墨西哥的一家小報寫電影文章，也偶爾在當地的電視和電台談電影。「我是那個專門詮釋別人電影的傢伙，」[17] 他笑著說。戴托羅是極少數樂於討論同輩導演作品的導演。

戴托羅心目中另一個電影之神是路易斯．布紐爾。這位西班牙超現實大師與希

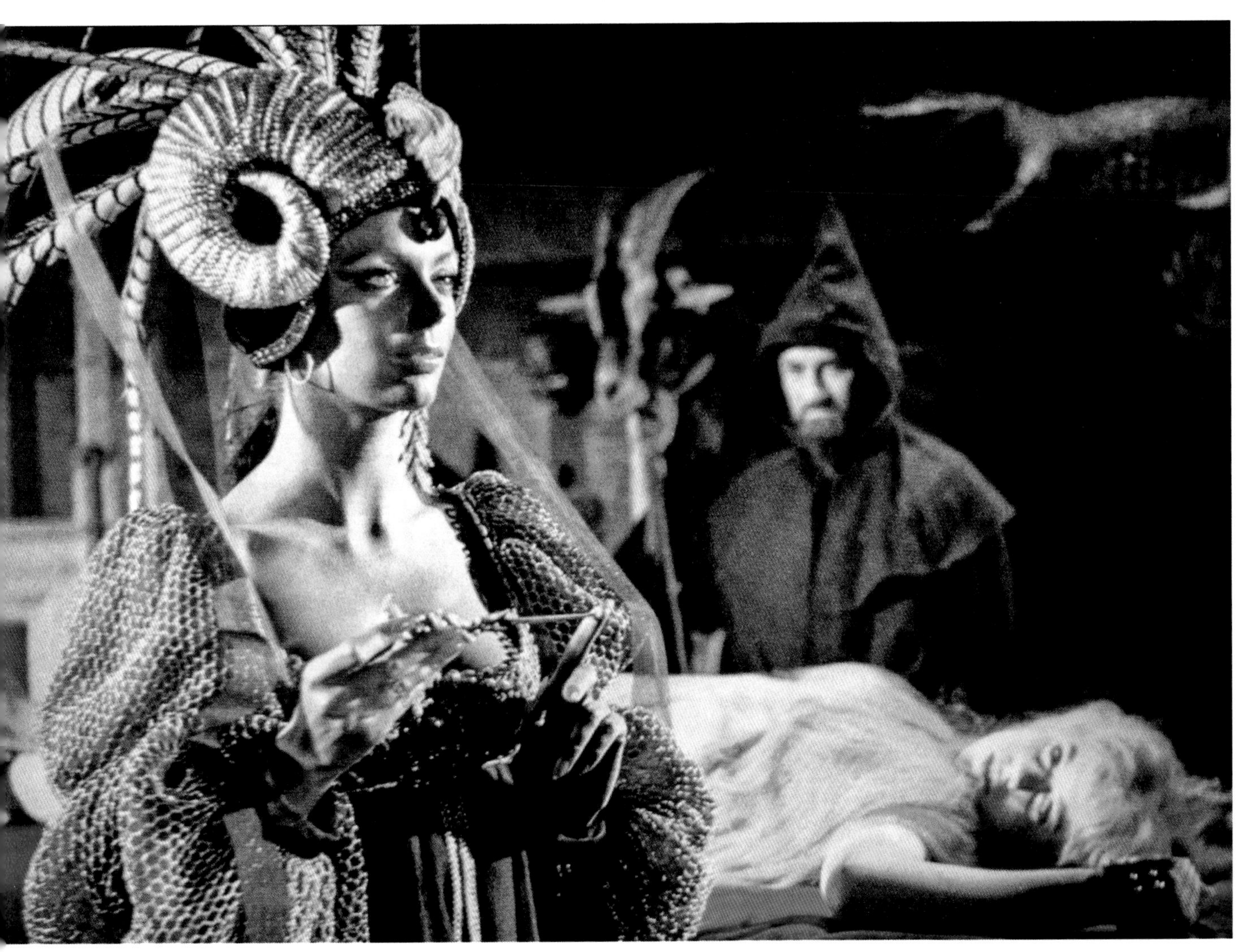

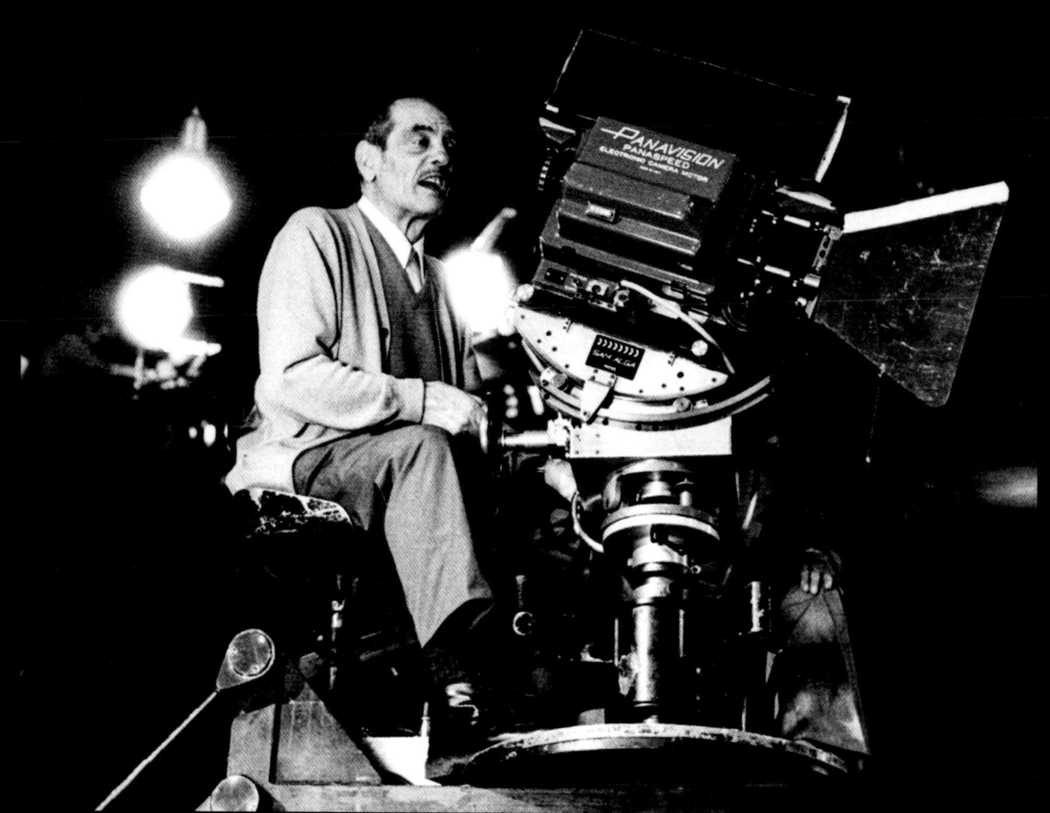

←｜在他所熱愛的類型電影中，戴托羅欣賞西班牙超現實大師路易斯．布紐爾的作品，他信賴潛意識會提供答案。

區考克有類似之處。兩人都過著布爾喬亞的中產階級生活。「但是在他們的想像中，他們自己是無政府主義者。」[18] 戴托羅開心地指出。他說，他們兩人「對殘酷感興趣的程度，都如同執迷的天主教徒」。[19]

不過在風格上，兩人卻是大相徑庭。布紐爾蟄伏多年後，在墨西哥重拾電影工作，他相信的是自己的潛意識，及偶然巧合或命運的魔法。他的電影似乎不覺得需要多做解釋。他和戴托羅一樣，有深邃明澈的大眼睛和惡魔的微笑。

被問到為何他常常被黑色電影（film noir）和奇幻的世界所吸引，戴托羅的回答是：因為它們並不被認為是體面、受尊重的電影類型。他向同為導演的一群觀眾說過，所有的藝術都是一種反抗。你必須反抗你的家人。你必須不聽從電影學校的老師。你必須不遵守傳統。

於是，在他眼中，高級文化和低俗文化的區分幾乎毫無用處。戴托羅雖沉迷傑克．科比（Jack Kirby）的連環圖漫畫，但同樣也熱愛哥雅、畢卡索（Picasso）、竇加（Degas）、馬內（Manet）、和克利（Klee），他與這些畫家的初次接觸，是他父親為了提升家裡的文化視野而購買的十冊《如何觀看藝術》（*How to Look at Art*）。「我有完全的自由在這些不同範疇之間轉換。」[20] 他帶著無比熱情和真心如此說。所有他咀嚼消化的一切，書籍、漫畫、電影、電視節目、雜誌、藝術作品、音樂、以及電玩遊戲，都成了他電影裡的鑲嵌彩色玻璃。

人生際遇也有它的角色。在墨西哥長大，即便在平靜的郊外住宅區，暴力也不會離你太遠。有多少個拍攝流血場面的導演，能聲稱自己看過真的屍體、真正的死亡、或是親身挨打、甚至還更慘？

「我的大腿上有個刀疤。」戴托羅透露。「我曾經跟人激烈搏鬥。我可不是什麼枯萎的花朵。」[21] 這可不是故作硬漢的自誇之言；恰恰好相反。他由第一手的親身經歷知道，沒有人比心中有恨的人更寂寞。

他說過一個故事。幾乎可以算是則寓言，情節有出乎意料的轉折。年輕時他在瓜達拉哈拉街頭，曾遇到一個人腳步蹣跚朝他走來，他頭破血流，臉上不停淌著血。這個人顯然情緒並不穩定，不過戴托羅還是設法送他到最近的一家醫院。隔天他再去看這個人情況如何，才知道他已經從精神病房逃了出去。他問，「這是什麼樣的醫院？」[22]。最後他決定去醫院當義工，也因此認識了太平間裡工作的防腐師。在那裡，他看到了成排的胚胎。

他可以清楚指出，這是他信仰動搖的時

刻。他的結論是，不管好人壞人，我們最後都是腐爛掉的垃圾。你永遠不曾真的離開教會。它始終都在，在血液裡，也在他的電影中所有頹圮的教堂和聖像裡。只不過，他變得更疏離。「我相信兩件事，」他曾寫道：「上帝和時間。二者都是無窮盡的，都是無上的統治者。二者都會把人類擊潰。」[23]

在童年尚未結束之前，他就已經見過掛在鐵絲圍籬上斷頭男孩的屍體，和燃燒的福斯金龜車裡的駕駛屍體。「我看過人們被槍殺，」他說話時並非淡漠無情，但的確是一派冷靜。「我曾經被人用槍指著頭……因為墨西哥仍是極端暴力之地。」[24]

戴托羅的電影有著非現世的華麗和趣味，但這些作品都是一個曾近距離見證痛苦的男人說的故事。血液會流乾。孩童會逝去。肆無忌憚的暴力和美並肩齊行。「死亡是生命的終極目標，」他如此宣揚。「我是墨西哥人，永遠不會停止作為一個墨西哥人。」[25]

他的傳記作家兼朋友馬克．史考特．吉克利（Marc Scott Zicree）說得好，「他的黑暗之心是真誠的」。[26]

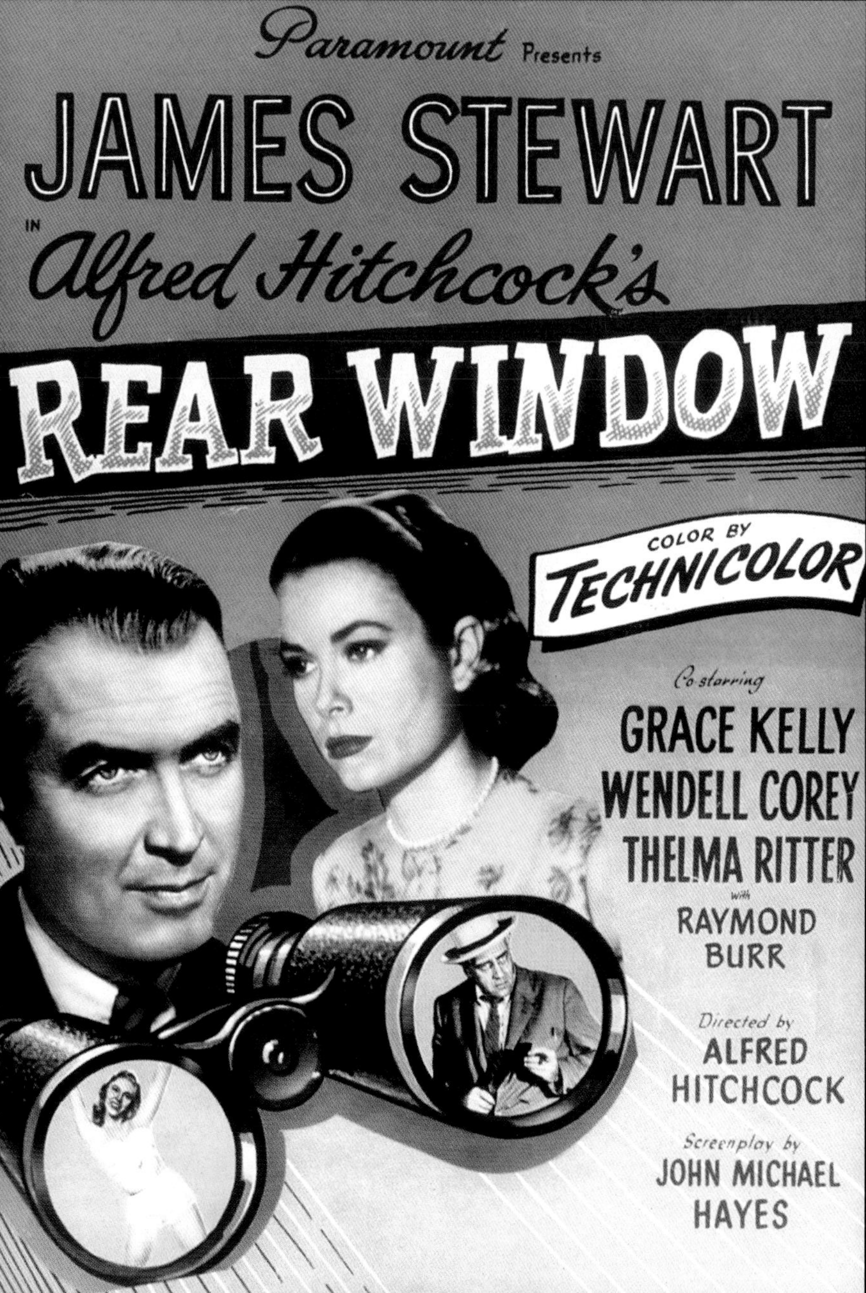

↑｜影響戴托羅的另一個重要人物是好萊塢的懸疑大師希區考克，他以《後窗》這類耀眼經典鍛造了電影。

▶ 顛覆吸血鬼傳統的第一部片 ◀

八〇年代初戴托羅還在電影學校時，他就開始構想那個將成為他執導處女作的故事。它是對吸血鬼電影的革命性嘗試。這個電影類型他自然是再熟悉不過的，也知道它充斥陳腔濫調的傳統。於是，他要創作一部從頭到尾不提「吸血鬼」的吸血鬼電影。

你這輩子最重要的電影，就是你的第一部和最新的一部，戴托羅用堅定的

《魔鬼銀爪》體現他整個導演生涯不斷嘗試的逆向思考手法。吸血鬼類型電影的傳統窠臼在這裡被推翻。「我把核心的怪物變成了故事裡最悲傷的角色，」他說。「這是史上最悲傷的吸血鬼。」[28]

它同時也是他跨界於恐怖故事和童話之間的眾多電影當中的第一部。

戴托羅說，電影主要是關於他和祖母充滿波折衝突、祖孫關係的「自傳」。[29] 不過他也強調，它是「充滿了愛」的自傳。[30] 他只是簡單地將他們的性別對換。《魔鬼銀爪》說的是一個小女孩對她祖父無條件的愛，身為古董商的祖父在偶然間得到了外形如埃及聖甲蟲的黃金浮雕。

這個古怪的禮物藏在木製的大天使雕像裡，這是戴托羅電影裡隱藏在雕像的眾多祕密裡的第一個，結構宛如俄羅斯娃娃（藏在故事中的故事）。這個特殊的裝飾品有著意想不到的作用，它細針般的刺，扎進了老先生的手掌中，如吸血水蛭般依賴他的血液供養，這個魔法融合了科技、生物學、以及超自然力量。的確，它就如基督的聖殤。

這個裝置稱為「魔鬼銀爪」，據說能給人永生（或者是不死的殭屍）。裝置裡頭有個長生不死的蟲。它與吉格爾（H. R. Giger）的生物與機械結合的裝置相去不遠，也有幾分卡夫卡的味道。這位祖父逐漸變形，最後顯然是變成了一個吸血鬼——他的嗜血渴望讓他洩了底。

和他早期版本的鬼電影《惡魔的脊椎骨》一樣，故事背景設定在1910年的墨西哥革命，戴托羅花八年的時間每天鑽研腳本，暫定的片名是較淺顯易懂的《灰色黎明的吸血鬼》（*Vampire of the Grey Dawn*）。劇本改了又改，逐漸發展出關於沉溺、家庭、以及追求永生（在古代被稱為鍊金術）的重要主題。他用優美線條、還加了註釋的墨水畫，勾勒出他的想法，在故事裡嵌入歷史和傳奇的典故。

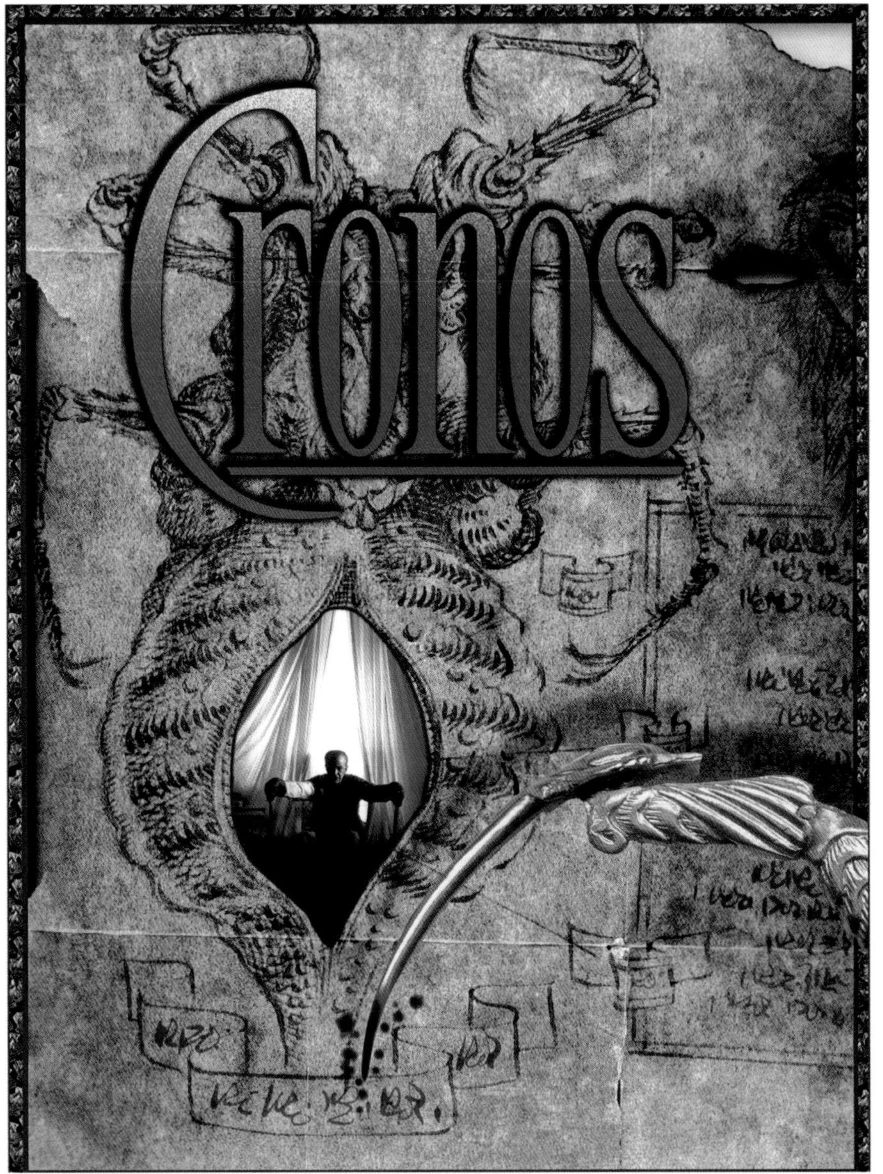

↑｜《魔鬼銀爪》早期的一幅海報設計，戴托羅精彩翻轉了吸血鬼公式，加入了他自己的墨水畫素描。

→｜奧蘿拉（塔瑪拉．莎娜絲）和她的祖父耶穌．葛利斯（費德利柯．路比）檢視他們的發現——改變命運的魔鬼銀爪。

重新修訂的電影片名呼應了希臘神話。原文片名「克羅諾斯」（Cronos）是希臘的巨神族，他吞噬自己的子女，如吸血鬼般吸取他們的歲月，最終成了時間的擬人化身。

歐洲古典概念的吸血鬼，添加上糅合天主教與異教的墨西哥獨特色彩，這些爭擾不休的神祇會在他每部電影裡不斷出現。彌撒的聖餐禮中，象徵性取用基督的肉身和血，在他看來也是一種吸血鬼的儀式。他把《魔鬼銀爪》定義成「異教徒對福音書的重新詮釋」。[31] 也因此，這位年長的吸血鬼被取名耶穌．葛利斯（Jesús Gris）：他在死後三天復活。

受到預算限制，它必須是個現代故事，場景設在維拉克魯斯。戴托羅當時還不知道，這將是唯一一部他在自己國家拍攝的電影。不過，他的墨西哥故事會讓人聯想起1930年代初期環球公司恐怖片的古典風格，以及泰倫斯．費雪（Terence Fisher）為漢默電影公司（Hammer Horror Pictures）所拍的恐怖電影，其中華麗到近乎俗艷的色彩。「他的畫面構圖無可挑剔」[32] 戴托羅如此讚嘆，至於陽光穿透屋頂灼燒耶穌．葛利斯皮膚的場景，則是直接借自克里斯多夫．李（Christopher Lee）主演的《摩登吸血王子》（*Dracula A.D. 1972*）。戴托羅還決定要用美式電影的風格開展他的故事：在他的家庭悲喜劇展開之前，先來一段「大開場」。[33]

這是進入戴托羅電影世界的完美入口——由響亮的時鐘滴答聲宣告開場，接著是段動人的旁白（聲音演出是墨西哥電視明星豪爾赫．馬汀尼茲．德．奧約斯〔Jorge Martínez de Hoyos〕）。時間是1536年，透過戴托羅日後最愛的設計，蒙太奇式的開場後，我們見到了一位鍊金術師在他擺滿古董的巨大宅邸，並得知他正是魔鬼銀爪這個裝置的創造者。在宗教裁判所的步步進逼下，他把他的「麥高芬」[2] 藏到一座雕像裡。接著畫面轉到了四百年之後的1937年，在一座倒塌宅邸的廢墟中發現了一具保存完好的屍體，他有著大理石慘白的皮膚，心臟被一根木樁刺穿。

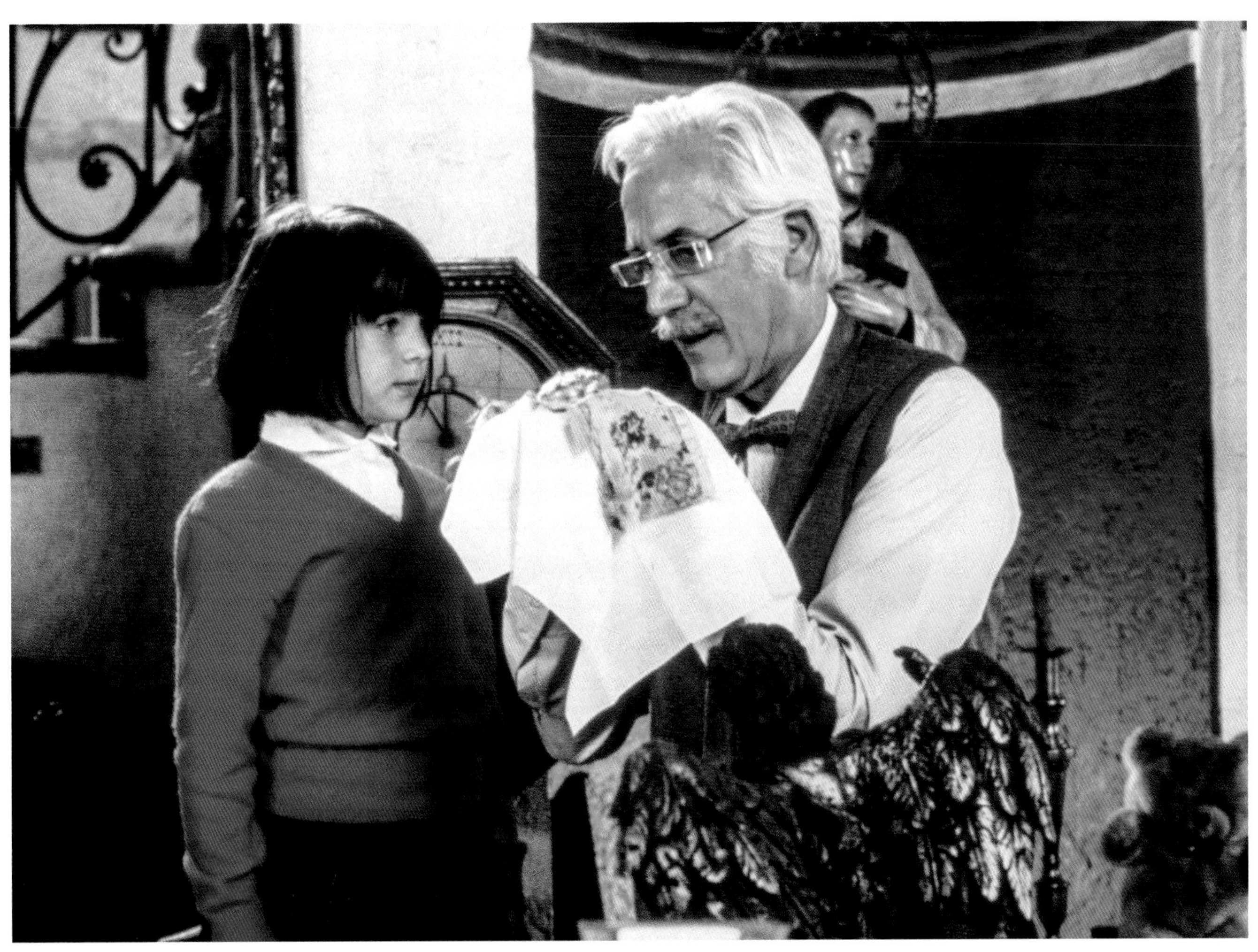

▶ 孩子的純潔觀點 ◀

與戴托羅一席談，答案源源不絕從他口中流瀉：典故、玩笑、內幕、和許許多多的花邊軼事。多到足以讓你頭暈目眩。不過小時候的他則是沉默寡言。這個小男孩活在自己腦中的世界裡，如墓地一般安靜，但他當年的照片，則有祕密的歡樂氣息。他在《魔鬼銀爪》所創造的小女主角奧蘿拉（Aurora）也是同樣沉默自持，平靜地觀察她的祖父逐步走向衰亡。

「她並非天真無知，」他說，「而是純潔（pure）。」[34] 她無從分辨活著的人與死的殭屍。

事實上，這個情況反而更加深了小女孩與她的"abuelo"（西班牙文「爺爺」）的感情。他們的角色反轉了。孩子變成了成年人，成年人變成了德古拉。她像是嬌小可愛的倫菲爾德（Renfield）[3]，把耶穌．葛利斯放入一個玩具盒，而不是一座棺木。戴托羅解釋說，這人物「是有怪物特質的怪物，但並不令人害怕，而是被關愛和照顧」。[35] 多年之後，戴托羅關於喑啞女清潔工愛上海中生物的《水底情深》席捲多項奧斯卡獎。在他這些較短小、更像寓言式

↓ | 由克里斯多夫．李扮演傳奇吸血鬼的《摩登吸血王子》電影海報，這部電影為戴托羅玩轉類型電影帶來了視覺的靈感。

→ | 吸血鬼的憂鬱——費德利柯．路比在《魔鬼銀爪》飾演的耶穌．葛利斯，發現長生不死完全不是原先的設想。他死屍般慘白的駭人膚色要仰賴戴托羅化妝特效的專業背景。

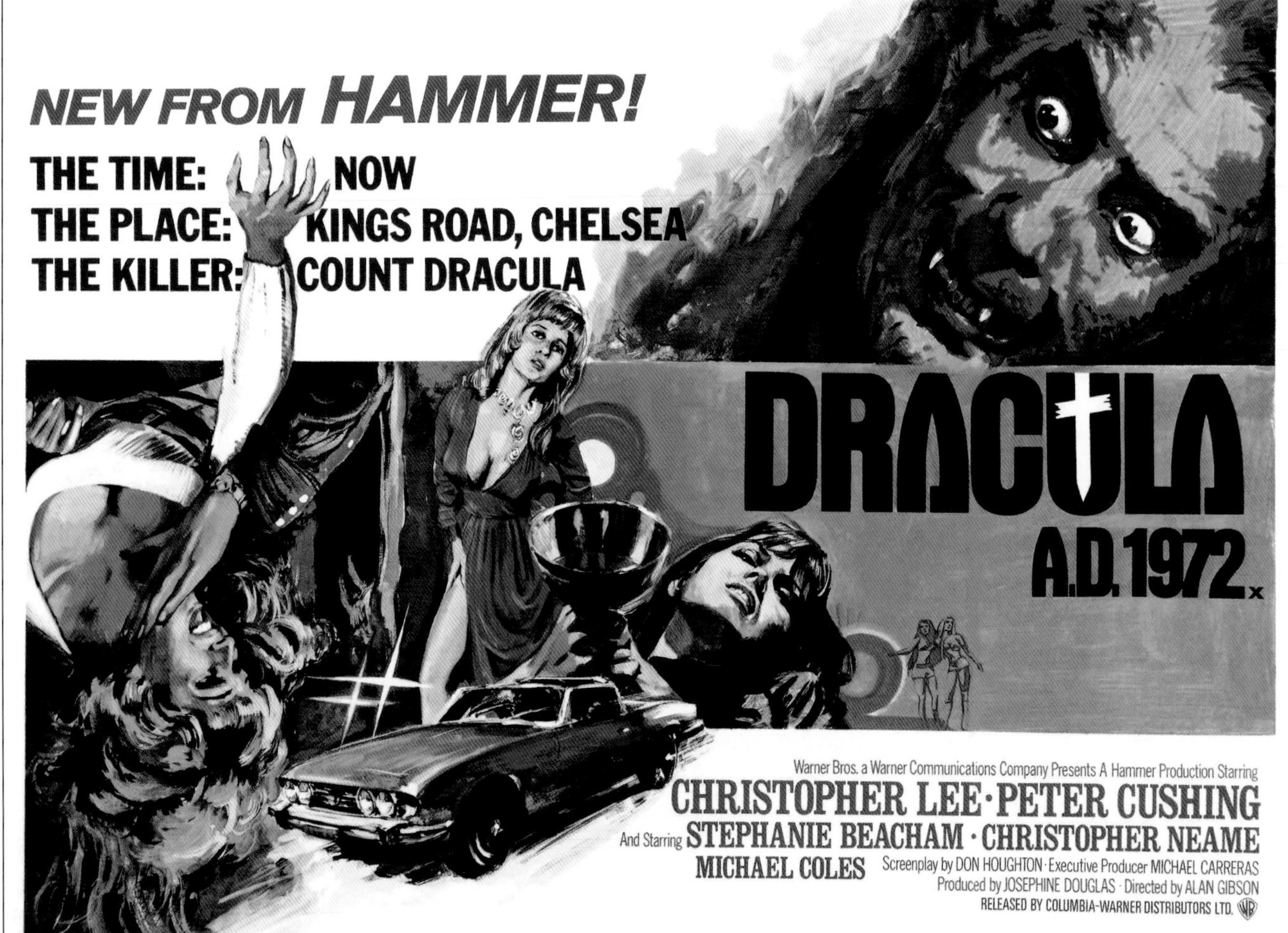

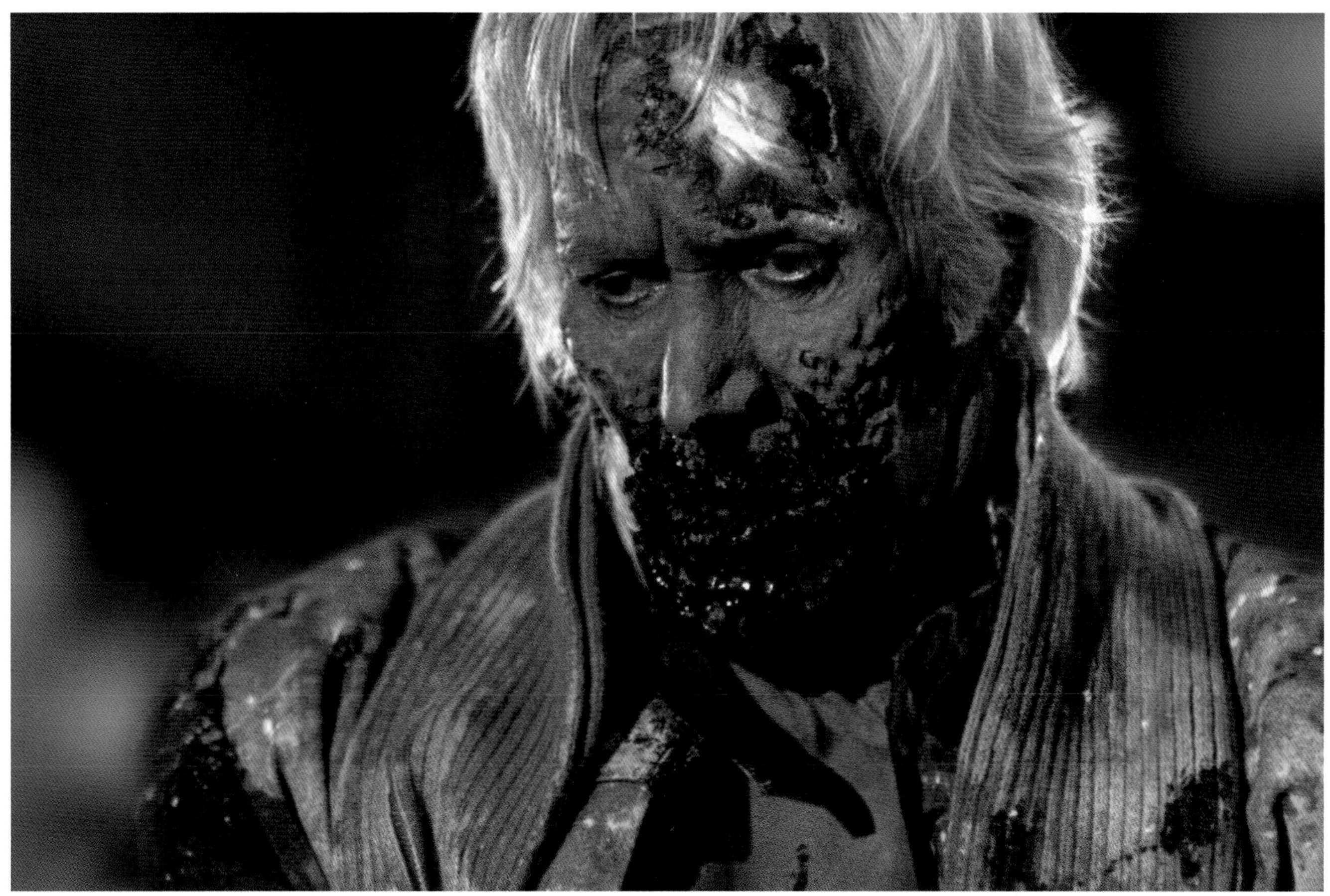

的電影裡，偏向了默片電影的純淨。他說過，「完美的電影是沒有對白的。」[36] 巴斯特．基頓（Buster Keaton）和卓別林的莊嚴形式，對他是另一股重要的影響。

戴托羅並不擔心與兒童一起工作。孩子的觀點對他的電影極其重要：想想看《惡魔的脊椎骨》的孤兒們，以及在《羊男的迷宮》裡走失的奧菲莉亞：甚至地獄怪客也是個青少年的超級英雄（線索就在電影原文片名"*Hellboy*"裡面）。這位導演有著本能直覺，可以從他的小演員身上導引出成熟的演出。對待他們如大人一樣。他說：「你必須找出小孩內心存在的、角色所具有的某種東西。」[37] 於是，塔瑪拉．莎娜絲（Tamara Shanath）散發出無聲的寧靜。

在他死屍般蒼白的皮膚底下，耶穌．葛利斯努力守著自己的人性，努力不屈從於自己渴嗜人血的駭人獠牙。戴托羅宣示：「選擇的能力，是人類靈魂的本質要素。」[38] 少有電影會這般呈現吸血鬼內心如此怪誕的「人鬼交戰」。《洛杉磯時報》的肯尼斯．圖蘭（Kenneth Turan）形容它是「吸血鬼的糾纏折磨」（wear and tear of vampiredom）。[39]

相較之下，電影裡有真正的反派，他們更貌似人類。沒有靈魂的億萬富豪德．拉．瓜迪亞（de la Guadia），活在封閉的無菌室裡，如科幻電影裡閃過黑暗天際的一道冷光，他意圖取得「魔鬼銀爪」，以延阻癌症病魔侵蝕他的身體。他將差遣個性乖戾、狂暴如公牛的姪子安哲爾（之後我們會發現，他是個美國人），耗費心力奪取他要的寶物。

於是，戴托羅的故事敘述在眾多矛盾——在溫情與恐怖、奇幻與真實、奇趣和暴力、原創和承襲原典、藝術與商業——之間，踩著優雅的鋼索上路。它融合對立，一如辛辣甜美的墨西哥食物。

▶ 發展化妝與特效專業 ◀

從更實際的角度來看，他也是決心透過《魔鬼銀爪》來證明，墨西哥電影也能創造出和好萊塢相媲美的化妝特效。但是在墨西哥幾乎找不到計畫中讓耶穌．葛利斯皮膚乾硬蒼白、層層脫落的化妝技術。因此他乾脆成立自己的化妝公司。除了眼下《魔鬼銀爪》的宏大企圖心之外，這也合乎實務上的邏輯。特效化妝提供了進入電影產業的立即切入點，還可能供應潛在的收入流。這家名為「尼克羅皮亞」（Necropia，字面意思是「死亡之地」）的公司最終在1985年創立。

為了把本地的人才提升到好萊塢水準，戴托羅厚著臉皮寫了信給化妝大師迪克．史密斯（Dick Smith），信裡他提議到紐約當這位大師的學徒。和其他許多年輕電影工作者一樣，戴托羅把史密斯在《大法師》（*The Exorcist*）、《掃描者大對決》（*Scanners*）、《千年血后》（*The Hunger*）革命性的怪誕技法奉為圭臬。他讓超自然的事物落實具象。值得一提的是，史密斯也被這個來自墨西哥的大膽要求所打動，接受了戴托羅當他的學生。年輕的J．J．亞伯拉罕（J. J. Abrams）成了他的同學——倒不是說有真的教室。這兩人直接到了史密斯的工作室，在這裡他們必須展現黏膠水、畫傷口的才能，鍛鍊他們的仿真化妝術。

「我想，沒有迪克．史密斯的話，我不會成為電影製作人，」戴托羅如此說，「他是讓我得到拍攝《魔鬼銀爪》所需工具的關鍵人物。」[40]

不過這一切仍要等到1993年。從紐約回來之後，他分心投入電視工作。《約定時刻》（*La Hora Marcada*）是墨西哥版的《陰陽魔界》（*The Twilight Zone*），每個星期提供一個穿插黑色幽默的離奇故事。這些影集充分運用了尼克羅皮亞公司製作的怪物和道具，更重要的是，這讓戴托羅第一次有擔任編劇和導演的機會。於1986年拍攝的《美食家》（*The Gourmets*）是當中五部戴托羅最具惡魔色彩的影集，故事描述的是一家賣人肉的餐廳。在《約定時刻》的工作期間，他也第一次和同胞導演阿方

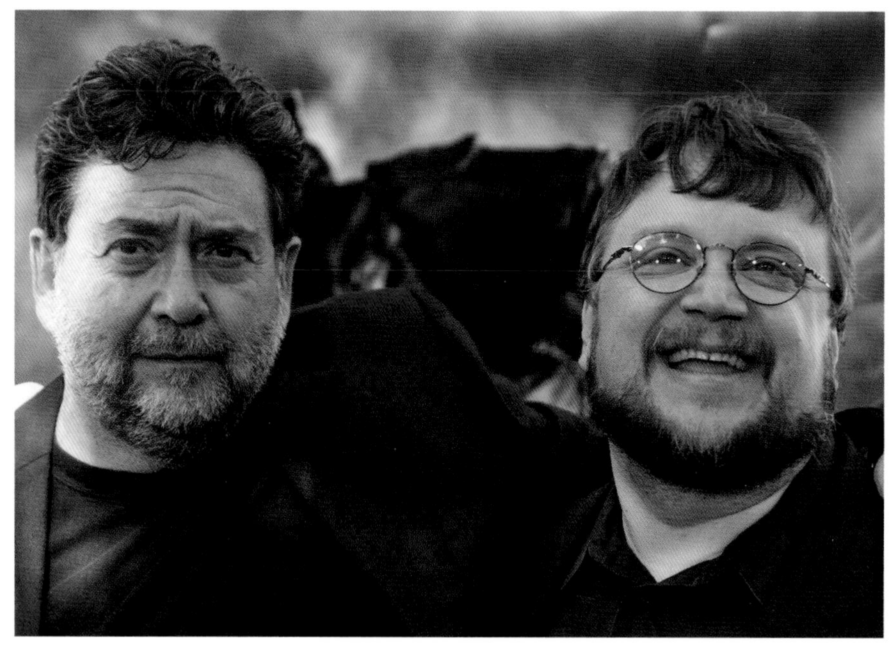

索．柯朗（Alfonso Cuarón）合作。

此時他們還不知道，不過戴托羅、柯朗、以及同期的阿利安卓．崗札雷．伊納利圖（Alejandro González Iñárritu）將為活力四射的墨西哥導演新浪潮，構築出開創先河的鐵三角，在好萊塢不惜工本的精緻製作和墨西哥熱情之間維持微妙平衡。十五年之內，他們各自將贏得奧斯卡的最佳導演獎。

更眼前的是，戴托羅遇上了製片貝妲．納瓦洛和她的弟弟，脾氣暴躁但天分洋溢的電影攝影指導吉勒摩．納瓦洛（Guillermo Navarro），出乎預期的劇本品質打動了他們來協助拍攝《魔鬼銀爪》。貝妲．納瓦洛回憶，「我心想，『哇！這傢伙這麼年輕，但又這麼成熟。』」[41] 不過，還要再過一年她才開始籌募資金。儘管數額是保守的一百五十萬美元，這已經是墨西哥有史以來最昂貴的電影。墨西哥電影界有些直截了當的反對聲音，認為這個類型電影不值得一顧，他們跟貝妲說她瘋了。國家的資金是要贊助藝術，而不是關於吸血鬼、蟲子和古怪小孩的瘋狂想法。電影的調性也令人困惑。它是關於親情的奉獻、還是恐怖故事？戴托羅甚至提案要找地位崇高的阿根廷演員費德利柯．路比（Federico Luppi）擔任主角。

▶ 選角的考量 ◀

選角至關重要。它並不是一部「砍殺電影」（slasher movie）。戴托羅「古怪的詩意」[42] 需從角色的身上展現。他過去就熱愛路比在《受害者最後的日子》（*Last Days of the Victim*）（1982）存在主義式的殺手角色，片中他用極簡約的對白傳達強烈的情感。即使已經五十九歲，路比仍具有如巴斯特．基頓那般強烈感染力的肢體語言，以及天生自然的憂鬱。戴托羅在選角上如此執著於「阿根廷的勞倫斯．奧立佛」，[43] 他已經把他畫在電影的分鏡腳本裡。除此之外，命運也同時發出了召喚，路比正在

← | 勾肩搭背的好兄弟——攝影指導吉勒摩·納瓦洛與導演戴托羅（攝於《地獄怪客2：金甲軍團》的洛杉磯首映會）在《魔鬼銀爪》展開精彩的合作關係。

→ | 魔鬼銀爪扣住了路比飾演的耶穌·葛利斯的胸口——這個知名的鏡頭，明顯地將他類比為藥癮。

↓ | 費德利柯·路比擺出了較傳統的吸血鬼姿勢，不過他的一頭白髮加上憂鬱神情，體現的是人逐漸失去人性的悲劇。

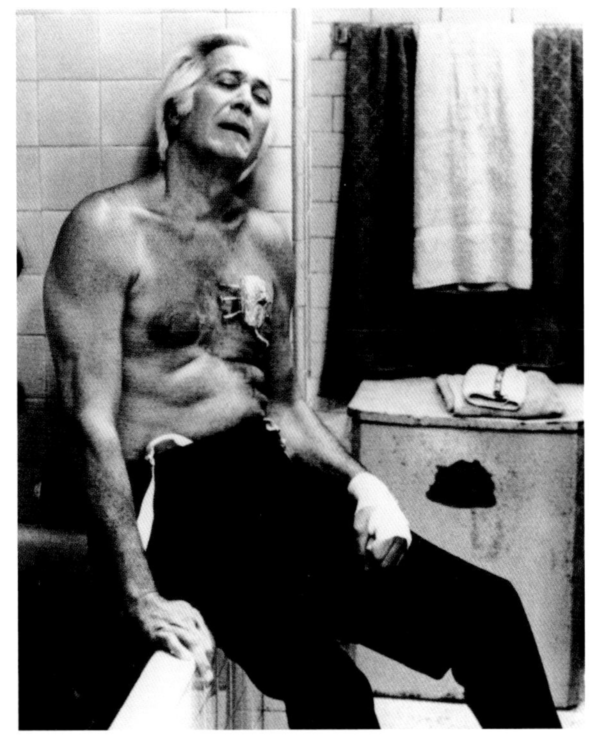

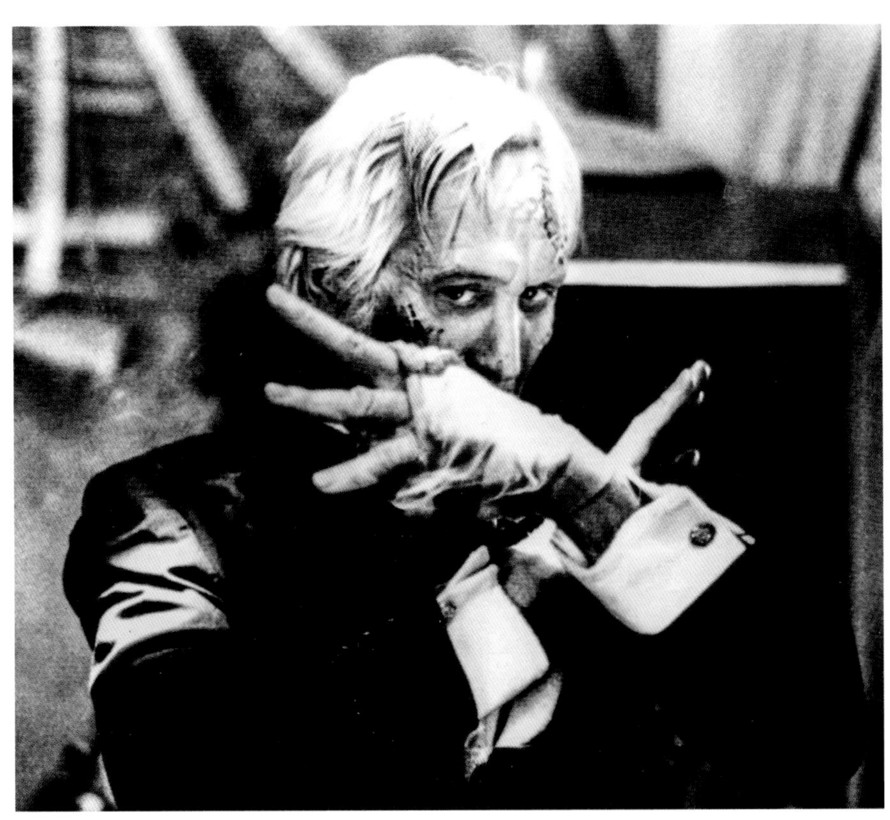

墨西哥拍片。戴托羅設法讓自己混進了片場，敲門進了他的化妝室，把劇本交到他手上。

這位演員看出這個故事充滿黑暗，但同時又很有趣。在近乎黑白色調的新年除夕派對裡，這位角色被設定是端莊拘謹的古董商，充滿狂喜看著在場的一位賓客摀著鼻血，在廁所的瓷磚地板上留下一小攤血漬。在這段堪稱經典的場景裡，身不由己的吸血鬼像貓一樣舔著血。

「我希望他在死後才散發活力。」[44] 戴托羅說。耶穌·葛利斯對魔鬼銀爪這個裝置依賴愈深，就變得益發年輕，心境也變更活潑、更樂於交際。

比路比更重要的，是風格獨特的美國角色演員。戴托羅說服他南下墨西哥，飾演充滿嘲諷氣息的安哲爾。

一個美國投資者提議，如果選用一位美國演員，他會更樂意貢獻預算裡不可缺少的六十萬美元。一開始戴托羅構想的安哲爾和他的叔父是在墨西哥落腳的納粹分子，並設想由歐洲的經典演員克勞斯·馬利亞·布藍道爾（Klaus Maria Brandauer）和麥斯·馮·西度（Max von Sydow）出演。不過這回他迫不及待地答應讓步。打造一個卡通般幼稚的美國反派角色，正好回敬美國電影裡千篇一律的墨西哥惡棍人物。

至少，安哲爾還是有顆心的野獸。他接受暴力，把它當成他的工作裡讓人疲倦的必然。他是另一個被誤解的怪物，有強烈憤世嫉俗的傾向——為《地獄怪客》預先暖身。這一切的特質，讓戴托羅如百科全書般的腦袋立刻想到了朗·帕爾曼（Ron Perlman）。他有著漫畫中怪物的厚實胸膛和寬闊下巴，加上有穿透力的銳利藍眼珠，這位來自紐約華盛頓高地，受過古典表演訓練的演員顯得格外出眾。此外，他還有一副低沉的嗓音。演起戲來他有如一道氣象鋒面，而且在戴托羅看來是如此美麗——他鍾愛他在《火之戰》（*Quest for Fire*）的原始人，以及《薔薇的記號》（*The Name of the Rose*）痴愚修士的演出。

對帕爾曼而言，這個劇本深深打動了他。更打動他的，是與劇本一同附上的手寫「情書」[45]，裡頭戴托羅大力讚美他過去的演出。「給它一百萬年，好萊塢也不可能同意拿錢拍這個戲，」他心裡想著。「光是這理由，媽的我一定要去演。」[46]

德．拉．瓜迪亞這個劇中冷酷心腸、有如霍華．休斯（Howard Hughes）般潔癖的億萬富翁角色，也絕非無關緊要。戴托羅選擇了克勞迪歐．布魯克（Claudio Brook），這位《泯滅天使》（*The Exterminating Angel*）與《沙漠中的西蒙》（*Simon of the Desert*）的男星，他也是導演布紐爾最喜歡的墨西哥演員。

▶ 孤注一擲的拍攝 ◀

從1992年2月開始，《魔鬼銀爪》在墨西哥市進行了八個星期艱苦的拍攝過程。戴托羅才廿九歲。「任何一部電影都很不容易，」他回想。「第一部電影也不例外。它是充滿煎熬的苦難。那是最好、也最糟的一段時間：我珍藏八年的計畫正在開花結果，但同時經費非常拮据。」[47] 拍攝到一半，錢已經燒光。自吹自擂的美國投資者結果是個騙子，根據戴托羅自己的形容，他設想著「瘋狂而絕望的」計畫[48] 要搶救他的電影。首先他面對的是帕爾曼。「我現在沒辦法給你錢，」他跟他拜託，「但是我保證**以後一定**付錢。」[49] 如果少了這個美國男星，他的作品就沒救了。在經紀人的反對下，帕爾曼決定留下來。這個舉動奠立了堅定不移的友誼。日後他將收到他的酬勞，之後

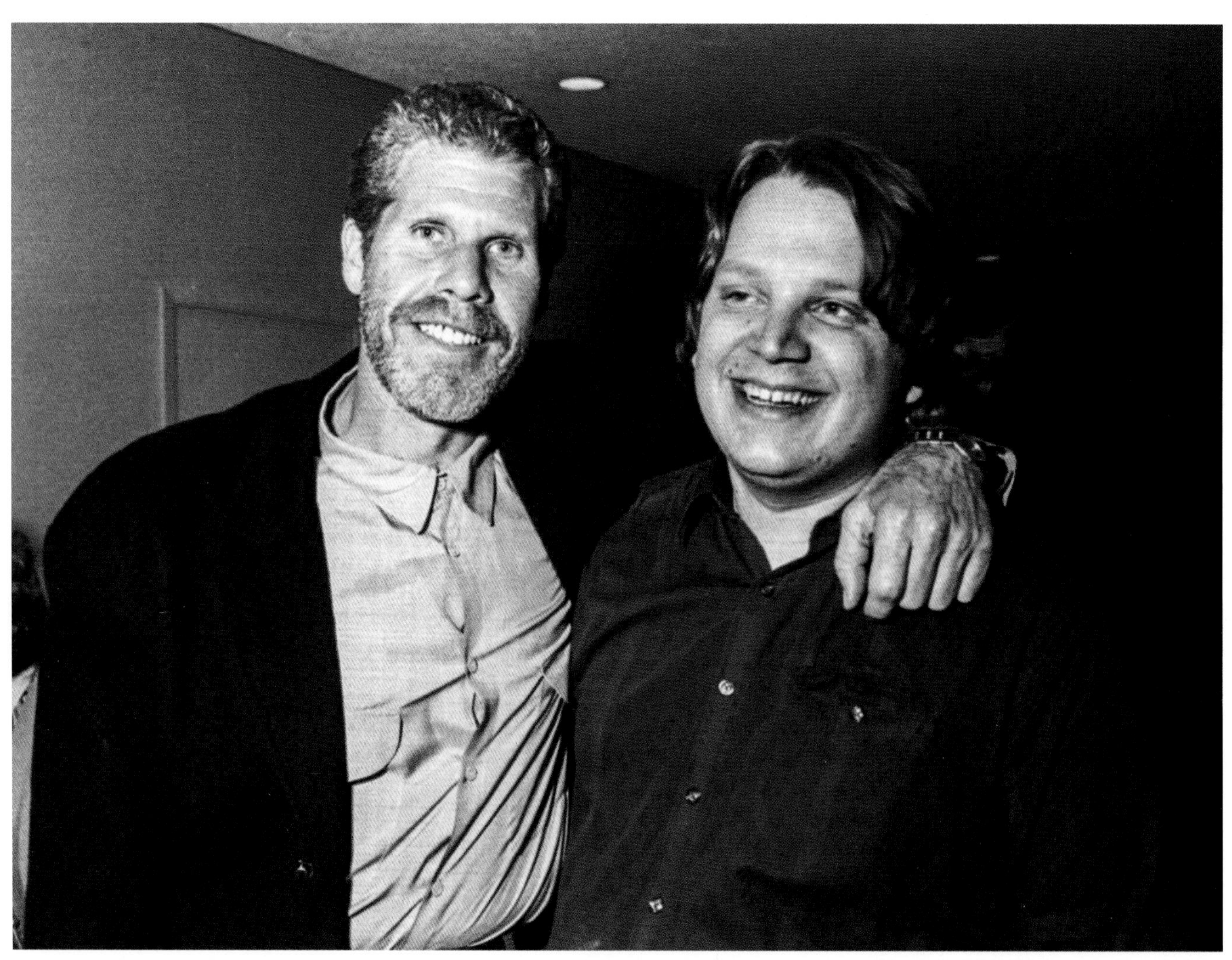

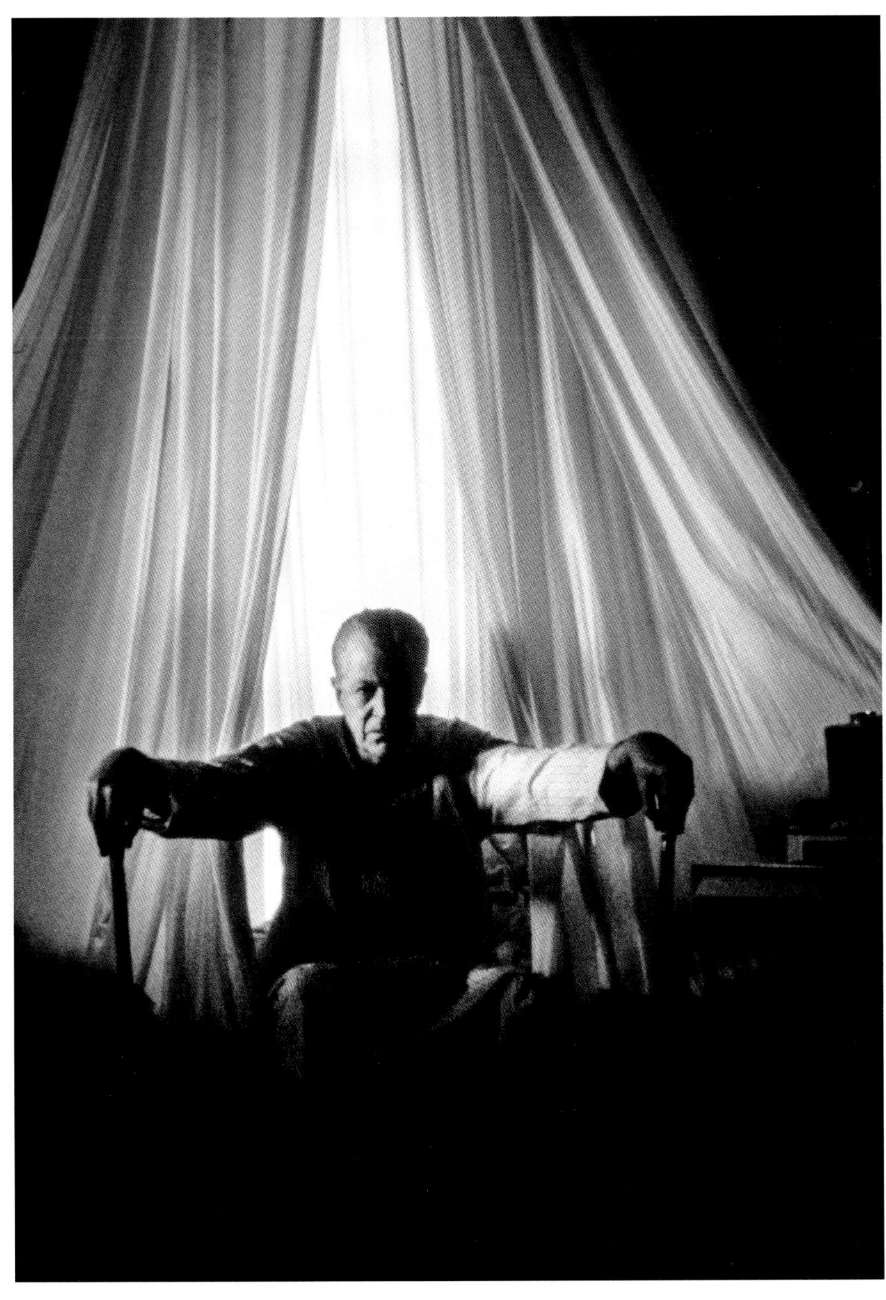

← | 苦難孕生的友誼──戴托羅和演員帕爾曼長期關係密切，開始於這位美國演員因《魔鬼銀爪》預算問題陷入進退兩難抉擇的時刻。

↑ | 克勞迪歐・布魯克飾演邪惡的德・拉・瓜迪亞。這位深居簡出、渴望永生的億萬富翁，角色大致以霍華・休斯為藍本。請注意飄起的窗簾，將成為戴托羅電影的招牌道具。

他的演出甚至會拿到更多的分紅。他看得出這位娃娃臉的墨西哥小子是天生吃這行飯的。從電影開拍的第一天開始，他就像是已經拍片拍了一輩子。

戴托羅抵押了自己的房子，賣了車子，還兜售自己的一些家當。用盡方法不讓自己的怪奇夢想破滅。最終他們還要額外多付五十萬美元的利息。他花了四年時間才讓房子回到自己名下。他匆促簽約拍攝他的下一部電影《祕密客》，主要原因之一就是為了償還債務。「我必須拍電影……」[50] 他強調，像是上了癮，或者說，就像個吸血鬼。金錢永遠是排在藝術之後：他把一半的酬勞投入了《地獄怪客》，為了拍攝《祕密客》和《刀鋒戰士2》的特效鏡頭而自掏腰包，還同意放棄《羊男的迷宮》的部分酬勞，只為滿足自己恣意拍攝電影的渴望。

即使到了後製階段，問題仍舊不少。戴托羅來到了洛杉磯，以使用在墨西哥付之闕如的數位設備。別幻想好萊塢的豪華生活了：他住的是管線設備故障頻頻，一個月三百美元的旅社。他每隔三天要到另一家旅社沖澡。「或者，我可以選在粉紅熱狗（Pink's）吃飯，」他回憶當時的情況。「這要看我怎麼選擇。我去沖澡的那天，就沒錢吃午餐。」[51]

他努力要說清楚他的電影。粗剪的版本過於冗長。它缺乏基本的流動性。柯朗直截了當告訴他──刪掉二十五分鐘。同時間他還在為探入「魔鬼銀爪」裝置內部的特效鏡頭傷腦筋。視覺效果是依據戴托羅筆記本的設計圖所製作的大型模型，特寫鏡頭裡發條和齒輪不停旋轉，還可瞥見裝置中心的不死之蟲（從未提供解釋）有規律地起伏顫動。他必須保留剪接的空間，同時乞憐上天（或各式的神仙）保佑他能及時完成。

他孤注一擲將心血注入了《魔鬼銀爪》並給了它生命。完成的影片是獨一無二的奇片。儘管在有限的預算下，它仍是布紐爾等級的影片。「《魔鬼銀爪》所呈現的是導演歡樂指揮各種電影細節交織和鳴的奏鳴曲，」[52]《偏鋒雜誌》（*Slant Magazine*）的小葛倫．西斯（Glenn Heath Jr.）如此形容。影像設計與故事敘述如藤蔓般融合交纏。耶穌．葛利斯成為稀罕古物的擁有者，這安排是如此的適當，因為這給了戴托羅絕好的機會，為每個場景填滿各種象徵符號和道具——各種他腦中迷戀的收藏品。這裡充滿戴托羅豐富的視覺饗宴：巴洛克風格的機械裝置、混濁玻璃罐裡的標本、堆滿古董和典籍的老舊房間。這些招牌主題將在他的作品裡反覆出現。他把它稱之為「押韻」（rhyming）。[53] 這是我們第一次見識導演個人的華麗手法，在裡頭你所聽所見的一切，都具有各種層次交織的意義，彷彿進入考古探掘的遺址。

以「魔鬼銀爪」的裝置本身為例。它有如雞蛋的形狀，寓意永恆與長生不死。同時也要注意，耶穌．葛利斯的額頭就像破殼的雞蛋，顯露出底下的乳白色表面。黃金甲蟲在埃及的來世具有重要意義。雕刻在它黃金外殼的是一條銜著自己尾巴的蛇——又是個永生的象徵。還有纏繞裝置的莫比烏斯帶（Möbius strip），這又是戴托羅的安排，代表著無窮的循環。

導演自己也同意，這類「象徵式讀法」[54] 可能只有他適用，但是他喜歡在他的電影中嵌入一套密碼。他說：「你應該很希望，每次重看這些電影又會看到新的東西。」[55]《魔鬼銀爪》滲透進你的體系中。

於是，在小規模發行、全球六十二萬一千美元差強人意的票房之後，這部電影逐漸贏得它應得的邪典名聲（以及緩步增加的營收）。戴托羅和他的團隊滿意地贏得了九座艾瑞爾獎（Silver Ariel），相當於墨西哥版的奧斯卡獎，其中包括最佳導演、最佳編劇、以及最佳新秀作品。在國際上，這部電影在坎城影展也攻佔寶貴的一席之地，並獲得「影評人週獎」。這也讓他得到一些美國製片家的注意。不過，當環球影城電影公司向他徵詢翻拍英語版《魔鬼銀

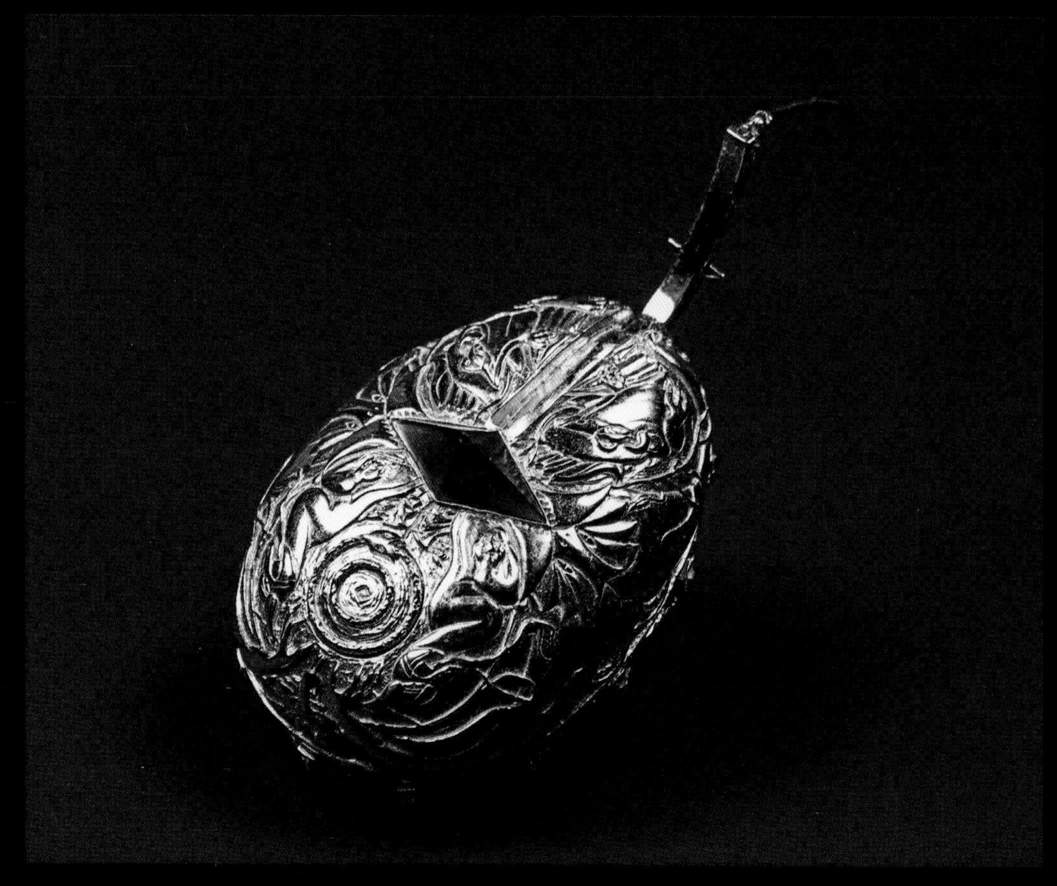

← | 珍貴但致命的「魔鬼銀爪」，透過一連串大小不一的齒輪和發條機械，推動他的故事向前開展。

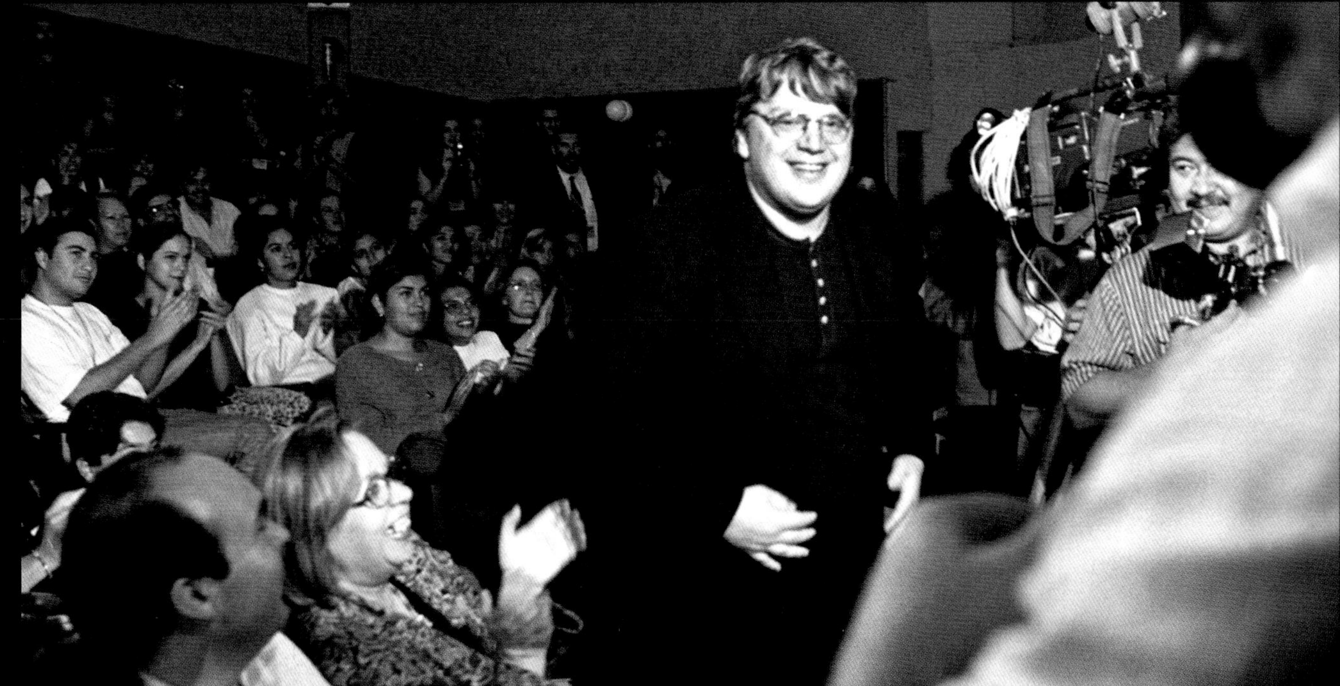

↑ | 隨著電影在各個影展大出鋒頭，年輕的戴托羅對自己有機會見識墨西哥以外的世界大感興奮。

爪》的版權事宜時，戴托羅感到有些不解。「誰會想要看傑克．李蒙（Jack Lemmon）舔廁所的地板？」[56] 他當場打消了對方的念頭。有些故事只能屬於墨西哥。

回過頭來看，如今更加睿智的導演，看得出這部影片的缺點。「我想劇本要比電影更好一點，有很多地方我可能會用不同的方式來拍。不過每一部電影，都是你製作當下的寫照。對我而言，《魔鬼銀爪》仍有一些好的特質。」[57]

1993年，在電影上映幾個月之後，戴托羅受邀到馬德里。他開心地發現當地騷莎公主戲院（Salsa Princesa cinema）的午夜場仍在播映《魔鬼銀爪》。自然，他當晚就到了戲院。他怎麼抗拒得了？在戲院裡他注意的不是影片，反倒是坐在他前面幾排的一個男子，在電影角色開口之前，逐句輕聲說出台詞。他顯然已經上癮了。

隧道視野

1997

MIMIC

祕密客

與好萊塢苦澀的第一次接觸，幾乎摧毀了他的意志，
最後卻給了他決心來打造自己的路，
並帶給世人一部評價持續走高的巨型昆蟲電影。

在紐約地鐵的深處，潮濕、充滿鏽蝕有如沉船，這裡有巨大的昆蟲密謀統治大業。發出如磨牙般的嘎吱聲，牠們是科學家狂妄的產品。在怪物電影的公式底下，可以聽到科學怪人的旋律。故事告訴我們，「猶大種」（Judas Breed）是基因強化版的蟑螂，因為蟑螂攜帶的致命疾病會侵害紐約市的孩子，所以科學家設計牠們來消滅牠們的正常遠親。這很像聖經裡的寓言。牠們原本被設定會消亡；但是，三年之後，牠們不只繼續存活，而且還進化了。牠們陰暗、類似人的體態在街道間遊走，有如黑色電影裡的歹徒角色，雙手插在口袋、風衣領口高高豎起，同時發出窸窸窣窣的刺耳聲音。有人陸續失蹤。奇怪的事（屎）不斷出現——這是寫實而非比喻的描述，透過攝影機的緩慢移動，一整間充滿昆蟲糞便的房間在我們眼前出現。該為此負責的人，昆蟲學家蘇珊．泰勒博士（Dr. Susan Tyler）（蜜拉．索維諾〔Mira Sorvino〕）和她在疾病管制局工作的丈夫彼得．曼博士（Dr. Peter Mann）（傑瑞米．諾森〔Jeremy Northam〕），朝黑暗地底前進，試圖做出彌補。

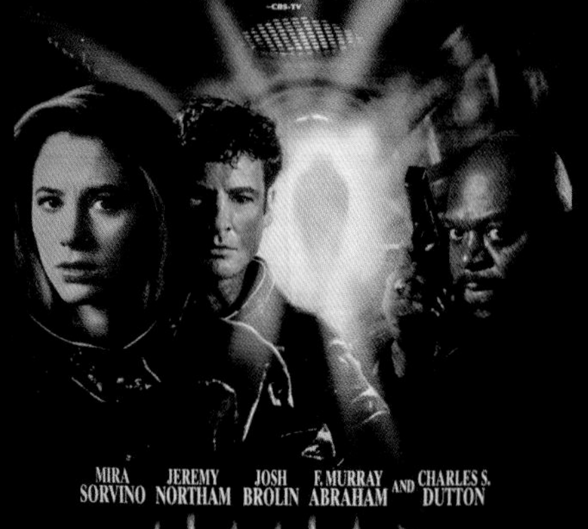

↑｜戴托羅多災多難的《祕密客》，事實上得到一些不錯的評價，它的電影海報可做見證。

→｜蜜拉．索維諾飾演的蘇珊．泰勒博士，初探充斥蟲鼠的紐約地鐵。這是戴托羅的第一座大迷宮。

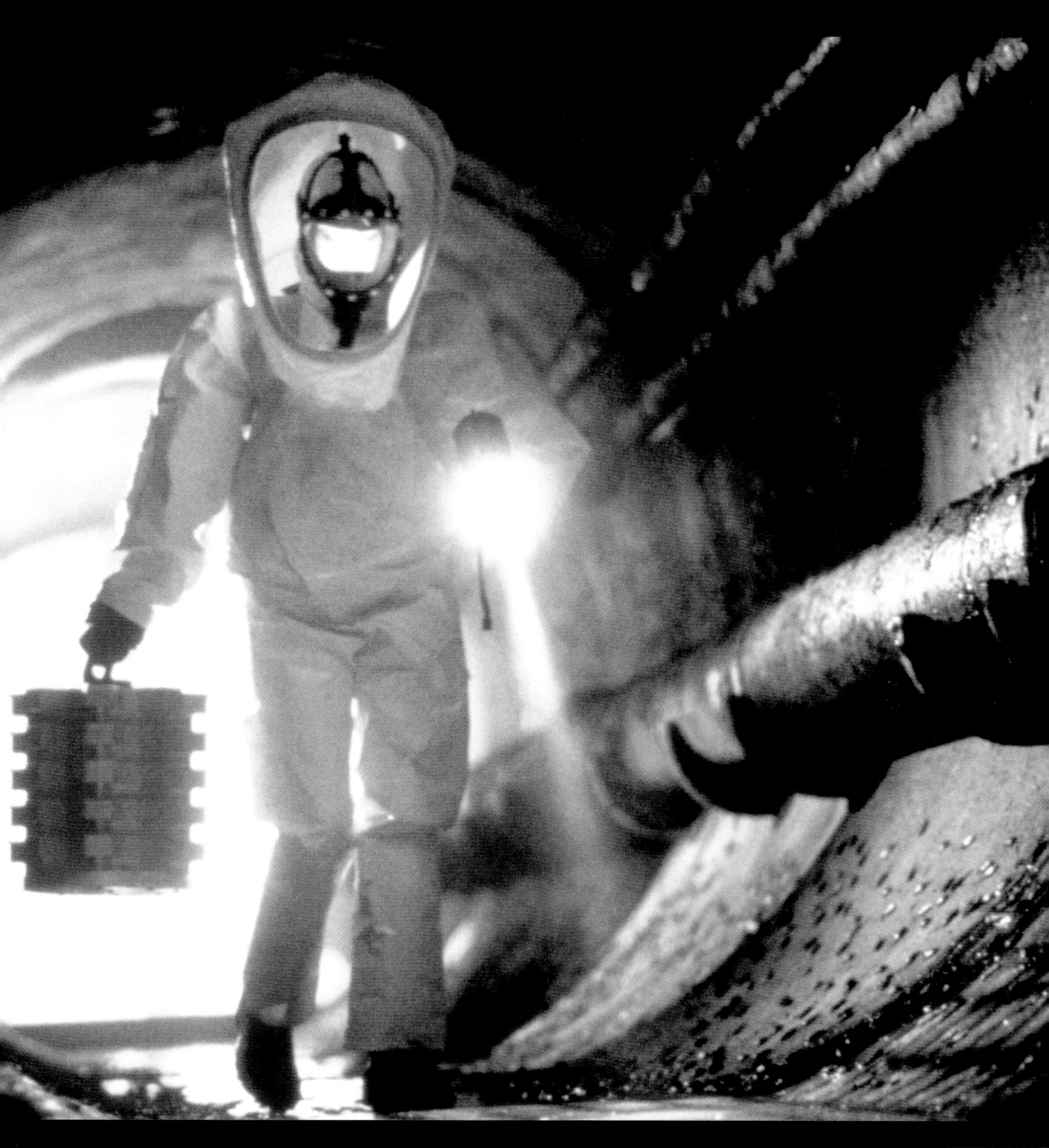

▶ 好萊塢片場的噩夢 ◀

這是真實噩夢的虛構背景。戴托羅第二部電影的警世故事是，他像隻被誘入網中的飛蟲，這張蛛網名叫米拉麥克斯（Miramax）。

一談起《祕密客》，戴托羅多半不假辭色。「那是個非常、非常、非常糟糕的經驗。」[1] 說完之後，他會深吸一口氣來穩定情緒。他拍攝《祕密客》過程中，沒有一天是開心的。他個人無法抑制的構想，碰上了無法撼動的障礙——那人就是鮑伯．溫斯坦（Bob Weinstein）（底下我們稱他「鮑伯」），他是惡名昭彰的哈維．溫斯坦（Harvey Weinstein）的弟弟，掌管米拉麥克斯的類型電影子公司「次元」（Dimension）。

和他哥哥一樣，鮑伯同樣性格兇惡，認定旗下導演存在的目的——特別是那些在他眼中藉藉無名、全因自己慷慨拔擢的導演——就是以最廉價的方式完成公司的需求。

製片人B．J．芮克（B. J. Rack）試圖在導演和電影公司之間斡旋而惹來一身腥，她也說得很坦率。「我和保羅．范赫文（Paul Verhoeven）合作過，我也製作過詹姆斯．卡麥隆的電影，不過《祕密客》是我在專業領域上最艱難的一次體驗。我覺得自己像是在戰俘營裡。」[2]

你可能會問，這一切風波，就為了一部大蟲子電影嗎？但是對戴托羅來說，這

↓｜在戈登．道格拉斯（Gordon Douglas）令人驚嘆的《巨蟻入侵》裡頭，巨大的螞蟻從下水道中爬出。戴托羅把《祕密客》當成是向他致敬的機會。

→｜《巨蟻入侵》的海報賣弄1950年代科幻片的煽情風格——戴托羅把這種B級片元素注入到他自己較為陰鬱的故事裡。

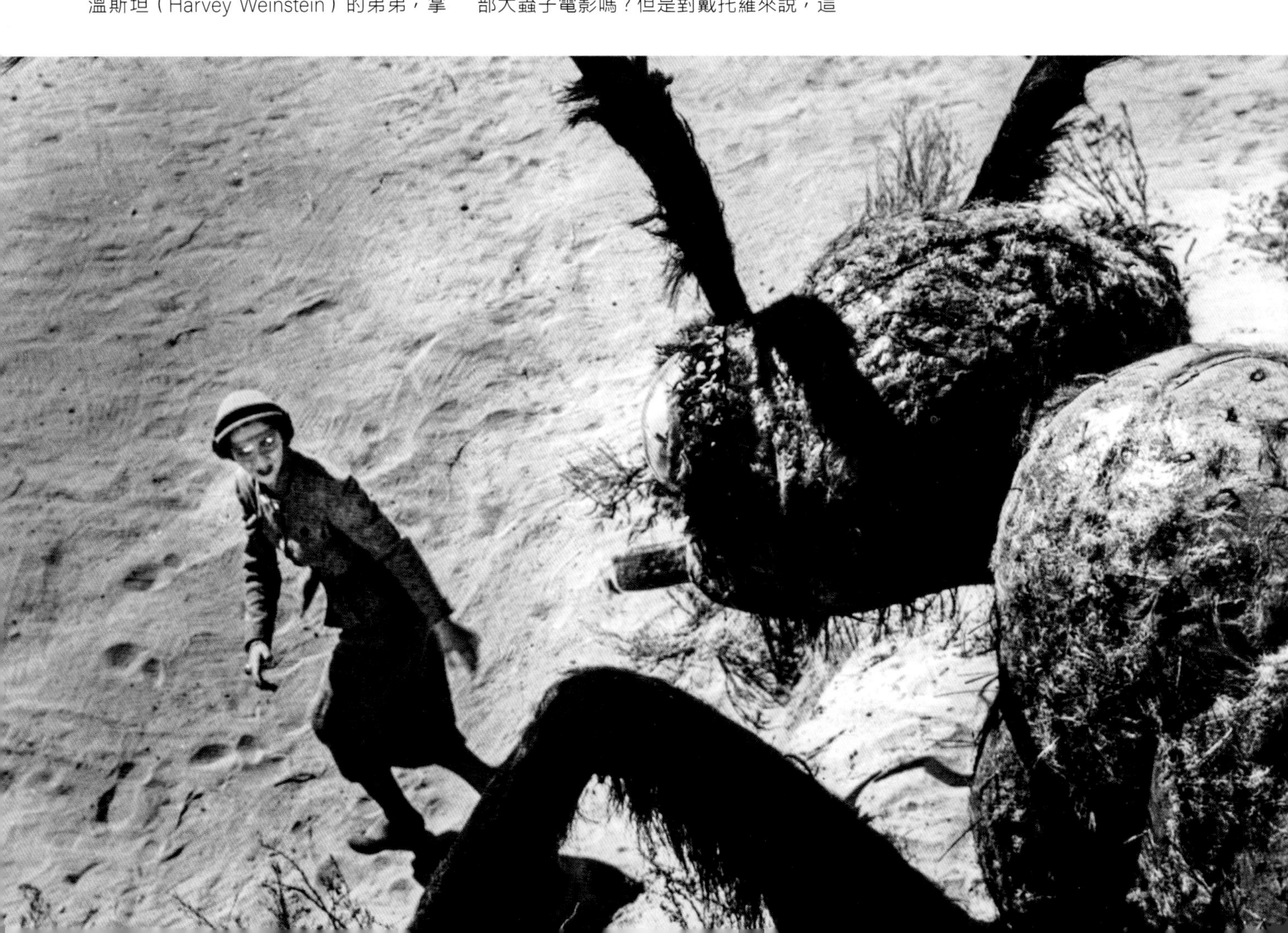

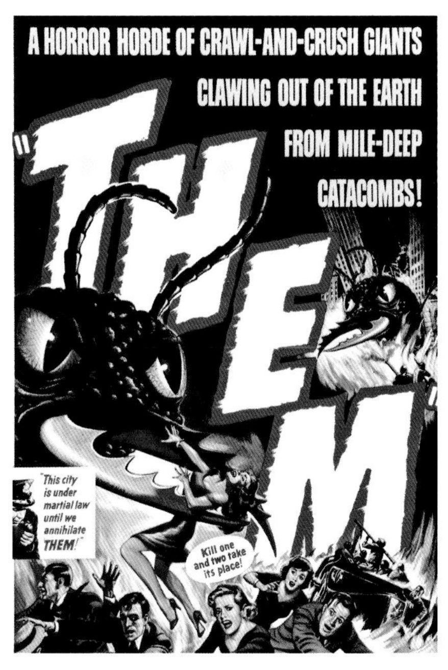

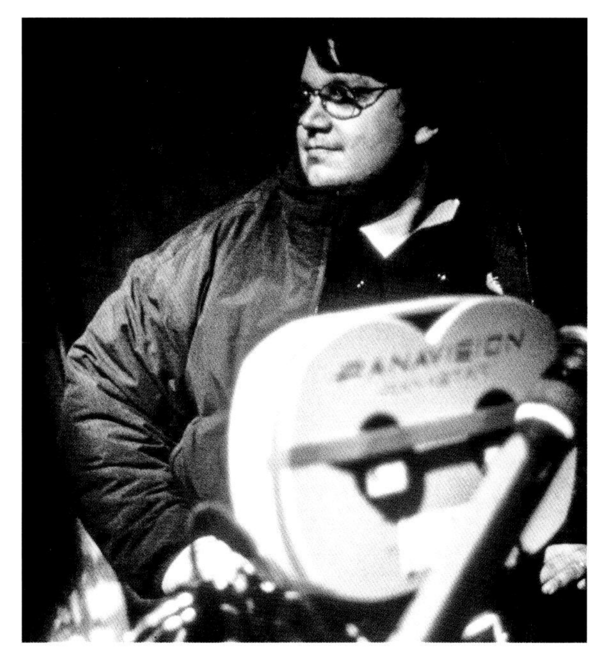

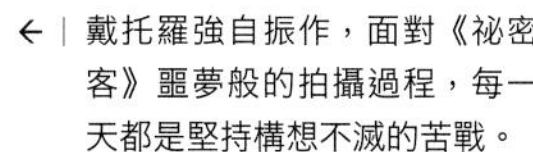
←｜戴托羅強自振作，面對《祕密客》噩夢般的拍攝過程，每一天都是堅持構想不滅的苦戰。

可不只是部大蟲子電影。

《祕密客》一開始並沒有這麼大的企圖心。米拉麥克斯原本打算推出科幻三部曲《光年》（*Light Years*），交由三位新銳導演──蓋瑞．弗萊德（Gary Fleder）、丹尼．波伊爾（Danny Boyle）以及戴托羅──負責執導。戴托羅是因他的《魔鬼銀爪》在影展圈得到好評，而得到了溫斯坦兄弟的注意。在戴托羅加入之前，由馬修．羅賓斯（Matthew Robbins）改編自唐納．沃海姆（Donald A. Wollheim）短篇小說的劇本已經先完成。三部曲當中的兩個故事，《祕密客》和弗萊德執導、菲利普．迪克（Philip K. Dick）改編劇本的《強殖入侵》（*Imposter*），很快被認定具有獨自發展成劇情長片的潛力。波伊爾的《外星三角戀》（*Alien Love Triangle*）則拍成了短片，並就此束諸高閣。

《祕密客》對戴托羅的吸引力無庸置疑。他內心裡一直對可怕的蟲類感到親近。他還是小孩子時，第一次到紐約就買了一個巨大的昆蟲模型。至今他仍然裝框放在家裡，成了他《羊男的迷宮》和《地獄怪客2：金甲軍團》裡蟲類生物的靈感來源。墨西哥是蟲子的國度；你要學會與牠們共存。戴托羅對牠們彷彿機械設計的外形深深著迷。他說，「牠們是大自然真正活生生的自動裝置」[3]，並讚嘆牠們召喚出機器與生物之間奇特的對照關係。在他充斥了屍體解剖、物種變形、以及擬人機器人的電影裡，他經常思考，如果人不是活的機器，那麼人究竟是什麼？讓人與其他東西不同的地方是什麼？他的結論是，我們害怕蟲子，是因為蟲類「缺乏情感」。[4] 人的蜂群思維（hive mind）（從法西斯主義到好萊塢）會扼殺靈魂。

巨大的螞蟻在下水道橫行的《巨蟻入侵》（*Them!*），被戴托羅認定是史上最偉大的昆蟲突變電影──而他正是最喜愛昆蟲突變電影的人。整體而言，拍一部變種蟑螂聚集在紐約市地底下的低概念電影（low concept）一直是他的夢想。只不過升格成了好萊塢的長版劇情片之後，棘手的問題卻出現在不對勁的地方。

擴充版的劇本、選角、道具和預算都有爭議。戴托羅還是太過天真，不明白這是米拉麥克斯的作風：溫斯坦兩兄弟幾乎始終處於暴怒的狀態。特別是鮑伯，這是他讓導演乖乖就範的方式：他會不斷施壓和霸凌，在短暫暴風雨中的平靜，讓他們誤以為事情開始順利，又再要求他們重寫劇本，然後再重寫。

鮑伯會出席故事腳本的會議，開會時間可能長達十一或十二個小時。他們被關在米拉麥克斯在紐約翠貝卡辦公室的會議室裡，這裡霧面的玻璃牆和溫室般的溫度，讓這群可憐蟲戲稱為「烤箱」。鮑伯會逐行挑剔劇本。每一個原創的概念、任何怪異的個人想法，都會逐一被篩選、剔除。

▶ 昆蟲驚悚片的傳統 ◀

如果參考彼得．比斯金（Peter Biskind）探討米拉麥克斯時代的《低俗電影》（*Down and Dirty Pictures*），如今回頭來看，鮑伯

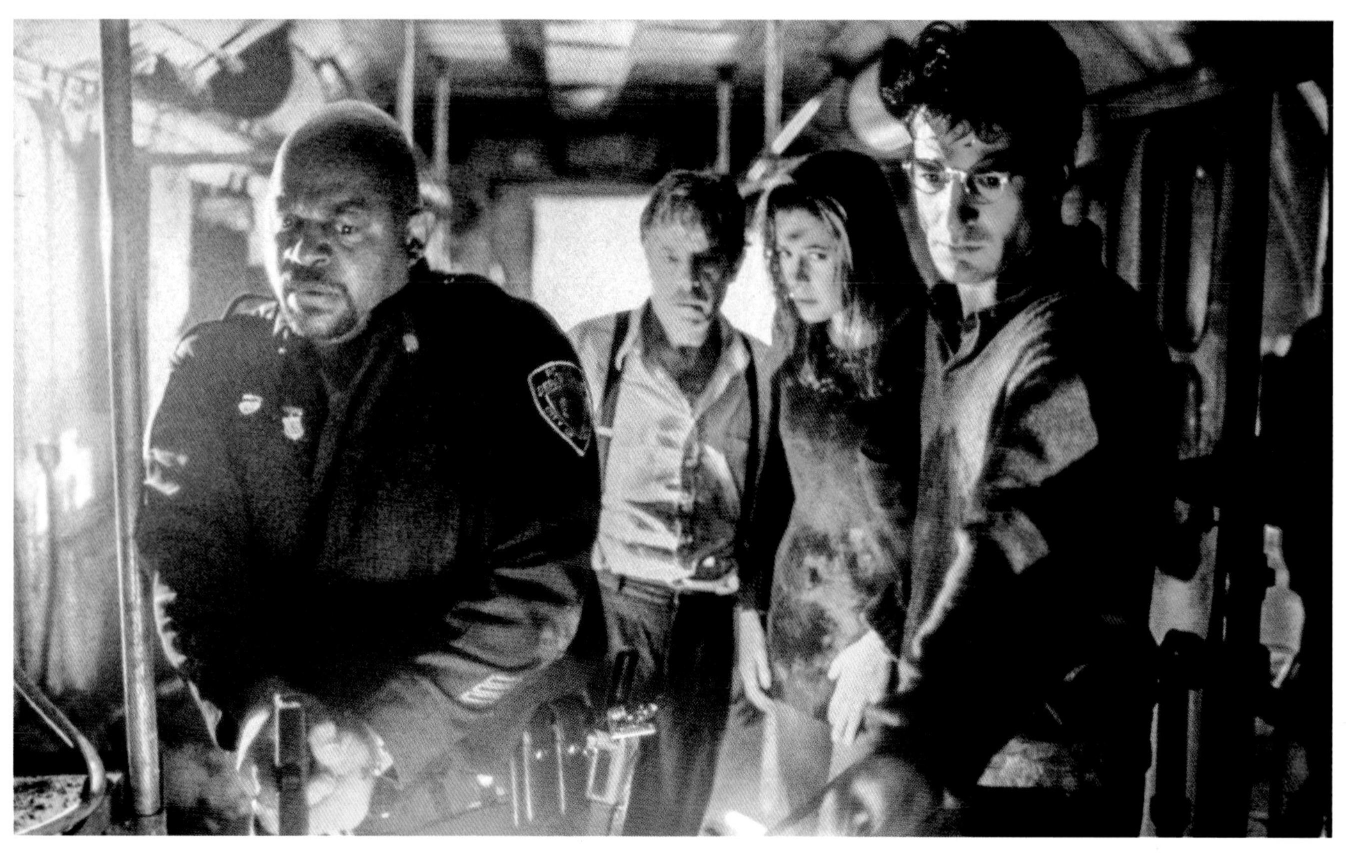

↑ | 捕蟲人被困在廢棄的地鐵車廂裡。左起：查爾斯．達頓、吉安卡羅．吉安尼尼、蜜拉．索維諾、以及傑瑞米．杭特（Jeremy Hunt），他們面對的是巨無霸級的蟑螂。

心裡想的，可能是一部《異形》（*Alien*）廉價翻版、一部B級電影、一個在紐約地鐵站的血腥恐怖電影。戴托羅確實也從《異性》尋找靈感，但是他更想做的，是像雷利．史考特（Ridley Scott）氣氛的掌控，以及他稠密、濕黏的場景道具設計。戴托羅在日後比較冷靜的時刻評論道：「我認為八〇年代的英國導演，像是亞卓安．林恩（Adrian Lyne）、亞倫．帕克（Alan Parker）、以及最重要的雷利．史考特，他們做了重要的示範，解說如何用鏡頭乾淨俐落地拆解這個世界。」[5]

「你是在拍藝術片嗎？」[6] 鮑伯質問。戴托羅努力說明藝術和蟲子可以是同一件事。這部電影必須華麗。它必須感動人。

他的話語成了空氣。

或許鮑伯想要的是《異形》「狂飆突進」（Sturm und Drang）的刺激感。在《祕密客》的後半段，當科學家、老練的地鐵員警（查爾斯．達頓〔Charles S. Dutton〕）、以及患自閉症的兒童丘伊（亞歷山大．古德溫〔Alexander Goodwin〕）被困在地鐵深處的老舊車廂，算是達成了類似的效果。戴托羅嘲笑著最後它更像是「《異形三又二分之一》」。[7]

他在多倫多開拍之後（這有點狡猾，它是較省錢的紐約市替代品），鮑伯的咆哮照樣在他耳邊迴盪。整個1996年的冬天，不僅有加拿大攝氏零度以下帶來的文化震盪，還有鮑伯的電話。鮑伯會大吼大叫。鮑伯會看每天的樣片，然後再打電話來，要求更多的動作場景、更多的追逐戲、以及更多見鬼的爆破場面！

戴托羅努力保持冷靜。當米拉麥克斯

強迫他把怪物從優雅的樹甲蟲改成蟑螂，他下決心——按照他在藍光特別版裡自己說的話——要盡其所能拍出最棒的大蟑螂電影。不過鮑伯的攻擊是一種貶抑自尊的心理操縱術。戴托羅無法理解這些無止境衝著他下達的指令，因此覺得自己快瘋了。他很清楚自己想拍的電影，他可以預見它，感覺到它，而且為它的各種可能性真心感到興奮不已。

這位墨西哥說書人也有難得的勝利時刻。在眾多製作會議的其中一次，人們告訴他，米拉麥克斯嚴格禁止對於動物或孩童的暴力描述，於是他自顧自拍攝了兩個兒童和一隻狗死亡的場景。回想這小小的慰藉，他說，「我不知道這是否算重大成就，但是感覺應該算是吧。」[8]。這一幕毫不留情，小孩成了昆蟲鋒利口器下的犧牲品——預示了他確實可以成為非常黑暗的導演。

一個小事情，不過戴托羅很開心他讓諾森飾演的科學家臉上戴的眼鏡，像《蒼蠅王》（*Lord of the Flies*）裡小豬（Piggy）的眼鏡一樣碎裂。破掉的眼鏡，是人的脆弱性的有力象徵。

不過其他令人激動的想法卻在鮑伯腳下踩得粉碎。戴托羅原創概念的一個核心，是要揭露這些巨大的昆蟲是上帝重新構想世界所派出的先鋒。在如同《舊約》所描述的狂怒中，上帝打算清除世界重新來過，交由有智能的蟲子來統治。

「所以在我寫的劇本裡，真正的反派是上帝。」[9] 他強調。他宏大的主題最後只剩下少數殘留的小把戲。開場的神父被一群蟑螂殺害，地點是在一間破敗的教堂，上頭巨大的標語寫著「耶穌是救世主！」。

戴托羅已經準備好令人驚駭的結局。「猶大種」的公蟲將存活下來，以君臨天下的姿態，向索維諾顯露牠完美擬態的人臉，接著伸出牠完美外形的人類手指，最後發出命令，「離開！」[10] 蟲類最終具備智能的念頭令他興奮莫名。但這場爭奪戰，他也輸了。

「最後剩下的像是禿鷹搶食後的滿目狼藉……」[11] 戴托羅露齒而笑。

▶ 臨時換角風波 ◀

雖然選角的決定往往非他所能控制，他對於在強大壓力下與諾森、還有事後證明很重要的，與索維諾所培養出的友誼，

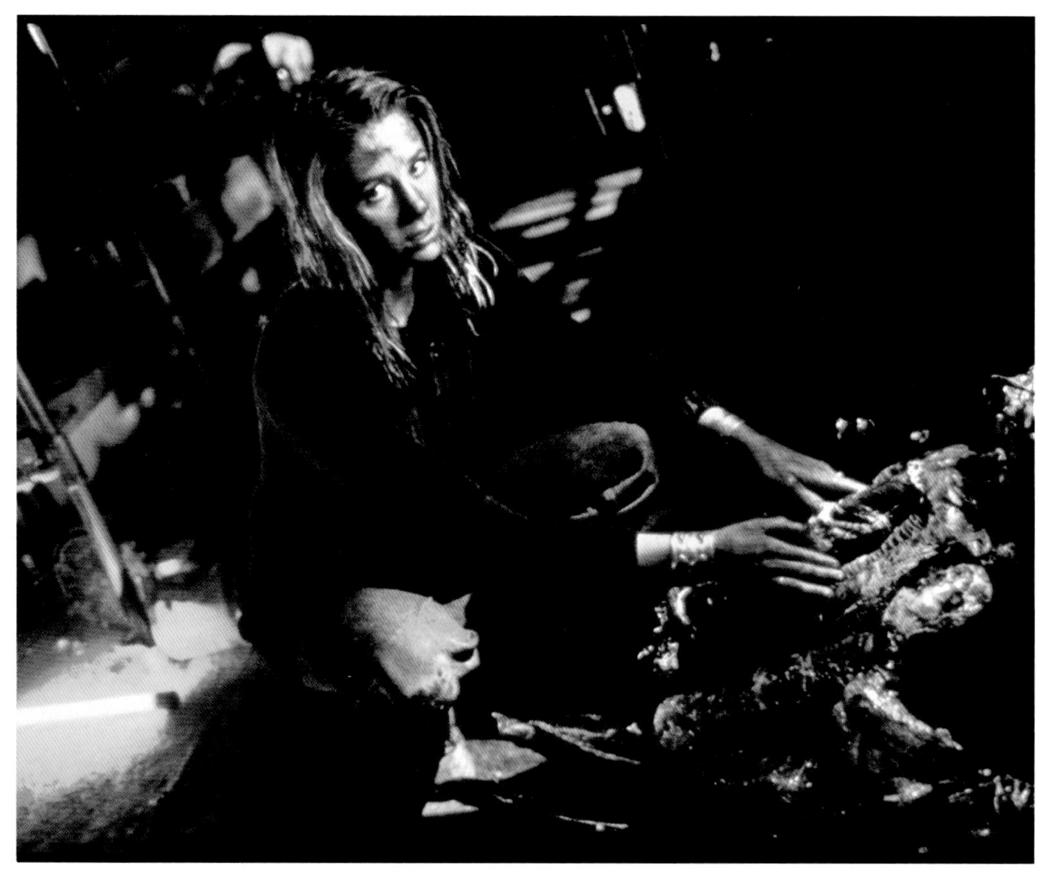

←｜蜜拉・索維諾調查噁心的巨蟲屍骸——這個鏡頭說明了戴托羅如何利用深邃的墨藍配合琥珀色光影來發展他的「夜景」。

則是有不少好話。原本計畫由擔綱《魔鬼銀爪》的老朋友費德利柯．路比飾演地鐵擦鞋匠曼尼的計畫被推翻了，因為這位演員的英文發音不夠字正腔圓。義大利演員吉安卡羅．吉安尼尼（Giancarlo Giannini）取而代之。曼尼自閉症的孫子成了一個副情節最後僅存的角色，原本安排中有一群住在下水道的人們，這群逆來順受的人類將愛上他們的蟑螂主子。

鮑伯面對這部陰鬱、有探索性、格局宏大的驚悚片逐漸成形，仍舊不為所動，這部電影有著雷利．史考特和早期大衛．芬奇（David Fincher）（他的《火線追緝令》〔*Seven*〕是另一個重要的靈感來源）招牌風格。最後，這位暴怒的主管開始親自坐鎮片廠，他就坐在距離攝影機和戴托羅大約二十英尺外，由芮克扮演他的中間人。鮑伯會大聲發出指令——基本上對每一鏡頭都會提出質疑——然後芮克會躡手躡腳走到導演身邊，傳達戴托羅顯然早已聽到的話。鮑伯完全沒有分際的概念。戴托羅能做的就是繼續拍下去。

「我記得在拍攝《祕密客》有一刻幾乎是靈魂出竅的體驗，我到達了道家無我的境界，我的福杯滿溢，讓我度過了那要命的痛苦。」[12]

感覺就像（至少，在比喻上）《地獄怪客》裡沒完沒了的衝突。鮑伯接下來派出了他自己的第二組導演來提供他想要的畫面：一大堆浮誇的打鬥場面，完全不考慮配合戴托羅精心的色彩配置、緩步營造的氣氛、以及鏡頭之外微妙挑動的恐怖情緒。這還不夠，在檢視過所有的拍攝畫面之後，鮑伯又丟下了另一個震撼彈。在他看來，該是把戴托羅炒魷魚的時候了。根據比斯金書中的描述，他安排的替代人選包括丹麥導演歐利．伯奈戴爾（Ole Bornedal）（他曾為次元電影公司重拍了自己作品的英文版《看誰在尖叫》〔*Nightwatch*〕），或是羅伯特．羅德里蓋茲（Robert Rodriguez）。由伯奈戴爾掛名監製的事實來看，我們應該可以認定是他負責由鮑伯指派的第二組導演團隊。

導演和大亨在飯店的一間房間會面。「你不是合適的人，」[13] 鮑伯告訴他。他會在晚上搭第一班飛機離開。戴托羅陷入震驚，擔心自己的電影事業就此完蛋。不過事情還沒完。索維諾在樓下大廳等著，渾

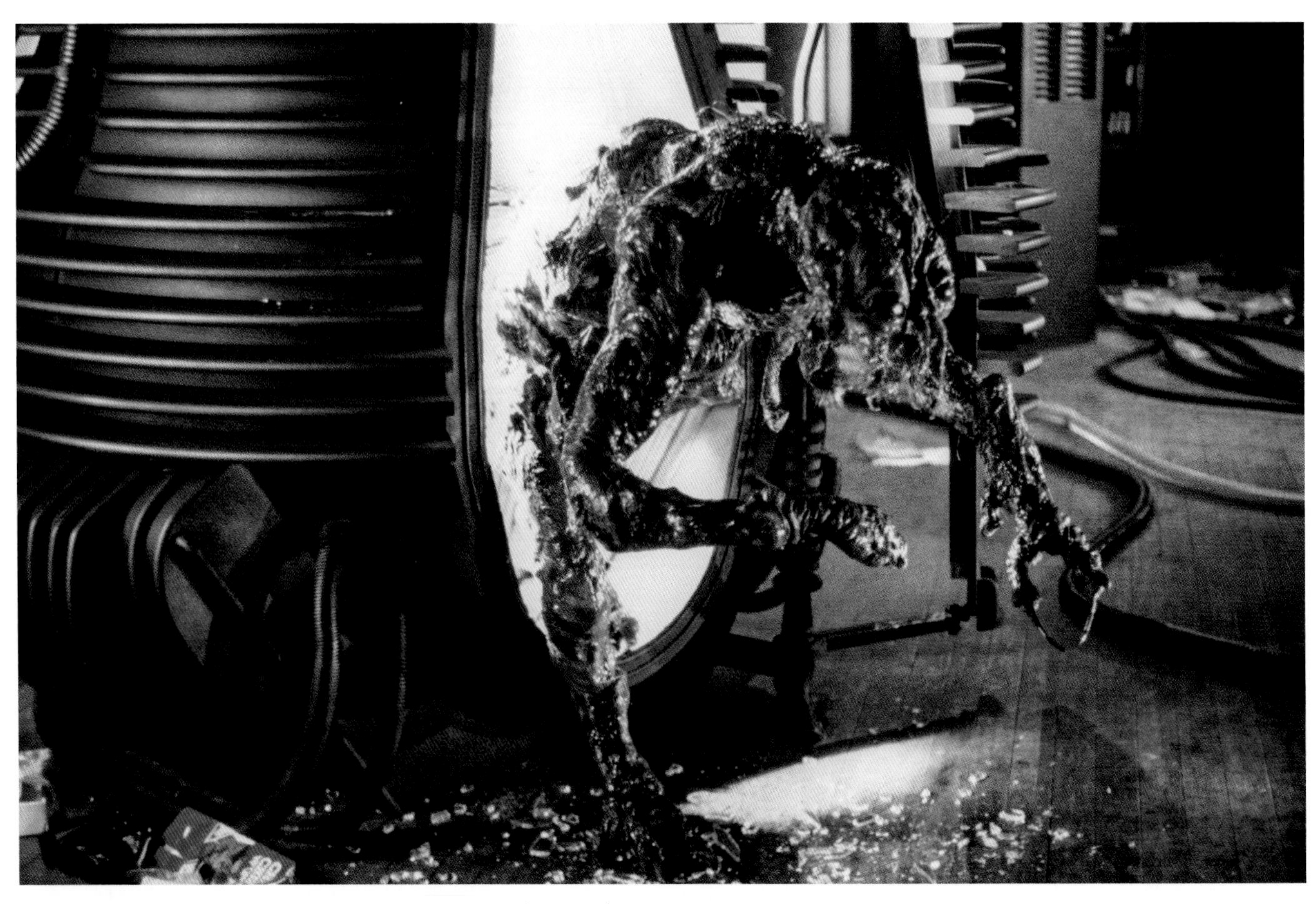

↙ | 戴托羅追尋大衛・柯能堡在昆蟲突變的現代經典《變蠅人》的細緻手法——兩部片甚至有同一位美術指導卡羅・史皮爾。

→ | 索維諾飾演的昆蟲專家，面對自己干涉自然，導致突變種殺手昆蟲出現的真相——這是戴托羅直接借用自《科學怪人》的主題。

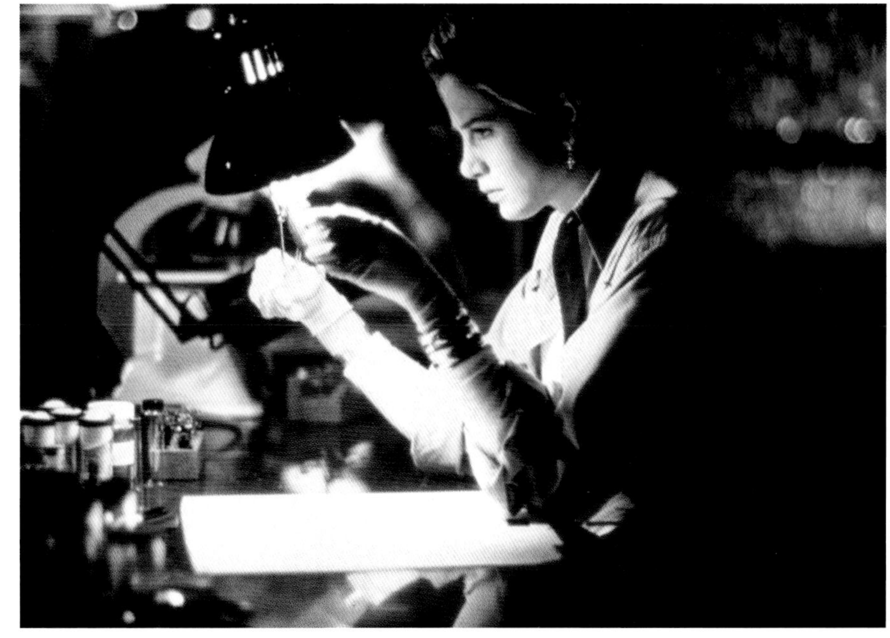

然不知自己的導演沒了。

儘管索維諾剛剛以米拉麥克斯的《非強力春藥》（*Mighty Aphrodite*）贏得奧斯卡獎，她也得罪不起權力正值巔峰的溫斯坦兄弟。戴托羅說，「當時他們在電影界呼風喚雨，」他試著解釋他們如何用這種權勢來擺脫責任，「所以米拉麥克斯出了任何狀況，都是你的錯，而不會是他們的錯。」[14]

永遠要為她記上一筆，索維諾想都沒想。她看了面色慘白的戴托羅一眼，馬上知道發生了什麼事。在鮑伯還來不及開口之前，她已經連珠砲式地對他大發雷霆，她說除非戴托羅回到導演的位子，她拒絕再回到片場。她也有祕密武器。當時她與昆汀・塔倫提諾正在拍拖——昆汀正是米拉麥克斯的金童。他來到片廠探過幾次班，和戴托羅相談甚歡。塔倫提諾扮演了和事老，他知道索維諾全是衝著《魔鬼銀爪》才接這部電影。她很欣賞戴托羅的概念。鮑伯終於被迫讓步，同意讓戴托羅拍完《祕密客》。不過他仍有最後修剪的權利。

▶ 努力保有自己的聲音 ◀

即使在《魔鬼銀爪》就飽受磨難，相較之下這場經歷在精神上把戴托羅擊潰。他還年輕，只有卅二歲，照片中蒼白年輕的臉看起來更像個青少年——他尚未被污染的靈魂還沒準備好應對好萊塢的怪物們。午夜夢迴他會懷疑自己是否適合拍電影。即使是，也不該像這個樣子。

「好萊塢，」他說，「並不是一道波浪，你可以用純淨的心靈站起來迎接它。它像個黴菌。它慢慢滲透在一堵牆上，逐漸敗壞然後垮在你身上，只有到這時候你才知道它是什麼。它很變態、緩慢、而且經過仔細盤算。」[15]

不過有件事是對戴托羅在困境中仍保有他獨到眼光的見證：即使在原本綁手綁腳的狀態下，《祕密客》仍是保留了一些格調的恐怖電影。如《娛樂週刊》（*Entertainment Weekly*）的歐文・葛萊伯曼（Owen Gleiberman）的評論，在充滿喧囂的公式化劇情裡，這部電影始終讓觀眾「身體的各部位處於動覺焦慮（kinesthetic anxiety）之中」。[16]

的確，它情節發展有些失衡，內在邏輯存在嚴重缺陷，但是它有清楚可辨識的風格。少數值得慶幸的是，戴托羅有機會和卡羅・史皮爾（Carol Spier）共事，她擔任過大衛・柯能堡（David Cronenberg）十部電影的美術指導。柯能堡知性風格的恐怖電影，是戴托羅另一個重要影響，兩人也常被拿來互相比較。「我認為柯能堡是存在主義的，而我則是浪漫主義的，」[17] 戴托羅如此回應，不過《變蠅人》（*The Fly*）對《祕密客》的影響處處可見。

一路上氣不接下氣、逆風而行，承受電影公司的各種要求，戴托羅仍設法創造了氣氛陰鬱、引人入勝、具個人註冊標誌的電影。羅傑・艾伯特（Roger Ebert）的評論關注在電影本身，而非拍片過程的喧囂，他贊許導演有一套方法「引領我們進入他的故事，透過他的鏡頭傳喚出電影的氛

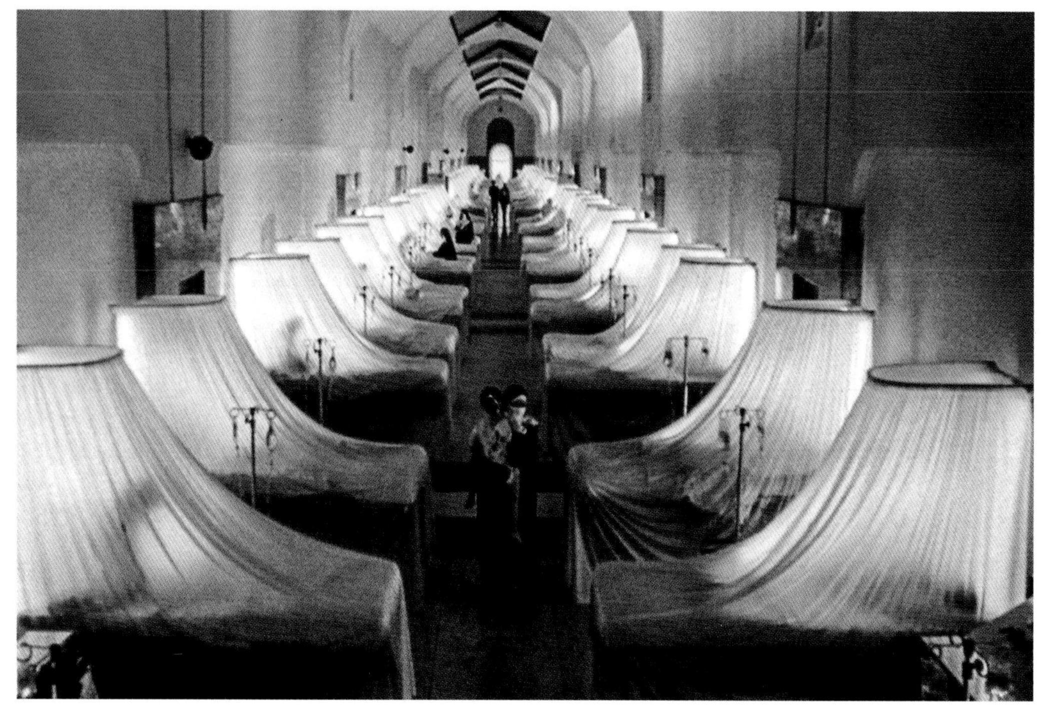

←｜在「導演版」裡頭的醫院病床場景，輕盈展現戴托羅童話式的意象。每張病床都蓋著布帘有如蟲蛹。

圍」。[18] 就色彩而言，使用了大量黑色與深藍底色反襯飽滿的琥珀光澤。這裡首次亮相的一些基調，日後將反覆出現：地底盤根錯節的地道、傾瀉而下的暴雨、還有哥德式圖案的雕刻，一如破敗教堂裡包裹在塑膠袋的雕像。

同時，戴托羅在《祕密客》也是首次展露他在創造怪物一事上的超凡能力。六英尺高模仿人形的昆蟲，有著獨一無二的戴托羅風格。牠們有個性。

儘管誕生過程苦痛，票房回收疲軟（兩千五百萬美元），這部電影後勁十足。我們可以把它歸類為戴托羅邪典裡的怪孩子。值得一提的是，之後出現了兩部續集，拍攝電視影集的可能性也曾被討論。但戴托羅與它們都沒有任何關係。

比較有價值的是在2011年，隨著溫斯坦兄弟已成過去，戴托羅名聲正旭日東升，他終於有機會重新剪輯了一個或可歸類為「導演版」（Director's Cut）的版本，不過它距離原本他心目中想拍的版本仍相去甚遠。第二組導演所拍攝的那些，只為了給電影動作場景多灑點狗血的廢料全刪了。現在只剩第一組導演拍的廢料了，戴托羅說，另外他還加了七分鐘自己的內容。如果你還不喜歡的話，那就是他的問題了。一部有價值的電影從醜陋的蛹中破繭而出，讓戴托羅有機會在DVD特別版裡頭為自己的作品平反。

主題重新復活。這是有著「科學怪人」的故事，或者用戴托羅比較不文謅謅的說法，電影的構想是「一對雅痞夫妻惡搞大自然，幾年之後得到慘重的報應」。[19]

在「導演版」的開場，醫院的場景帶著戴托羅扭曲的童話語言：病房的陳設有如一座教堂，每張病床躺著一個生病的孩子，床上有透明的簾幕，房間不時有閃動的金光。在詭異的陰鬱氣息裡，這些床位有如蟲蛹。仔細觀察，會發現它與《魔鬼銀爪》裡瓜迪亞隱居的房間有幾分類似。鮑伯當然不會是他這個祕密會社的成員。米拉麥克斯奇怪的矛盾之處在於，他們希望被認為是創新的公司，提拔精銳的新秀，但是他們把這些新秀找來之後，卻盡其所能抹煞他們的獨特性。鮑伯只會暴跳如雷——真實世界裡醫院不會長這個樣子。

由《魔鬼銀爪》以降的故事模式，在「導演版」中更加明顯。擦鞋匠和他安靜的孫子呼應了耶穌．葛利斯和他寡言的孫女。或許未必是戴托羅預先的計畫，不過宗教的幽靈籠罩了全劇。它重新展現了辛辣的幽默。裡頭也上演著家庭劇，男女主角夫妻困惑地設想可能的報應回報。《星爆雜誌》（*Starburst*）注意到，「由於這些新增的內容，這部電影似乎節奏變好了，不至於顯得倉卒。」[20]

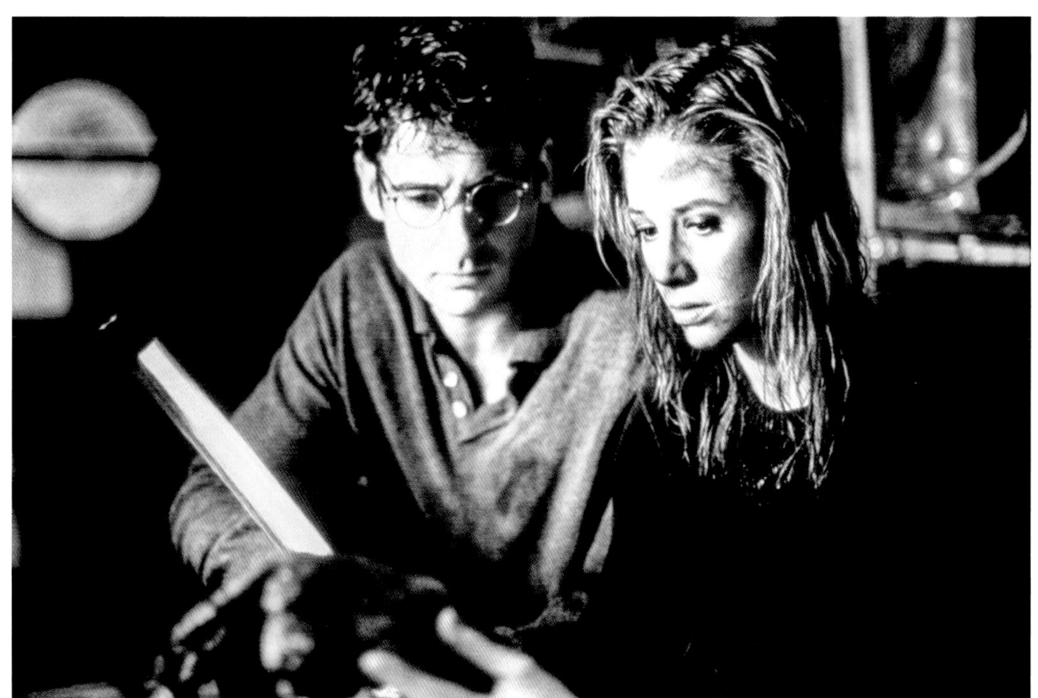

← | 傑瑞米．諾森和蜜拉．索維諾檢視變種蟑螂已經演化出模擬人形的證據。戴托羅原本的構想是讓這個生物最終具備智能。

↓ | 飾演索維諾導師蓋茲博士的莫瑞．亞伯拉罕（F. Murray Abraham），在故事情節中的主要功能，是向女主角以及觀眾傳達科學倫理的重要事實。

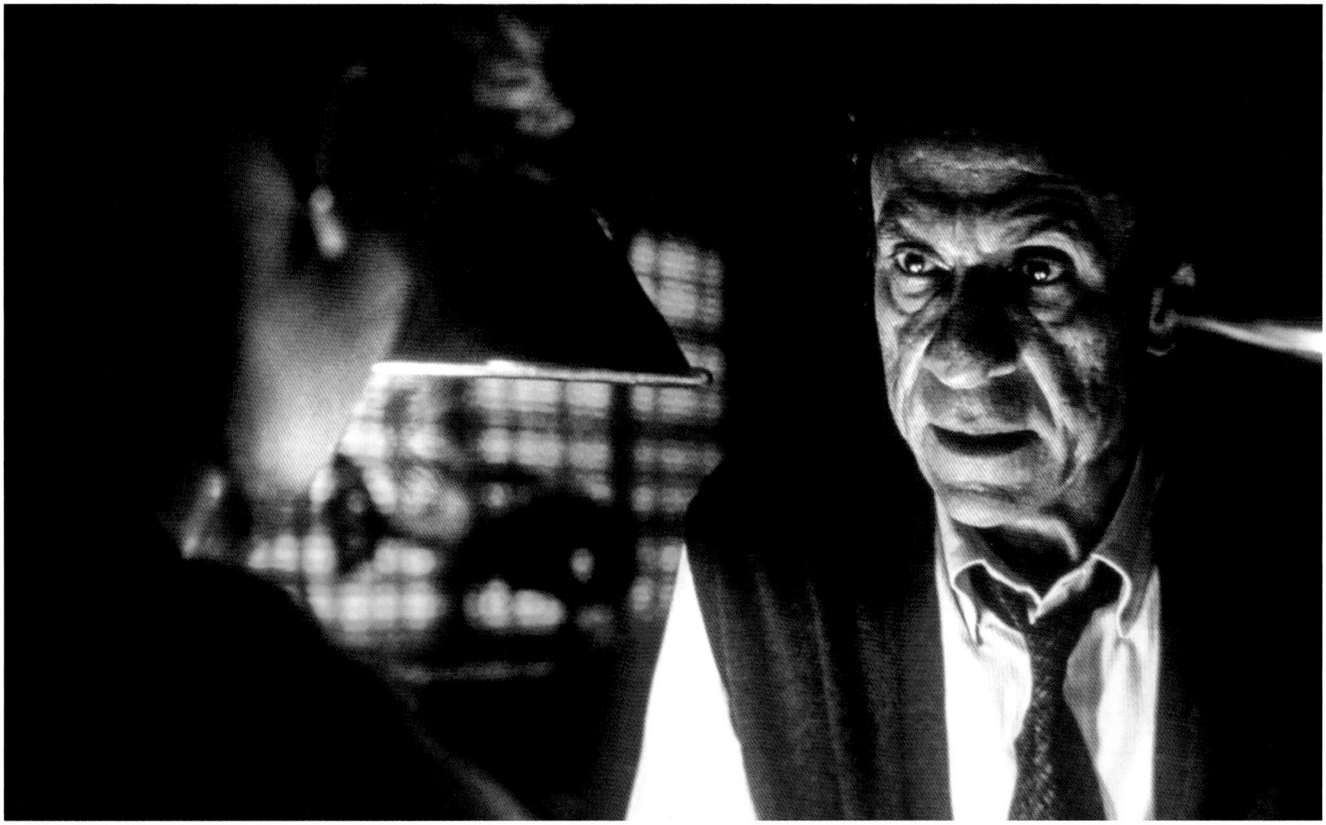

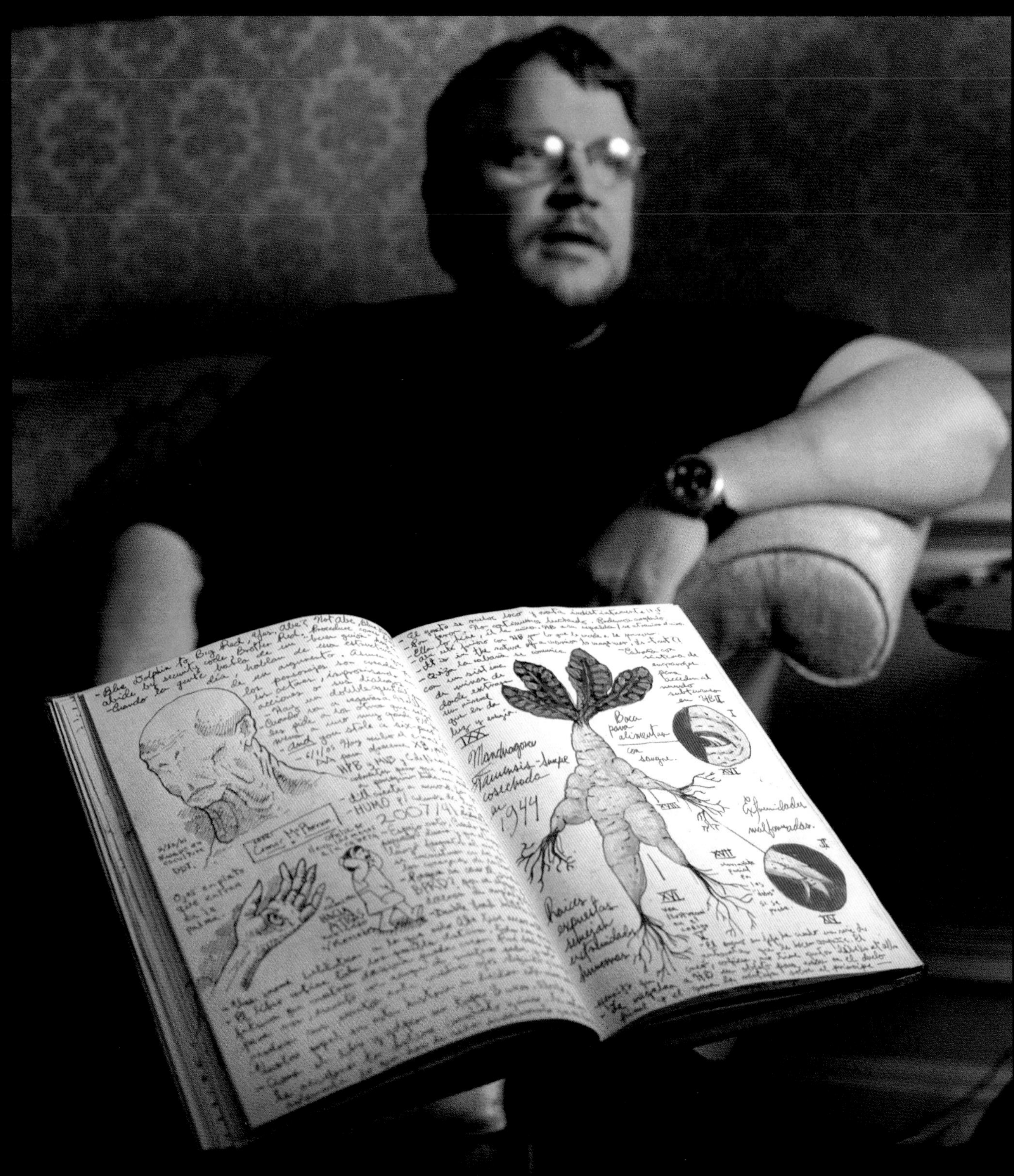

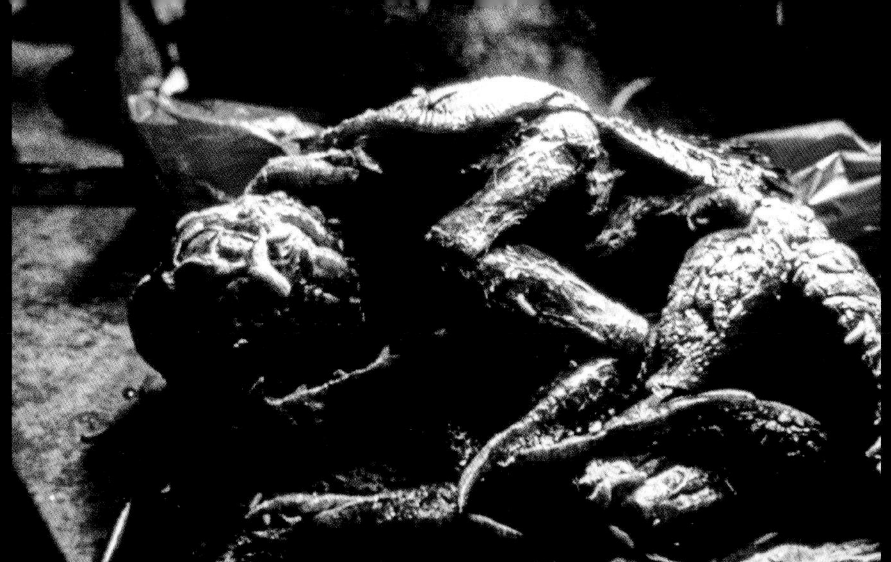

← | 與戴托羅美麗筆記本其中之一的近照。裡面我們可以看到《羊男的迷宮》的精緻設計和筆記，包括「羊男」以及「曼德拉草」的繪圖。

↙ | 死掉的巨型昆蟲胚胎顯露人形的一些特徵。靈感來自年輕時參觀墨西哥一家醫院的經驗，胚胎的形象會一再出現在他的作品中。

▶ 令人驚嘆的筆記本 ◀

在《祕密客》的宣傳期間，戴托羅令人驚嘆的筆記本首次公諸於世。他和索維諾一起出席電視專訪時，提到了他有如儀式般，把構想逐一用筆和墨水，記錄在他始終隨身攜帶的精裝筆記本上。「拿出來給他看」[21] 索維諾催促他，不太情願的戴托羅把他身上的筆記本交給了專訪的主持人，生怕他把筆記本弄皺。

把腦中各種想法記錄存檔的習慣，是源於他早期的導師，墨西哥編劇海姆·胡姆貝托·艾莫西約（Jaime Humberto Hermosillo）堅持要他做筆記。他的筆記從錄音帶到線圈筆記本，最後進階成他放在袋子裡或外套口袋的豪華版筆記本。

如今累積的筆記本已經數以百計（每寫完一本，就會小心收藏起來），它們具體地呈現了他的電影從最早一路發展的思考過程。這些筆記本的內容，有如達文西的《手寫本圖冊》（*Codex*）有各式美麗的插圖，你可以看到他如何捕捉靈感的火花、推敲難題、構思鏡頭、結合不同想法來創造新的東西。所有電影的敘事母題，從花招噱頭的設計、糾纏的恐怖場景、血盆的大口、詭異的眼珠，在筆記本的頁間，以及一部又一部的電影中出現。這裡有隨機的記憶、幾行的對話、以及書頁邊緣精巧的傑作。如同他的形容，它們是他「好奇心的見證」。[22]

除此之外，它們也確實是與演員和美術指導溝通的有效方式。「我也在這裡做初步的色彩分鏡，同時幫了藝術指導和燈光師」，[23] 他說。你可以說這些筆記本本身就是一個藝術計畫，他在裡頭努力鑽研筆工，模仿墨水筆的筆觸，畫出生動、美妙的圖畫。每幅畫都像電影道具般經歷風霜。事實上，你可以看到類似的筆記本出現在他眾多電影角色的手中。將來有一天，他會當成傳家寶傳給他的女兒們。

「我希望她們可以文風不動好好保存，好再傳給她們的孩子，」他如此想，「不然也可以翻頁看看，了解她們的老爸腦子多變態。」[24] 詹姆斯·卡麥隆在《魔鬼銀爪》後製期間認識了戴托羅，他一路見證這個年輕人身涉好萊塢的險惡水域而日益感到受挫，但最終仍能昂首挺胸走出來。他說：「他努力把他拉丁美洲舊世界的榮譽感，帶到不知榮譽為何物的美國電影界，榮譽之於好萊塢就如微積分之於一條魚那般陌生而抽象。」[25] 最讓卡麥隆敬佩的是，不管情況多麼惡劣，戴托羅仍始終如一堅守原則。

在《祕密客》的爭議塵埃落地之後，戴托羅對他經歷的艱難以及出品的電影，可以用比較哲思的、「打斷手骨更加勇」的態度來看待這一切。他可以直率地說，這部電影讓他成了更好的導演。

「我學到了讓我的運鏡更流暢，更像一個說故事的角色；這真的有助我發展出我〔至今仍在練習的〕在《水底情深》的電影語言。它教導了我每天都要做剪輯，因為我隨時都可能被開除。在電影殺青六天後，我就做完電影的粗剪。我想，逆境是件好事……」

他停頓了片刻，接著笑了。「這是我很天主教的一面。」[26]

THE DEVIL'S BACKBONE

惡魔的脊椎骨

他的第三部電影是一則貼近他個人情感的鬼故事，場景是西班牙內戰期間的一座荒涼孤兒院。
這部作品為戴托羅的風格寫下定義，也建立他的名聲，
展現出導演如何以類型片來探索世界。

《惡魔的脊椎骨》是戴托羅宣告成熟之他首次完整呈現了他的主題，包括：帶有文學性的敘述風格、對人性幽微處的探索、以及暴力與神話的並置。許多粉絲，特別是早早就入教的信徒把這部電影看作戴托羅才華的極致表也本人應該也同意。「看心情吧，」他曾說，「我喜歡它的程度絕對不輸《羊男宮》，甚至更甚於它。」[1]

故事發生在貧瘠荒涼的孤兒院，這個班牙內戰為背景的鬼故事帶著政治寓在這部美麗而令人心碎的電影裡，他構想出的意象，將深刻地印在你腦海鬼魅般的小男孩在迴廊間輕吟嘆息，如沉沒水中，頭部傷口的血汩汩流弱水的男子，因腰帶上綁著偷來的金沉入水底。標本罐裡，存放著有扭曲骨的變形胚胎，儲存液明亮如橙汁。，最驚人的是一枚巨大的未爆彈，筆在庭院中央，猶如一座紀念碑。

「炸彈是巨大的標誌，象徵這部電影引爆的力量，」影評麥特．佐勒．塞茨t Zoller Seitz）寫道，「在對話裡被比了豐饒女神。」[2] 戴托羅稱它是所有孤

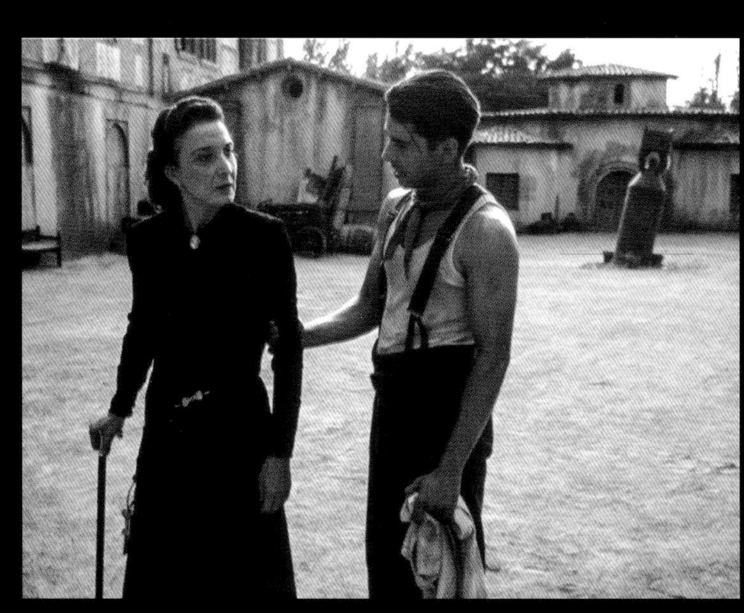

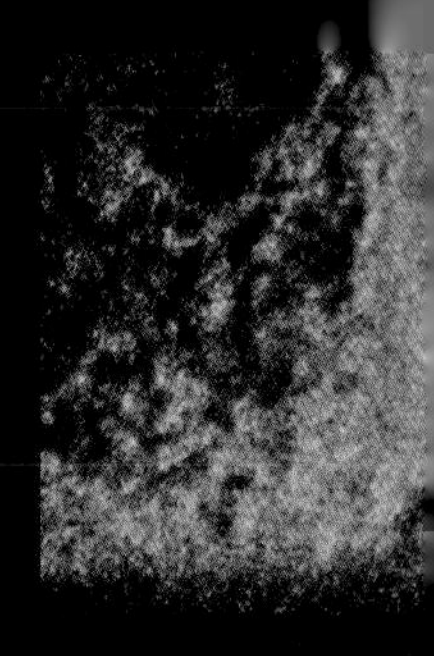

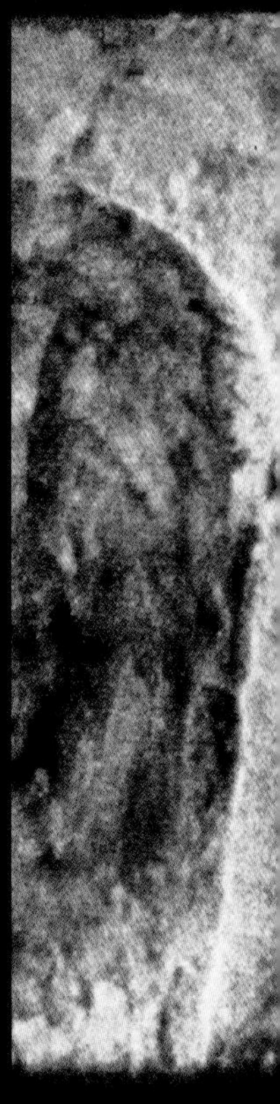

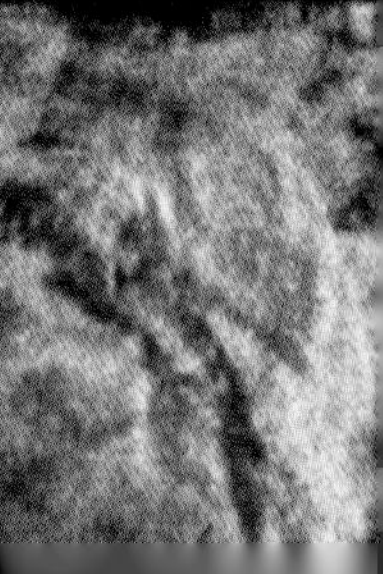

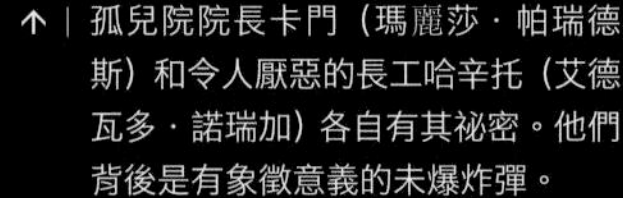

↑｜孤兒院院長卡門（瑪麗莎．帕瑞德斯）和令人厭惡的長工哈辛托（艾德瓦多．諾瑞加）各自有其祕密。他們背後是有象徵意義的未爆炸彈。

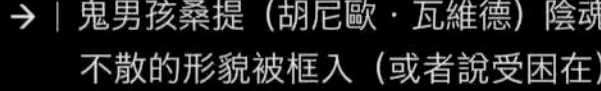

→｜鬼男孩桑提（胡尼歐．瓦維德）陰魂不散的形貌被框入（或者說受困在）

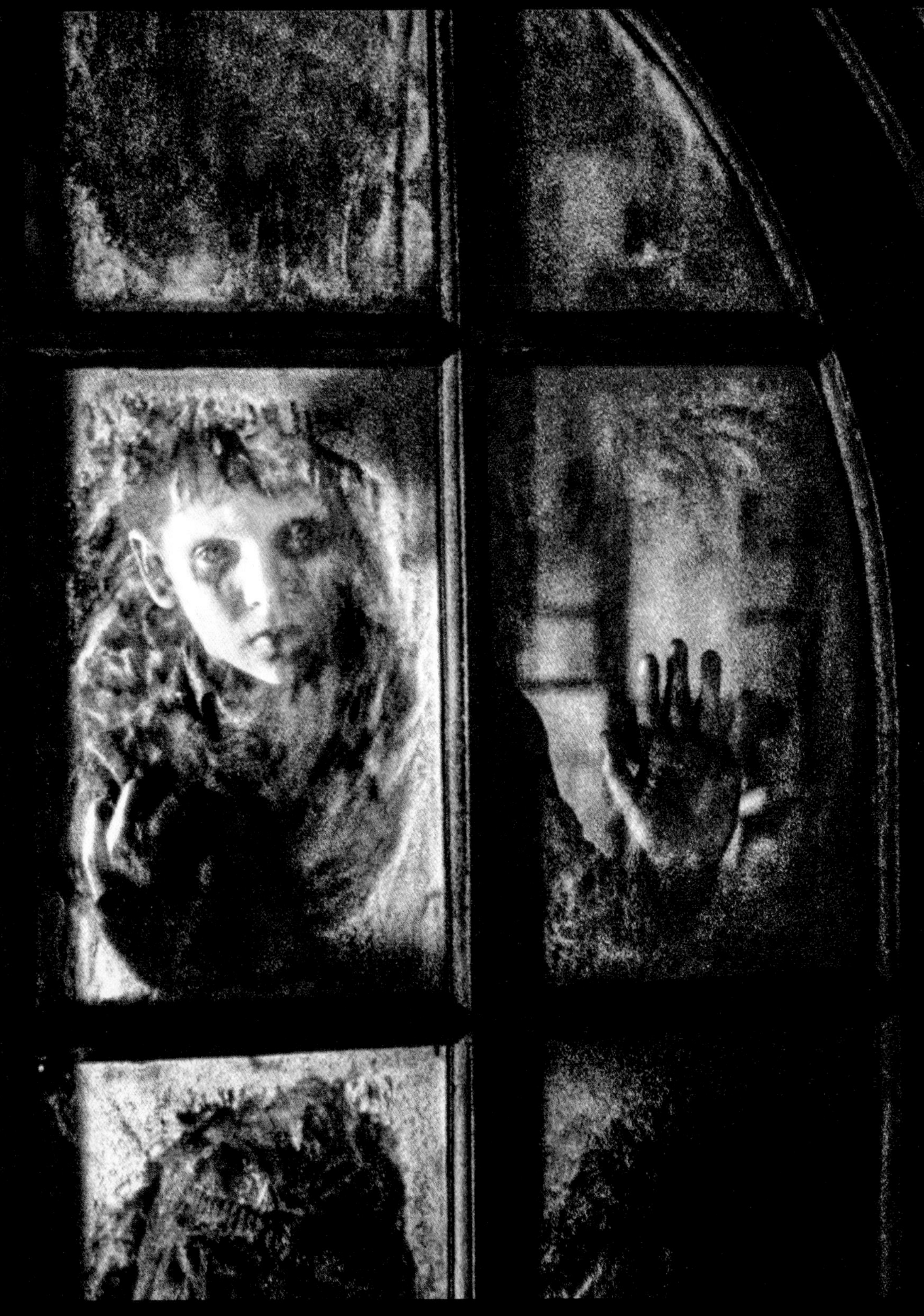

兒們的母親。他說，他們崇拜它，「就像《蒼蠅王》裡的豬頭一樣」。[3] 我們也馬上被它身懷六甲的象徵所吸引。因為這是一部關於未竟事業的電影，在戴托羅遭逢人生最大危機的時刻寫就。

他回到了瓜達拉哈拉，舔著《祕密客》之後的傷口，思考未來要何去何從——甚至不知自己是否還有未來。他需要再次主張自己的自主性，幾乎是從頭來過。《魔鬼銀爪》成績還算不錯，但籌措預算讓他心力交瘁。《祕密客》有預算，但是讓他困在米拉麥克斯的封閉碉堡裡，他的創意被上了腳鐐手銬。隨著巨蟲電影的票房六腳朝天，電影公司如今已跟他保持距離。

「我迫切需要回來這裡，在題材能完全控制的情況下拍一部電影，」他回想。「同時我也想證明，我可以拍自己想要的故事。」[4]

答案就藏在他學生時代的一個劇本裡（它曾經是他論文的一部分），而且，機緣湊巧下，它有了新生命。

▶ 西班牙內戰故事 ◀

1997年10月，兩個西班牙的年輕影評人安東尼奧．特拉索拉斯（Antonio Trashorras）和大衛．穆紐斯（David Muñoz），在加泰隆尼亞海濱，距離巴塞隆納北方幾英里的錫切斯國際奇幻電影節（Sitges International Fantastic Film Festival）找到了戴托羅。他們立刻因為漫畫和電影的共同喜好而投契，這兩個西班牙人也被這個墨西哥人的慷慨熱情所吸引。於是他們把握機會，要他幫忙給他們帶在手邊的五部劇本提供意見。戴托羅對自己開始名氣變大有點不自在。這些劇本也可能很糟。「我的天，」他當時想，「我該說些什麼？」[5]

不出預測，他一點也不喜歡其中的四部劇本。不過第五部名為《炸彈》（The Bomb）的劇本，一枚從高空投向荒涼孤兒院的未爆彈，吸引他的注意，他腦中已經浮現了這引人目光的意象。兩個月之後，他買下了版權，並建議他們合作，一起把他們的故事修改融入新版的《惡魔的脊椎骨》。

特拉索拉斯和穆紐斯的劇本把場景定在類似於安德烈．塔可夫斯基（Andrei Tarkovsky）《潛行者》（*Stalker*）的某個寒冷、荒涼的模糊地帶。孤兒院的牆是中世紀的。炸彈是直接通向超自然的管道。戴托羅則把它帶入確切的歷史。他原本構想的時代背景是墨西哥革命，但是它太過混亂、有太多的派系分支。「我希望這個戰爭是發生在家族中的戰爭，一場手足相殘的親密戰爭。」[6] 這把他帶到了西班牙內戰。

墨西哥當然是西班牙之子。西班牙的征服者把舊大陸的文化與語言帶入了這個新國家。這種跨越海洋的祖國集體記憶，連結從不曾斷裂。墨西哥是少數接受西班牙內戰難民的國家之一：他們是逃離佛朗哥政權的知識分子、藝術家、和教師。戴托羅將把這些流亡者的聲音傳回到西班牙。

時間是1939年，當戰爭在遠方肆虐，一個名叫卡洛斯（Carlos）（費南多．提耶夫〔Fernando Tielve〕）的敏感小男孩，來到了聖塔露西亞孤兒院，它有如矗立在塔韋納斯沙漠裡的一座堡壘。在它的方庭正中央，矗立著德國戰機投下的巨大炸彈——不斷提醒著衝突動亂的存在，如果孤兒需要提醒的話。

戴托羅在他的研究中發現，德軍當時正在西班牙測試地毯式轟炸戰術。他的炸彈比當時實際使用的還要更大，不過他想走的是庫柏力克《奇愛博士》（*Dr. Strangelove*）的超現實瘋狂路線。「管他的，」他對自己說。「這畫面很棒。」[7] 俯瞰的全景式鏡頭讓炸彈穿過雲雨而下——類似的風暴滿布天空的場景，在他後來的電影

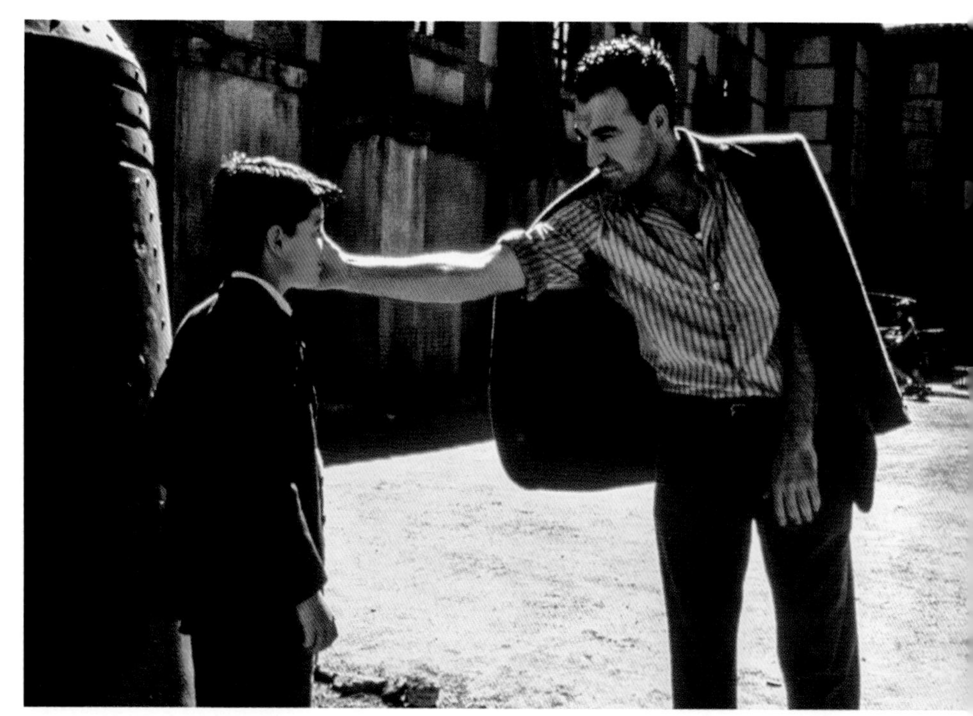

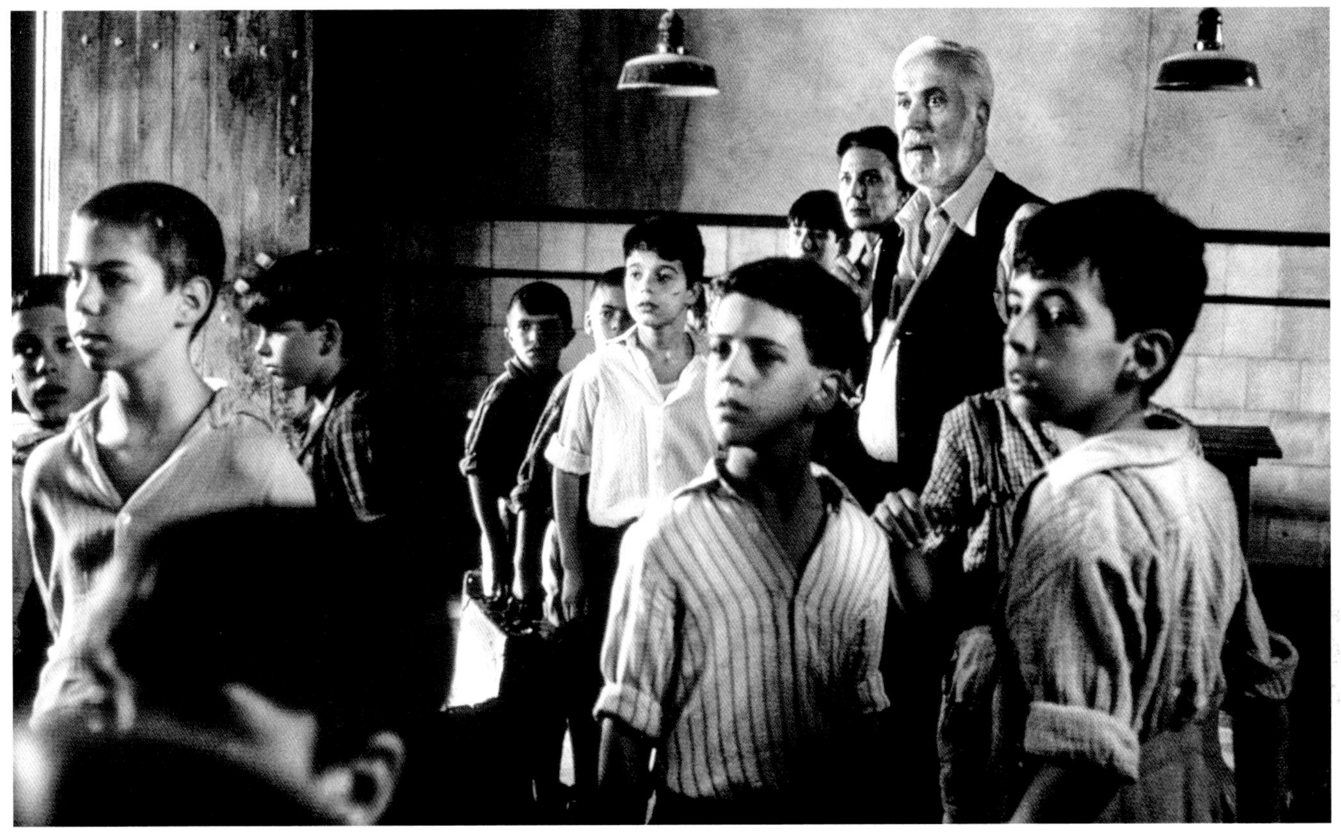

←｜在電影的一開場，孤苦無依的卡洛斯（費南多・提耶夫）被留置在孤兒院——照理說是為了他的安全起見。但是戰爭的風暴讓人無處可逃。

↑｜戴托羅想用這個偏遠的孤兒院的一幫小孩子，呈現象徵天真的西班牙隨法西斯主義的興起而敗壞墮落。

還會出現——把戰爭裡的機器轉化成命運的代行者。

卡洛斯面對著一幫不受控的男孩子，和一個鬼魅的局外人。桑提（Santi），也就是「嘆息鬼」（胡尼歐・瓦維德〔Junio Valverde〕）是皮膚蒼白如魚的駭人幽靈，在新來者初到的第一晚就和他相見。戴托羅會提醒訪問者，他自己的童年是「蒼白內向，活在陰影中的生物」。[8]

他也加入了更多成人世界的煩惱。仁慈、性無能的卡薩瑞斯教授（Professor Casares）（來自《魔鬼銀爪》的費德利柯・路比），他經營孤兒院，還摻合蘭姆酒和浸泡胚胎的液體，製成回春藥酒來賣錢。愁苦的女院長卡門（Carmen）（瑪麗莎・帕瑞德斯〔Marisa Paredes〕），她在戰爭中失去了她的一隻腳，還有一個丈夫，她把籌措共和軍經費的金條，藏在她的義肢裡面。另外還有英俊、但冷血的長工哈辛托（Jacinto）（艾德瓦多・諾瑞加〔Eduardo Noriega〕），他巴不得放火把孤兒院夷為平地，帶著藏匿的寶物遠走高飛。

▶ 拯救父親的天人交戰 ◀

戴托羅和合作夥伴對彼此磨合中的新概念才剛剛有了頭緒，卻發生了最不幸的事。在1997年，戴托羅的父親被綁架。他被挾持了令人揪心揪肺的七十二天。

如果說這是個人的經歷、家庭裡的事務，無可避免地它對這位導演的電影藝術帶來深遠的影響。他的名聲鵲起，讓覬覦他的綁架歹徒誤判他比實際上更加富有。他才剛剛還清了《魔鬼銀爪》借貸的債務。詹姆斯．卡麥隆為他付錢雇用一位談判專家，這份強大的友誼遠遠超乎他們在電影專業上的契合。

談起父親的意外，戴托羅的態度坦率，以說故事者的技藝轉述經過。「第一天你會覺得自己要死掉了，」他說。「第二天，你很肯定自己活不下去。第三天，你一想就哭了，因為你覺得自己活在地獄裡……你是人質事件裡頭被押著的人質。」[9]

若要簡單描述這場苦難，我們絕不可能真正掌握其中折磨人心的漫長苦痛。還有它的詭異。舉例來說，贖金的鈔票全部都是五美元和一美元的紙鈔，因為在瓜達拉哈拉的銀行保險庫裡頭，有的鈔票就是這些。總額五十萬美元的一元和五元紙鈔，必須一張一張影印，這樣警方才能留下紀錄。第一位雇來運送贖金的人嚇壞了，於是戴托羅不得不自己去交贖款。他坐上了機身貼有警徽標誌的飛機。當綁匪提供他參數之後，才發現飛機的駕駛不知如何根據這些數字來飛航。綁匪不得不再次回電話，指示他們飛向一處山區。接下來，飛機又因為濃霧而無法降落，戴托羅不得不再打一次電話給已經要發狂的綁匪。

每一次和綁匪的對話，開場必然是一連串的髒話咒罵，這是他們設計鬆懈他防備。他們告訴他飛機降落後坐上一部車。但是他不能這麼做，因為如此一來他也會被劫走。生死似乎就懸在雙方通話的電波上。最後，經過了更多次充滿危險不安的通話之後，原本負責運送贖款的人終於被說服，以空投方式交付了贖款，而戴托羅的父親終於也平安獲釋。

這位導演以他特有的黑色幽默回想，兩個帶給他人生重大改變的苦難經驗之中，他還是認為《祕密客》比較糟。「綁票還比較有道理可言。至少還知道他們要什麼。」[10]

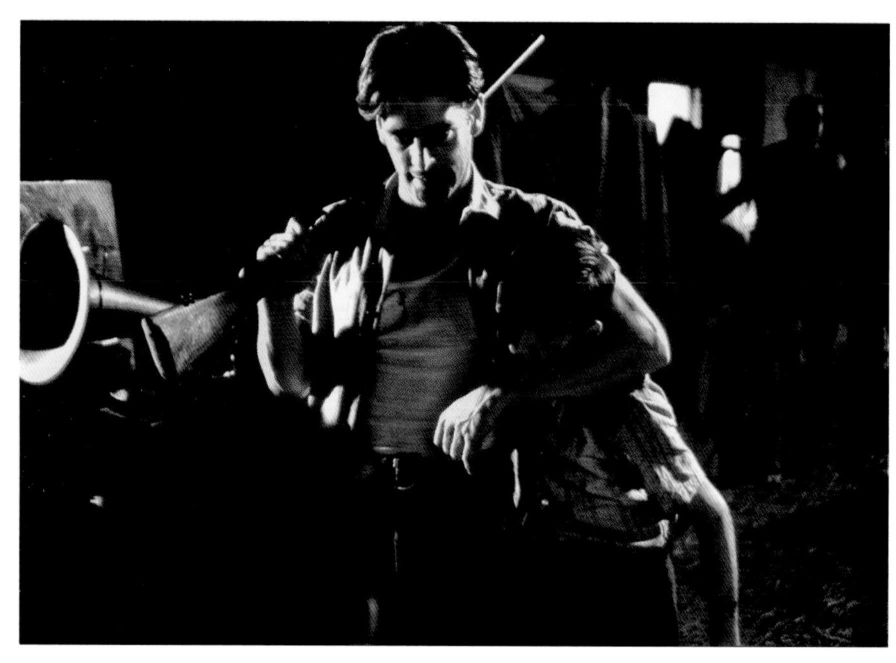

置身於這場苦難之中，談判專家建議他要繼續工作，維持日常作息，避免自己成為歹徒目標。非常巧合（或者說這充滿了象徵意義），他這時也被委任改編《基度山恩仇記》（*The Count of Monte Cristo*），這或許是史上有關監禁最出名的故事，也是他父親最喜歡的一本書。人生和藝術彼此淌血融合在一起了。

戴托羅有條不紊地分配他的時間。每天上午他會寫《基度山恩仇記》的劇本（與美國作家基特．卡森〔Kit Carson〕合作），將大仲馬（Alexandre Dumas）這部法國復辟時代的傑作添加義大利式西部片（Spaghetti Western）的風味。他把劇本改名為《黑暗左手》（*The Left Hand of Darkness*）（取自娥舒拉．勒瑰恩〔Ursula K. Le Guin〕同名、但內容不相關的短篇小說），並且給了伯爵一個如「魔鬼銀爪」般精工打造的機械手掌。在父親被綁架一段特別危急的時刻，綁架的歹徒曾對戴托羅大吼，要他按指示把贖金送到，「否則你回家時，會發現你父親的手就在你家門廊等著你。」[11]

《黑暗左手》是他諸多中途流產的拍片計畫之一，它們始終盤桓在戴托羅腦海中，有如得不到回報的愛。我們在稍後一章會討論到這些未成形的電影留下的影響。就這裡而言，值得一提的是，《惡魔的脊椎骨》裡，卡洛斯有一本被反覆翻閱的原版大仲馬小說，在《地獄怪客》裡，布魯教授（Professor Bruttenholm）的圖書館也有一本精美、皮質封面的版本。

到了下午，戴托羅則把精力投注在《惡魔的脊椎骨》。它成了某種滌淨的儀式。「這是一部把我過去的鬼魅統統清除的鬼電影，」[12] 他說。

在事業和個人的雙重創痛中維持神智清明，造就了他未來成就的基礎。《惡魔的脊椎骨》呼應的是一位通過烈焰試煉的藝術家。

← | 哈辛托（艾德瓦多．諾瑞加）是男童們的殘暴角色榜樣，特別是容易受影響的海姆（因尼哥．加切斯）。

↓ | 入夜後現身的亡靈——卡洛斯（費南多．提耶夫）在第一個可怕的夜晚遇見了桑提的鬼魂。

▶ 阿莫多瓦的青睞與支持 ◀

戴托羅使用大家熟悉的鬼故事形式，他打算重新連結到它的古老主題，以創造出新的東西。「吸血鬼電影、鬼故事、還有童話故事在我的作品裡頭重新被闡釋，而不只是被重製或模仿，」[13] 他解釋。

「鬼是什麼？」卡薩瑞斯醫生在電影旁白裡說。「它是被詛咒必須一次又一次重複的悲劇？或許，是個痛苦的事件。一個死了，卻仍像活著的東西。一個靜止於時間中的情感。像一張模糊的照片。像一隻困在琥珀中的昆蟲。」[14]

把場景搬移到西班牙，讓這部電影增加了鮮明的政治面向。戴托羅試著說明法西斯主義是對人性本真——在電影裡以孩童為象徵——的終極扭曲。這成了他日後不斷回歸的主題：《地獄怪客》、《羊男的迷宮》、以及《水底情深》都從法西斯這口歷史的毒井汲取材料。

為了與法西斯主義相抗，威廉．高汀（William Golding）的《蒼蠅王》——裡頭兇殘的孩童退化到聖經大洪水前的野蠻狀態——成了指引他的明燈。戴托羅明白，西班牙就等同於小說裡的荒島；與世隔絕的孤兒院也是如此。到最後，它年輕的住民開始削尖長矛來自我防衛。

他打從心底知道，這部電影絕對不可能和電影公司合作。孩童施暴和被施暴，必定會讓他們卻步。「但那是電影的核心，」他十分堅持：「它必須呈現，孩童是致命的

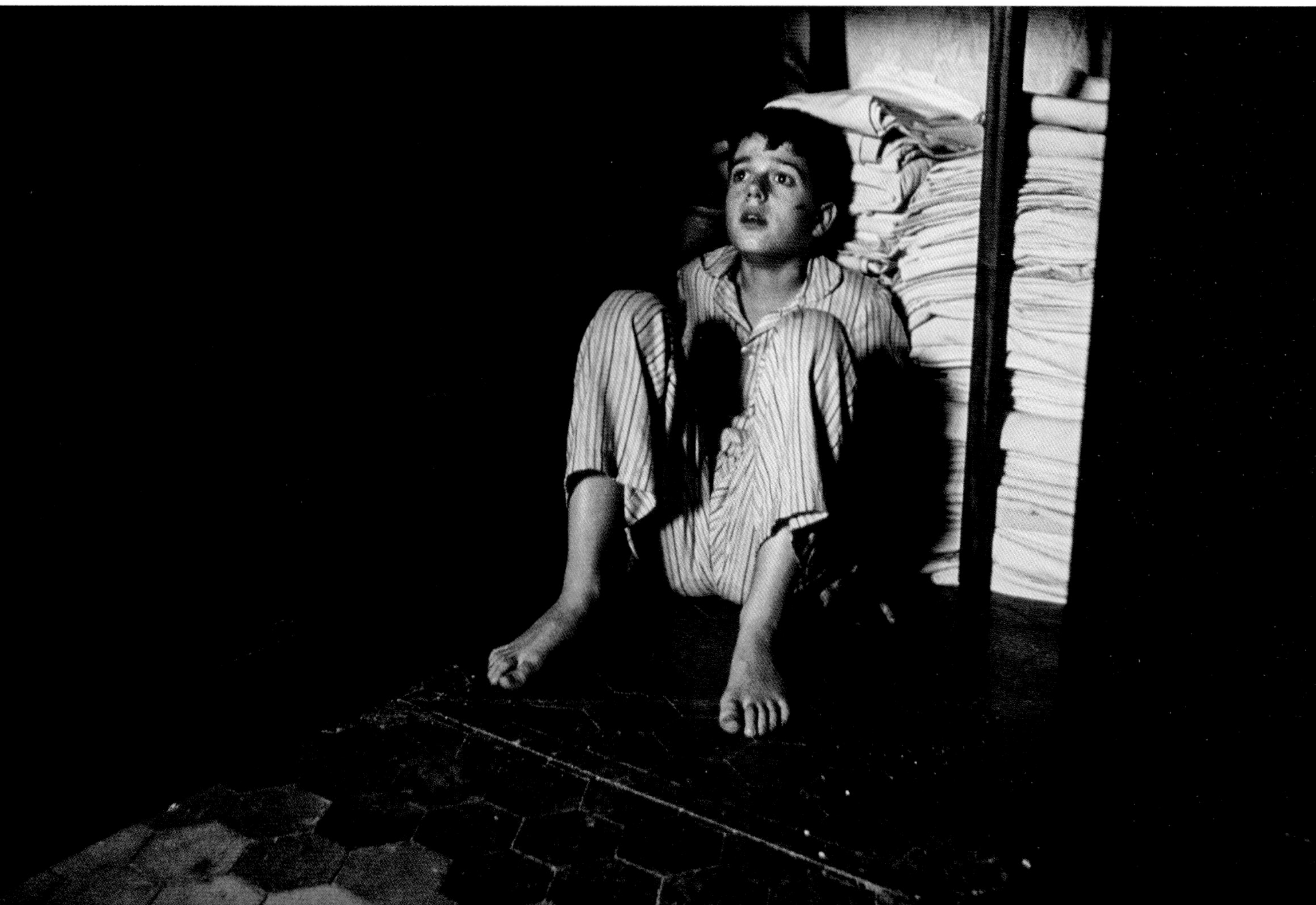

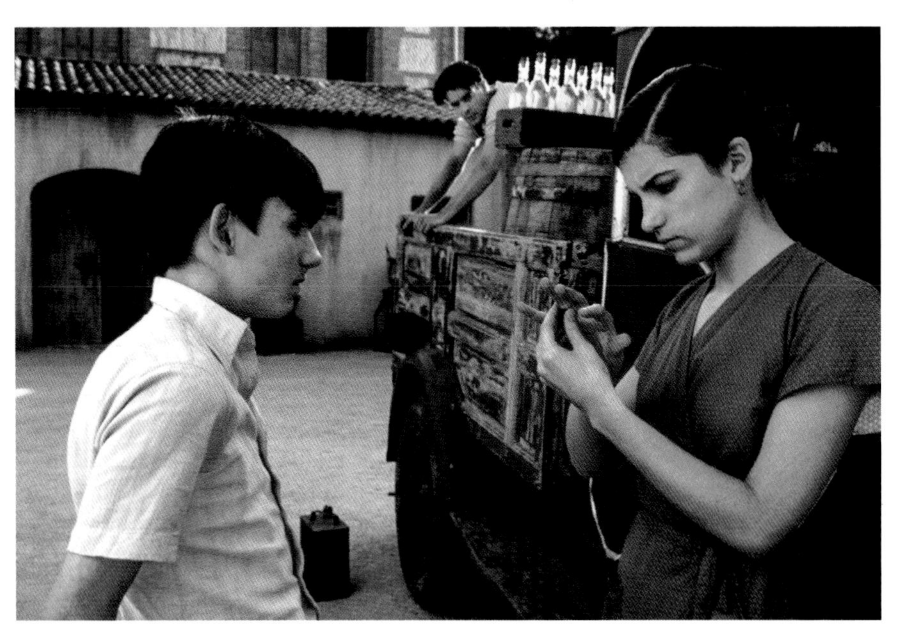

←｜在背後訕笑的哈辛托（艾德瓦多．諾瑞加）注視下，海姆（因尼哥．加切斯）把一枚戒指送給他年少心中的女神——孤兒院裡美麗的幫傭助手康琪塔（艾琳．韋瑟多）。

↓｜然而，康琪塔已經心有所屬，她愛的是無情的哈辛托——再次隱喻了西班牙落入法西斯主義魔咒之後的崩壞。

→｜一開始，卡洛斯（費南多．提耶夫）在小男孩的好友圈中被排擠——這是戴托羅無依無靠英雄角色的典型代表。

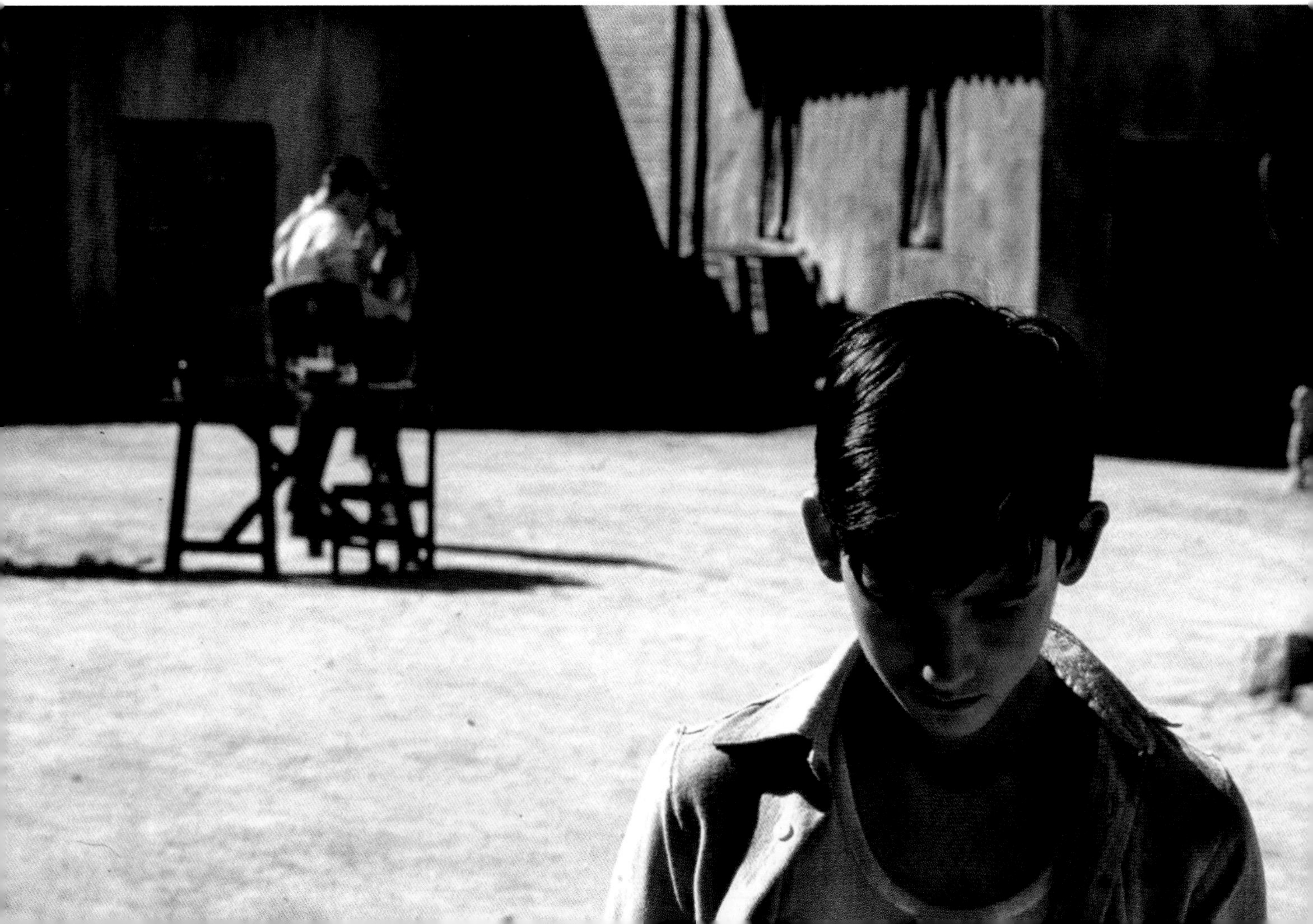

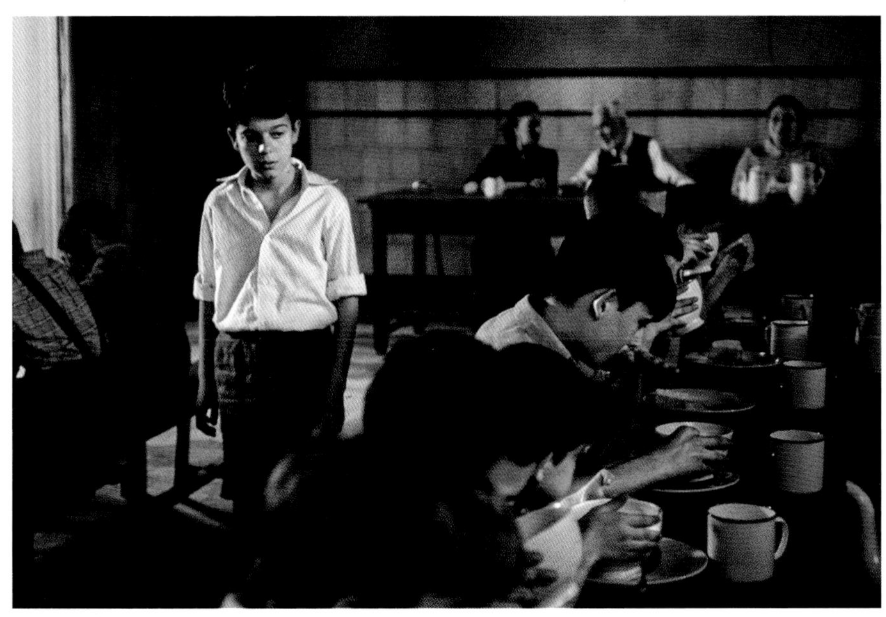

角色。」[15] 他同時也打算，這部電影必須以真正的西班牙文來拍攝。

於是籌措資金的問題就來了。墨西哥本地的資金無路可通。《魔鬼銀爪》或許獲獎無數，但是墨西哥影藝學院對戴托羅的古怪故事還是心存懷疑。除此之外，人們還告訴他「這部電影太龐大了」。[16] 他把預算設定在四百萬美元，這時，他想起了一個預期之外、曾經答應幫忙的援手。

故事要回到他帶著《魔鬼銀爪》四處參加影展那段炎熱、悶濕的日子；這是他第一次品味墨西哥之外的人生經歷，想像自己的時刻終於來臨。其中一個場合，戴托羅和路比一起參加了邁阿密電影節，他在游泳池畔啜飲健怡可樂，傳來了一個說著西班牙文的迷人聲音。「請問是吉勒摩．戴托羅嗎？」[17]

「我回頭一看，居然是佩德羅．阿莫多瓦（Pedro Almodóvar）！」[18] 他回想，不敢相信自己這個無名小卒，會是西班牙最知名導演攀談的對象，包括《慾望法則》（*Law of Desire*）和《捆著妳，困著我》（*Tie Me Up! Tie Me Down!*）等大膽通俗劇，都是出自這位熱情洋溢、才華全面的導演手中。

彼此握手和無謂的寒暄之後，阿莫多瓦提到自己對《魔鬼銀爪》有多麼喜愛。「如果你到西班牙來，」他一臉真誠補上一句，「我和我弟弟願意幫你製作一部電影。」[19]

佩德羅和弟弟奧古斯汀．阿莫多瓦（Augustín Almodóvar）自1987年就在馬德里城外創立慾望電影公司（El Deseo），經營得有聲有色。可惜的是，另一對不那麼和善的兄弟——溫斯坦兄弟——搶先了一步。阿莫多瓦不經意的提議，一直要等到四年之後，戴托羅才有機會回覆。

「還記得我們上回的談話嗎？」[20]

阿莫多瓦和鮑伯．溫斯坦正好是天差地別。他的熱情和支持毫無保留。戴托羅拍攝電影事前準備的程度讓他嘆為觀止——他自己往往是採取比較自由、即興的方式。當戴托羅客氣地詢問關於電影最終版的決定權時，他大感詫異。為什麼導演沒有最終版的決定權？他可是導演，不是嗎。

資金的問題最終是由西班牙的阿莫多瓦兄弟，以及阿方索．柯朗與一位億萬富翁合夥人創辦的電影公司均攤。戴托羅心想，這是多麼合適的做法，讓《惡魔的脊椎骨》可以歸類成一半西班牙、一半墨西哥的電影。

▶ 精心營造的色彩與鏡頭 ◀

值得注意的是，把他的故事從墨西哥移植到西班牙的同時，他也把家人（經由奧斯汀）搬到了美國加州，讓自己遠離家鄉種種明顯的威脅。戴托羅在內心裡仍是個墨西哥人。他的每一部電影在本質上仍是墨西哥電影。但是他決定讓自己的身體與藝術脫離他出生的土地。

「每一天、每個星期，總會有某些事提醒我自己是被迫流亡中，」[21] 他悲傷地回想。

離散和歸屬，成了他作品的關鍵主題。其後的電影充斥著無處可依的浪人。《惡魔的脊椎骨》的開場，是卡洛斯被送到令人心生畏懼的新家。

電影是在2000年的夏天，在馬德里北方乾旱的塔拉曼卡（Talamanca）高原上，頂著酷熱大太陽拍攝，電影公司從無到有，打造出孤兒院的嚴峻外觀和陰暗內部。感覺這裡彷彿脫離了時間之流。戴托羅請了西班牙漫畫藝術家卡洛斯．希梅尼茲（Carlos Giménez）為他繪製分鏡腳本。希梅尼茲因他自傳體的漫畫《帕拉庫埃霍斯》（*Paracuellos*）（以西班牙內戰一場大屠殺的知名地點為書名）而知名，作品描述的是在佛朗哥政權時期，他在一所國營孤兒院的童年殘酷經驗。他把這座老舊、破敗的建築比擬為集中營。

孩子們入夜後在不祥的走廊上遊走的故事令戴托羅著迷，他希望能捕捉這些複雜故事的一些氛圍。在電影一段動

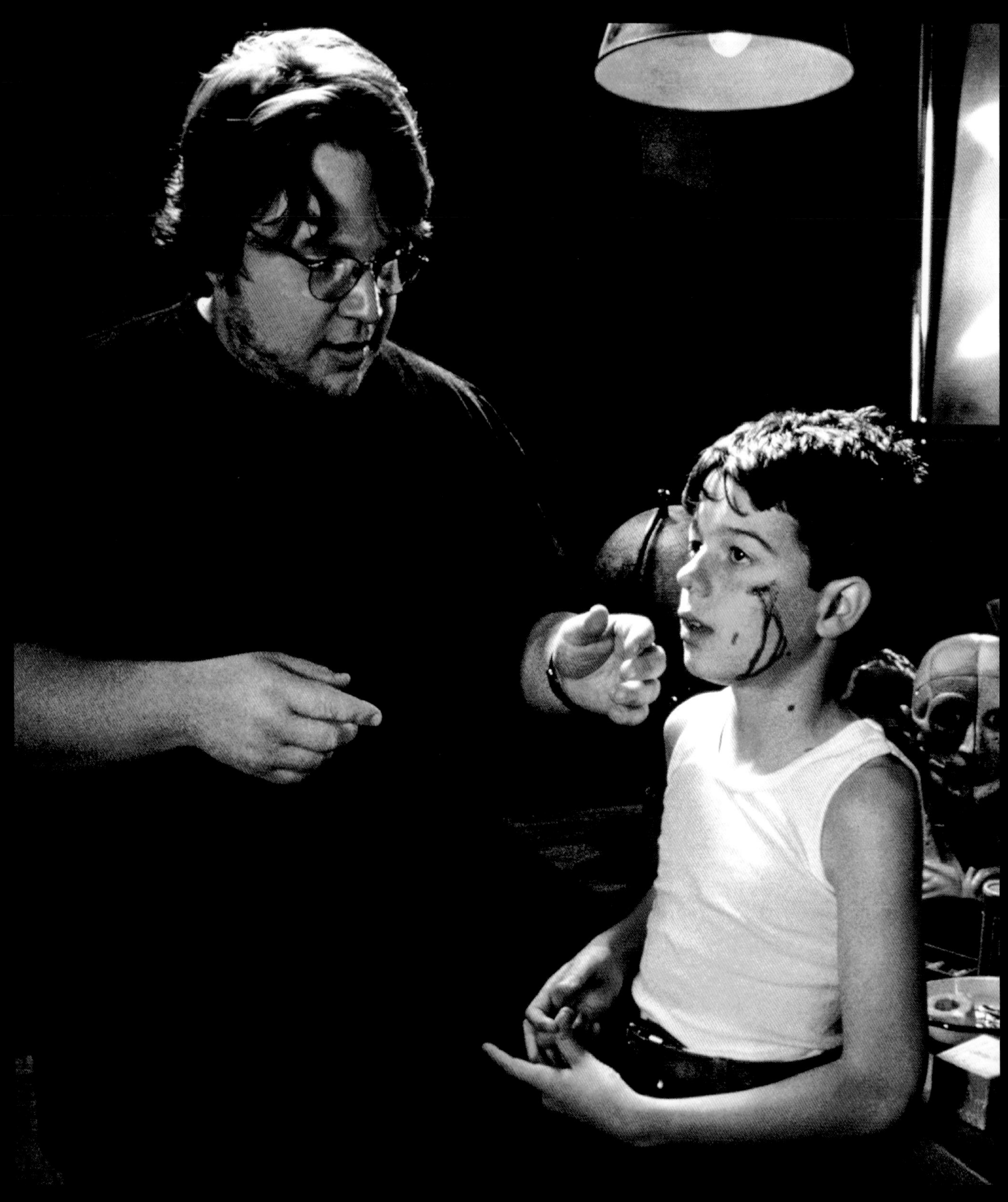

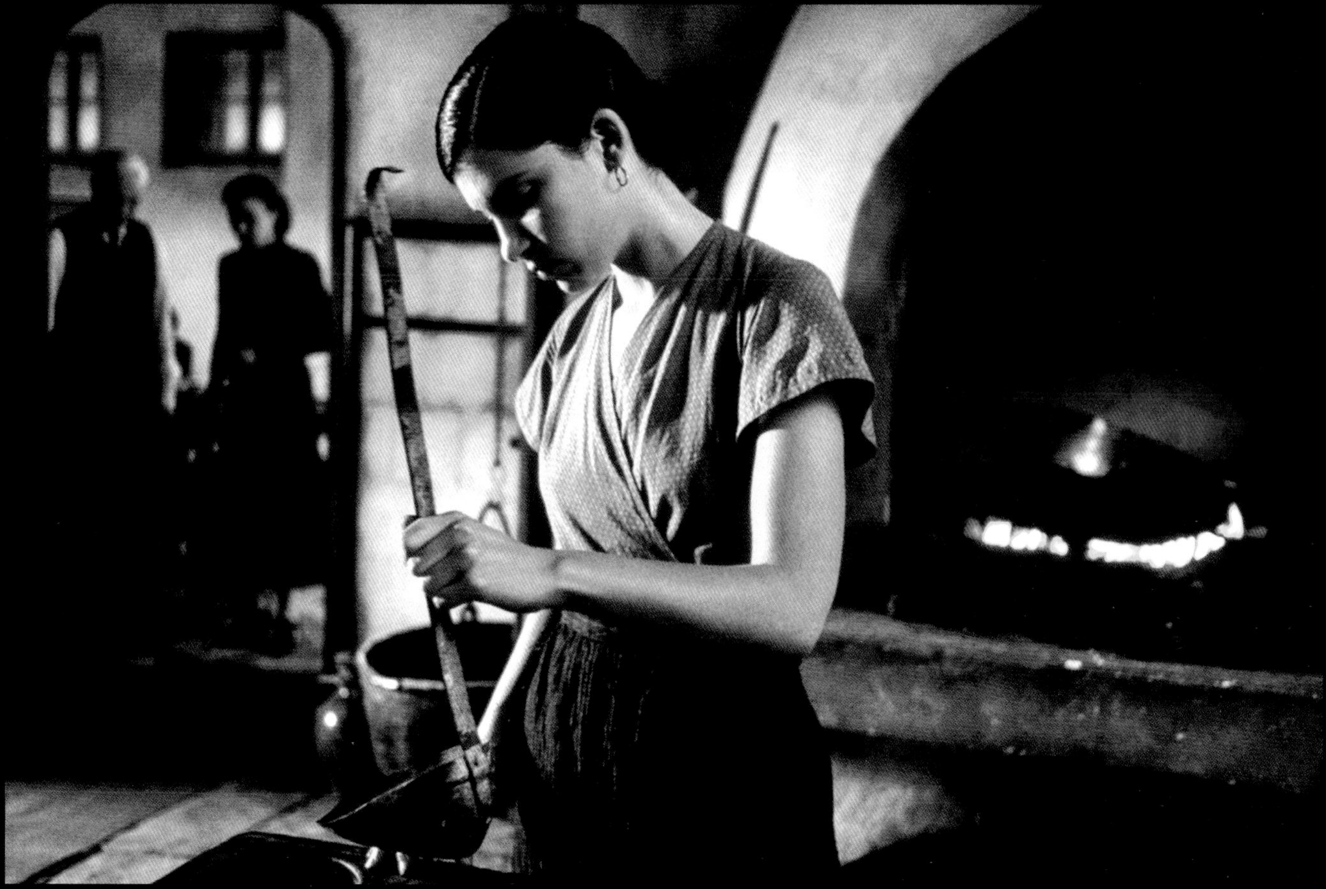

← | 與孩童相處的天分——戴托羅的祕訣，是用一視同仁的方式對待童星和成人演員，驅策他們用自己的記憶來創造他們的角色。

↑ | 戴托羅喜歡營造祕密的氣氛，把關鍵的行動放在背景。在這裡，康琪塔（艾琳·韋瑟多）做她的例行工作，而卡薩瑞斯醫師（費德利柯·路比）和卡門（瑪麗莎·帕瑞德斯）則在陰影處交談。

→ | 卡門的義肢，還有卡薩瑞斯醫師畸形胚胎標本的古怪收藏，都給這部電影帶來一點「蒸氣龐克」的味道。

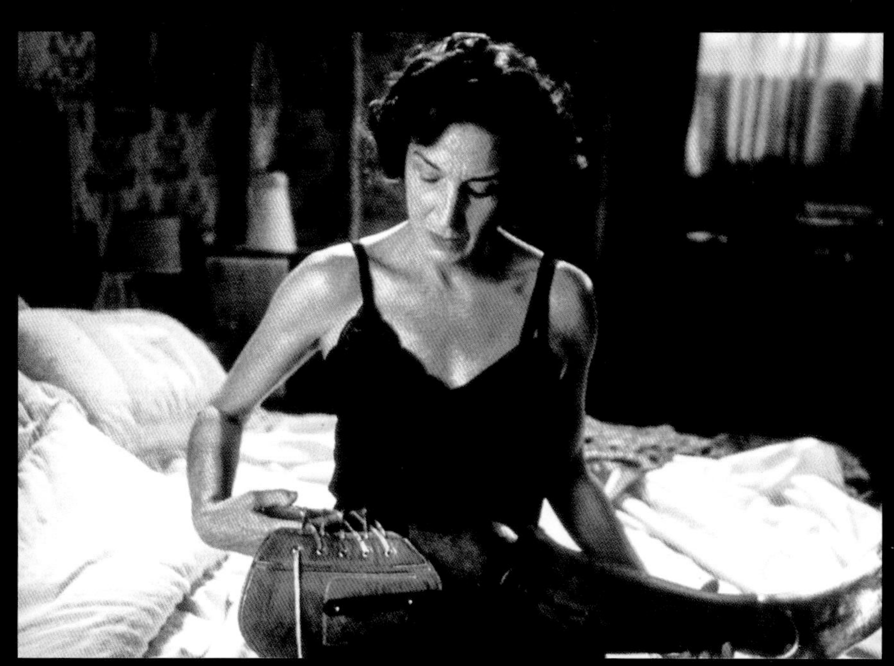

人的小插曲裡，我們看到被誤解的小惡霸海姆（Jaime）（因尼哥．加切斯〔Iñigo Garcés〕）渴望自己有天成為漫畫家。

戴托羅的另一個明智決定，是他再次找來攝影指導吉勒摩．納瓦洛。他們很早之前在《卡維薩．德．巴卡》（*Cabeza de Vaca*）的拍攝過程就曾碰面，這是關於十六世紀西班牙征服者在佛羅里達經歷重重苦難的故事。戴托羅負責提供細緻的原住民化妝效果，早在那時候，納瓦洛就已看出他的創意，以及雄心壯志。

在《魔鬼銀爪》拍片過程中，納瓦洛是脾氣暴躁的夥伴，講話總是直來直往。他永遠在找問題，隨時讓每個人日子難過，但這一切都是為了電影之故。在《祕密客》之後，戴托羅需要創意的整體一致性，而他和納瓦洛彷彿是心有靈犀：他們要的是不飽和的色調，像一張褪色的照片。戴托羅把它歸類為混合式的哥德風西部片（Western gothic）。他想要使用土色調：橄欖綠、深褐色，被赤赭色框定在畫面裡的角色，有如困在琥珀的昆蟲。

「我為電影拚盡全力……」他強調。「我努力在預算內把它們拍得華麗，讓它們顯得宏大，但關鍵是和劇組人員的溝通。我特別做了一份備忘錄來描述片中的顏色配置。」[22]

到了夜晚，他們從義大利式西部片的烈焰，轉換為恐怖片的深藍色，加上金黃色的點綴，一如戴托羅在《祕密客》所做的。鮑伯．溫斯坦應該會痛恨《惡魔的脊椎骨》的抒情調——那不疾不徐的步調、神祕氣氛的營造、它的象徵主義、一些未提供解釋的謎團——不過有點諷刺的是，戴托羅把他從《祕密客》學到的運鏡風格用在他的新電影。他自己承認，「這是電影公司教我的事，『讓鏡頭繞著轉』。」[23] 流動的攝影鏡頭成了偷窺者。

這是令人精疲力竭的拍攝過程，不過這個疲倦源自雄心壯志，而不是衝突爭執（另外，導演多了迫切的要務，他已經開始《刀鋒戰士2》的拍攝工作）。戴托羅感覺到這扣人心弦的恐怖，只有電影本身能夠提供答案。「《聖血》（*Santa Sangre*）導演亞力山卓．尤杜洛斯基採用他所謂的恐慌拍攝法：人們對他想做的會先做一大堆理論建構，但接下來他為它發狂而憑本能直覺去進行。感覺彷彿像是人在模仿電影。」[24]

▶ 細膩的角色設定 ◀

一些無意識的東西悄悄滲入故事敘述裡：藏在機器裡的鬼。在拍攝廚房爆炸、讓孤兒院成為廢墟的高潮戲裡——這對導演的藝術設計至關重要，因為爆炸的**並不是**廣場中央的炸彈，而是廚房的燃油桶——戴托羅知道命運之神也扮演了它的角色。在當中關鍵的一幕，路比飾演的薩卡瑞斯渾身是血走出來，要檢視孤兒院損毀的情況，但因為暈頭轉向步履蹣跚。隨著夕陽西沉，戴托羅決定單手使用手持攝影機拍攝，讓鏡頭也彷彿在暈眩。結果開機第一次拍攝就搞定：當鏡頭一帶到孩子們，他們就開始啜泣，陽光照射黑煙正好呈理想的九十度角。還有事先完全沒有預想到的是，廚房的大門在爆破之後形成了一個自然的真空——就像個水平的煙囪一樣——鏡頭後方的煙在門口一進一出，恍如整棟建築都在喘氣。再過幾年後，戴托羅會在

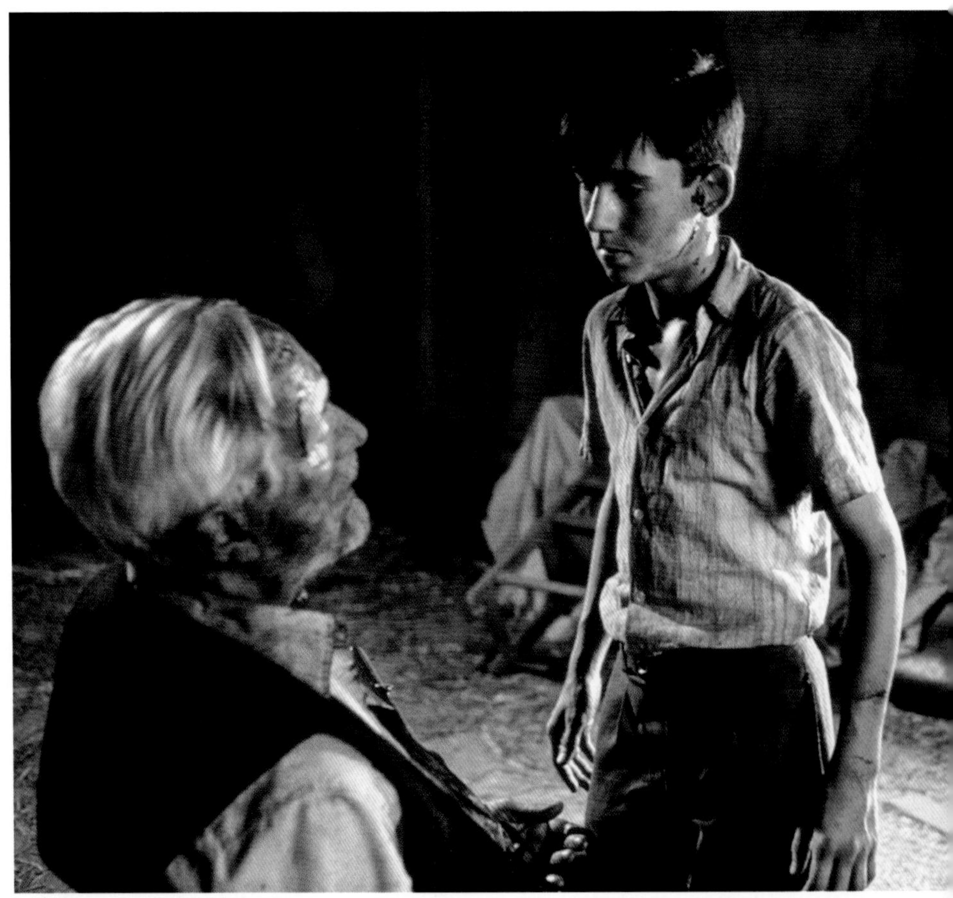

↙ | 重傷的卡薩瑞斯醫生（費德利柯·路比）試著安慰海姆（因尼哥·加切斯）。戴托羅很高興與這位阿根廷演員再次合作，路比在他的首部作品《魔鬼銀爪》，有著重大貢獻。

→ | 海姆（因尼哥·加切斯）的注意力被劃破夜空落下的炸彈所吸引……

↓ | ……這枚命運中的炸彈落在庭園中央卻未爆炸。對戴托羅而言，這個隱喻的炸彈是電影的中心意象——象徵著一場未竟的事業。

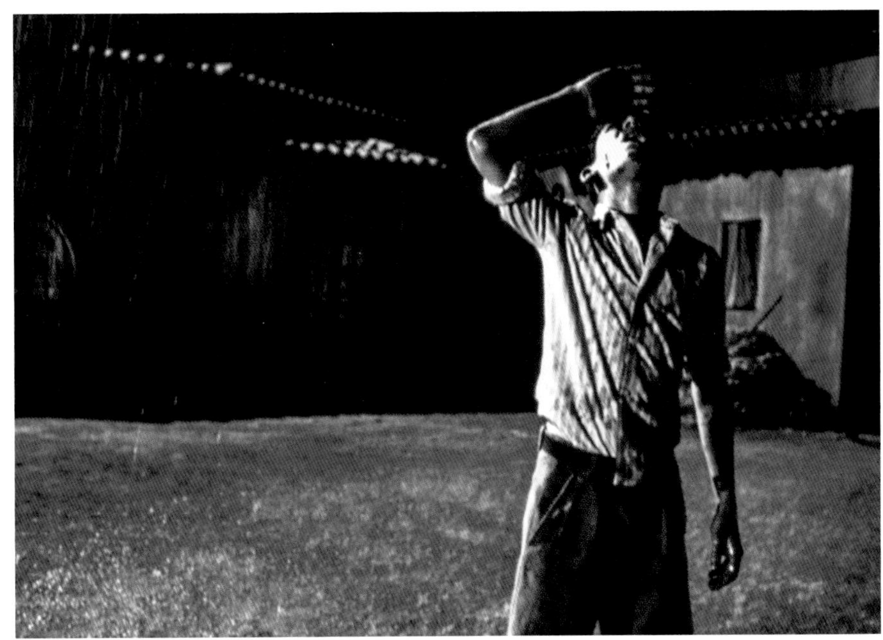

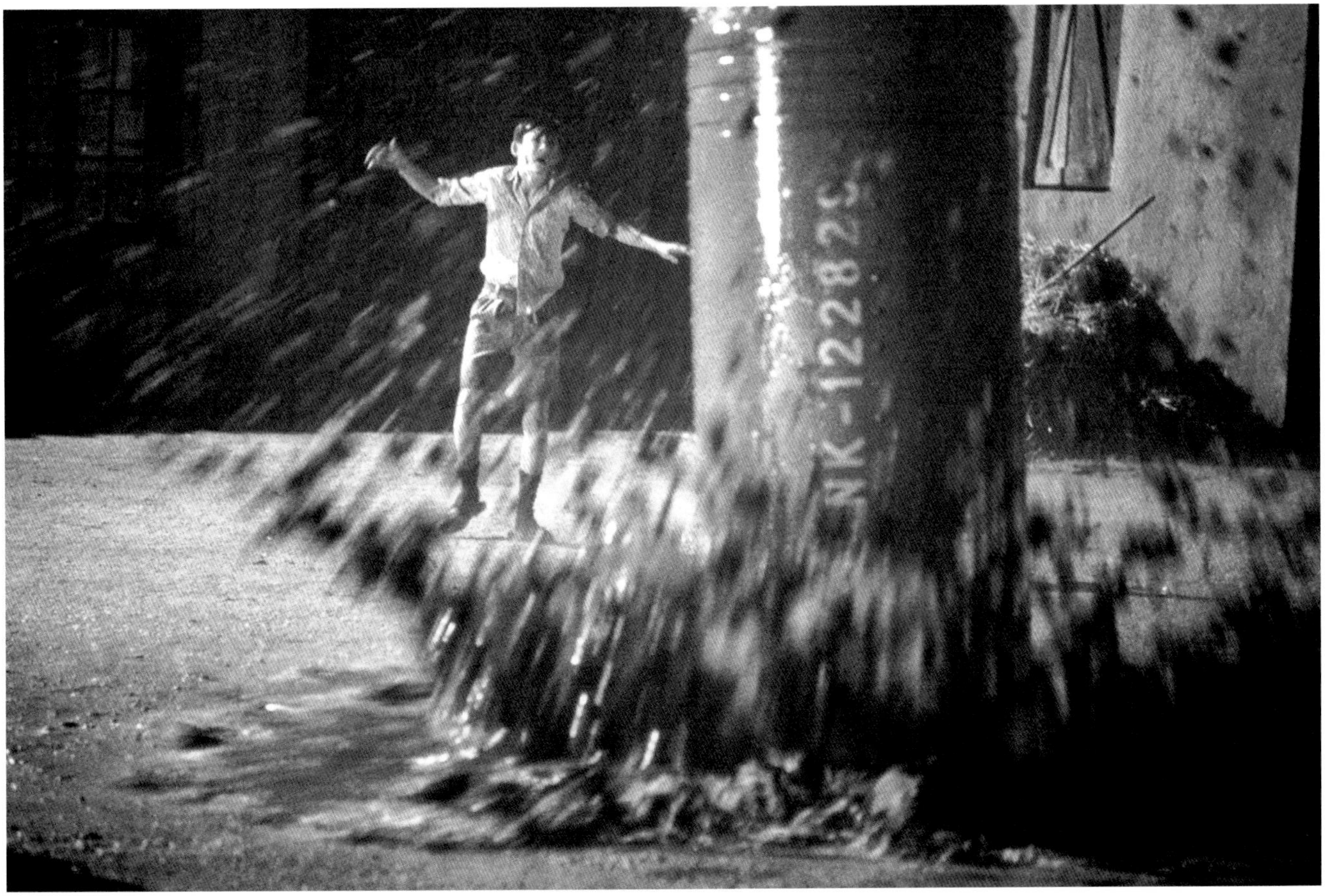

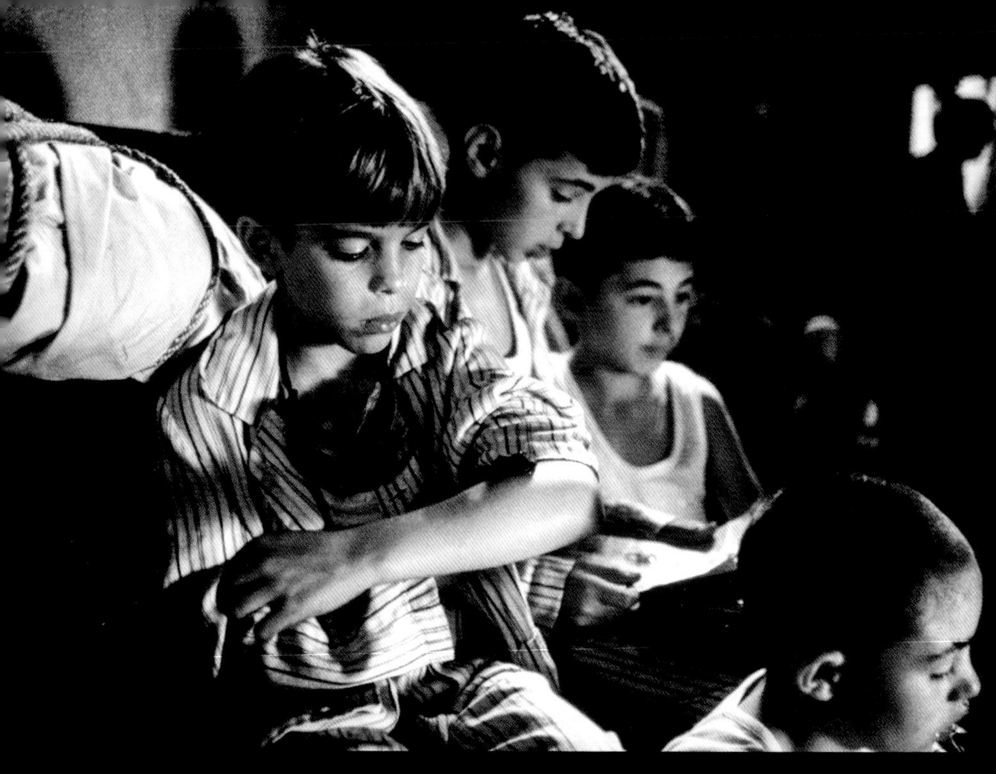

← | 迷迷的孩子們。《蒼蠅王》對這部電影有重要的影響，戴托羅從孩子們的團結合作找到了希望。

→ | 雖然最初發行的票房算不上成功，《惡魔的脊椎骨》確實是這位導演的奠基之作。

《腥紅山莊》複製這個效果。偶然的巧合，成了作品一個主旋律。

從《惡魔的脊椎骨》開始，戴托羅養成了為每個主要角色撰寫小傳的習慣：一個從出生到最近一次生日的簡短調研，來幫演員創造出在劇本框架之外的生命。電影的世界需要被感覺真正活過，而且耗盡心力。

正如《魔鬼銀爪》裡的塔瑪拉．莎娜絲一樣，戴托羅對於兒童的怪異純真有著準確無誤的直覺。他暱稱這些童星是他的「七個小矮人」[25] ，並且立刻能記住他們。他的主角提耶夫原本只是應徵臨時演員，但是也有著保羅．麥卡尼的哀傷藍眼珠。飾演海姆的加切斯，有著近乎青少年的高瘦骨架。看起來彷彿骨頭在發癢。在片場裡，戴托羅對兒童和成人演員一視同仁。他們必須認同自己演的角色。想想你最難過的回憶，他如此指導他們。把它演出來。話說回來，他不也是在做同樣的事？

在特拉索拉斯和穆紐斯原本的劇本裡，故事是圍繞著一個長工的鬼魂，他照顧炸彈有如照料一朵纖弱的花。在戴托羅的筆記本裡，有些早期的草稿描述這個身形憔悴、有如《阿達一族》的管家盧奇（Lurch）的人物，也帶了點《科學怪人》裡波里斯．卡洛夫的色彩。

不過，就和《魔鬼銀爪》裡的吸血鬼一樣，戴托羅的直覺是要反轉角色。這個鬼引發我們同情的分量，必須等同於哈辛托的俊美外表所喚出的邪惡。於是，我們有個心有未甘的溺水男孩。桑提的神色表情就如耶穌．葛利斯一般生動。重要的是，他的長相絕不該像個殭屍。他象牙色的皮膚讓他看起來如陶瓷娃娃。戴托羅希望蘊含在角色名字[4]中的靈性，能夠展現在每個舉手投足。他選中的是有天使般臉孔的瓦維德。桑提的眼淚會留下如哭泣雕像的褐色淚漬。氧化物無所不在，炸彈外殼的鐵鏽彷彿傳染病，散布滲透到孤兒院的牆壁裡。

他們使用了早期的CGI效果，讓皮膚底下的骨骼依稀可見。顆粒效果讓桑提四周的空氣朦朧彷彿他還沉在水底，血液像煙霧一般不停從他額頭的傷口湧出。類似扭曲的效果也將會用在《環太平洋》巨型機器人身上。

▶ 批判政治邪惡的鬼故事 ◀

桑提的幽魂夜晚在孤兒院的走廊徘徊，誘使卡洛斯走入有大水池的地窖。水是戴托羅的世界裡的主要元素。這裡是爰

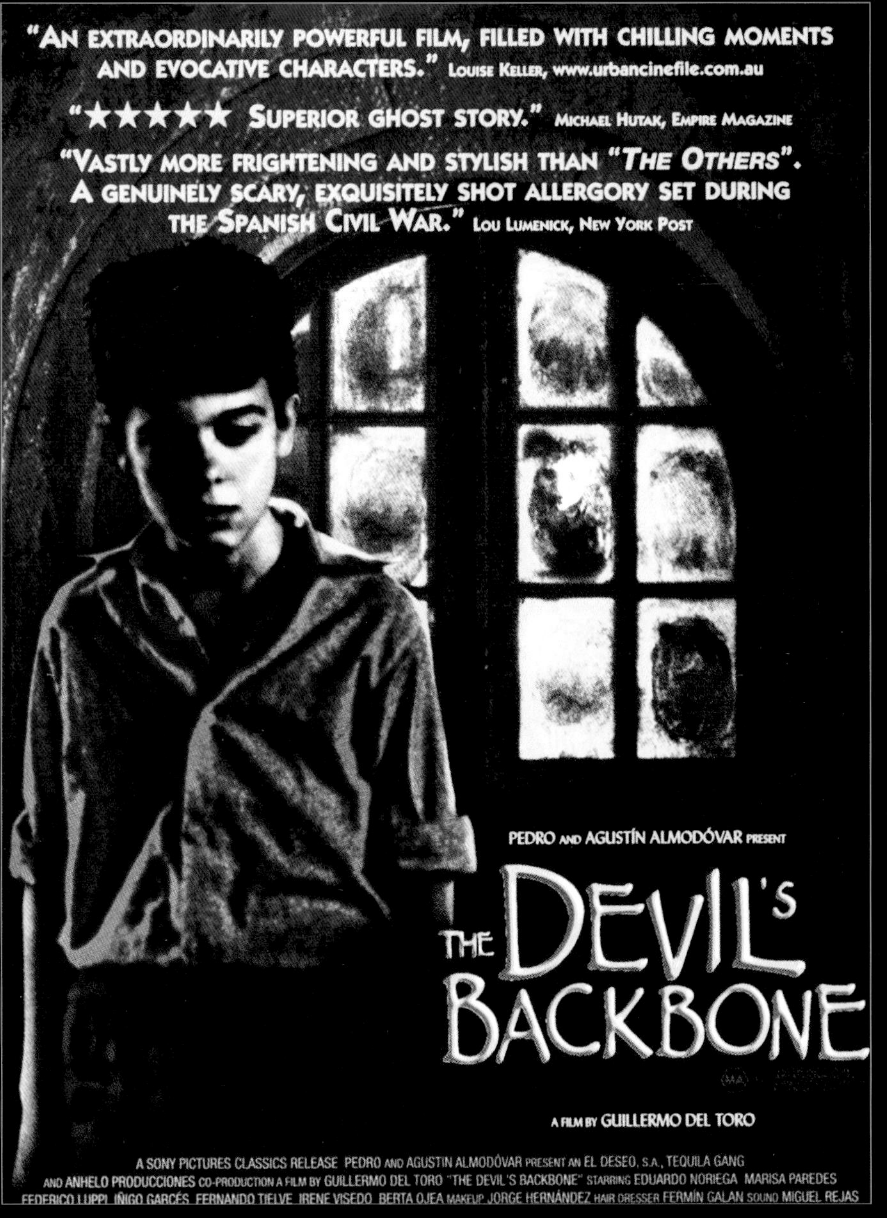

提被謀殺的場景，但是他並不是死亡的威脅，而是傳訊的使者。當然，他的樣貌嚇人。他如蛋殼破裂的頭（後來也成了戴托羅慣用的主題），預告致命的訊息。不過這位導演對超自然力量有他的政治立場：「你應該害怕的是讓他們變成鬼的人。」[26]

桑提是被法西斯主義者淹死的共和國。「整場內戰，是至今仍在糾纏西班牙的幽靈，」[27] 戴托羅如此宣告。他把政治議題包裹在關乎個人的作品裡。

真正的反派是哈辛托，他承續的是無情的父親遺留的恨。他被遺棄在孤兒院裡，他具體象徵了法西斯主義如何毒害西班牙的靈魂。於是，他既殘酷且憂傷，諾瑞加精彩演繹了這個角色，他有男神的偶像面孔，和全心投入的演技。戴托羅告訴他，沒有人比心中有恨的人更寂寞。他承載的痛苦，就和最後令他致命的黃金一般沉重，這個墮落天使的角色，未來我們在《水底情深》裡的麥可．夏儂（Michael Shannon）飾演的史崔克蘭（Strickland）和《夜路》裡布萊德利．庫柏（Bradley Cooper）飾演的卡萊爾（Carlisle）身上還會再看到。戴托羅曾多次感慨地說，邪惡有諸多形貌，而且往往是以「內心有個受傷小孩的人」的形象顯現。[28]

故事裡最令人心痛的部分，無疑是康琪塔（Conchita）（艾琳．韋瑟多〔Irene Visedo〕），這位美麗的廚房幫傭愛上了哈辛托，期待她的愛能改變他。

《惡魔的脊椎骨》是所有戴托羅電影中最樸素的一部，不過也正因此展現它的價值。他鮮明的時代背景、遠方戰爭的隆隆聲響、近在咫尺的殘酷暴力、以及藉超自然對角色進行的考驗：所有這些元素，構成了《洛杉磯時報》的凱文．湯瑪斯（Kevin Thomas）心目中「一個荒涼的景象，如此吸引人、難以預測、而且獨一無二，讓《惡魔的脊椎骨》真正展現力量」。[29]

在九一一事件的陰影下發片，這部吸引人、帶有挑釁、巧妙寓含樂觀心態的鬼故事，因另一樁不同的國家悲劇所掩蓋。人們還沒有心理準備要接受這部有洗滌作用的黑暗電影。它總共只有六百五十萬美元的全球票房，不過，就像一枚未爆的炸彈，這部電影成了回顧戴托羅導演生涯的重要電影。這部電影成了他人生哲學與拍片哲學的基石。最終，善良的人受到傷害，大人們相互彼對立、互相摧毀而成了鬼魂。孩童們則存活了下來，因為他們選擇團結在一起。

「真希望大家都能認真去理解，我們都是在同一間孤兒院裡，」戴托羅如此懇請，「沒有人是局外人。」[30]

BLADE II

刀鋒戰士2

接下來，他做出令人不解的決定，開心投入浮誇的吸血鬼系列電影，
拍出他第一部主流市場的賣座片，證明了好萊塢公式也可以加上墨西哥嗆辣佐料。

戴托羅嬰兒般的藍眼珠透過眼鏡閃著光芒，明白宣告他的下一部電影是截然不同的怪獸。《惡魔的脊椎骨》是沉思的、寓言式的電影，優雅地結合了視覺上的節制和角色的深度。它是一趟個人的旅行，以他的母語拍攝而成。影評人形容它是藝術。至於《刀鋒戰士2》，這位導演滿心歡喜地說，「它純粹是有趣和噁心（just fun and nastiness）。」[1] 這是他第一次「拍了部政治完全不正確的電影」。[2]

《刀鋒戰士2》融合了超級英雄和恐怖電影公式，是個充滿血腥虐殺的混合體，即使是最死忠的鐵粉對這部電影都可能有好壞不一的評價。阿利安卓．崗札雷．伊納利圖，他就不能理解，自己的同胞換帖兄弟為了這種垃圾賣掉自己的靈魂。「他因為我拍《刀鋒戰士2》罵了我超過兩個小時，」戴托羅得意地回想。「我不得不把車子開下高速公路，找一個停車場停車，到最後我說，『聽著，老兄，我需要去吃午餐了。抱歉我拍了《刀鋒戰士》。』」[3]

不過，我們大有理由可以說，這個漫畫續集電影是他導演生涯最重要的電影，而且當然也是他的類型電影瘋狂集錦中的另一個關鍵拼圖。這是一次機會，證明他在好萊塢的庇蔭下也能好好工作，而且做得很好；這不但可以讓他把《祕密客》徹底忘掉，還可以讓大家知道，要取下吸血鬼性命，不止有一種方法。

戴托羅自己也有過疑慮。他曾經回絕了三次。「就像彼得三次不認主，」[4] 他說。《刀鋒戰士》的製片彼得．法蘭克福（Peter

↑｜尖峰時刻的大騷亂。衛斯理．史奈普飾演的吸血鬼獵人「刀鋒戰士」，對「死神」變種吸血鬼執行地下正義。

→｜早在超級英雄大行其道之前，《刀鋒戰士2》已開起吸血鬼類型的系列電影。

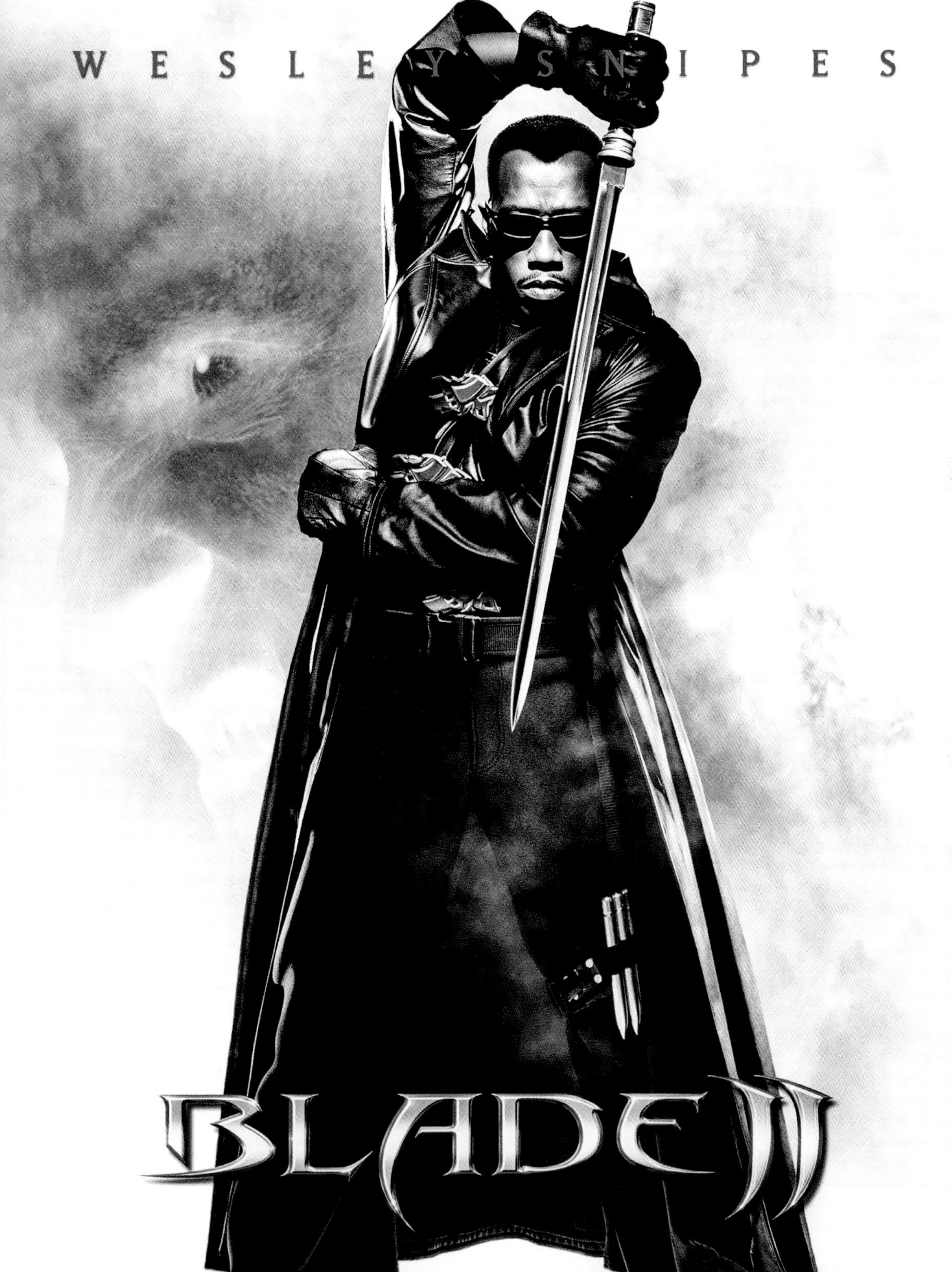
WESLEY SNIPES
BLADE II

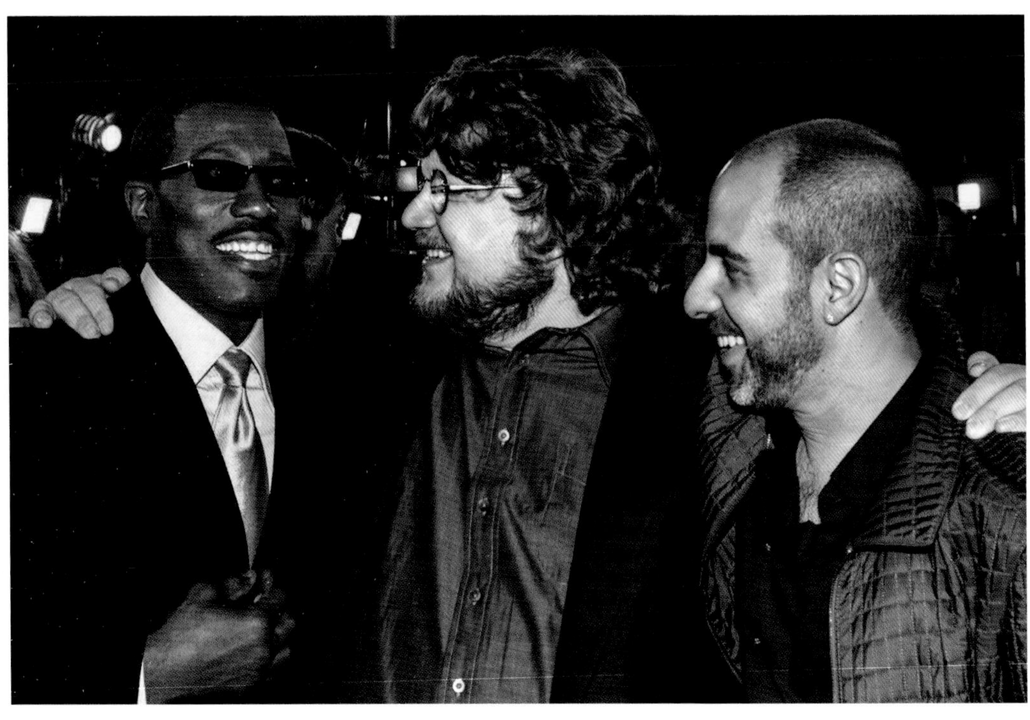

← 三重的威脅。影星衛斯理・史奈普、導演吉勒摩・戴托羅和編劇兼製片大衛・高耶共同參加首映，想當然耳，是在入夜之後。

→ 從戴托羅開始涉獵漫畫，他的品味就朝向恐怖主題，他把這種非正統的感知帶進了《刀鋒戰士2》。

Frankfurt）和編劇大衛・高耶（David S. Goyer）——他收藏了與戴托羅不相上下的一萬三千本漫畫——兩人都是《魔鬼銀爪》的熱切擁護者。他們曾邀約他執導第一部《刀鋒戰士》，看出了他細膩掌控氣氛和這個故事的相關性，不過這個邀約並沒有落實成正式提案。現在，隨著新線影業（華納兄弟電影公司大家庭的一員）熱衷推出續集，法蘭克福和高耶又回頭來找他們最喜歡的這位墨西哥佬。但是戴托羅一而再、再而三拒絕了。他正把心思放在《地獄怪客》——一個不同調性的漫畫改編電影。

於是，腦筋動得快的高耶用了一點好萊塢的反心理戰術。「你想拍《地獄怪客》？」[5] 他開始布下他的陷阱。「你以為電影公司看了《惡魔的脊椎骨》和《魔鬼銀爪》就會出錢投資？」他強調說，美國電影界會把戴托羅當成只想拍簡樸、哥德式恐怖故事的人。「不是的，不是，」戴托羅反駁他，不知已陷入了圈套，「我是喜歡拍漫畫動作片的瘋狂怪胎。」[6]

戴托羅並沒有黑暗的另一面——他徹頭徹尾都是黑的。不過，他性格中除了希望得到嚴肅認可之外，還有比較低俗、B級電影的那一面。他承認，「有一部分的我，就是愛低俗，」[7]《刀鋒戰士2》正是一部適合六罐飲料配一盒披薩的電影。少了《祕密客》裡阻撓他雄心壯志的那些問題，這部電影你看到的就是他想要拍的——它是為電影公司而拍，也是為青春期的自我而拍。

這也就是引發他和伊納利圖激烈爭執的源頭。「它迎合的是人類最惡質的情感，」[8] 他的朋友如此責怪他。戴托羅用天使般的笑容回應他。「老哥，這是部《湯姆貓與傑利鼠》（*Tom and Jerry*）的卡通片。」[9]

他很開心這與他最近作品有如鏡中倒影般的強烈對照，被列為限制級（R級）的《刀鋒戰士2》在耍幼稚，而關於迷途男孩的《惡魔的脊椎骨》則「非常老成」。[10] 這絕不是說這部新電影對他比較不重要。不過，它的劇本早就定案。事實上，《刀鋒戰士2》在戴托羅的作品中獨一無二，它是他執導電影中唯一沒有掛名編劇的一部。雖然他和高耶一起打造這部成本五千五百萬美元的恐怖片，在它黏滑的牆壁刷上一層又一層的意義，不過戴托羅全心擁抱了這部訴諸觀眾原始本能的血腥打鬥片。

「要是你覺得它太吵，」他開玩笑地跟準備去看的觀眾警告，「那是你太老了。」[11]

▶ 改編超級英雄漫畫 ◀

刀鋒戰士是半個吸血鬼，也就是所謂的Dhampir。他的母親在分娩時遭到吸血鬼攻擊讓他承繼了這個血緣，但他還是成了一個很酷的人類。刀鋒戰士才不會為了窺看夜視鏡就拿下墨鏡。除了天賦異常的感知力，他同時也精通武術而且對陽光免疫。他的使命是消滅全血的吸血鬼族，他們是令人厭惡的夜間潛行者。有點類似於《祕密客》，他要除去城市的蟲害。他也

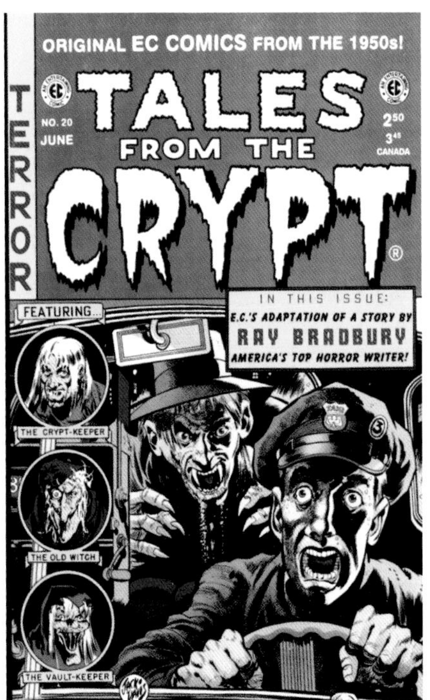

是漫威漫畫裡頭極少見的非裔美國超級英雄，他在1973年問世，開始他的人生、或者說半人類的生活。

創造這個超級英雄的，是名字和他很相關[5]的作家瑪威．沃夫曼（Marv Wolfman）和畫家吉恩．克蘭（Gene Colan），他在《德古拉之墓》（*Tomb of Dracula*）率先登場扮演配角，胸前斜背帶掛著一排刀刃、穿著機車騎士的皮衣，墨鏡、還有一副滿不在乎的搖滾明星氣息。後來成為「美國第一位黑人動作明星」[12] 的美式足球員吉姆．布朗（Jim Brwon）是他的造型原型。刀鋒戰士後來終於出了自己的漫畫系列，他既是吸血鬼獵人，同時也是有強烈政治色彩的黑人平權運動代言者。

至於現在，他看起來就像衛斯理．史奈普（Wesley Snipes）。

戴托羅投入漫畫世界時，他偏愛的都是恐怖和神祕類型，而非主流的超級英雄故事；吸引他的是那些被歸類為哥德恐怖的漫畫，《魔界奇譚》（*Tales from the*

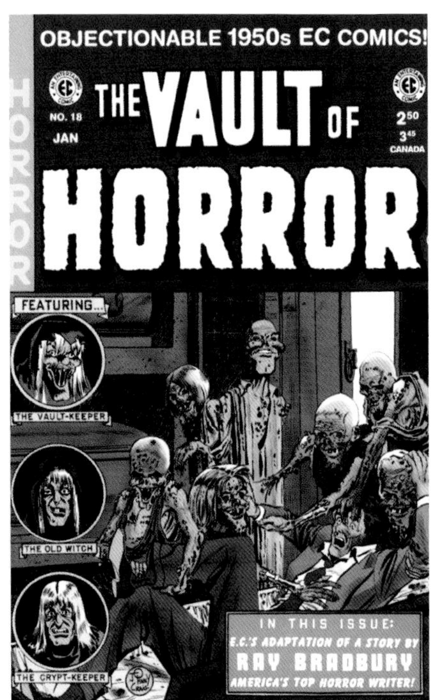

Crypt）或是《恐怖地室》（*The Vault of Horror*）之類。他比較喜歡正邪難分的類型。他喜歡怪物。正如他在《惡魔的脊椎骨》裡借用了卡洛斯．希梅尼茲的才華，這次他也找了《地獄怪客》的創作者麥克．米諾拉（Mike Mignola）來為《刀鋒戰士2》畫分鏡腳本，把電影藝術的形式注入到原本漫畫的概念中。

雖然他們取材自知名的漫畫原作，不過《刀鋒戰士》的電影要早於無所不包的漫威電影宇宙（裡頭有高空飛翔的《鋼鐵人》〔*Iron Men*〕、以及不斷衍生的《復仇者聯盟》〔*Avengers*〕）——它們是超級英雄這股風潮中的異類，一如後來充滿前衛風格的《地獄怪客》。瀰漫在電影裡的仍舊是恐怖片的氣氛。

高耶所安排的故事情節裡，來自「血衛隊」（Bloodpack）的兩個使者意外造訪了陰鬱的英雄主角。這個血衛隊——成員包括朗．帕爾曼飾演永遠一副臭臉的雷哈特（Reinhardt）——是一批誓言追殺刀鋒戰士的嬉皮吸血鬼所組成的打擊部隊。他們有彼此搭襯的黑衣打扮，風格結合了法西斯和戀物癖（全部由戴托羅所設計），他們像極了《異形》電影可被隨意割棄的特務小隊。他們也有類似的問題。吸血鬼族之間出現流行病肆虐，會讓他們變形為極端的「死神」（Reaper）變種吸血鬼。這個變種沒有吸血鬼的弱點——不怕大蒜、十字架、木樁等等——他們渴望「正常」吸血鬼的豐富血液。刀鋒戰士這位吸血鬼獵人自行做了謎樣的決定（他是戴托羅眾多熱情的角色中，少見的孤傲冷漠代表），和吸血鬼聯手追捕名為諾瑪克（Nomak）（路克．高斯〔Luke Goss〕）的變種吸血鬼——他身為這場疫情的源頭零號病人，帶有這個病毒起源的祕密。各路人馬之間的信賴關係處於不斷變動的狀態。

這是一次簡化事物的練習——不要過度思考你的策略，或是太留神於它的故事脈絡。續集要做的事就是遵循前者。「這是一個很好的練習，一方面控制自己不要成為焦點，同時又要全心全意去投入。」[13] 戴托羅說。

▶ 加入電玩遊戲的美學 ◀

由於他可以取得第一部電影的全部畫面，他逐格對《刀鋒戰士》做了研究。他非常欣賞電影裡「反正要惡搞你的態度」。[14] 這同時也是一個問題。戴托羅很清楚自己不夠新潮。他沒有幫饒舌明星拍過影片。他偏愛電影院的黑暗更勝於夜店。新線影藝公司跟他保證，這些就交給史奈普，他們要的是他的「不流行的酷」，這方面他已證明是高手。

戴托羅遵循著系列電影的旋律，但有些變奏的節拍只有他敢玩。他是能接受電玩遊戲光線斷續、忽明忽暗的新一代導演；陪伴他長大的不只有路易斯・卡洛爾（Lewis Caroll），還有《毀滅戰士》（*Doom*），而《刀鋒戰士2》充斥著經典第一人稱射擊遊戲裡狂熱、不斷前進、以及如迷宮般的空間限制。他聲稱「電玩遊戲是一種真正的敘事形式」。[15] 除此之外，他也能預見到電影和遊戲在藝術上即將融合。「電玩遊戲的藝術指導、聲音元素、以及沉浸式的環境，和大部分電影一樣好，甚至還更好。」[16] 如果說有缺點的話，可能是它做起來比較困難。

到此為止，他在《刀鋒戰士2》要做的嘗試，是把漫畫與電玩遊戲的美學在電影上結合——除此之外，他也由自己熱愛的日本動畫汲取靈感，也就是由知名漫畫的眾多經典發展出來，充滿異國風味的動漫作品。拍

創作電玩遊戲

2019年之前，戴托羅已計畫要創作個人特色的電玩遊戲。每個計畫都是雄心遠大，懷抱夢想和可行性，卻往往與現實有所衝突，因爲過程就像是建造摩天大樓一樣不容易。2006年的《日落》（*Sundown*）是個失敗的打殭屍遊戲，原本要推展到電視和電影。《瘋癲》（*InSane*）這個原本進行中的洛夫克拉夫特式的恐怖故事，在2012年取消了，遊戲的開頭是偵探找尋他失蹤的家人，最終結尾是一座山大小的宇宙級巨怪。戴托羅在2015年與《特攻神諜》（*Metal Gear Solid*）幕後推手，在業界有近乎神話地位的開發工程師小島秀夫（Hideo Kojima）合作。他們在《沉默之丘系列》（*Silent Hill series*）規畫一款遊戲，這是發生在一個鬼鎮裡的恐怖故事。根據戴托羅在拉斯維加斯電玩展上的說法，他們同樣喜歡「多愁善感的概念」。[17] 不過，「那些有錢的王八蛋」[18] 跟他們的想法不對盤。於是計畫被腰斬了。

他和小島秀夫仍保持聯繫。事實上，爲了小島2019年的新作《死亡擱淺》（*Death Stranding*），他還穿上了動態捕捉的服裝，好讓外貌跟自己一模一樣的角色「亡人」（Deadman）能出現在遊戲裡——這個人造人的角色，就和「科學怪人」[19] 一樣，是從不同屍體的器官拼裝打造而成。當然，這都是後來的事了。

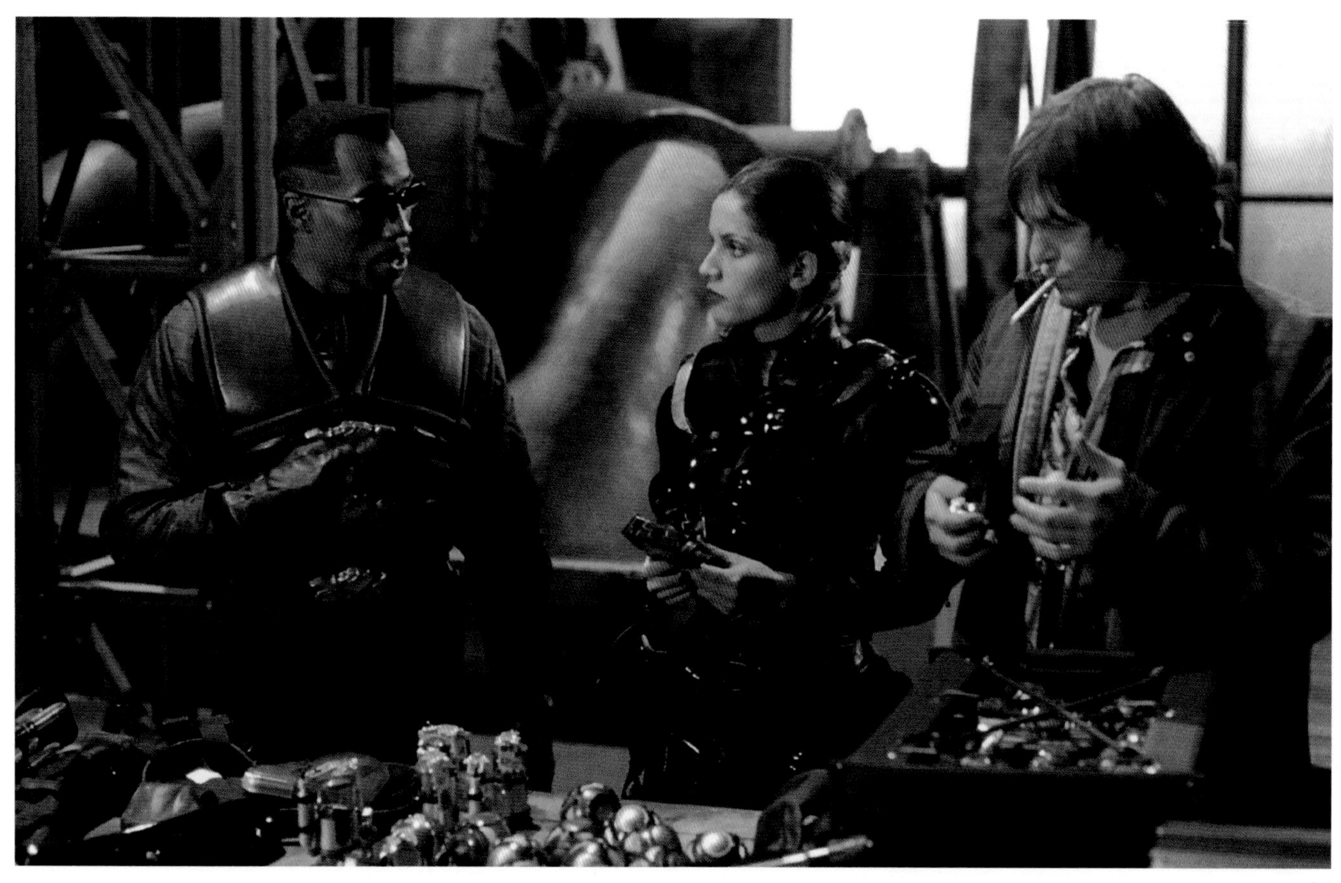

↙ | 聯手合作的敵人——血衛隊的領袖妮莎（Nyssa）（雷奧娜．華莉拉〔Leonor Varela〕）與他們的死敵「刀鋒戰士」（衛斯理．史奈普）達成了協議，武器裝置專家「飛毛腿」（諾曼．李杜斯）則保持懷疑的距離。

→ | 超級武術明星甄子丹同時擔任演員（扮演劇中的「雪人」）和武術指導，為動作戲添加東方電影的異國情調。

↓ | 全副勁裝上陣的血衛隊團體照。從左至右：丘巴（Chupa）（麥特．蘇茲〔Matt Schulze〕）、妮莎（華莉拉）、阿薩德（《紅矮星號》〔Red Dwarf〕的丹尼．約翰—朱爾〔Danny John-Jules〕）、魏蓮（Verlaine）（瑪莉特．維爾．凱兒〔Marit Velle Kile〕）、雷哈特（《魔鬼銀爪》的朗．帕爾曼）以及雪人（甄子丹）。

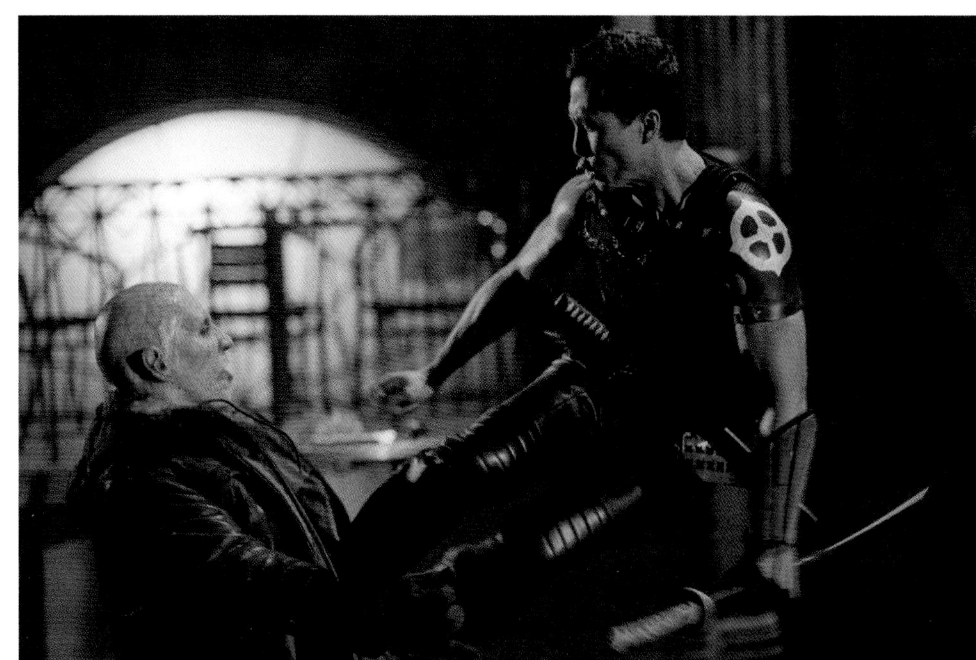

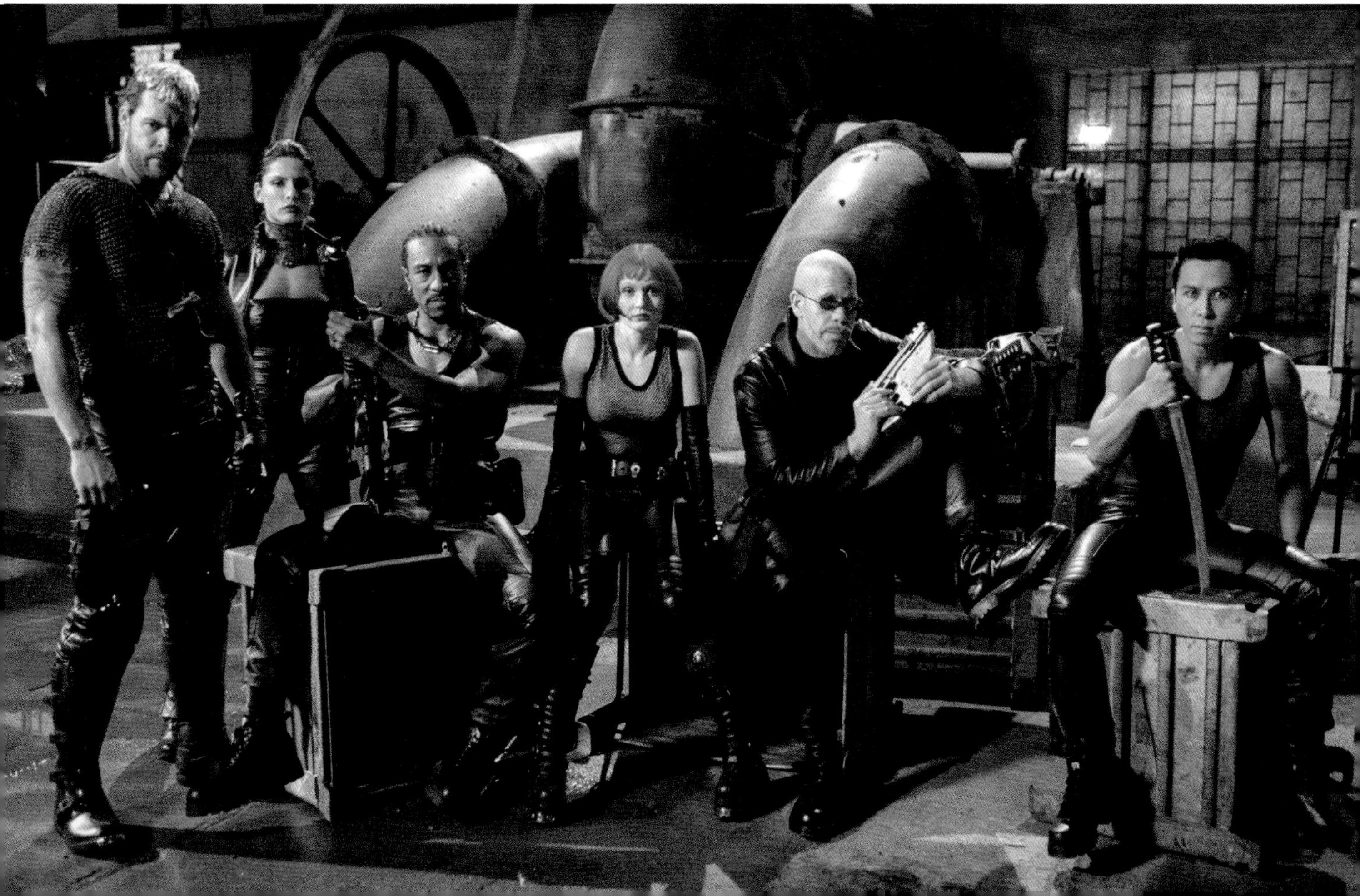

片期間，他會塞給史奈普一堆DVD——《獸兵衛忍風帖》（*Ninja Scroll*）、賽博龐克風的《攻殼機動隊》（*Ghost in the Shell*）和《阿基拉》（*Akira*）——預先讓他體會電影裡的費心設計。

在2001年，史奈普是票房保證的當紅男星。他扮演各路角色，從感情戲（《叢林熱》（*Jungle Fever*）、《一夜情》（*One Night Stand*）和充滿活力的喜劇（《黑白遊龍》〔*White Men Can't Jump*〕）、到嘻哈風的犯罪驚悚片（《萬惡城市》〔*New Jack City*〕），現在則因《刀鋒戰士》的緣故——不管是好事還是壞事——他已轉型成了武打動作片的大明星。等到他拍攝三部曲中評價較差的《刀鋒戰士3：三位一體》時，他的酬勞已經漲到1300萬美元。這個出生於佛羅里達、個性沉鬱的明星，同時也身兼執行製片、是松濤館空手道的五段高手，還是出了名難搞的傢伙。

抓準了好萊塢電影圈感情用事的弱點，戴托羅和他的男主角達成了協議。他跟史奈普保證，只要你顧好刀鋒戰士這個角色，「我會讓你看起來嚇嚇叫，還會幫你搞定其他所有事。」[20] 史奈普辦到了，除了偶爾的小齟齬，他始終保持角色淡然的形象，冷靜完成所有打鬥場面。

「刀鋒戰士的個性始終不變，」戴托羅聳聳肩說，「好玩的地方就在這裡，他可不會讀著艾略特的詩最後哭了出來。」[21]

▶ 宛如音樂劇的動作場面 ◀

拍片地點選在布拉格這個童話般的城市，以巴蘭多夫電影廠（Barrandov Studios）為基地從2001年3月拍攝到7月，戴托羅拍出了截至當時為止（在《環太平洋》之前）最具未來色彩，同時又具有濃

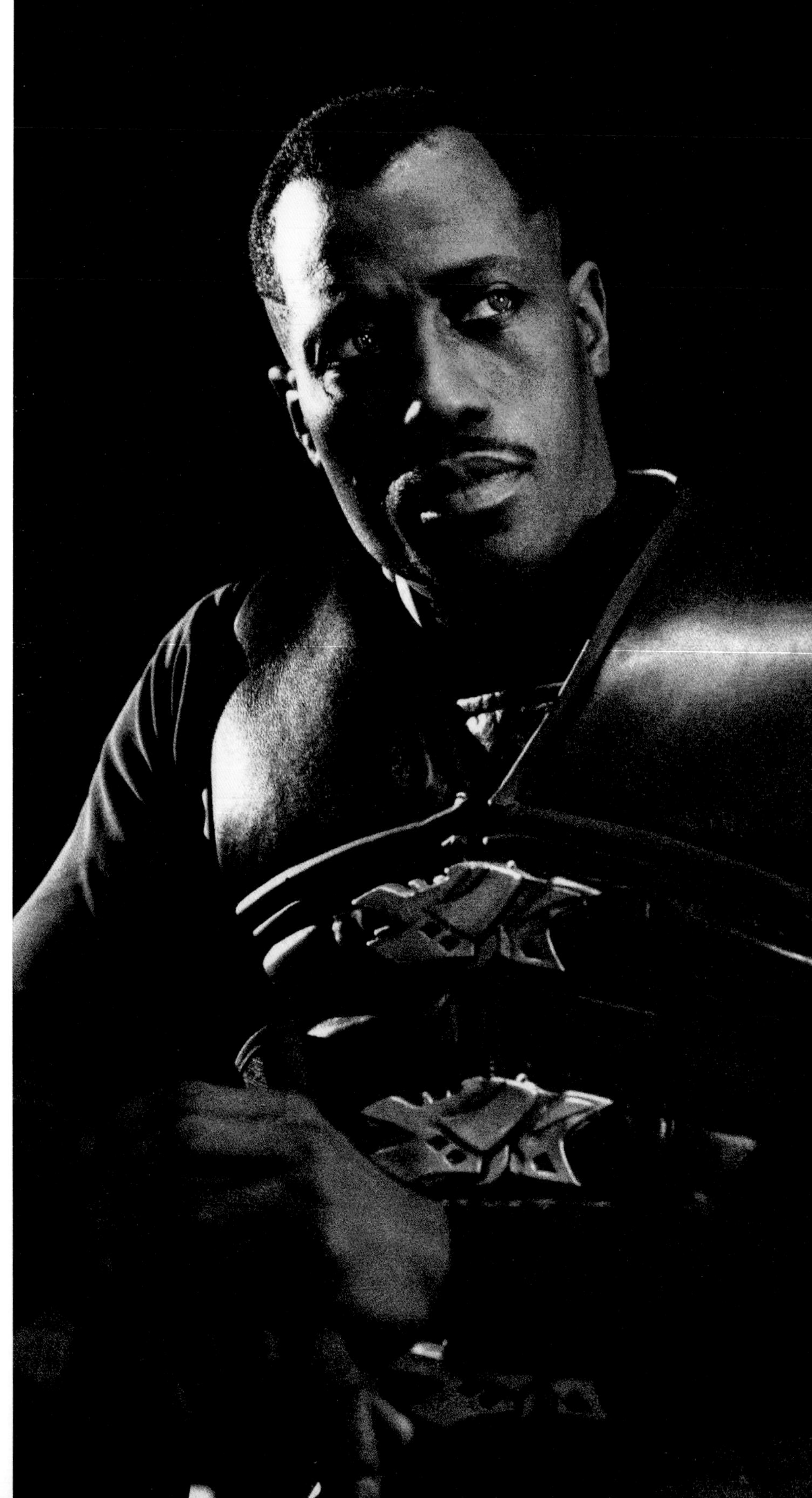

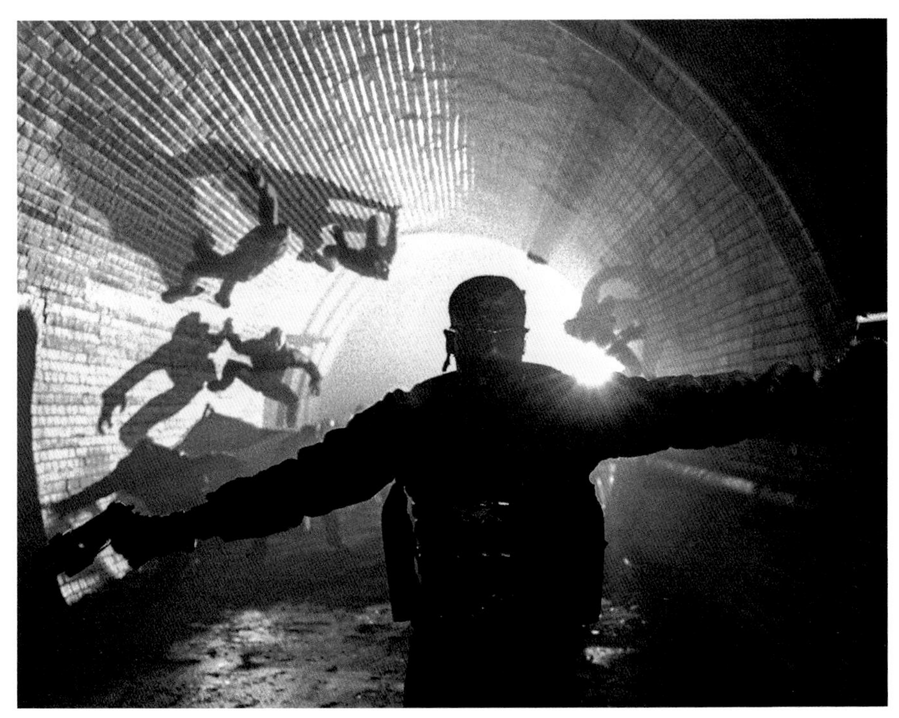

厚哥德風的恐怖故事。吸血鬼除了尖牙之外，還配備了最先進的武器，但他們仍得避開陽光，遊走在古老的下水道系統。

小時候，大無畏的戴托羅曾經徒步探索瓜達拉哈拉的下水道。它們有如另一個世界。在他看來，下水道是在地底下的一座迷宮，一條看不見的通道，同時也是故事情節上的視覺隱喻。風格各異的作家如史蒂芬．金（Stephen King）（《牠》〔*It*〕）和維克多．雨果（Victor Hugo）（《悲慘世界》〔*Les Misérable*〕）都曾探索過這個地底通道的敘事可能性。《忍者龜》（*The Teenage Mutant Ninja Turtles*）住在紐約的下水道裡，就和《祕密客》的變種昆蟲一樣。

不過，戴托羅說，你多半不會看到或讀到的，是附著白色黏稠物的鐘乳石，這些巨大懸垂物基本上是菌類的培養皿。為

← | 冰冷、面無表情的主角，不尋常地沒有戴上墨鏡擺拍。戴托羅很清楚史奈普以難搞出名，他把刀鋒戰士的角色留給這位明星自由發揮，他則把精神放在刻畫吸血鬼們。

↑ | 不受地心引力羈絆的「死神」變種吸血鬼逼近衛斯理．史奈普飾演的刀鋒戰士——冰冷藍色調的磚牆建物和極度誇大的陰影，純然是戴托羅的手法。

→ | 在半空中定格的史奈普，凸顯這部續集刻意模糊電影類型：它是附帶了武打動作的恐怖片、超級英雄、動作電影，同時，還是自成一格的音樂劇。

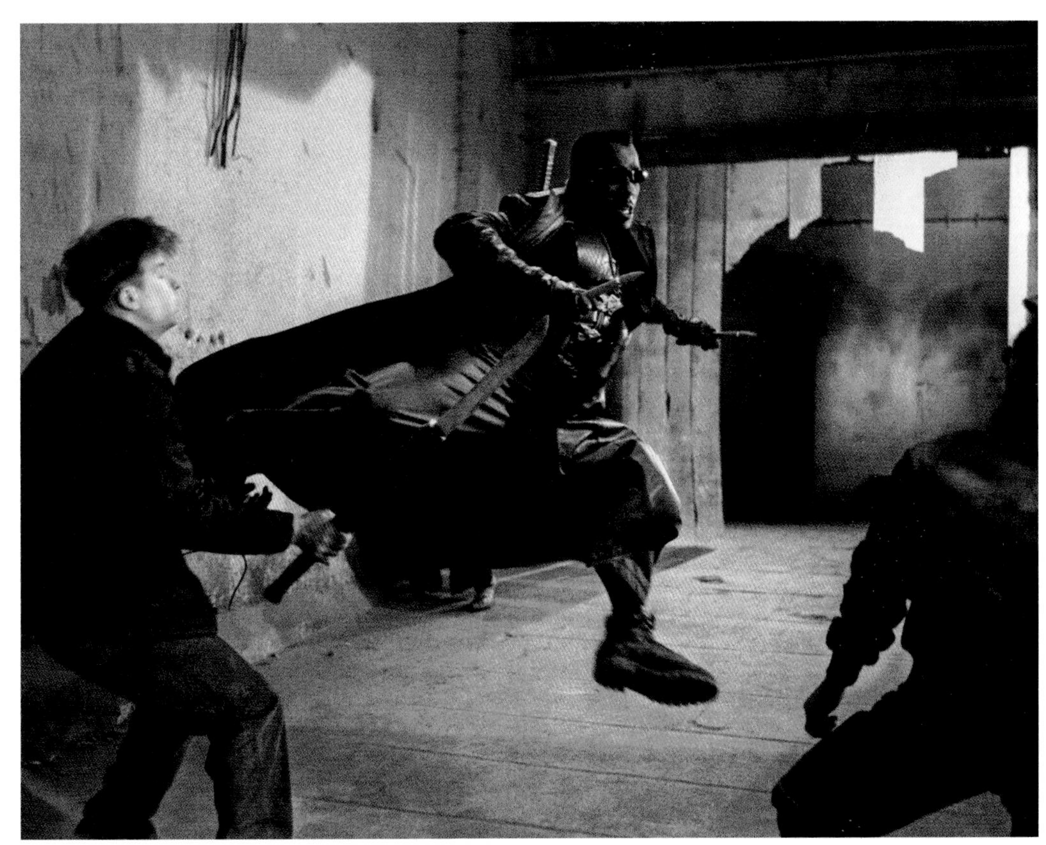

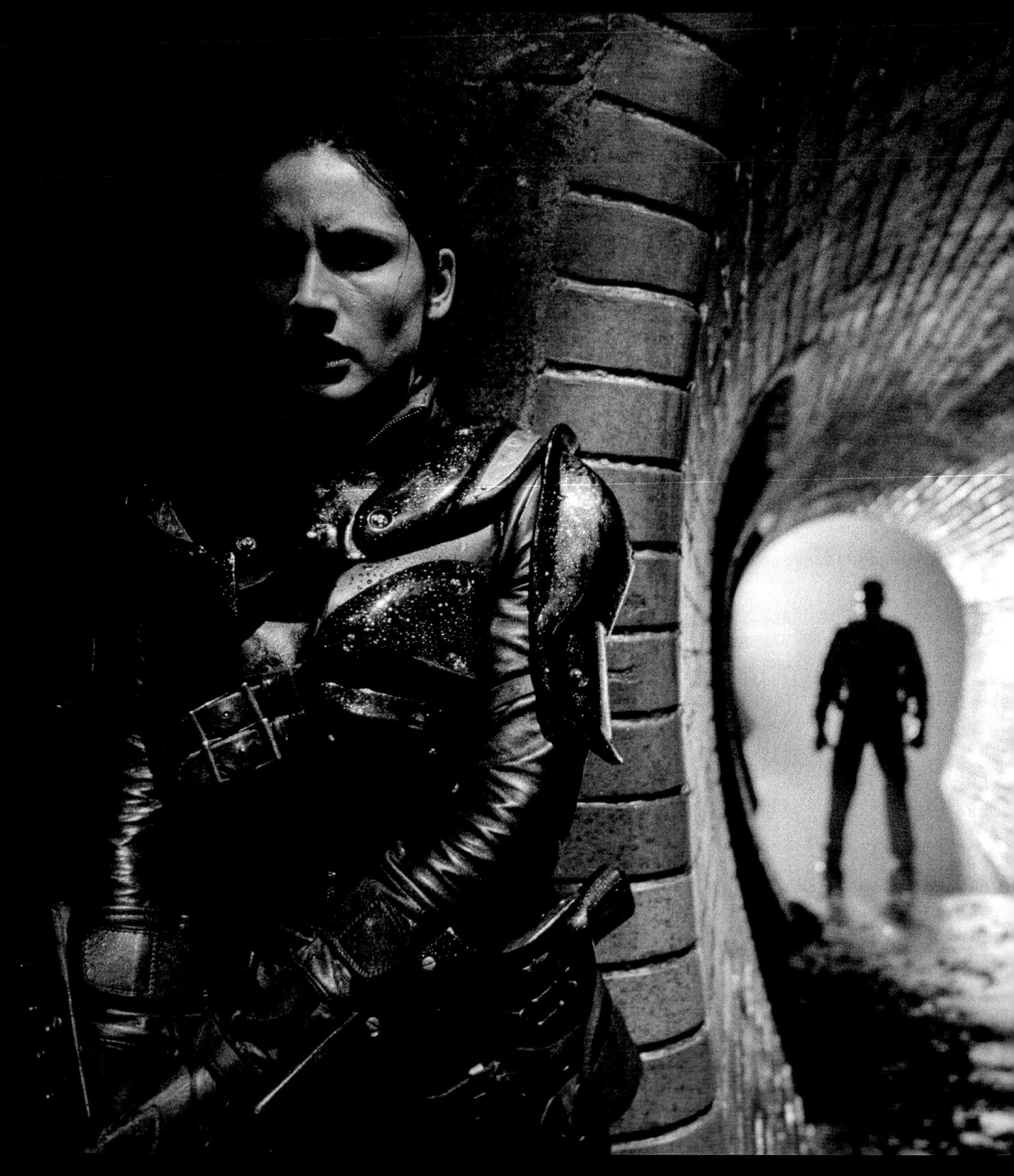

了《刀鋒戰士2》探勘布拉格的下水道時，他驚訝於這些磚造的地下建築為何極少被電影導演利用，他發現了同樣充滿著大量黏稠物的凹室，飄送著相同陳舊優格的氣味。他在這裡如魚得水。這些潮濕的通道，將帶引刀鋒戰士和血衛隊的殘餘部眾通往大反派的高科技巢穴。影片以擬真的單色攝影拍攝，當吸血鬼們蜂擁穿越微微發光的隧道，我們看到的彷彿《黑獄亡魂》（*The Third Man*）裡哈利．萊姆（Harry Lime）迎向命運的隧道。

古老的地底墓穴被鋼管組成、具未來色彩的怪異拼裝取代，它有如不死殭屍的巧克力工廠。戴托羅喜歡把這部續集當成仿龐德電影：一成不變的英雄和權力欲旺盛的壞蛋，在肯．亞當[3]風格的場景裡對打。刀鋒戰士同樣有他的個人裝備，包括如回力鏢的刀刃、割裂皮膚的炸彈、以及紫外線手榴彈。供應武器的是諾曼．李杜斯（Norman Reedus）飾演的理工宅副手飛毛腿（Scud），不過一切構想都來自導演的筆記本。

續集和它的前作一樣，偏重在武打的擂台上。活躍香港（中國）電影的功夫明星甄子丹飾演身手俐落、沉默寡言的雪人（Snowman），同時也擔任武術指導，將他如舞蹈般的現代武術融入片中的打鬥場面。戴托羅為了做好自己的功課，一頭栽入香港（中國）電影的世界，包括甄子丹主演的《少年黃飛鴻之鐵猴子》，用高速的鏡頭轉換捕捉加強版的現實。

他希望把動作場面強化到「近乎暴力音樂劇」的程度。[22] 於是吸血鬼被他炸得血肉橫飛、在陽光炙燒下化為灰燼，混合CGI和實景的特效同時還傳遞《西城故事》（*West Side Story*）的輕盈空靈。

這種瘋狂的二元對立，最生動的表現是在吸血鬼的夜店「痛苦之屋」（House of Pain），恰如其名，鏡頭帶過的是五花八門的施受虐招式（大裂脊椎骨，有人想試嗎？）沐浴在頻閃燈和五彩霓虹，整個地下舞廳場景堪稱俗艷版的《銀翼殺手》（*Blade Runner*）。在瘋狂熱舞中，血衛隊找上了「死神」變種吸血鬼的先遣軍，在群鬼狂舞中，戴托羅安排了一連串的個別對決。這是展現剪輯功力的傑作，同時也可能是他最怪異之作。

「我就是喜歡血淋淋的場面，」[23] 他興奮地說。就他而言，這並不算真正的暴力。當然，這是和《惡魔的脊椎骨》野蠻的尖刀猛刺相比而言。「這叫作利用機會，」[24] 他說。

▶ 變種吸血鬼的設計 ◀

跟他導演生涯整體的追求目標不大相關，戴托羅同意執導《刀鋒戰士2》的一個條件，是他可以按照自己意思來設計「死神」變種吸血鬼。「於是我的勁就來了，」[2] 他說。他回到實驗室創造怪物。這一回，是個我們從不曾見過的吸血鬼，但依舊沒有悖離電影和文學關於吸血一族的傳統。這是他在這部續集裡真正由自己發揮的地方。

回到他凡事好奇多問的墨西哥童年，渴求細節的戴托羅貪婪觀看吸血鬼電影、吸血鬼漫畫、以及從布拉姆．史托克（Bram Stoker）到安．萊斯（Anne Rice）的各種吸血鬼文學經典。這還不夠，他腦中塞滿了各種傳奇故事和民間傳說。他知道吸血鬼的概念在各國之間的差異。這類

← | 臥底任務的妮莎躲避刀鋒戰士。在布拉格的下水道拍攝，磚造建物反射的光線刻意參照《黑獄亡魂》結尾的地下道追逐場景。

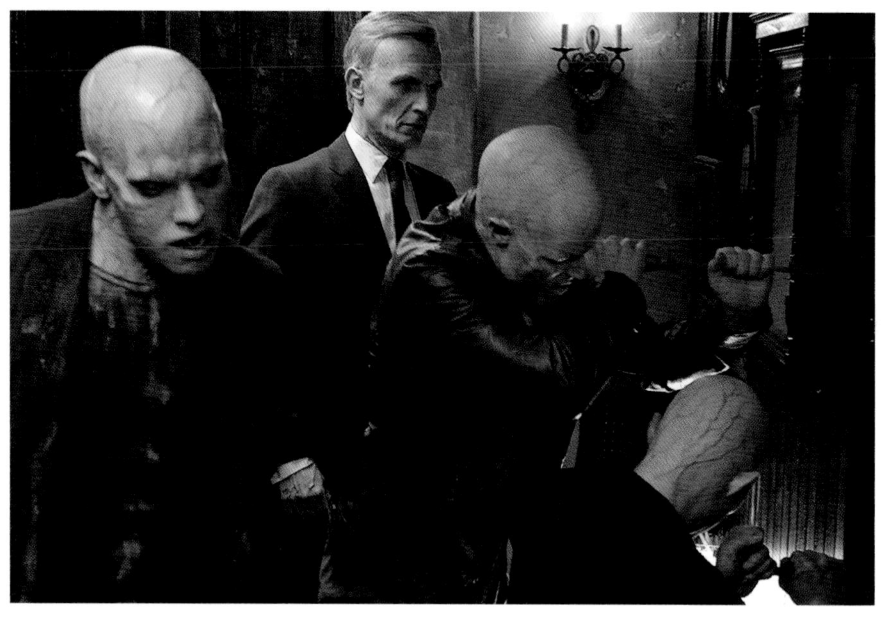

← | 理查・山謬（Richard Sammel）在《活屍末日》帶領一群被感染者。雖沒有直接相關，戴托羅根據自己小說改寫的電視影集，延續了《刀鋒戰士2》的主題（把吸血行為當作傳染病）和樣貌。

→ | 克里斯・克里斯托夫森（Kris Kristofferson）再次扮演刀鋒戰士的導師惠斯勒（Whistler）。在戴托羅電影裡，父親形象的人物將反覆出現。

↘ | 另一方面，吸血鬼王大馬基諾斯（湯瑪斯・柯瑞奇曼）又是另一個尋求永生不死的墮落主謀。

的知識提供了早期《魔鬼銀爪》的顛覆材料，把儀態優雅的德古拉伯爵轉化成無意間嗜血成癮的古怪老人。他開始構思吸血鬼在生物學上的種種可能，在動作片裡注入愛滋病危機的隱喻，滲透在夜店的橋段裡。

幾世紀以來，創造虛構怪物的文學傳統都是透過把畸形和疾病儀式化，以檢視人類自身脆弱之處。有一篇1751年名為《天使、守護神和鬼的幻影，及關於匈牙利、波西米亞、摩拉維亞、和希利西亞吸血鬼的論文集》（*Dissertations Upon the Apparitions of Angels, Daemons, and Ghosts, and Concerning Vampires of Hungary, Bohemia, Moravia, and Silesia*）的論文，是戴托羅真心最愛，文中確立了吸血鬼是一種傳染病。羅馬尼亞概念中的「死催戈」（Strigoi），也就是倚賴血而復生的不死之魂，乃是衍生自吸血寄生蟲的概念。

「這些吸血鬼源自我在設想《魔鬼銀爪》時對這套吸血鬼傳統的想法。」[26] 他解釋，不過在這部電影裡吸血鬼的發展方向卻大不相同。他滿意地說，他們會是「更為動物性的吸血鬼」。[27]

戴托羅回頭去找他過去為《我是傳奇》（*I Am Legend*）設計的一系列圖稿。當時他還年輕，手邊只有《魔鬼銀爪》一部成名作，他曾參與爭取華納公司改編這部電影的計畫，原本預定由阿諾・史瓦辛格（Arnold Schwarzenegger）飾演片中活下來的最後一人。戴托羅本身也是李察・麥森（Richard Matheson）這部末日小說的書迷，他為人類如何退化成吸血怪獸設計了一套繁複精緻的構圖。不過，他不無遺憾地回想，「當時自己這個廿八歲，來自墨西哥的傻蛋」竟公開說「阿諾」[28] 顯然不是角色的適當人選。華納公司再沒有下文。

戴托羅跟大家保證，一個好的怪物，理當是剝除了一層又一層讓人意外的外皮之後，最後才顯現它的真正面目。

「死神」變種吸血鬼的最外層樣貌，是他為《我是傳奇》設計的原型，加上《不死殭屍——恐慄交響曲》（*Nosferatu*）的經典吸血鬼，以及1979年改編自史蒂芬・金小說《撒冷地》（*Salem's Lot*）的電視影集《午夜行屍》的混合體：全身沒有毛髮、鬆弛的皮膚底下，如沖積三角洲的青筋暴露、有白色虹膜的充血雙眼。接下來，「死神」的下顎還會裂開，伸展出有著尖牙的口器。如果說和《終極戰士》（*Predator*）有些神似，那絕對是刻意的。從他的口器，會像《異形》般伸出可延展的舌頭，加上自身的一套尖牙和細小的觸鬚，把受害者緊緊扣住。

「『死神』是這部電影的精彩傑作。」[29] 影評人羅傑・艾伯特對吸血鬼一分為三的大嘴歡喜讚嘆。不過精彩的還在後面。戴托羅這一路數的科學和超自然故事還需要大體解剖。在《魔鬼銀爪》的殮葬師搞笑片段，《祕密客》的昆蟲解剖，到《惡魔的脊椎骨》裡卡薩瑞斯醫師浸泡胚胎標本之後，屍體解剖已經成了戴托羅電影的一種儀式或內行人笑點，藉以演示怪物體態樣貌在設計過程的各個階段。

「死神」的生物學基礎，牽涉到他在《魔鬼銀爪》構想過、卻從沒機會派上用場的理論。這些想法在《活屍末日》（*The Strain*）臻於成熟，這個講述吸血鬼大爆發的2014年電視影集，改編自戴托羅與查克・霍根

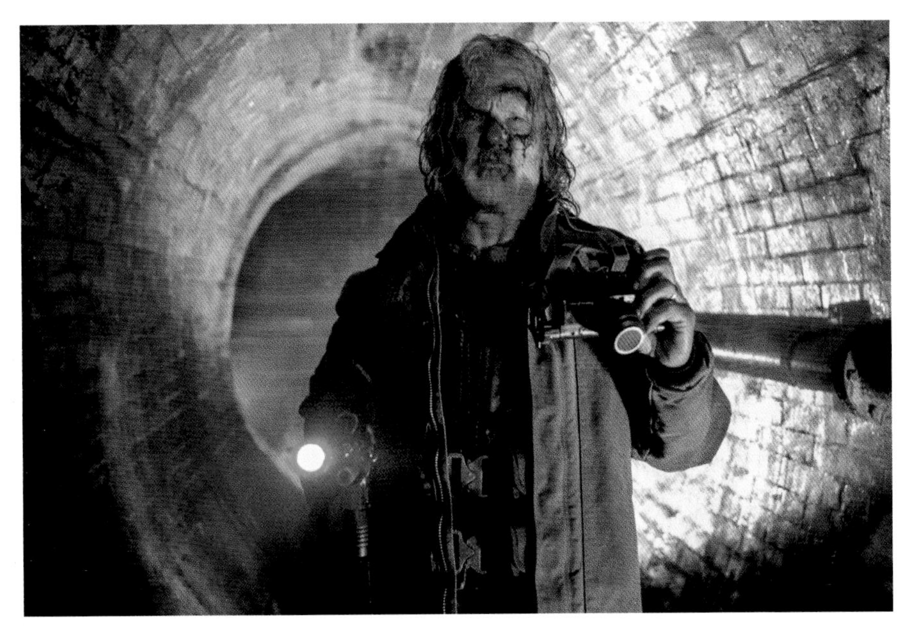

（Chuck Hogan）合寫的小說。「死神」的心臟被胸骨所包覆。因此木樁釘對他無效。他有「一分為二的咀嚼肌」，[30] 因此具有更強的咬合力，而他如刺針的尖牙，可以釋放神經毒來癱瘓受害者。在吸血的部分，戴托羅平靜地形容，它就像你在腋下發現一隻水蛭。他也告訴我們，「死神」變種的新陳代謝是如此快速，如果在十二小時內不吸血就會喪失活力，但快速的代謝也讓他們可以像豹一樣敏捷而強壯。這類陰森細節的精細描述，讓《刀鋒戰士2》在這個系列電影裡勝出一籌。艾伯特接著形容，電影「在導演想像的恐怖鍋裡沸騰翻攪」，[31] 近乎惡魔的程度。

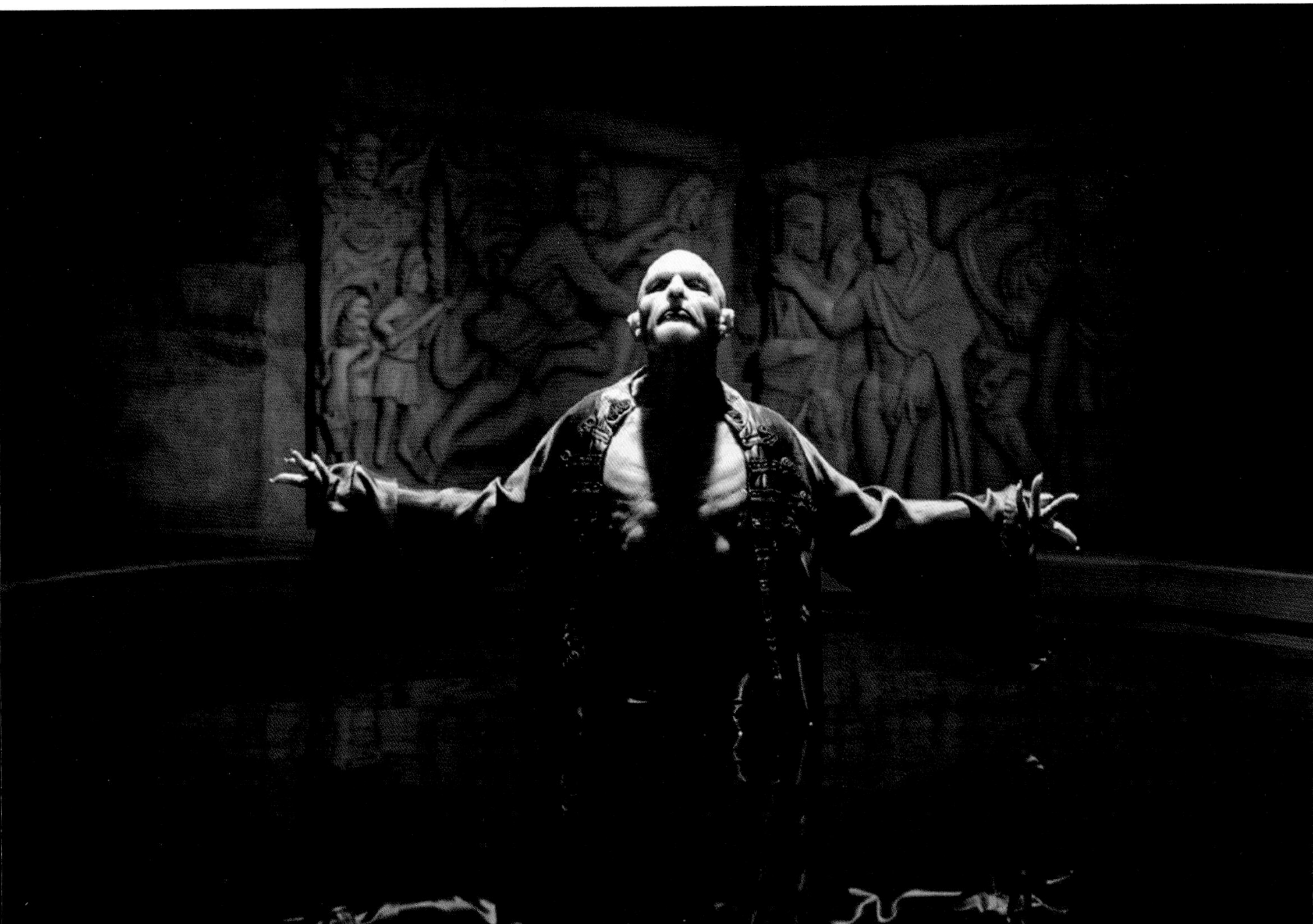

→ | 戴托羅在2019年《與我的怪物們共處》(*At Home with My Monsters*) 展覽中展出的「死神」吸血鬼雕像。有機會去設計「死神」的非凡樣貌，是他願意執導這部續集的主因之一。

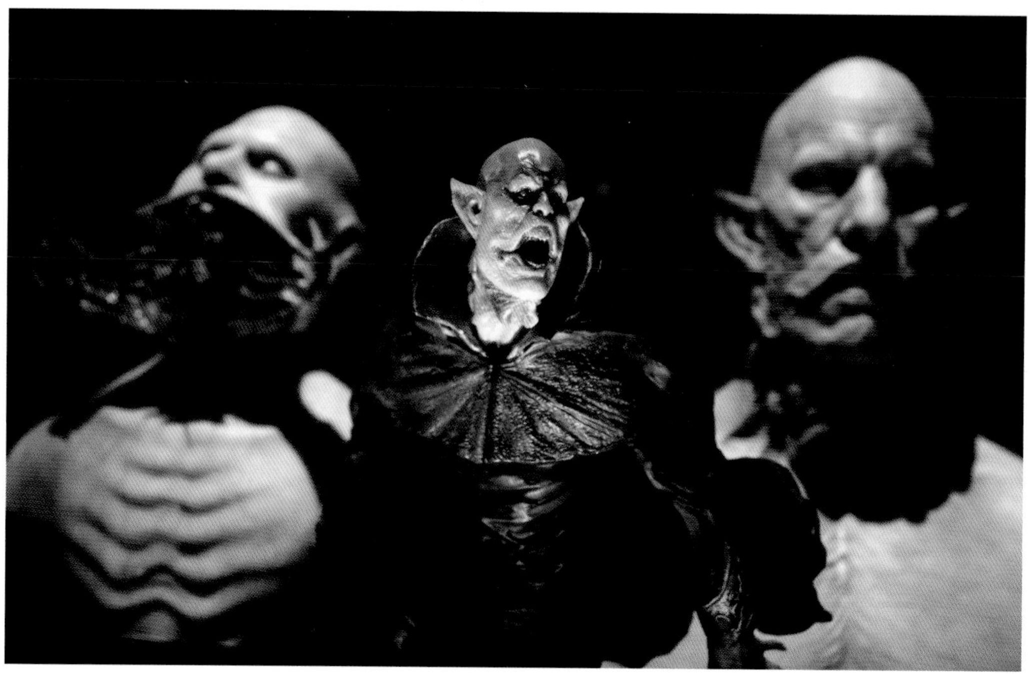

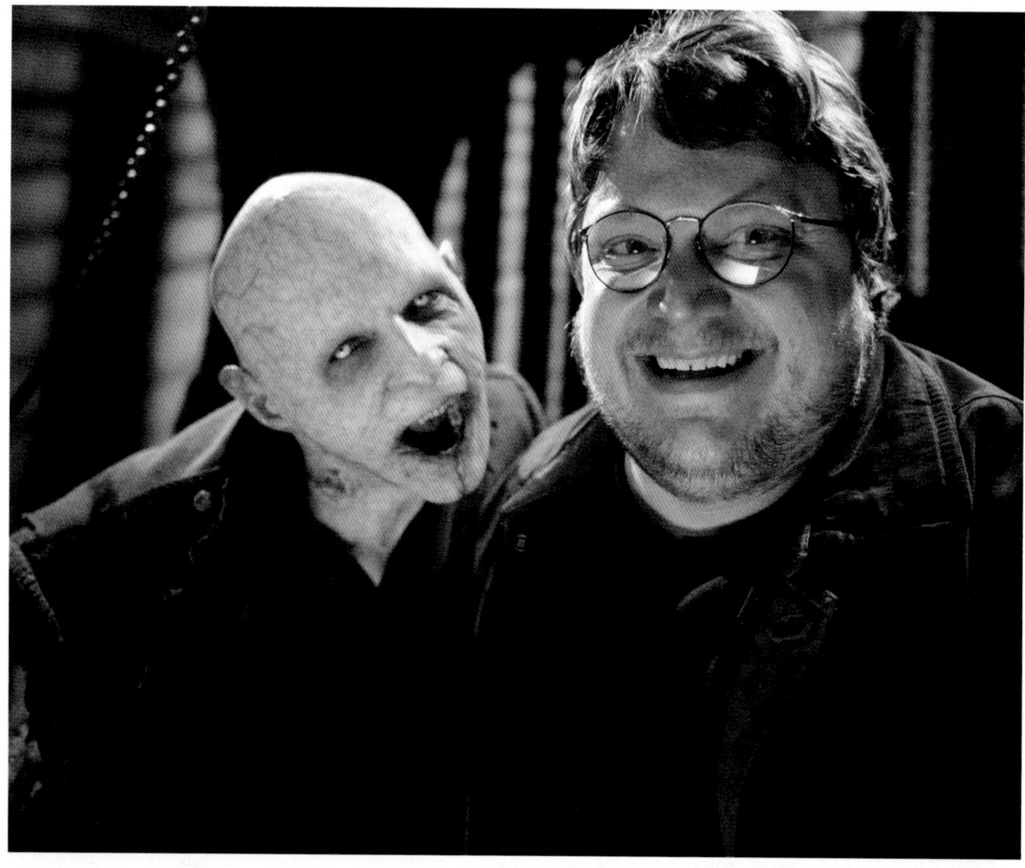

← | 飾演悲劇核心「死神」諾瑪克的路克·高斯，與興高采烈的導演合影。戴托羅被嘲笑接拍了一部庸俗浮誇的好萊塢片，他卻始終無悔。事實上，在他心目中，《刀鋒戰士2》就如《羊男的迷宮》一樣，是一部個人式的電影。

→ | 「荒涼山莊」的視覺饗宴，置放戴托羅個人神奇物件的廳堂。除了科學怪人波里斯·卡洛夫令人頭皮發麻的大頭之外，你還可以看到《地獄怪客》裡頭的地獄魔犬薩瑪耶，以及左邊牆上維克多·薩豐金的《聖喬治和龍》，這是他原本預定執導《哈比人》版本裡史矛革造型的靈感來源。

▶ 混搭藝術片跟商業片 ◀

在這個迷宮的正中央，是吸血鬼王伊利．大馬基諾斯（Eli Damaskinos），由迷人的德國演員湯瑪斯．柯瑞奇曼（Thomas Kretschmann）（《史達林格勒》〔*Stalingrad*〕）、《獵殺U-571》〔*U-571*〕）所飾演，他塗上可怕的特效化妝，外貌是千年的老怪。故事發展告訴我們，大馬基諾斯是吸血鬼裡的法蘭肯斯坦博士，他企求去除吸血鬼基因上的弱點以淨化他的族類。由此得證：死神。但是他被當成實驗白老鼠的兒子回頭來對付自己的父親。於是高斯演出抓狂的諾瑪克有了戲劇性的張力。戴托羅藝術的鐘擺，從動作片又擺向了「父與子之間的牽絆與對立的朝代悲劇」。[32] 你可以感受到他接管了故事，成了導引敘事的舵手。這裡也有個恐懼年老的君王，和《魔鬼銀爪》裡把長生不死當成詛咒和執念的相同概念。

在恣意誇大的暴力底下，流淌的是他如《偏鋒雜誌》所形容的，「精神的、昆蟲學的怪誕」。[33]

值得一提的是，隨著拍片的進展，新線影藝公司基本上把電影交給了戴托羅一人負責。照他的猜測，他們當時全副精神放在《魔戒》，大大分散了對這部電影的關注。在看到完成的作品後，他們驚訝得啞口無言，但也沒做任何改動。在他們眼前的是藝術片與通俗爛片的結合體，他們心中忐忑，最後證明信念正確，上映第一週票房衝破了三千兩百萬美元。這部電影最終締造了全美八千兩百萬美元，全球一億五千五百萬美元的票房，超越了第一集的紀錄。

戴托羅自己承認，「《刀鋒戰士2》是我人生中的無價之寶。」[34] 它加速了他電影生涯的演化，奠定了他在好萊塢的一席之地，他這時從奧斯汀搬到了洛杉磯，定居在聖費南多谷（San Fernando Valley），與浮誇造作的比佛利山保持了安全距離。在三分鐘車程外的西湖村（Westlake Village），功成名就讓他得以買一下另一棟豪宅，作為擺放他收藏品的聖殿，他為它取了狄更斯小說的名字：「荒涼山莊」。

仿都鐸時期的設計，有著染色的窗戶和扭曲多結的龍形風向儀，戴托羅開玩笑地說這是「格局宏大的人類洞穴」。[35] 用誇張一點的說法，中世紀德國人可能會形容它是wunderkammer——富裕貴族專門擺放怪異、神奇聖物的多寶閣。

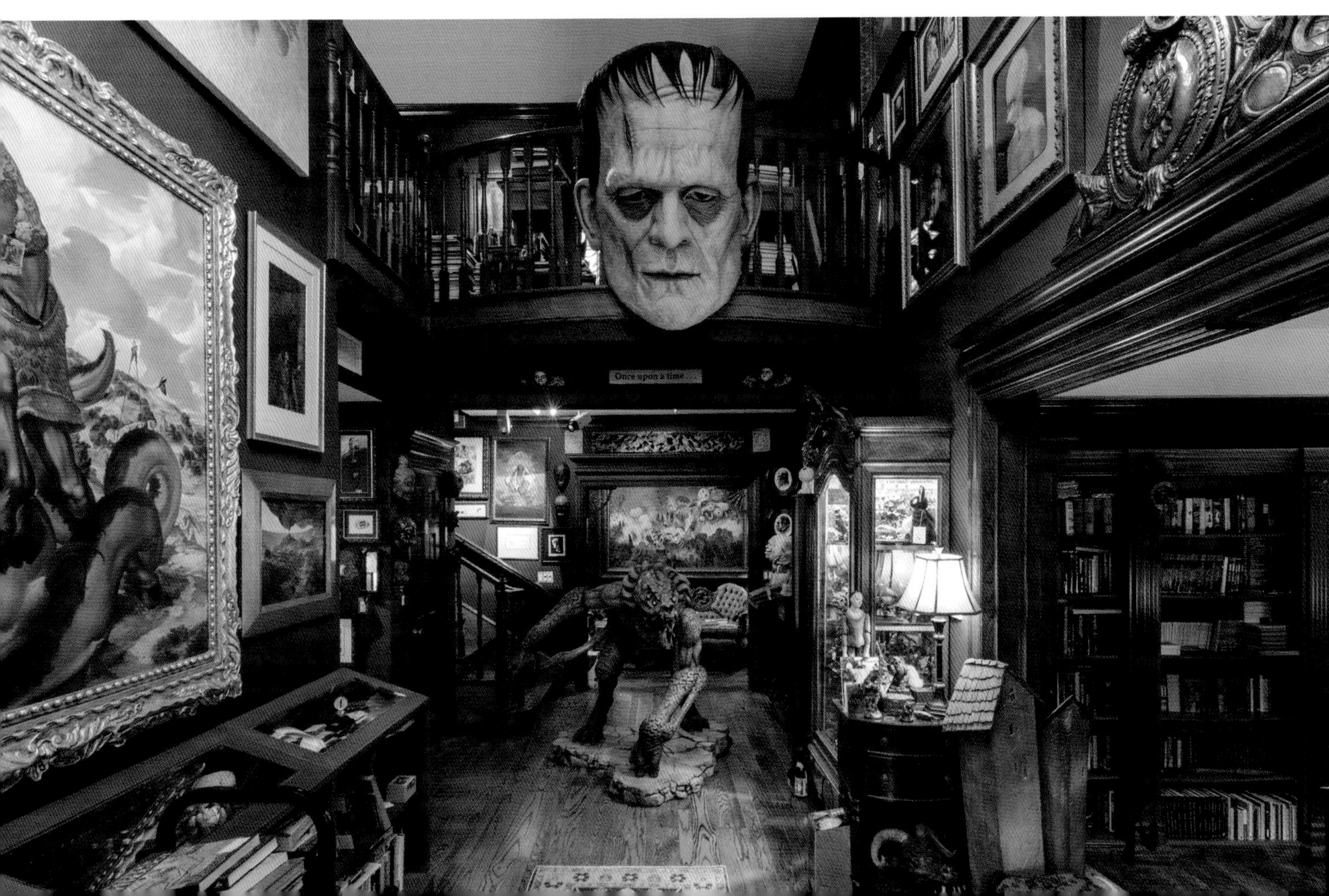

「荒涼山莊」代表了差不多是戴托羅自童年以來所有的收集品，伴隨著他一路離鄉背井的大量收藏。他自豪地承認其中包括「每一本我讀過的書，和幾乎所有我買的玩具」，[36] 他的靈感來自拜訪科幻小說大師雷・布萊伯利（Ray Bradbury）在切維厄特山（Cheviot Hills）擺滿收藏品的住家。這位大師警告這位年輕的墨西哥新秀，「絕對不要丟棄任何你喜歡的東西。」[37]「在我小時候，我夢想擁有一棟房子，裡頭有祕密的通道，和一間整天二十四小時都在下雨的房間。」他如此回想。「年過四十，重要的就是實現自七歲就縈繞心頭的渴望。」[38]

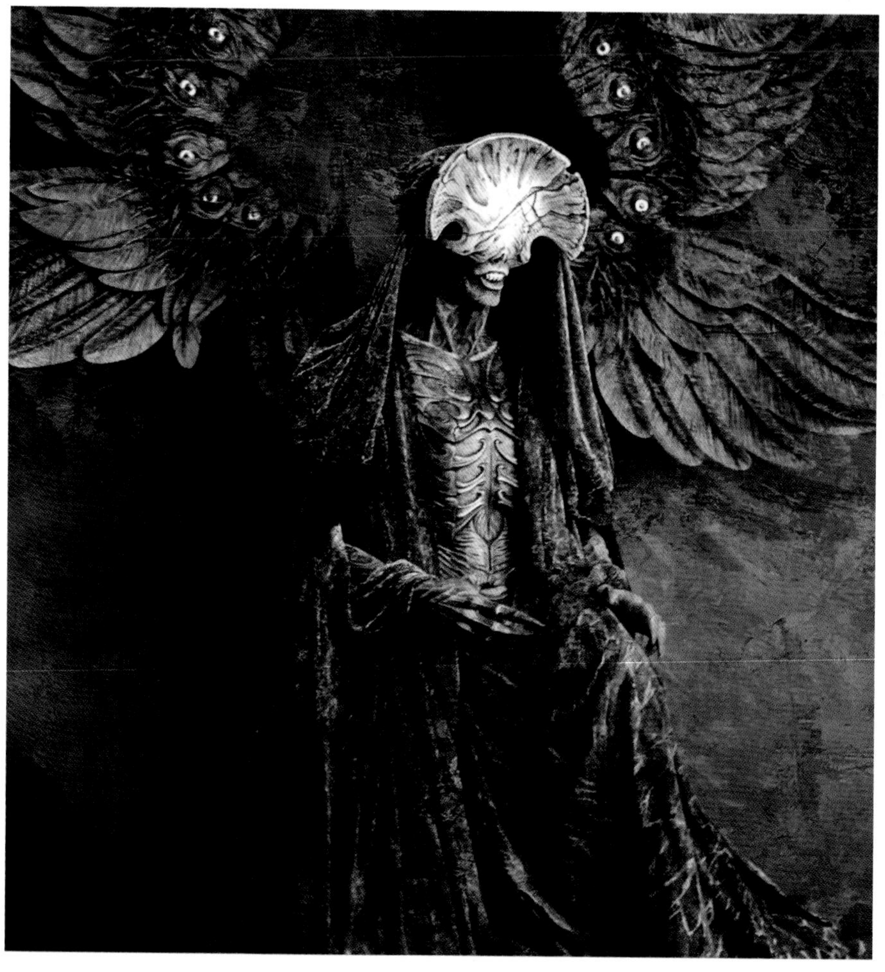

▶ 聖物的多寶閣◀

「荒涼山莊」的國度裡，房間按照主題和目的區隔。在門廳你看到的是《聖喬治和龍》，這幅俄羅斯藝術家維克多・薩豐金（Viktor Safonkin）的作品，暗示了戴托羅如果執導了《哈比人》，劇中的史矛革（Smaug）會是什麼模樣，至於波里斯・卡洛夫飾演「科學怪人」的巨大頭顱，則從走廊上睜眼獰視。木製的地板如麗晶舞宴廳的地板一般光可鑑人。牆壁則是深緋紅色。你會馬上聯想到一些電影：《大國民》（*Citizen Kane*）裡頭生氣勃勃的豪宅仙那都（Xanadu），《銀翼殺手》裡賽巴斯汀（J. F. Sebastian）塞滿了各種古怪玩具的公寓，以及《薔薇的記號》修道院裡有如艾雪（Escher）錯視藝術的走廊。

這是極客（geek）的夢想地，藝術家的堡壘。每個房間都像一座精心策展的個人博物館。它可以追溯到比《魔鬼銀爪》更早之前，所有的分鏡腳本、劇本、以及電影裡的模型和雕塑，見證他對實物製作所下的工夫。全心投入創作之外，他每天會到這裡至少待兩個小時，彷彿上教堂做禮拜。

在樓下的恐怖圖書館存放了分門別類關於吸血鬼的書籍，包括紀實和虛構的。這裡也有幾個《不死殭屍》的玩偶，還有一尊洛夫克拉夫特等比例大小的雕像。「關於好的恐怖小說，」戴托羅眼睛逐一掃視按字母順序排列的書架，細數他最喜愛的作品，「包括了所有蘭姆西・坎伯（Ramsey Campbell）、阿傑儂・布萊克伍德（Algernon Blackwood）、亞瑟・馬欽（Arthur Machen）、謝里丹・勒法努（Joseph Sheridan Le Fanu）、M・R・詹姆士（M. R. James）、史蒂芬・金、威廉・霍伯・霍吉森（William Hope Hodgson）、洛夫克拉夫特、羅伯特・陳伯斯（Robert W. Chambers）的所有作品。」[39]

漫畫圖書館裡頭擺放了他的製圖桌。這裡還有日光浴室、漫畫室、放映室（銅製的希區考克面具在牆上露出調皮表情）、蒸氣龐克室、以及影片工作室（電影製作初期，概念藝術家會在此工作）。擺放不下的

↑｜《地獄怪客2：金甲軍團》令人驚嘆的死亡天使雕像被存放在荒涼山莊。這個天使是《羊男的迷宮》裡頭瞳魔視覺意象的延伸，他的多個眼睛長在他翅膀裡。

→｜恐怖圖書館安放了這座洛夫克拉夫特栩栩如生的塑像，他在翻書時被人粗暴地打斷。獲獎的美國雕刻家湯瑪斯・庫伯勒（Thomas Kuebler），負責製作荒涼山莊所有書房的實體大小矽膠人像。

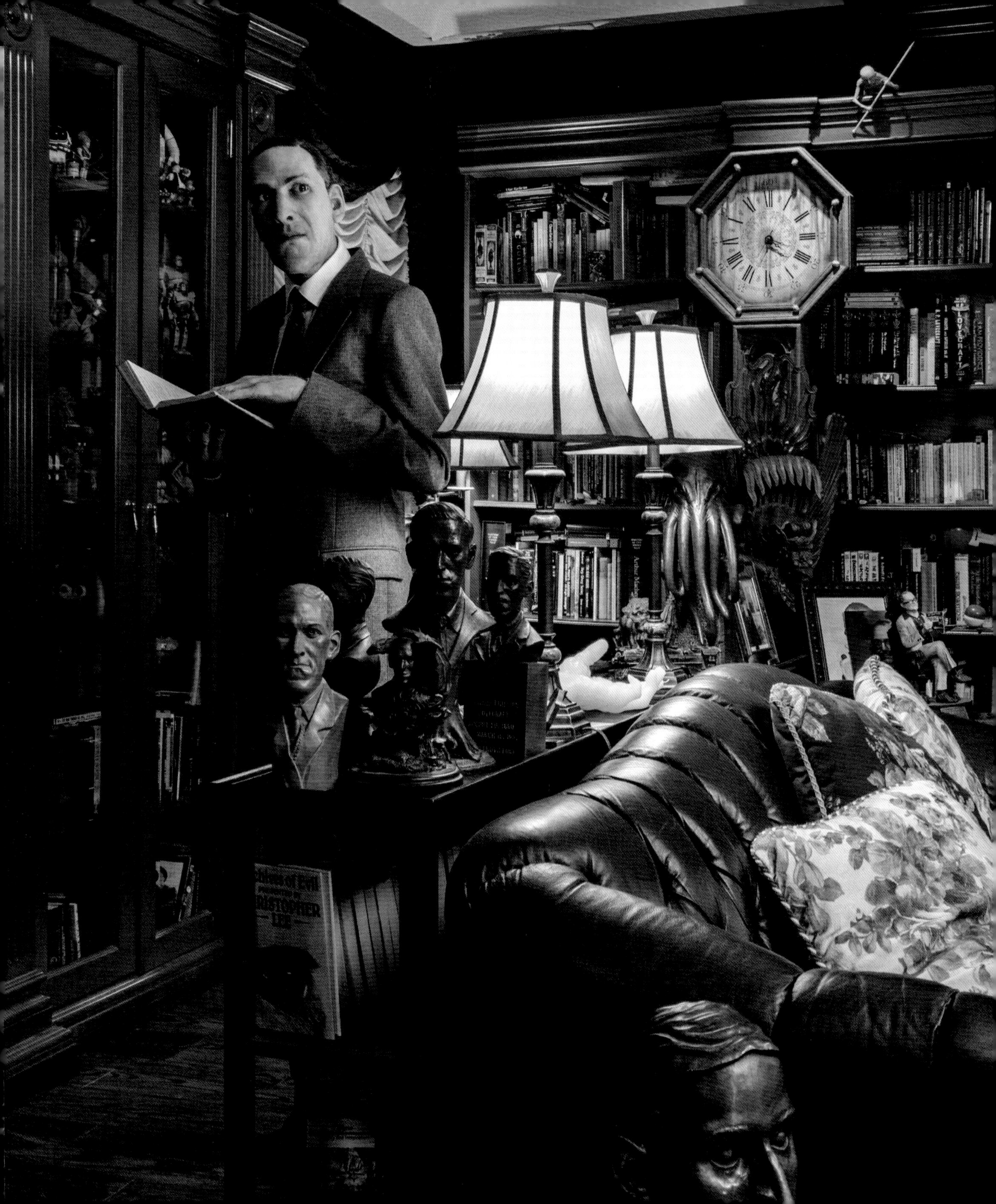
LOVECRAFT

收藏品，則放在一個街區外的宅邸。

在書櫃的後面（再自然不過）有一道暗門，通向他的祕密殿堂。這裡有壁爐、軟皮沙發、以及一張橡木大書桌，有著古老角樓氣氛。可能是愛倫·坡或狄更斯，或是馬欽或詹姆士的肖像會擺在這裡，召喚出書頁裡的世界。假的窗戶外面一片黑暗，直到某個火光一閃，開始雷電交加，雨滴猛烈打在窗上，營造《嘯風山莊》的氛圍。這個來自墨西哥的小男孩有呼風喚雨之力。它被稱之為「雨室」（Rain Room）。

這裡是他寫劇本的地方，在哥德式的密閉空間裡，旁邊是波里斯·卡洛夫扮成科學怪人的雕像。牆上的畫是戴托羅家鄉瓜達拉哈拉，畫家「精確掌握了下午灑落的陽光……」。[40]

荒涼山莊不只是收藏品。它也是一窺戴托羅內心世界的所在。史蒂芬·金的小說《捕夢網》（*Dreamcatcher*）（以及不大成功的電影），描述了一個困在自己記憶裡的人——以一間滿布灰塵的儲藏室裡的公文箱具象呈現。戴托羅的宅邸明顯有著較為典雅的世紀末飯店風格，這裡是他想像力的安靜廳堂，一塵不染地存放著所有曾帶給他靈感、同時持續啟發他的事物。

「身為藝術家，你就是上帝，」他主張，「它呈現的，就是你安排的方式。我認為導演就是一個編曲家。我主導著這間房子，所有物品都有它的去處，我還能跟你解釋原因，這其中有主題的配對，或是有一面牆全是藍色的組合。沒有一個東西是出於偶然。而我的電影就像我的房子一樣。」[41]

荒涼山莊是一處避難所、一座聖殿、一個讓他創意重新充電的所在，同時也是戴托羅的藝術之作。在他的神祇數以千計的眼睛環顧下，他在這裡構想出新的怪物。

在樓梯轉彎處，在一座出自托德·布朗寧（Tod Browning）電影《怪胎》（Freaks）裡頭「釘子頭」（Pinhead）的真人大小雕像和吉格爾的畫作旁邊，可以看到一排有著番茄醬般鮮紅色的雕像、玩偶、和模型。他們擺出各種英雄姿態，他們是阿努·恩·羅摩（Anung Un Rama），以「地獄怪客」而知名……就虛構的故事而言，他是戴托羅最好的朋友。

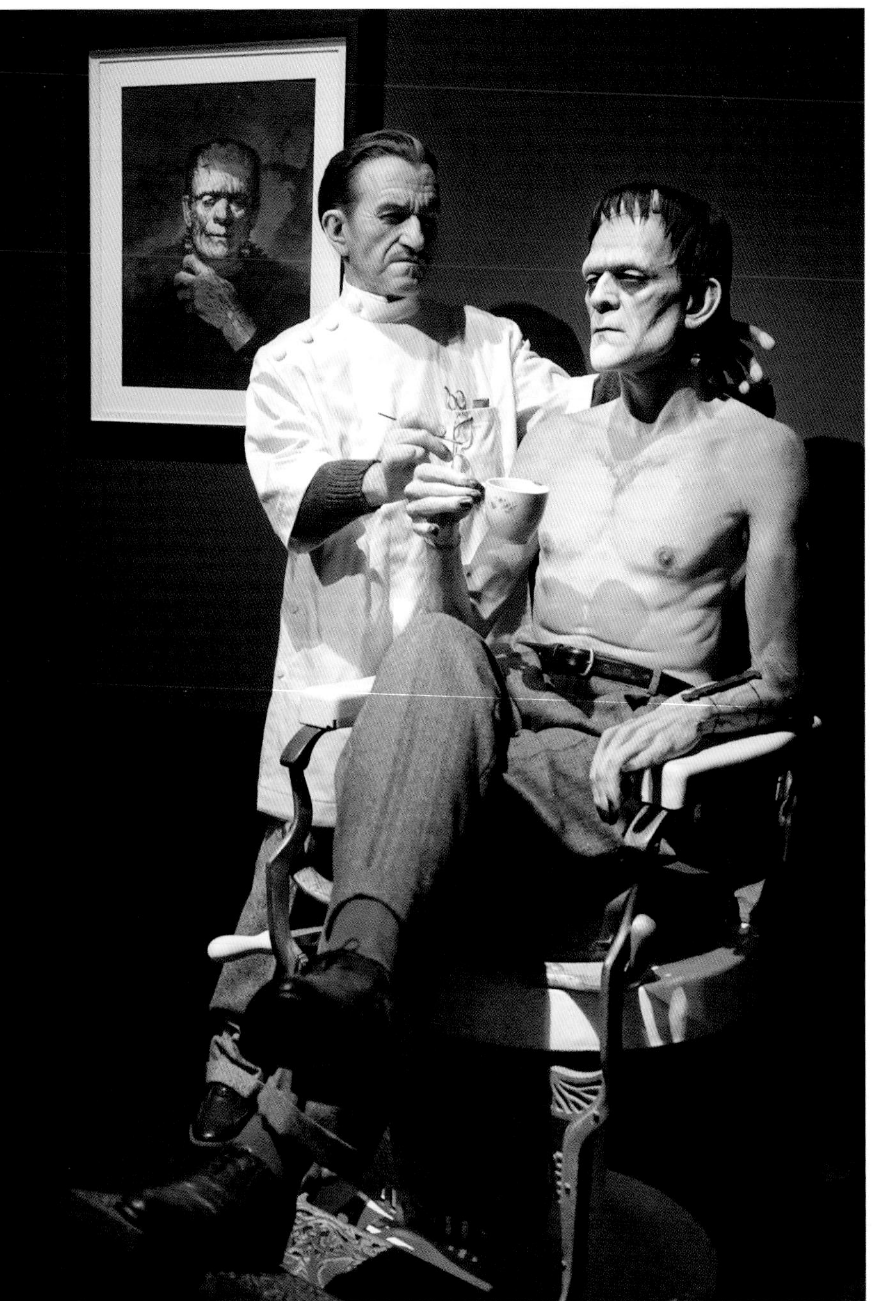

↑ |「雨室」在荒涼山莊最深處的密室，這座矽膠雕像呈現的是，特效大師傑克·皮爾斯正要將波里斯·卡洛夫打造成《科學怪人》裡的經典怪物。

墨西哥三兄弟

吉勒摩．戴托羅、阿方索．柯朗、以及阿利安卓．崗札雷．伊納利圖這三位墨西哥導演兼好朋友，他們說的是相同的語言。

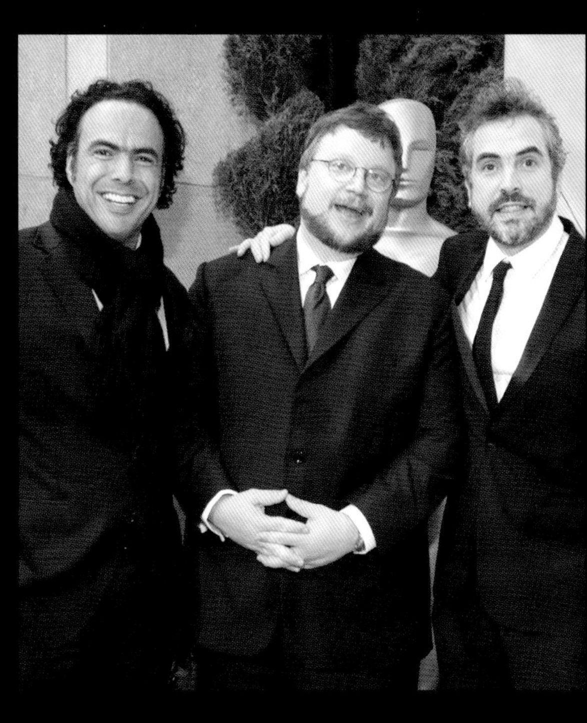

←｜了不起的墨西哥人：伊納利圖、戴托羅、以及柯朗。

讓人稍感安心的是，墨西哥最知名的電影導演不是對手，而是堅定的好朋友，還經常搭檔合作。戴托羅、柯朗、伊納利圖彷彿三位一體，他們在家鄉以獨立電影崛起，在世界電影舞台上跨越國籍，各自嶄露頭角，成了最大膽、具有創意的電影人。不過他們從未棄守他們的墨西哥身分。這是他們的成就和友誼的關鍵因素。

「我們這一代導演孕生於墨西哥電影近乎窒息的[illegible]○年代殘酷時刻。」[1] 戴托羅說。照他解釋[illegible]墨西哥官方根本上就反對墨西哥電影這個概念。因此他們不得不靠著與老一輩導演合作，自己闖出獨立製片的道路。他們最終走上了相似的道路，彼此都清楚面對的挑戰，一起燃燒熊熊的雄心鬥志。

「我們都想創造不同類型的藝術，」戴托羅說。「接下來大事發生了。工會敞開了大門，我們開始能以專業的水平來拍攝電影，我們把握了機會並與它一同合作。」[2]

他們被戲謔地稱為「墨西哥三兄弟」（The Three Amigos）（名字源自史提夫．馬丁〔Steve Martin〕的同名瘋狂喜劇《正義三兄弟》）。不過，由於如今出現了研究他們的專書《三兄弟：戴托羅、伊納利圖、柯朗的跨國電影製作》（*The three amigos: The transnational filmmaking of Guillermo del Toro, Alejandro González Iñárritu and Alfonso Cuarón*），現在這可以說是他們一個正式稱號。他們的風格各異，但是卻又緊密相關。

伊納利圖在短暫擔任搖滾樂電台主持人之前，曾遊歷世界度過狂野青春，他的事業從編曲、編劇到執導商業片一路上升。他的突破之作是充滿墨西哥市迷人城市風情的驚悚喜劇《愛是一條狗》（*Amores Perros*），敘事手法被拿來與昆汀．塔倫提諾相提並論。他混合了較粗糲、具有哲思的面向，往往透過相互交錯的故事建構他的電影敘事（《靈魂的重量》〔*21 Grams*〕、《火線交錯》（*Babel*）），以及較接近戴托羅的超現實和史詩風格：《鳥人》（*Birdman or〔The Unexpected Virtue of Ignorance〕*）和《神鬼獵人》（*The Revenant*）。

年紀最長的柯朗，他的風格略微趨近戴托羅。他在電視台擔任技術人員，同樣是以鬼怪類型電影，類似《陰陽魔界》風格的《約定時刻》出道（柯朗謔稱為「廁所魔界」〔*The Toilet Zone*〕[3]），之後藉文學作品改編的《小公主》（*A Little Princess*）和《烈愛風雲》（*Great Expectations*）進入好萊塢影壇。他為類型電影帶入了一些辛辣的寫實風，像是《人類之子》（*Children of Men*）、《哈利波特：阿茲卡班的逃犯》（*Harry Potter and the Prisoner of Azkaban*）和《地心引力》（*Gravity*）。在主流電影裡融入了源於年輕時代在墨西哥的個人風格：《你他媽的也是》（*Y tu mamá también*）和《羅馬》（*Roma*）。

在充滿毒蛇猛獸的電影產業裡，這「三兄弟」依賴彼此的意見。他們都曾擔任彼此作品的製片和顧問，花時間待在彼此的剪接間裡頭——在這裡，他們信賴彼此的直言批判。

戴托羅大笑說，「我們會討論然後說，『這一段、這一段、還有那一段都要刪掉。』然後總會有人說，『但這一段鏡頭花了十萬美金，再加上這些視覺效果（VFX）還有搭建布景⋯⋯』無所謂。〔看電影的〕沒人會知道幕後發生的事，不管是藝術方面或是金錢方面。」[4]

他們在一起，讓各自的電影變得更好。要開創一個墨西哥浪潮，就得同心協力。

HELLBOY & HELLBOY II

地獄怪客1&2

他結合打鬥、恐怖、與鮮活的蒸氣龐克風格，透過一個全身通紅、說話尖酸的男主角，將自己最喜歡的漫畫改編成一部超級英雄邪典電影，外加另一部進一步演繹的續集。

在我們進入《地獄怪客》大膽狠角色的世界，以及它更狠、更大膽的續集之前，我們應該先簡單說明戴托羅的創作過程必不可缺的事，早在《魔鬼銀爪》時就是如此。它如此自然，彷彿出自天生本能。

基本上，在電影開拍之前，他會花幾個月的時間，為他的電影敘事營造某個特定的隱喻。你可以把它想像成盛宴開始前餐桌的擺盤布置。在他各個筆記本裡頭，他會刻意賦予電影特定的意義。如果你對某個意象稍加思索，感受到了某個更深刻的東西——比如說，《羊男的迷宮》裡的地道如女體孔穴，或是羊男的蜷曲羊角呼應了卵巢的形狀——那你可以確定，這是戴托羅刻意設計的。

在這些形塑階段，他會排定貫穿各部電影的「視覺韻腳」（visual rhymes）[1]：像是裝在罐子裡的胚胎標本、充血的眼球、或是蒼白如死灰的皮膚。他將它們稱之為「戀物」（fetishes）。[2] 正如「荒涼山莊」是他收藏品的母艦，他把自己的電影看成以主題、設計、潛意識的魔法相互連通的房間。與其說他拍出了十二部不同的電影，倒還不如說他是「用全部這些電影拍出一部電影」。[3] 還要再加上一些未拍出的電影。每一部電影供養了其他電影，這並不同於漫威的電影世界，而是一個多重的宇宙，戴托羅可以在其中隨性馳騁跳躍。

「我相信形式即內容，」他如此堅信。「你構想一部電影，不可能不先構想它的色澤、形狀、和場景道具。」[4] 戴托羅以庫柏

↑ | 朗·帕爾曼飾演的地獄怪客徜徉在自己的天地。這部漫畫提供了戴托羅動作電影和哥德式恐怖故事的迷人綜合體。

→ | 地獄怪客的裝扮經過精心設計以配合帕爾曼的性格，其中包括醒目的美國南北戰爭時期軍大衣。

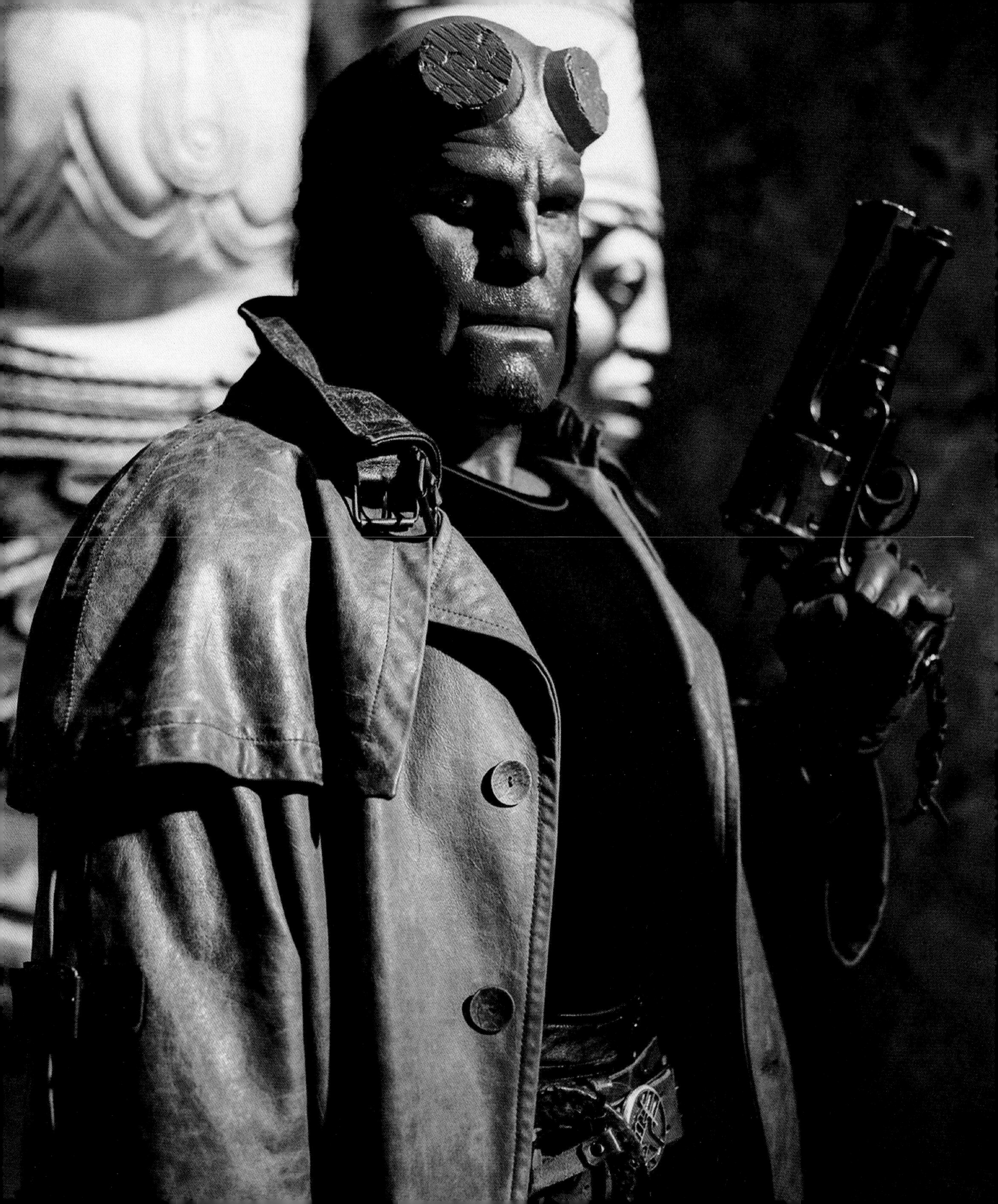

力克般的熱情，在攝影機開拍之前決定他要呈現的每個面向，不管是一顆鈕扣、服裝裁剪的式樣、或是如大教堂穹頂的場景。

他老喜歡說，好萊塢電影是中看不中用的「眼球糖果」(eye candy)。他要的是中看又中用的「眼球蛋白質」(eye protein)。[5]

▶ 不一樣的超級英雄 ◀

1993年首次出版的《地獄怪客》，是加了咖啡因的戴托羅美學翻版：它有密教的各式道具、哥德式的建築內觀、古怪的儀式、納粹的發條殺手、造型豐富的各式怪物、還有六呎六吋的硬漢反英雄所提供的扭曲幽默感，這個一身通紅如法拉利跑車的惡魔努力為善，為世界消滅未能改過的惡魔和他們的黨羽。他以地獄怪客而知名，不過朋友們叫他「紅仔」(Red)。

私房漫畫清單

《地獄怪客》是加了類固醇的眼球蛋白質。它改編自加州畫家兼作家麥克．米諾拉的邪典漫畫系列，著迷於怪物的戴托羅對它有著痴狂的熱愛。他拿到第一集漫畫的那一刻起，「就陷入瘋狂熱愛」，[6] 同時他還是個對標準極其講究的高階漫畫迷。供大家參考起見，我們謹列出他最喜歡的其他作品，還包括了《童夢》(*Domu*)、《棺材》(*Coffin*)、《睡魔》(*The Sandman*)、《守護者》(*Watchmen*)、《致命玩笑》(*The Killing Joke*)、和《蝙蝠俠：第一年》(*Batman Year One*)。

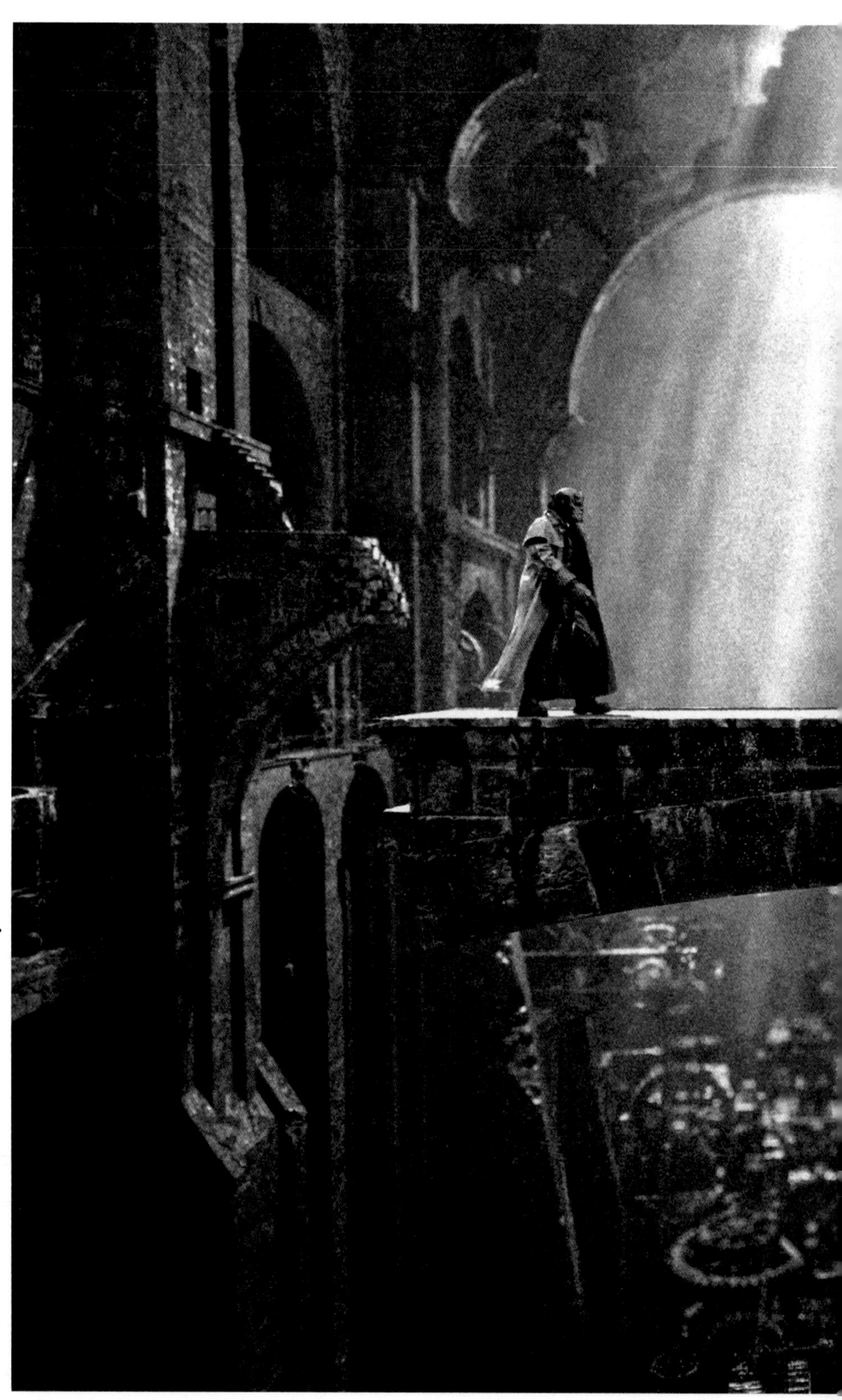

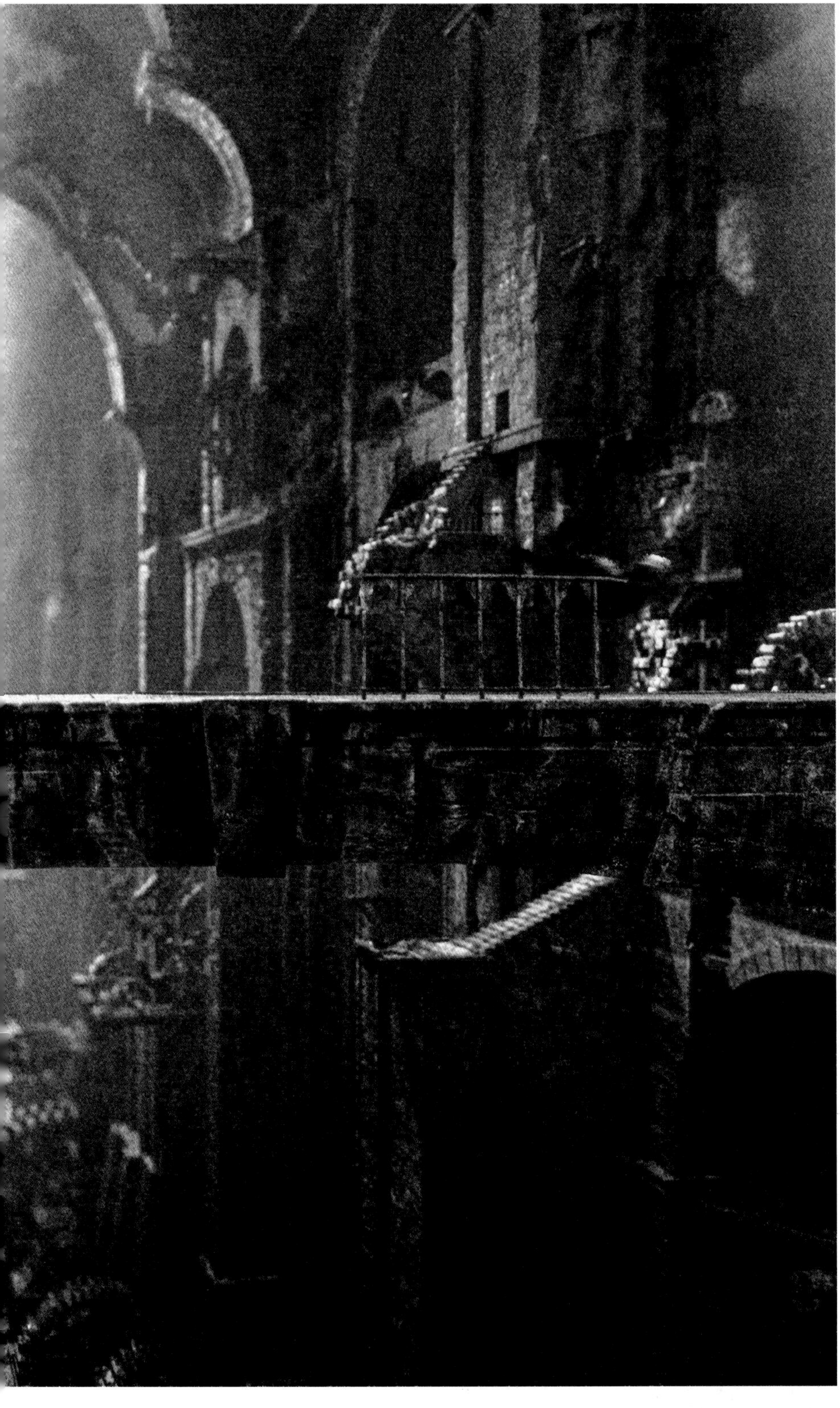

←｜案例示範——迷宮般的拉斯普丁地下墓穴和裡頭的巨大機械裝置。可以注意一下鮮紅色的地獄怪客在背景烘托下格外醒目。

↓｜《地獄怪客》的原創作者米諾拉為電影提供了畫作和分鏡腳本，協助將自己與導演各自的獨特風格結合在一起。

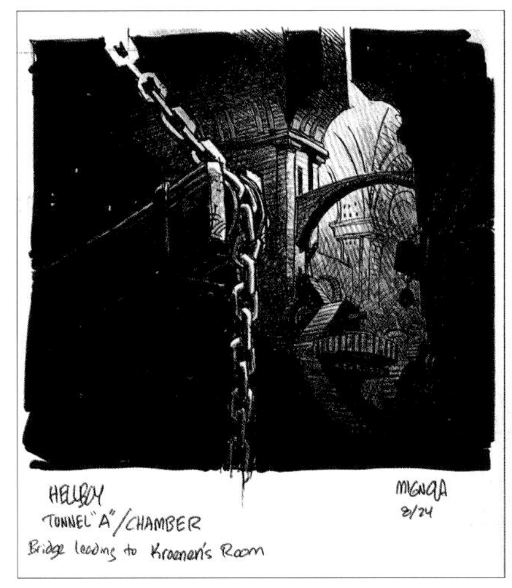

戴托羅開心地指出，「米諾拉創造了獨一無二的作品，結合低俗小說、恐怖故事、喬許．科比（Josh Kirby）的動力學、以及藍領工人態度，令人無法抗拒。」[7] 少數幾件陪伴他度過《祕密客》漫漫黑夜的東西之一，就是它的新一期漫畫，從它裡面，他也看到了未來把它改編成電影的一絲希望。

對戴托羅而言，《地獄怪客》的祕密在於他易於犯錯。「他就像是標誌人性脆弱的紀念碑，」他如此讚嘆。「他有打擊怪物的非凡任務，但是他的工作態度卻像藍領的水電工。」[8]

他拍的電影主角絕不會是精瘦、帥氣、笑起來稜角分明的超級英雄。他需要他能夠認同的主角。「我就是地獄怪客！」[9] 他如此宣告，而且能力愈強，必然伴隨著愈大的臭脾氣。戴托羅知道，要是有機會，他也一樣會用他的能力去偷啤酒、或是朝跟他女友獻殷勤的傢伙丟石頭。他的故事中心主題，就是認知我們每個人本性裡都有黑暗面。相對於好萊塢的標準思維強調英雄內在的高貴性，他正好是反其道而行。

《地獄怪客》是一個先天本性與後天養成相對抗的故事。他是戴托羅另一個憑藉自己的選擇，不被自己的出身所定義的角色。他或許是生在地獄，但在他寬縱的繼父，超自然專家布魯教授（約翰．赫特〔John Hurt〕）的呵護養育下，地獄怪客發展出了一套略帶偏頗的道德觀，極具象徵性地磨平了自己巨大的角。當瘋狂的俄羅

↓｜身為死忠的漫畫迷，戴托羅當然不可能漏掉地獄怪客最經典的、名之為「好撒馬利亞人」的巨無霸左輪槍。

→｜地獄怪客（朗．帕爾曼）安慰控馭火的寶貝愛人麗茲（莎瑪．布萊兒）。在某個層面上，戴托羅的改編故事成了浪漫劇。

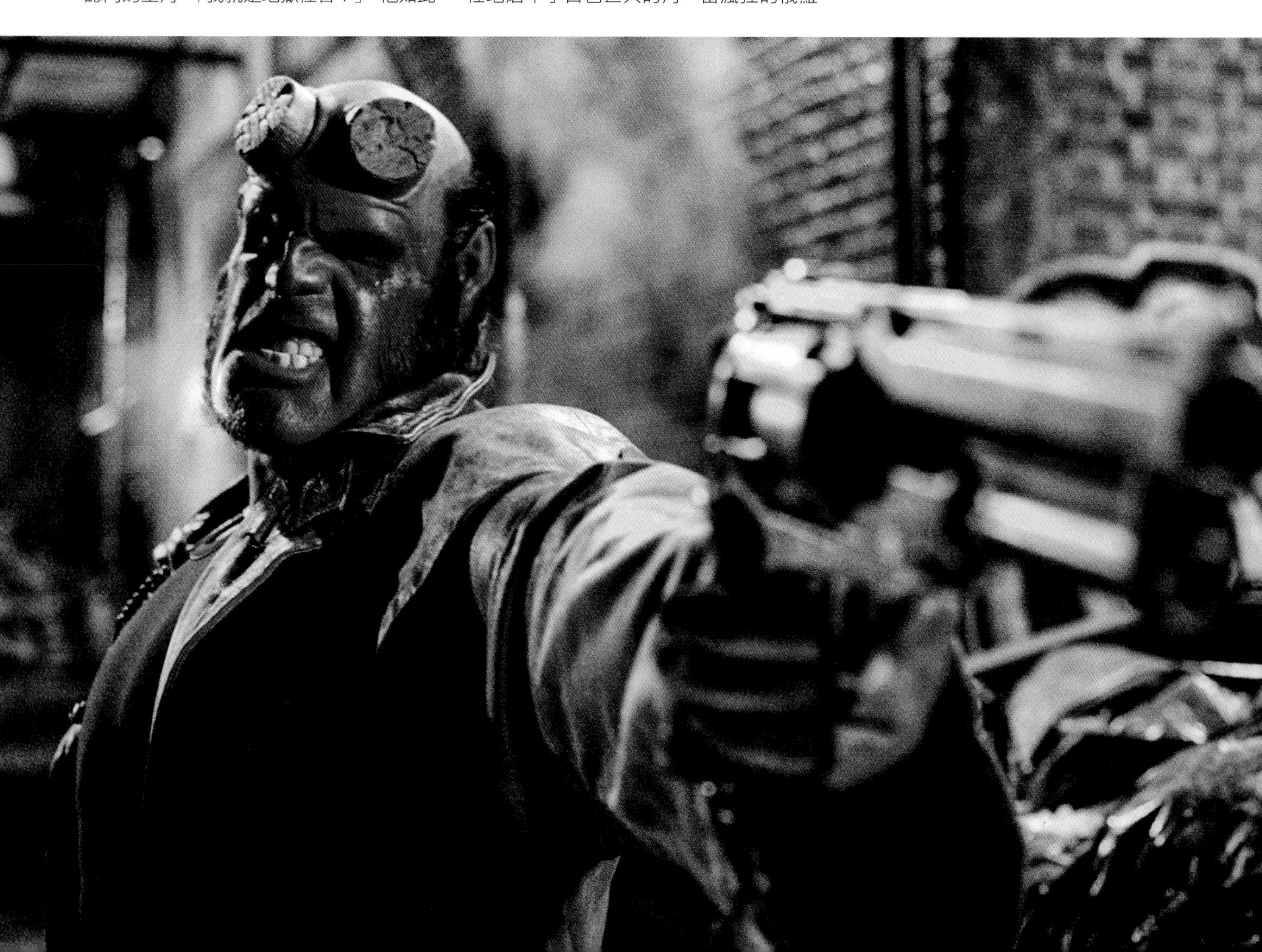

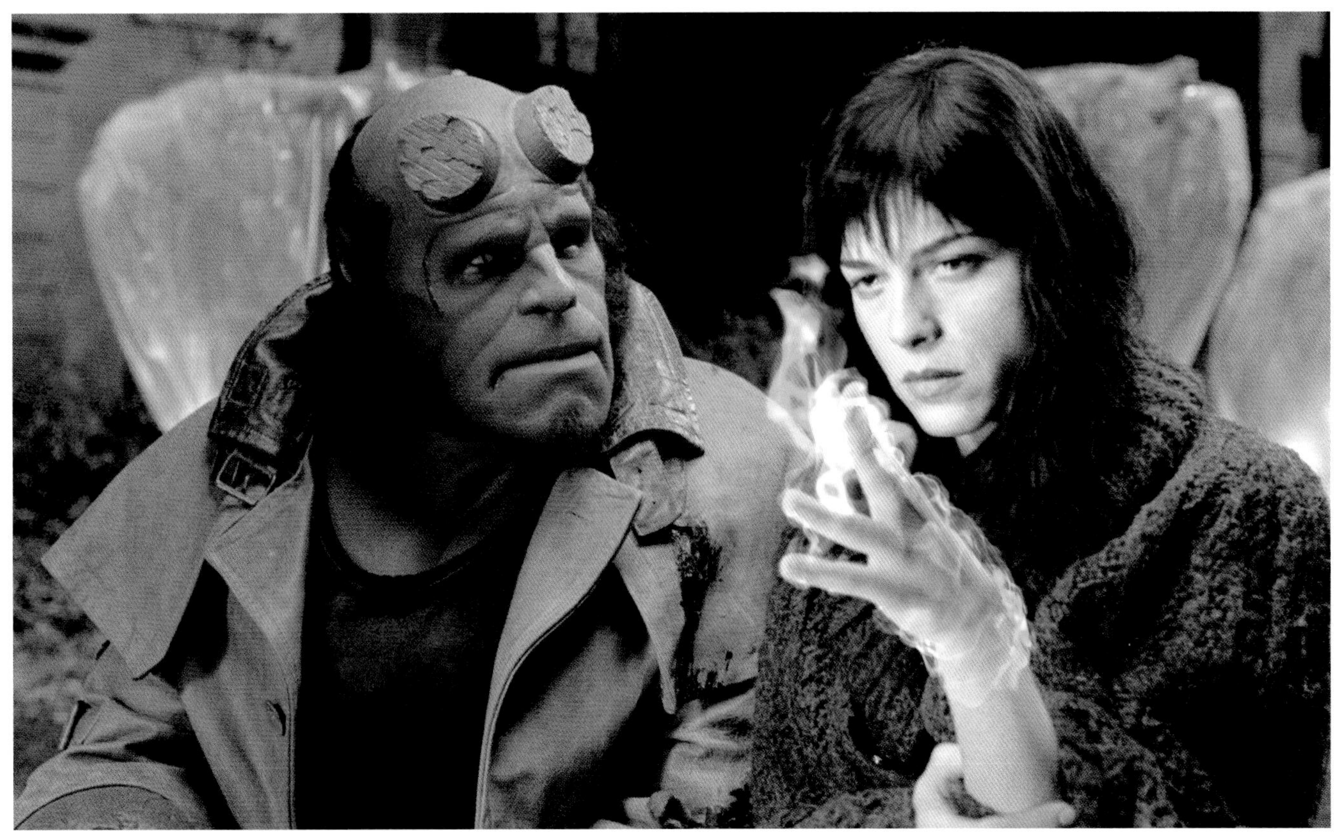

斯暗黑主教拉斯普丁（Grigori Rasputin）（卡瑞．羅登〔Karel Roden〕）死而復活，意圖招募地獄怪客加入他的邪惡世界，故事就演變成了兩個父親對兒子的靈魂爭奪戰。

「我剛從父親1997年在墨西哥被綁架的事件中走出來，」戴托羅回憶：「我深深陷入了這個究竟什麼是為人父、為人子的寓言小故事裡。」[10]

儘管「怪物對戰怪物」的混戰一直蔓延到紐約和莫斯科的街頭和地底，它同時也是一則浪漫故事。一往情深的地獄怪客追求有操縱火焰特異功能的麗茲．雪曼（Liz Sherman）（莎瑪．布萊兒〔Selma Blair〕），這段有些波折的愛情路，完全是仿照戴托羅對當時已經結婚二十年的妻子蘿倫莎的追求過程。米諾拉提到了戴托羅跳脫了原本的漫畫情節，讓他這個六十歲的主人公有如「深陷情網的少年」，[11] 一心追求他所愛慕的女子。

這讓它同時既是超級英雄電影、浪漫劇、童話故事、還是一部黑色電影。

與米諾拉第一次見面時，戴托羅為了打破僵局，提議兩人同時說出飾演這個後現代聖戰士的理想人選。兩個人不謀而合一起喊出了「朗．帕爾曼」。[12] 在這一刻，戴托羅確定了兩人想法一致。演員和惡魔有太多共同點：他永遠是整間屋子裡個頭最大的傢伙，有可以用一千種不同方式解讀的笑容，還有乾枯如馬丁尼酒的幽默感。「還有那要命的嗓音，」戴托羅補上一句。[13] 在敲定人選之後，他一本正經地宣告，他希望改編的電影「可以成為庸俗漫畫電影中的《末代皇帝》（*The Last Emperor*）」。[14]

▶ 浮誇美學 ◀

聽起來一切順利，但《地獄怪客》仍舊花了六年才問世。戴托羅一再學到的慘痛教訓是，愈是你在乎的作品愈是難拍。想照進度進行，非得執迷投入不可。

為了拍攝帶有**個人色彩**的《地獄怪客》，戴托羅的戰鬥，始於1996年與電影製片賴瑞．戈登（Larry Gordon）和勞伊德．列文（Lloyd Levin）的會見，這兩人已經取得了電影版權。電影版的《地獄怪客》在環球電影公司裡，成了高層主管互相推託支吾的燙手山芋。超級英雄的熱潮當時尚未起飛，除非主要角色（電影公司行話裡所謂的「資產」〔property〕）具有廣泛號召力——比如超人、蝙蝠俠、或是蜘蛛人——不然很難被正眼看待。

「第一部《地獄怪客》的發想，甚至比《X戰警》（*X-Men*）系列電影還要早，」[15] 戴托羅回憶。它是一個反文化的主張。接著第一部《刀鋒戰士》問世了，文化的大水壩開始出現裂縫。他看出那部電影「扮演了重要角色，說明二十世紀末的超級英雄電影可以如何生存。」[16]《刀鋒戰士》以微妙的方式為《駭客任務》（*The Matrix*）轟動全球影壇預鋪了道路。接下來，《X戰警》顛覆了超級英雄既有的概念。

《地獄怪客》也得助於電影公司的變動。由於環球電影公司似乎陷入一蹶不振，哥倫比亞電影公司（透過革命電影公司）此時介入，提供六千六百萬美元的資金，他們希望能拍出一個符合在《刀鋒戰士》、《駭客任務》、《X戰警》之後的電影新潮流，事實上，還沒有人清楚它真正的遊戲規則是什麼。

戴托羅馬上啟程，搬進了墨西哥東北部一家假日酒店，著手進行劇本。「我把整套漫畫看完，上面塗滿螢光筆和便利貼的註記，之後在我的日記裡詳列了清單，在上面畫了各種圖像和草圖，然後開始『生活在』我的日記裡，直到最後，我感覺到劇本已經足夠成熟。」[17]

他就像是在繪製一幅畫。

不過，主角長得像帕爾曼還是讓電影公司惴惴不安。在他們心目中，他頂多只是個電視演員。要不要找巨石強森？還是馮迪索？在整個前製階段，戴托羅不時要努力導正電影公司這群傢伙的一些「建議」，[18] 他們顯然還不曾真正讀過漫畫。他們會突然想到點子，要不要把地獄怪客設定成正常的少年，說了某個咒語之後就變成紅色巨人？要不要給他換成正常膚色，

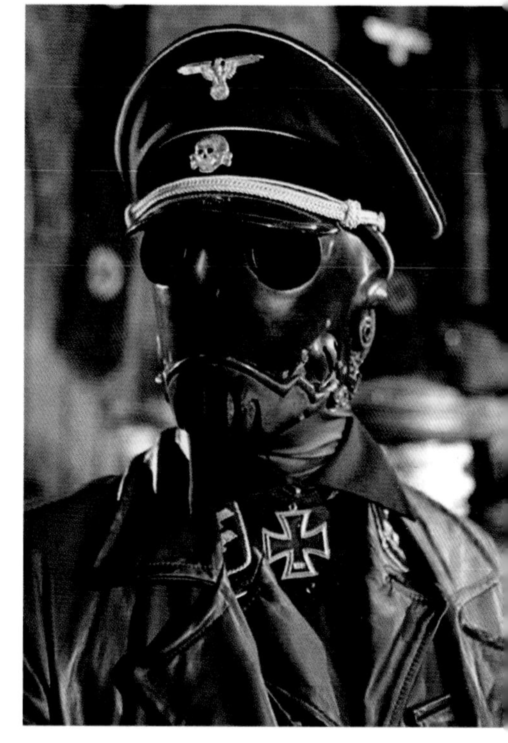

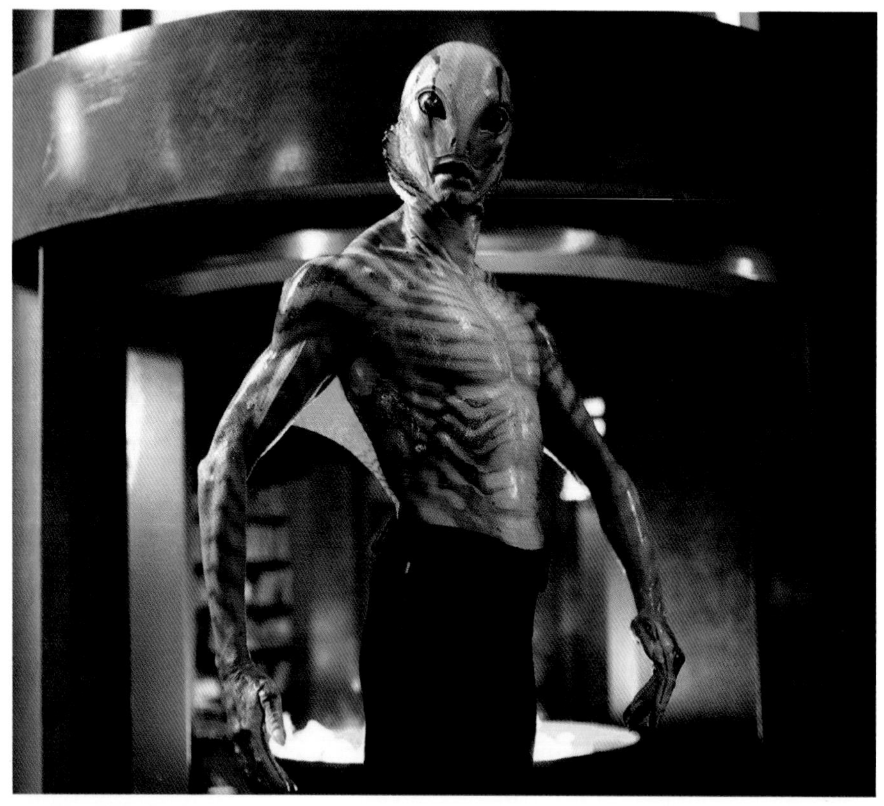

↑｜具有特異功能的發條殺手克焰人（捷克舞蹈家拉迪斯拉夫·貝蘭）代表了《地獄怪客》裡從密教到納粹德國各種具挑釁意味的象徵符號。

←｜個性溫和的魚人亞伯，由戴托羅最屬意的道格·瓊斯飾演，並由大衛·海德·皮爾斯為他配上優雅口音。

吉勒摩・戴托羅的
魔法圖典

按照時序一覽這位墨西哥魔法師點化過的眾多電影與電視影集

1984

《夜晚的心》

El corazón de la noche / 劇情長片

▶場務（未掛名）

1986

《盧珮夫人》

Doña Lupe / 短片

▶導演、助理剪輯、監製

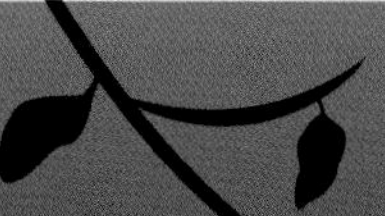

1987

《幾何》

Geometria / 短片

▶導演、製片、編劇

1988-1990

《約定時刻》

La Hora Marcada / 電視影集

▶導演、編劇、特效化妝

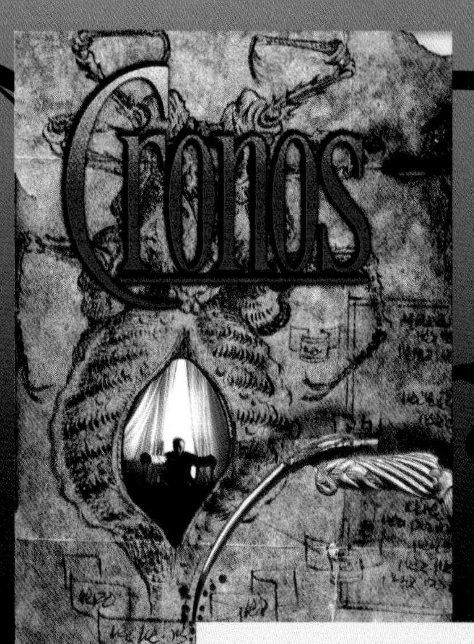

1993

《魔鬼銀爪》

Cronos / 劇情長片

▶導演、編劇

2008

《地獄怪客2：金甲軍團》

Hellboy II: The Golden Army / 劇情長片

▶導演、編劇、角色配音（未掛名）

2009

《人工進化》

Splice / 劇情長片

▶監製

2010

《麥克邁：超能壞蛋》

Megamind / 動畫劇情長片

▶創意顧問

2010

《別怕黑》

Don't Be Afraid of the Dark / 劇情長片

▶製片、編劇

2011

《功夫熊貓2》

Kung Fu Panda 2 / 動畫劇情長片

▶創意顧問

2011

《鞋貓劍客》

Puss in Boots / 動畫劇情長片

▶監製、鬍子男／司令（配音）

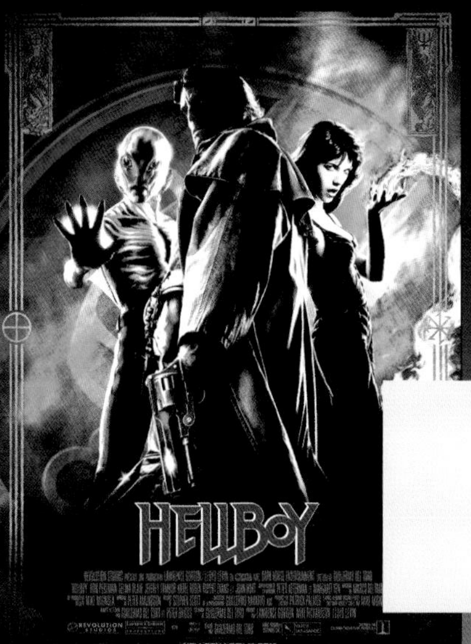

2004

《地獄怪客》

Hellbooy / 劇情長片

▶導演、編劇、武打動作指導

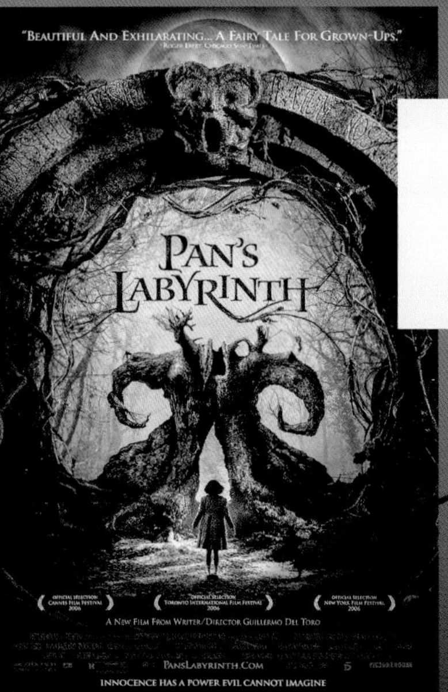

2006

《羊男的迷宮》

Pan's Labyrinth / 劇情長片

▶導演、製片、編劇

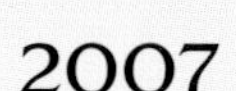

2007

《靈異孤兒院》

Orphanage / 劇情長片

▶監製

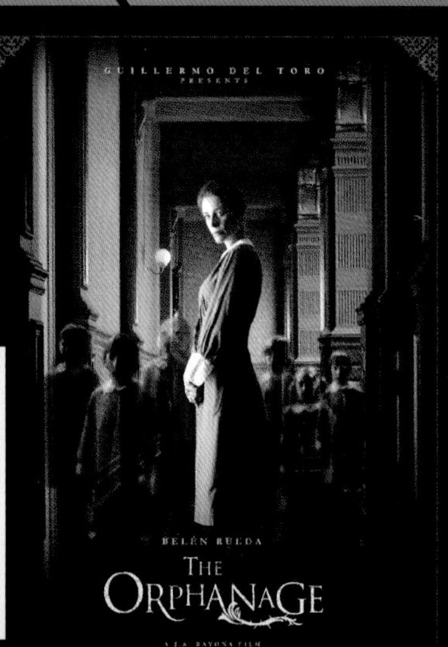

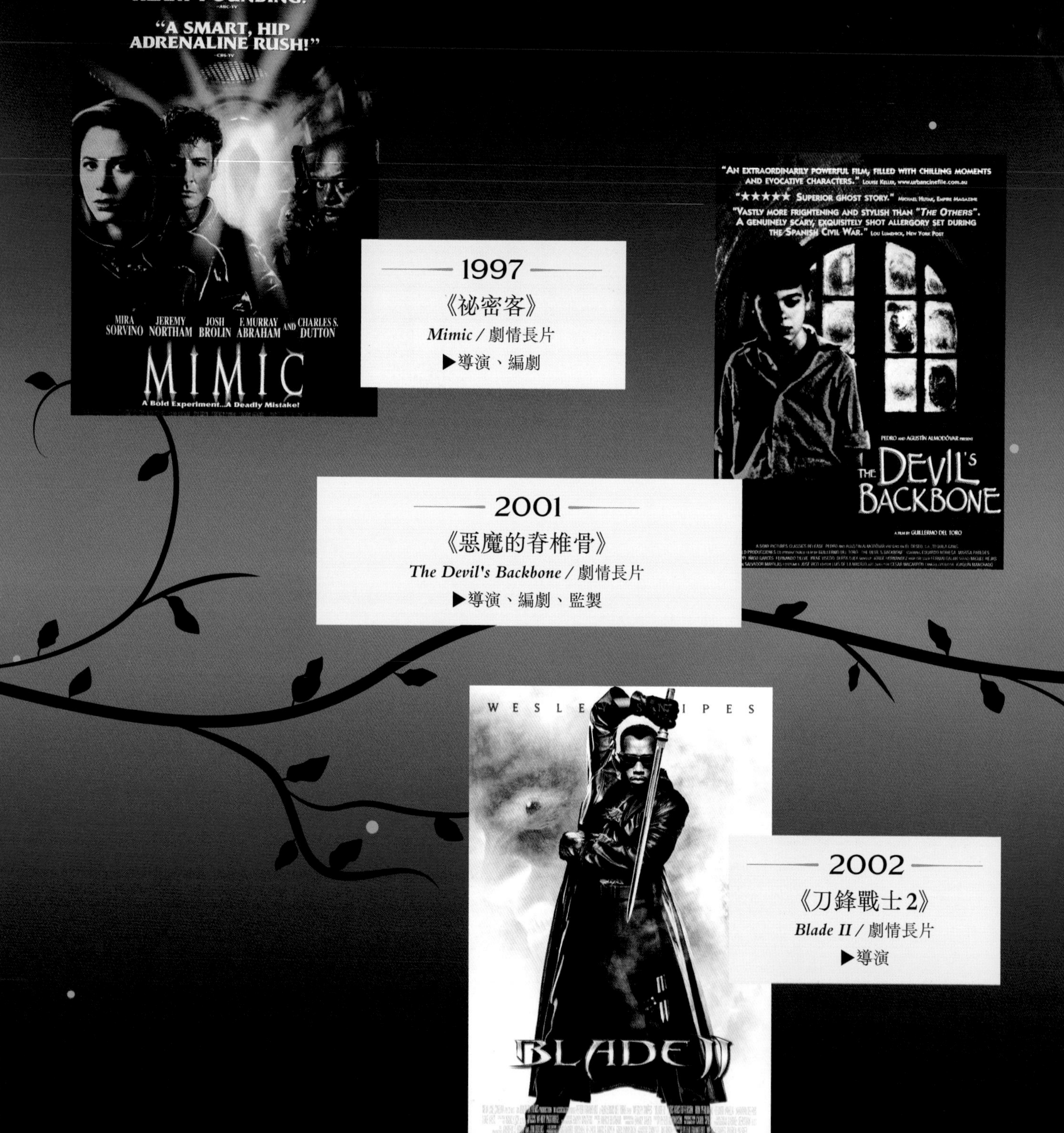

1997
《祕密客》
Mimic / 劇情長片
▶導演、編劇

2001
《惡魔的脊椎骨》
The Devil's Backbone / 劇情長片
▶導演、編劇、監製

2002
《刀鋒戰士2》
Blade II / 劇情長片
▶導演

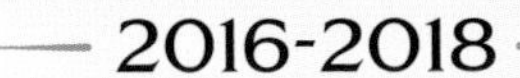

2016-2018

《巨怪獵人：幽林傳說》

Trollhunters: Tales of Arcadia / 動畫電視影集

▶導演、監製、編劇

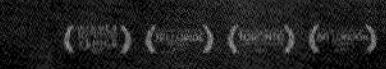

2017

《水底情深》

The Shape of Water / 劇情長片

▶導演、監製、編劇

2018

《環太平洋2：起義時刻》

Pacific Rim: Uprising / 劇情長片

▶製片

2018-2019

《天外三俠：幽林傳說》

3Below: Tales of Arcadia / 動畫劇情長片

▶導演、監製、編劇

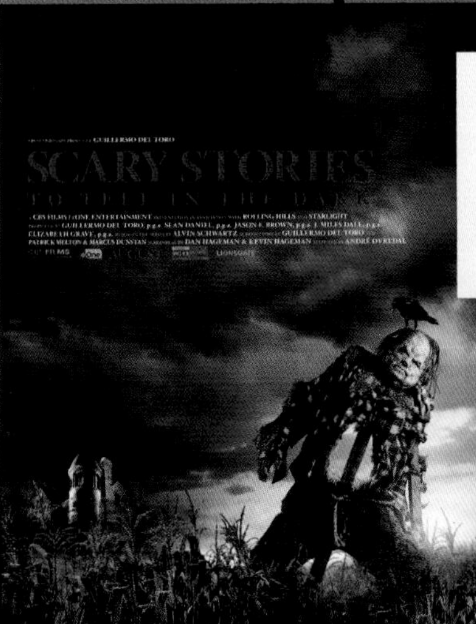

2019

《在黑暗中說的鬼故事》

Scary Stories to Tell in the Dark / 劇情長片

▶製片、編劇

2020

《傳奇魔法師：幽林傳說》

Wizards: Tales of Arcadia / 動畫電視影集

▶監製、編劇

2014

《羅曼奇遇記》

The Book of Life / 動畫劇情長片

▶製片、回憶之地長官太太（配音）

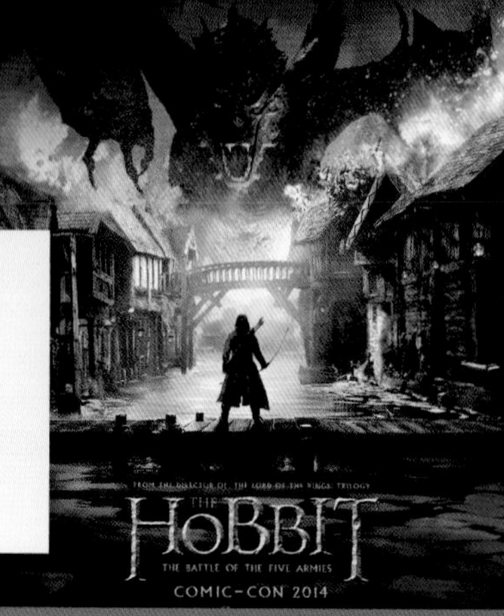

2014

《哈比人：五軍之戰》

The Hobbit: The Battle of the Five Armies / 劇情長片

▶編劇

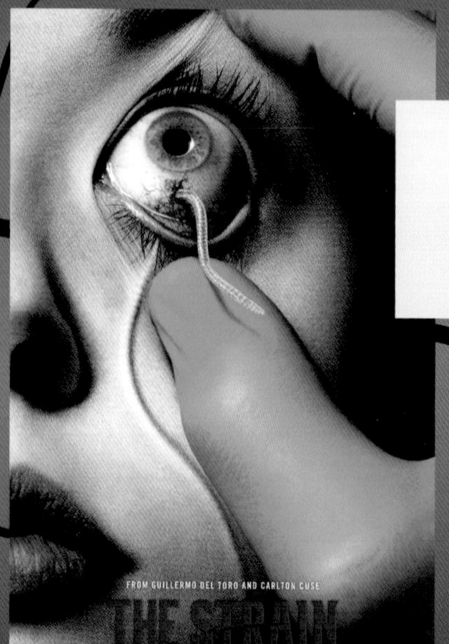

2014-2017

《活屍末日》

The Strain / 電視劇集

▶導演、監製、編劇

2015

《腥紅山莊》

Crimson Peak / 劇情長片

▶導演、製片、編劇

2016

《功夫熊貓3》

Kung Fu Panda 3 / 動畫劇情長片

▶監製

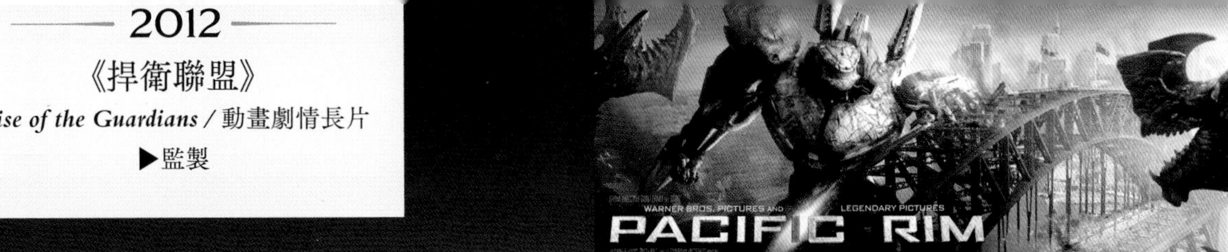

2012

《捍衛聯盟》

Rise of the Guardians / 動畫劇情長片

▶監製

2013

《環太平洋》

Pacific Rim / 劇情長片

▶導演、製片、編劇

2012

《哈比人：意外旅程》

The Hobbit: An Unexpected Journey / 劇情長片

▶編劇

2013

《哈比人：荒谷惡龍》

The Hobbit: The Desolation1 of Smaug / 劇情長片

▶編劇

2013

《母侵》

Mama / 劇情長片

▶監製

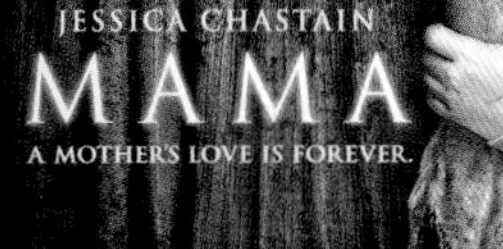

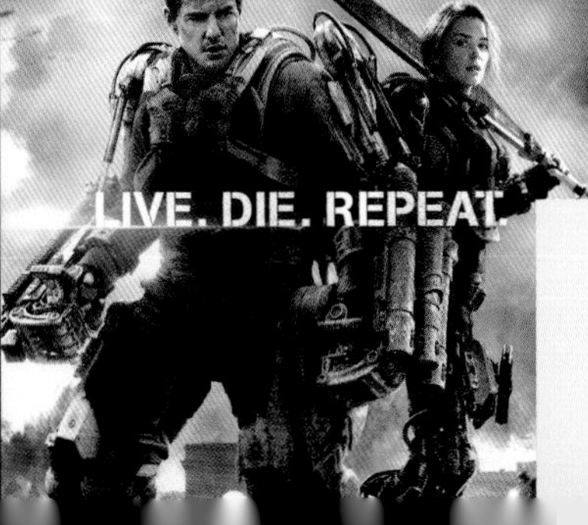

2014

《明日邊界》

Edge of Tomorrow / 劇情長片

▶視覺特效顧問

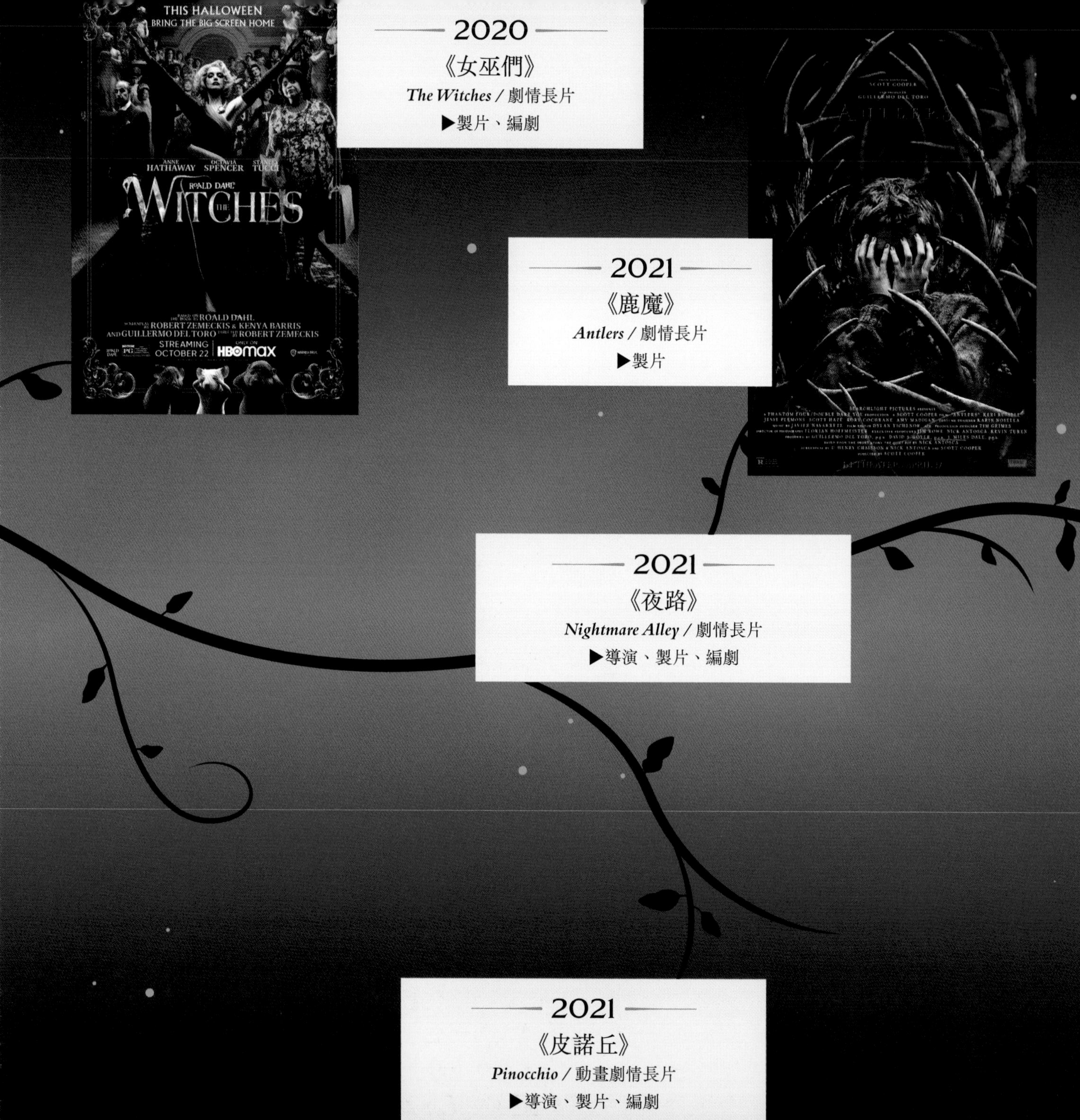

2020

《女巫們》

The Witches / 劇情長片

▶製片、編劇

2021

《鹿魔》

Antlers / 劇情長片

▶製片

2021

《夜路》

Nightmare Alley / 劇情長片

▶導演、製片、編劇

2021

《皮諾丘》

Pinocchio / 動畫劇情長片

▶導演、製片、編劇

而不是滿身紅通通？要不要給他一套地獄怪客的週期變化？他們腦子想的不離如何促銷玩具商品。他應該有個地獄怪犬當寵物。知道上教堂的人們會怎麼想嗎，可不可以改名叫他嘿客怪客（Heckboy）？

戴托羅極力閃躲這一類天外飛來的想法，專注這個地獄來的紅色禮物。

他心中想的是原創故事加上一套刑偵調查。故事開始於1944年，納粹德軍為了挽救敗局，轉而求助於邪門魔法。他們徵召死而復生的拉斯普丁開啟地獄大門，但是這個企圖卻因為布魯教授和一小隊美軍的阻撓而失敗。然而半敞的地獄之門開啟的時間，仍足夠讓長了一雙角、有隻巨大石拳的魔鬼嬰孩穿門而出。這段戴托羅精心設計的序曲，共花了兩個星期的時間來拍攝。

時間跳到了六十年後，地點是紐澤西州的祕密機構「超自然研究與防衛局」（簡稱BPRD）。地獄怪客已經長大成人（至少體型方面是如此），他協助這個祕密機構解決超自然的威脅——通常是倚靠他被暱稱為「絕命右手」的巨拳，要不就是動用綽號「好撒馬利亞人」的巨大手槍。

對超自然世界一無所知的外人而言，地獄怪客的存在需予隱瞞。但隱匿他的行蹤並非易事，畢竟他有著公牛般的魁梧身軀，和一條紅色的長尾巴。他的最新案件，由名為薩瑪耶的醜陋爬蟲怪物打先鋒，我們會看到再次復生的拉斯普丁、一小隊活屍納粹部隊、以及地獄怪客之後會帶來的世界末日決戰預言。

整部電影充滿了誇飾。風格如覆滿了金葉的墨西哥教堂，戴托羅歡喜地說道：「浮誇就是整部電影的宣言。」[19]

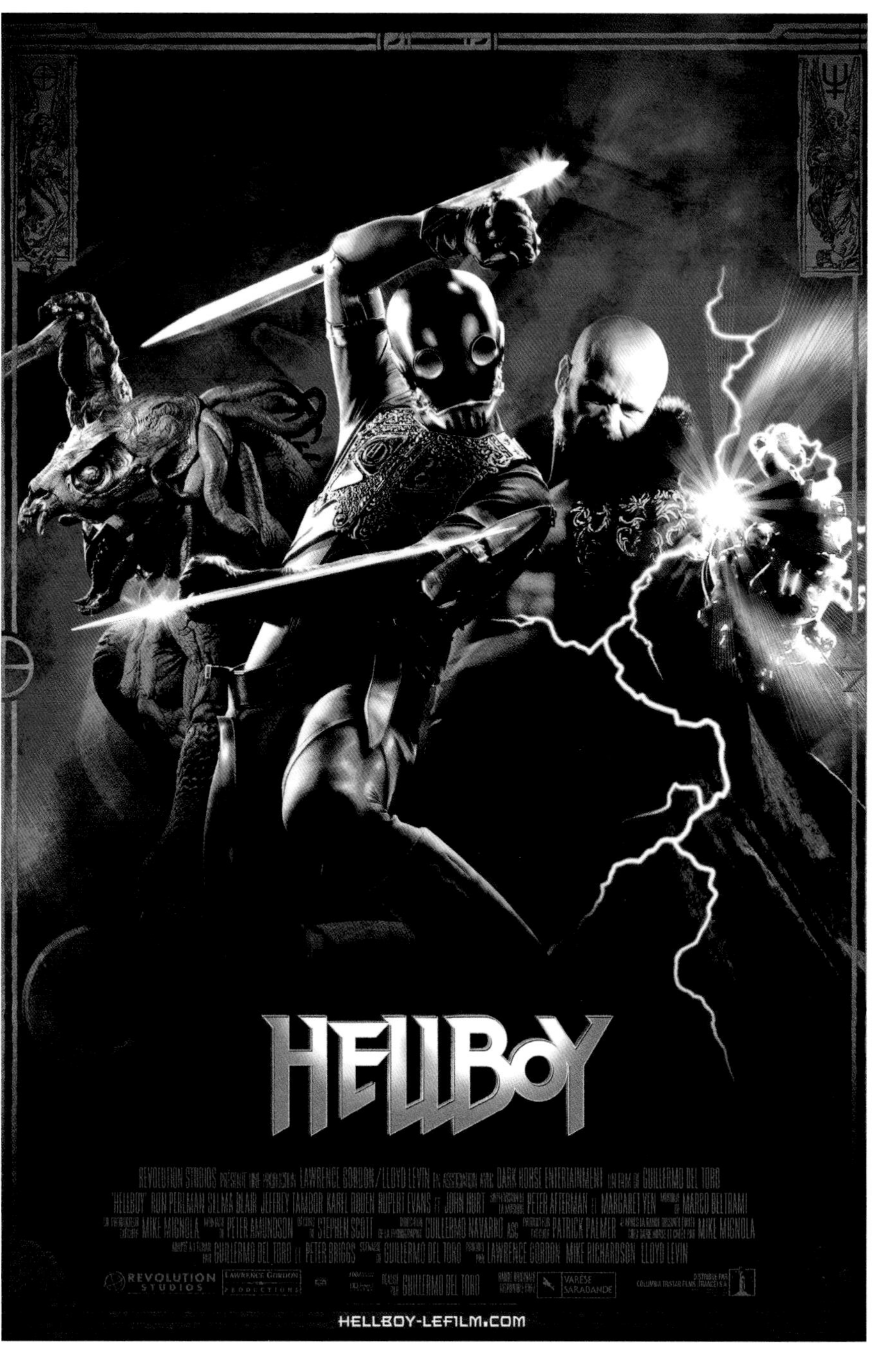

↑｜《地獄怪客》的上映海報，特意凸顯三個非傳統的反派角色：怪物薩瑪耶、跳著舞步的克焰人、以及死而復生的大主教拉斯普丁（卡瑞．羅登）。

▶ 利用造型建立影片風格 ◀

《地獄怪客》可以看到許多洛夫克拉夫特的影子。米諾拉自己就是他的信徒。這也是當初戴托羅被這個路數的超級英雄故事吸引的原因之一。薩瑪耶的設計，包括它伸出觸鬚的口器和被殺之後的「分靈」——由此可證：會複製出加倍的薩瑪耶——是戴托羅為《瘋狂山脈》繪製圖稿的產物。到了電影尾聲，當拉斯普丁重新打開該受詛咒的地底門口，我們看到了體型如星球一般大的巨獸，被稱之為「混沌七魔神」（the Seven Gods of Chaos），它的造型酷似洛夫克拉夫特的克蘇魯神話（Cthulhu mythos）裡的舊神（the Elder Gods）。

同樣重要的一點是，電影的世界是自我完備的。看電影的人們即使對漫畫故事一無所知，仍能夠享受它卡通式的誇張鋪陳。電影有著童話故事般的節奏，「從前從前……」的故事鋪陳方式，透過電影旁白或是對話提供的背景訊息來傳達。魯伯特·伊凡斯（Rupert Evans）飾演的FBI菜鳥探員邁爾斯，在片中代表著不能置信的觀眾，逐步了解到超自然研究與防衛局運作的種種規範。「晚上有些怪東西會跑出來，」赫特教授跟他解釋，「而我們的工作是把他們趕回去。」[20]

電影裡對超自然如此滑稽的正經態度，近似於《MIB星際戰警》（*Men in Black*）。戴托羅對帕爾曼飾演這個角色抱有無比信心的一個原因是，滿身通紅的膚色絲毫不會減損他面無表情的冷面笑匠個性。整部電影調性完全配合了這位演員嘲諷、俗氣耍帥的表演風格。潛台詞是，地獄來的怪客和他能言善辯的魚人副手亞伯拉罕·「亞伯」·薩皮恩（Abraham "Abe" Sapien）（道格·瓊斯〔Doug Jones〕演繹他優雅體態，大衛·海德·皮爾斯〔David Hyde Pierce〕幕後配音）都充滿了人味。

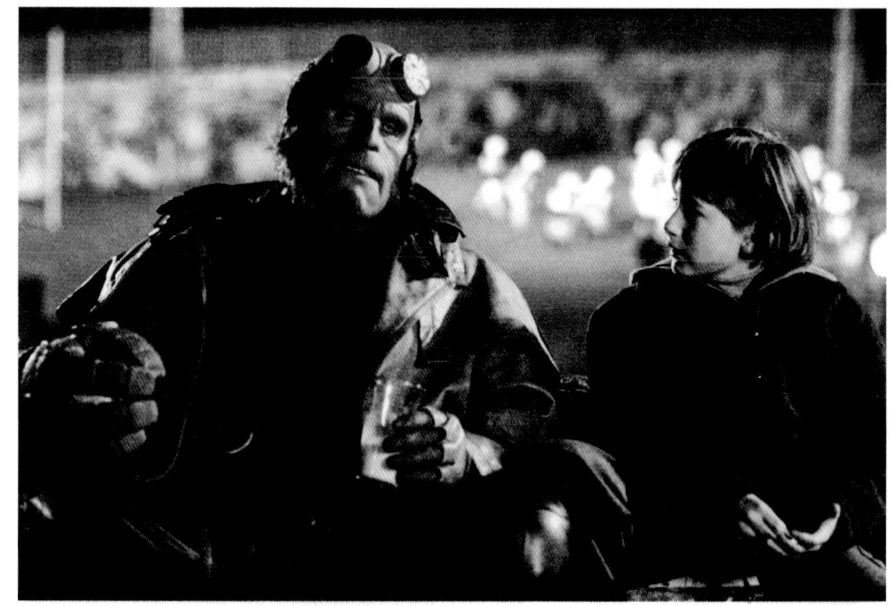

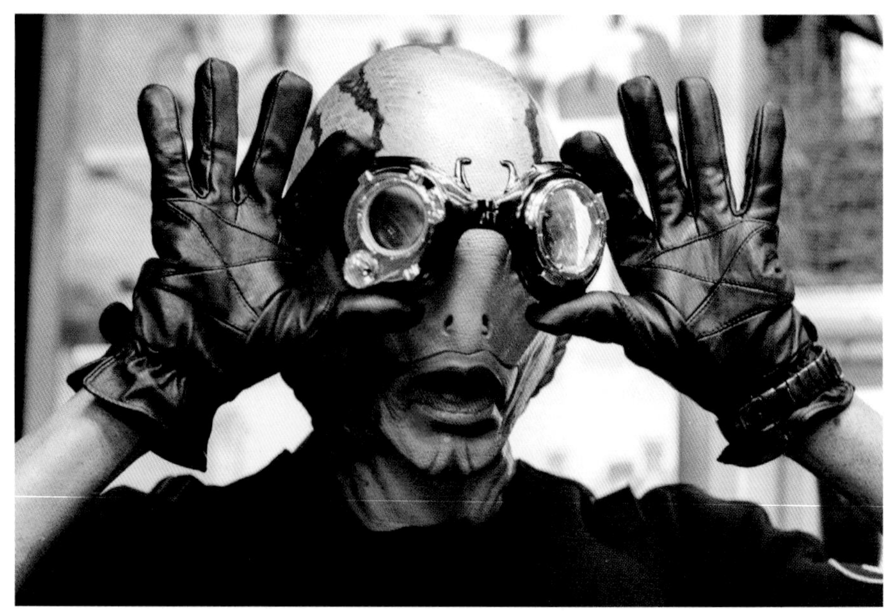

↑｜儘管對抗怪物的能力驚人，不過在戴托羅心中，地獄怪客仍只是為情所困的少年。

↓｜亞伯·薩皮恩為自己離開水中的調查工作進行準備，具有反諷意味的是，這讓他的護目鏡派上了用場。

幫「大紅」調配出準確無誤的紅色是個大挑戰。「讓我來告訴你，」戴托羅抱怨道，「選用一個紅色的角色是最困難的事之一。」[21] 紅要紅得很精確。他說：「不然的話，你看到的會是穿著風衣的巧克力棒。」[22] 地獄怪

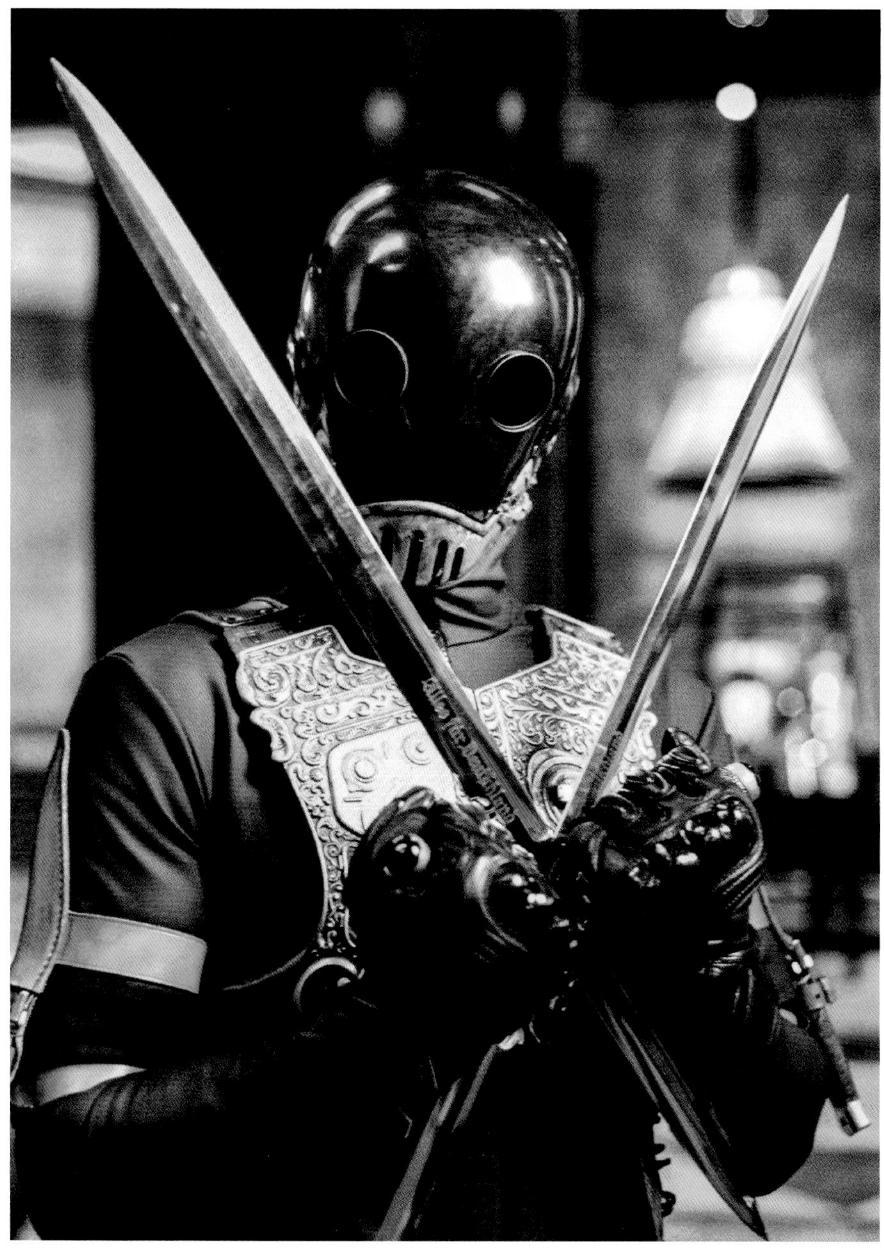

↑｜克焰人異國情調的黃金盔甲、可伸縮的刀刃、以及潛水夫的頭盔完全出自戴托羅的構想。他最早的劇本裡，就已經畫好了這個機械殺手造型的草圖。

客身上至少有二十種不同層次的紅色，還要一點綠色和藍色來調出陰影和皮膚斑（這個戲法借鏡自魯西安·佛洛伊德〔Lucian Freud〕的肖像畫）。

就整體造型來說，戴托羅沿用了漫畫中的造型，並留了一點給帕爾曼的空間。他為他加了一件美國南北戰爭時期的軍風衣，換了件長褲（他沒辦法看帕爾曼穿著漫畫裡的短褲），還有整間臥室裡伴著他的眾多貓咪。當地獄怪客大口吃著貝比魯斯巧克力棒，大口灌啤酒，滿心愛慕著麗茲，會讓我們想起畢竟他只是個少年。

在米諾拉原著漫畫裡，有些元素原本就引發戴托羅共鳴：日本武士的髮髻、維多利亞時代的鬢角、還有他頭上只剩下根部的一對角，彷彿是往上挪到額頭的護目鏡。戴托羅超喜歡護目鏡。它象徵視力升級，讓他可以看得更仔細，更何況他自己也一輩子少不了眼鏡。回想一下在《祕密客》裡頭曼恩博士摔碎的眼鏡，或者是《刀鋒戰士2》裡的妮莎戴著螺旋紋路的忍者風格護目鏡……或者，像《羊男的迷宮》裡頭，瞳魔（Pale Man）把他的眼球嵌入手掌，然後舉起手到與臉同高。在《地獄怪客》裡，亞伯也戴護目鏡，這讓他離開水中時可以保持專注，而納粹殺手卡爾·魯普瑞希特·克焰人（Karl Ruprecht Kroenen）（拉迪斯拉夫·貝蘭〔Ladislav Beran〕）的動力來自上發條的心臟，他把沒有眼瞼的雙眼隱藏在頭盔黑暗的窺視孔後面。

克焰人呈現了這部電影的蒸氣龐克情調。一開始，戴托羅把他設計成一縷幽魂，讓他可以匿身於黑暗中；但是情節需要他以實體現身。我們在銀幕上看到的，是戴托羅為《黑暗左手》（*The Left Hand of Darkness*）所設計的機械殺手：一個穿著黃金盔甲的發條人（或者說，他身軀殘餘的部分），他靠著齒輪和蒸氣運作，血肉已經化為塵埃。戴托羅說：「我想讓他成為施受虐狂（S&M）的具體化身。」[23] 我們從他的面具往裡瞥，看到的只是骷髏骨架和一個沒有嘴唇的獰笑。

「我不認為自己拍過『正常』的電影，」這位導演承認。「我喜歡創造這些東西——我喜歡雕塑，我喜歡給它們上色。有一半的樂趣來自創造虛構的世界和裡面的怪物。」[24]

▶ 創紀錄的拍攝與特效設計 ◀

創造《地獄怪客》的世界總共花了一百三十個耗費心力的日子，至今仍是戴托羅的一項紀錄。每一場景都注入了如此豐富的「眼球蛋白質」，創作本身的魔法，讓整部電影充滿了內在的活力和歡樂。在每一場戲開拍之前，戴托羅都會儀式性地和美術指導一起走入場中，進行畫龍點睛式的最後調整。這些細節只有他才看得到。

米諾拉也會在戴托羅的要求下待在片場，目的是為了與他爭論。「你的任務就是反駁我，」導演如此告訴作者。「不是你說服我，就是我要說服你。」[25] 有時輸的是戴托羅。地獄怪客當初從宇宙之門溜進世間，他原本想像的是人們在三十層樓高的一架嬰兒床裡發現這個魔鬼嬰兒，這是為了向《失嬰記》(*Rosemary's Baby*)致敬。米諾拉皺眉了，「這跟漫畫裡講的不一樣。」[26] 戴托羅對道具和化妝的講究，勝過於對CGI的依賴，如此的堅持強化了畫面的鮮活質感，戴托羅遵循雷．哈利豪森(Ray Harryhausen)的原則，固定住攝影鏡頭，任由這些怪物們發揮。在整部電影裡，總共有十二到十三個他希望讓觀眾銘記的「地獄怪客的經典時刻和經典姿勢」。[27] 比如說：地獄怪客如電動袋鼠般縱身朝天空一跳、他準確撞進地鐵通風豎井的拋物線、他與薩瑪耶在博物館裡的雕像前角力決鬥、他從墳墓裡挖出半個俄羅斯人的屍體，然後把他扛在肩上要他指路。讓影迷們大樂的是，這個活屍嚮導名叫「屍體」(The Corpse)。戴托羅自己為他配音。

電影天崩地裂的高潮是在莫斯科，或者更準確地說，是莫斯科的地底下——在拉斯普丁的墓穴之中，裡頭多了巨大的齒輪、會旋轉的房間、布置了尖矛的陷阱、以及一道通往凡俗人世之外的大門。它簡

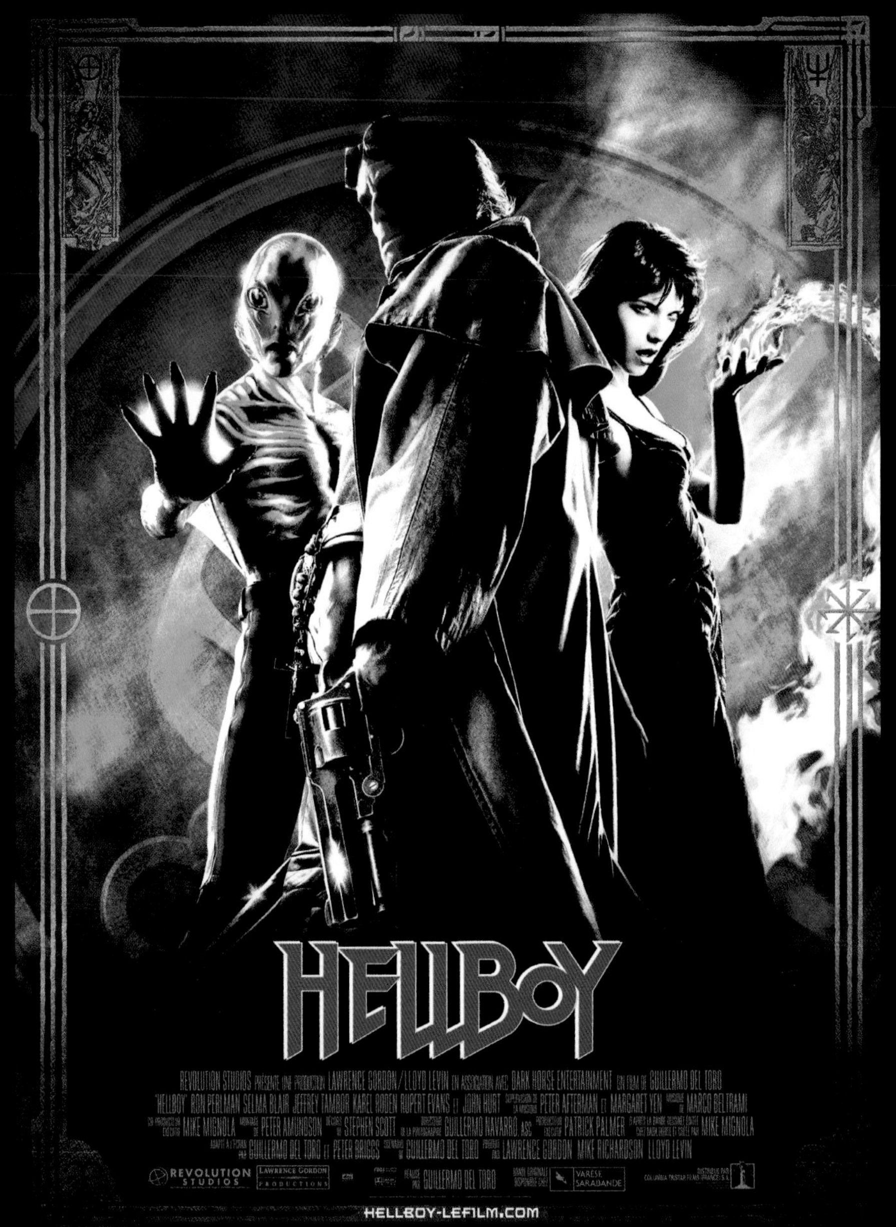

↑｜沉鬱風格的電影海報推介三個非傳統的英雄角色——亞伯．薩皮恩、半個臉被陰影遮住的地獄怪客、以及燃起藍色火焰的麗茲。

→｜《地獄怪客2：金甲軍團》的童話仙子主題，帶引導演重回他一向偏好的事物。

直就像走入了魔鬼銀爪的裝置裡面。「戴托羅走入自己內心深處，找到了華格納式的華麗。」[28]《石板》雜誌（*Slate*）如此形容，讚譽他哥德式的放縱。在這裡，宇宙已在灰飛煙滅的邊緣，只等待地獄怪客做出正確的決定。

戴托羅並不認為自己是史蒂芬．史匹柏或詹姆斯．卡麥隆這類走大眾路線的導演。「我的品味需要透過學習而得。」[29] 他說。但這並不完全是事實。他和這些大導演們的共同之處，是他們都能夠在他們的奇幻想像中，帶來某種普遍共通的感動。《地獄怪客》是部複雜的漫畫冒險故事，在一些可愛、風味獨具的時刻傳達人性的連結。像是燃燒著琥珀色火焰的麗茲，最終和有防火體質的地獄怪客互相親吻。或者是傑夫．泰爾（Jeffrey Tambor）飾演愛發牢騷的FBI主管曼寧，教導地獄怪客點燃雪茄的正確方法。

見識他神奇創造物的內心深處，探索這個鮮紅魔鬼日常生活裡的癖好，戴托羅提醒了我們也都是邊緣人。在內心深處，我們都是地獄怪客。

電影最後的全球票房是九千九百萬美元，就票房而言，這說明了它仍屬偏小眾的類型電影。不過《地獄怪客》並不會就此安靜罷手，透過DVD和藍光影片（這更能有效提供「眼球蛋白質」），它逐漸獲得更多人的欣賞。此外，在《魔戒》和《哈利波特》的風潮之後，奇幻電影開始成了賣片的大生意。於是，在2008年，環球電影公司又找回了它失散的孩子。

▶ 加入愛情與更多怪物的續集 ◀

戴托羅回來執導了目前為止唯一延伸自個人作品的續集，這一回他自信滿滿。《羊男的迷宮》成功賣座，好萊塢如今熱切想和這位導演合作，他同時有藝術電影受人敬重的光環（還可以加上一點國際的吸引力），還加上主流電影票房上的成功。各種邀約不斷。要不要改編電玩《最後一戰》（*Halo*）？你有沒有考慮拍《狼嚎再起》（*The*

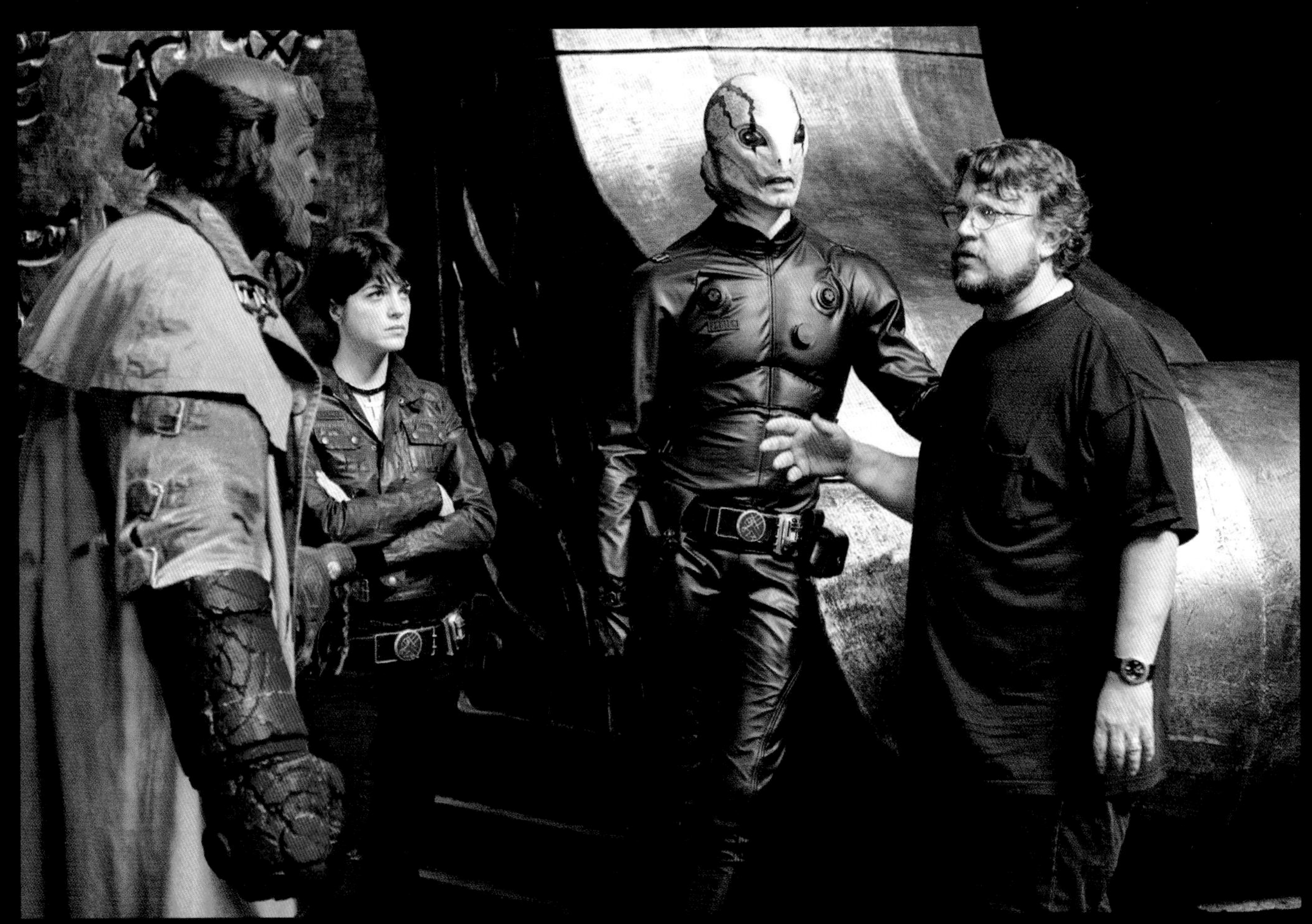

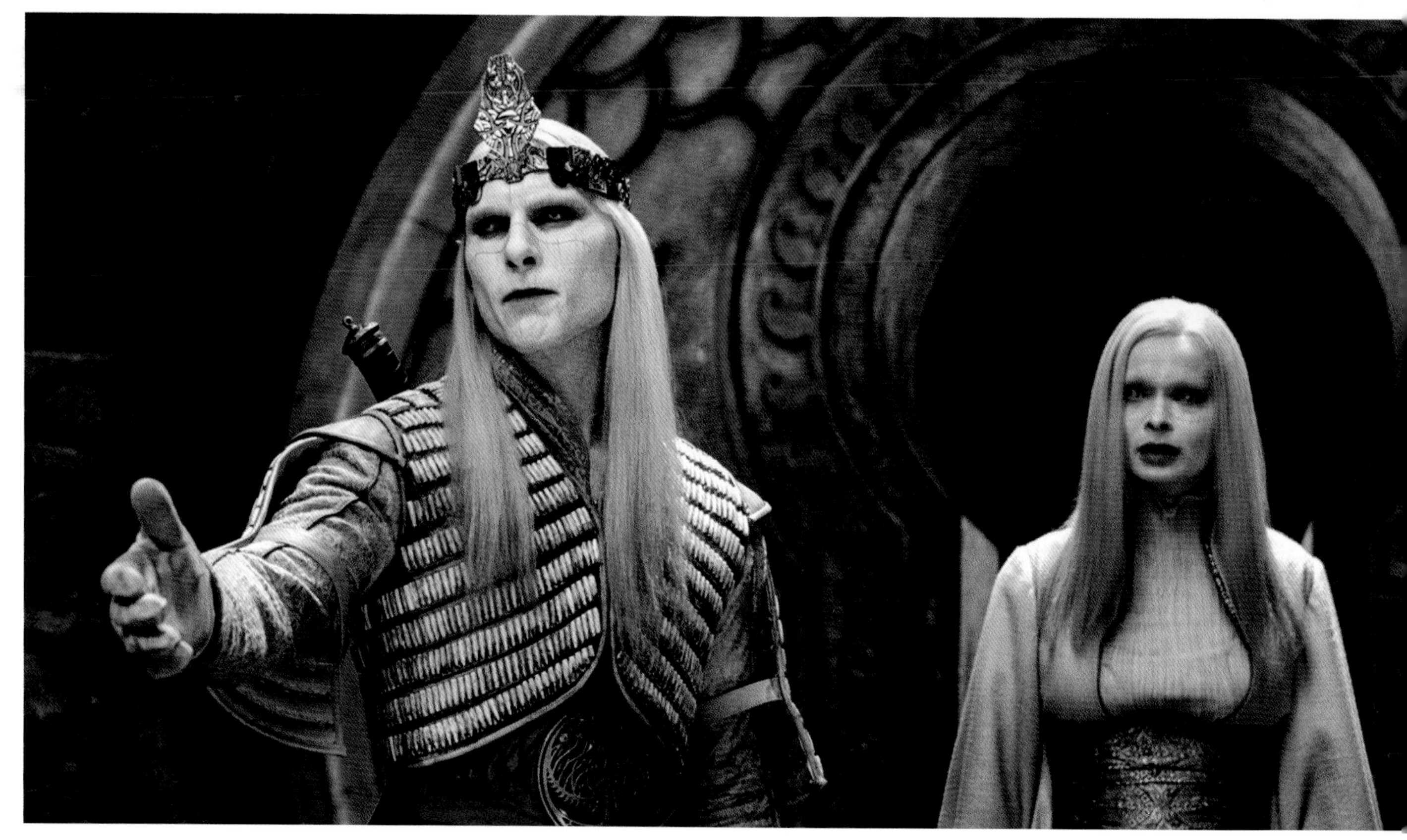

↑ | 精靈兄妹努亞達王子（路克・高斯）和努亞拉公主（安娜・華頓）的造型設計上，戴托羅決定傳達比傳奇故事裡的空靈生物更令人畏懼的一面。

↗ | 在續集裡面，電影公司有更多信心拿這位主角的鮮紅造型以及他充滿嘲諷的幽默感當宣傳賣點。

Wolfman）？但是他對自己最愛的寶貝依舊心動難耐，想知道這個角色在續集裡能有什麼發展。而且他有八千五百萬美元可以供他支配——這是可觀的數目，雖然還比不上一般票房大片開口要求的破億預算。

天生反骨的戴托羅，他馬上想到了它會是個愛情故事。或者，更確切地說：是情感關係的故事。他解釋，「所以，第二部電影基本上是那個深情之吻的延續。」[30] 想像著他們之後該如何相處。他們的婚姻生活第一年會是什麼樣子？麗茲跟一個邋遢的超級英雄要如何共同生活？結果呢，不美滿。此外，地獄怪客正逐漸洩漏他必須保密的身分。他要開始面對成為大人的生活。

戴托羅這份最新的怪物作業，受到他為《羊男的迷宮》研究的神話和傳奇故事的影響。「它的重點就是在真實世界對奇幻想像和魔法的挖掘與破壞，」他說，「而且，令人悲傷的是，我們天天都在摧毀魔法。」[31]

這兩個拍片計畫的發展過程有明顯重疊之處——以至於戴托羅將它們視為精神上的姊妹作。

2006年冬季在匈牙利布達佩斯拍攝的《地獄怪客2：金甲軍團》，心懷怨懟的精靈們取代了納粹，他們威脅要喚醒無堅不摧的機械軍團，它們是由地精（哥布林）在遠古打造，造型猶如充斥暴力的懷錶。這個軍團將對人類大肆破壞。不過，在這之前，被放逐的精靈王子努亞達（Prince Nuada）（路克・高斯〔Luke Goss〕）必須先把魔法王冠的三個碎片結合在一起，才能指揮這批機械部隊。於是，他來到了紐約。

戴托羅構想故事遇到了困難，最後他與家人到長灘水族館的一趟長途汽車旅行終於讓他找到了靈感，在這趟旅程中，他透過電話跟米諾拉說出他的煩惱。「唯一行得通的辦法是找個叛變的王子，」[32] 他告訴他，於是一場「腦力激盪」[33] 開始了。在這趟旅程結束前，他們開心地喊出腦中想到的各種念頭。他需要一個魔法的國度！還要有個副手！新的架構為前一部電影提供了一個反轉。超自然研究與防衛局（BPRD）的團隊現在要進入另一個世界，

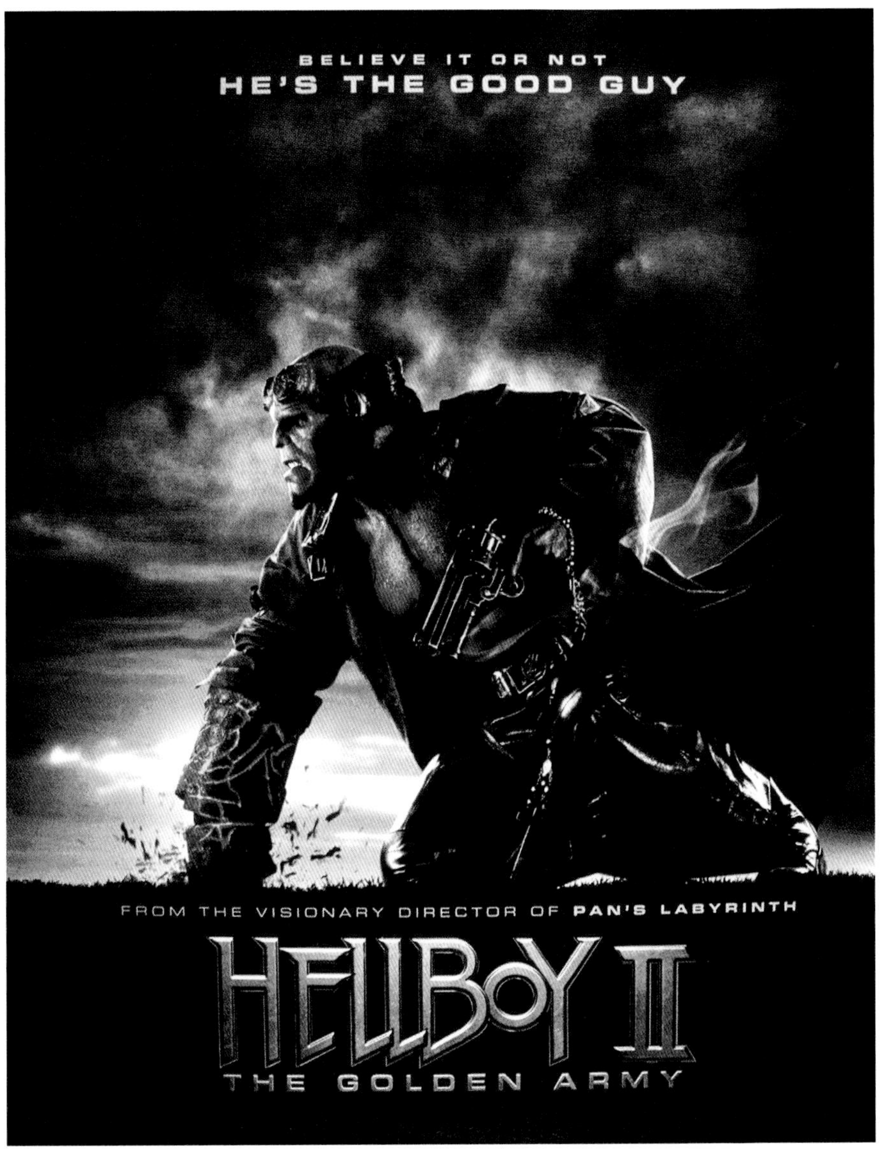

給電影添加更奇幻的氛圍，戴托羅說，就像《綠野仙蹤》（*The Wizard of Oz*）裡的奧茲王國。

這是花了一百二十天的另一個史詩般的拍攝過程——其中包括幾個星期辛苦的夜晚拍戲，還有數量暴增的各種生物：這代表有更多的特技演員必須穿著悶熱的道具服，在有限的視線下工作。協調這批陣容浩大的怪物，耗費了不少拍攝的時間和精力。

然而，戴托羅感覺得到了解放。他不再需要利用大量的背景故事來制定電影世界的規則。「如此一來，你能得到更多的樂趣。」[34] 他說。

▶ 跳脫前人的奇幻設定 ◀

筆記本裡總共有二十到三十頁的篇幅，全力發展《地獄怪客》的雙重現實：人的世界、和怪物的世界。有三十二個新的生物被設計和打造出來：但是有些太過巨大，像是「最後元素」（The Last Elemental）（它是森林之神，從一顆發光的種子不斷膨脹成三層樓高的蘭花，恍如宮崎駿筆下的角色）；還有些太過微小，像是蜂擁而來的牙齒仙子，口中有著可咬穿骨頭的堅韌牙齒——這兩者都完全要借助電腦合成動畫。

戴托羅想要擺脫托爾金（J. R. R. Tolkien）和亞瑟·拉克姆（Arthur Rackham）打造的關於精靈、巨怪、仙子的既定形象。他的精靈象牙白的臉龐和雪紡紗的髮辮，似乎比《魔戒》電影裡的精靈超模們更帶有邪氣、更蒼白變態。他們更像雕鑿的作品、而非血肉之軀。它們延續著怪異的瓷白色視覺韻律，從《魔鬼銀爪》的耶穌·葛利斯到《惡魔的脊椎骨》的桑提、一路再到《刀鋒戰士》裡的諾瑪克「死神」。特殊設計的吸血鬼，顯然是這些精靈們的暖身之作。

當然，努亞達這個歧路王子讓人聯想到諾瑪克的故事線。同樣由高斯飾演凸顯了這個事實。努亞達是另一個陷入家族紛爭的複雜角色，在電影主題裡更顯沉重。他對父王巴勒（King Balor）（羅伊·多崔斯〔Roy Dotrice〕，頭上頂著有如冠冕的鹿角）所做的妥協感到忿忿不平，厭倦屈居在對生態不友善的人類陰影之下。他與較為和善的努亞拉公主（Princess Nuala）（安娜·華頓〔Anna Walton〕）之間，彼此能心電感應、又有著近乎亂倫的兄妹關係——這不像是你在中土世界（Middle-earth）會看到的。

「我很喜歡的一個概念，是讓精靈世界由土、金、紅、黑四色組成，呼應地獄怪客在超自然研究與防衛局裡的圖書館，」戴托羅說。「這可以強化地獄怪客與魔法世界有著共通點這個事實。」[35]

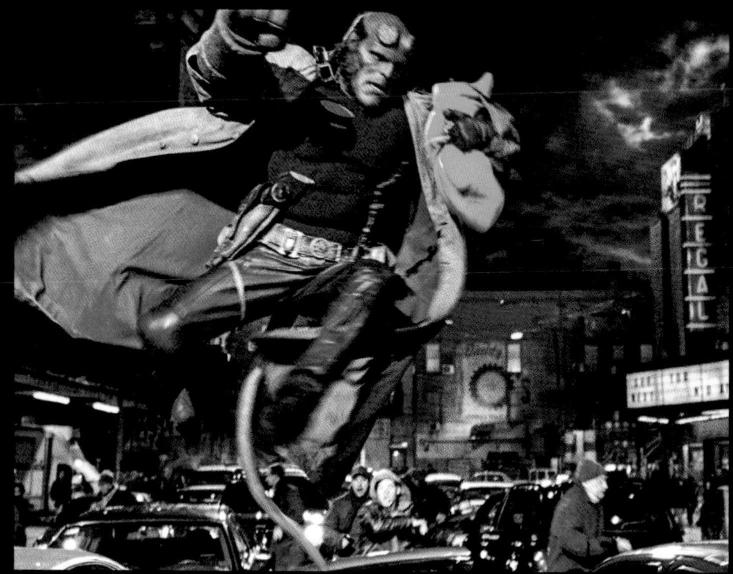

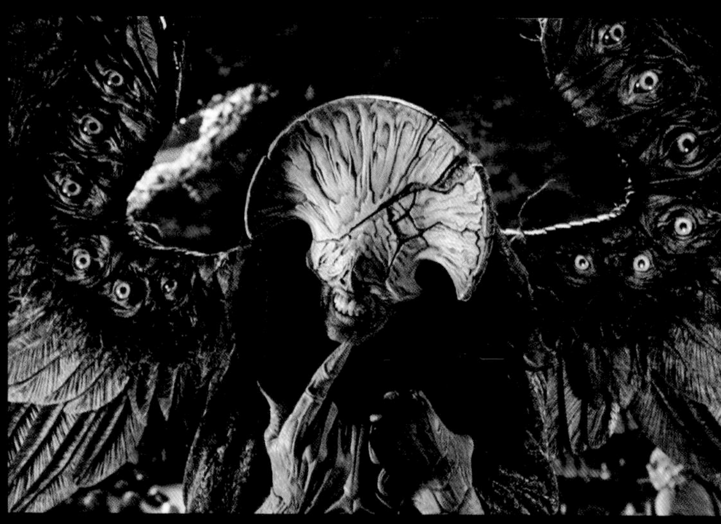

↑｜戴托羅最想要保留原有漫畫的一個重要意象，是地獄怪客巧妙運用他的尾巴精準跳遠的能力。

↓｜死亡天使（沒有掛名的道格·瓊斯飾演）是專為這部電影創造的角色，事實上，它原本是為了戴托羅未拍攝的電影《梅菲斯托的橋》（*Mephisto's Bridge*）所設計。

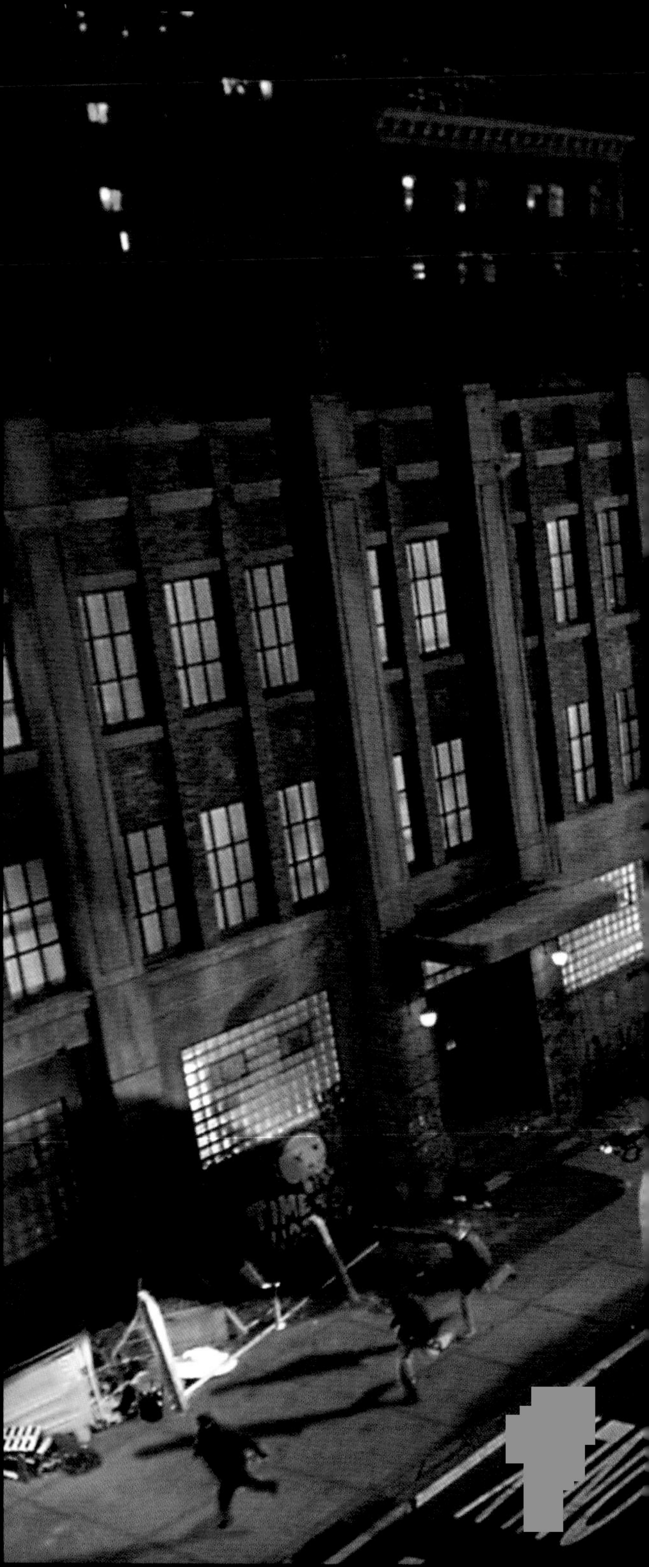

→｜「最後元素」這個具有知覺、如高樓一般的巨大植物，是戴托羅運用CGI創造怪物角色的少數例子之一。

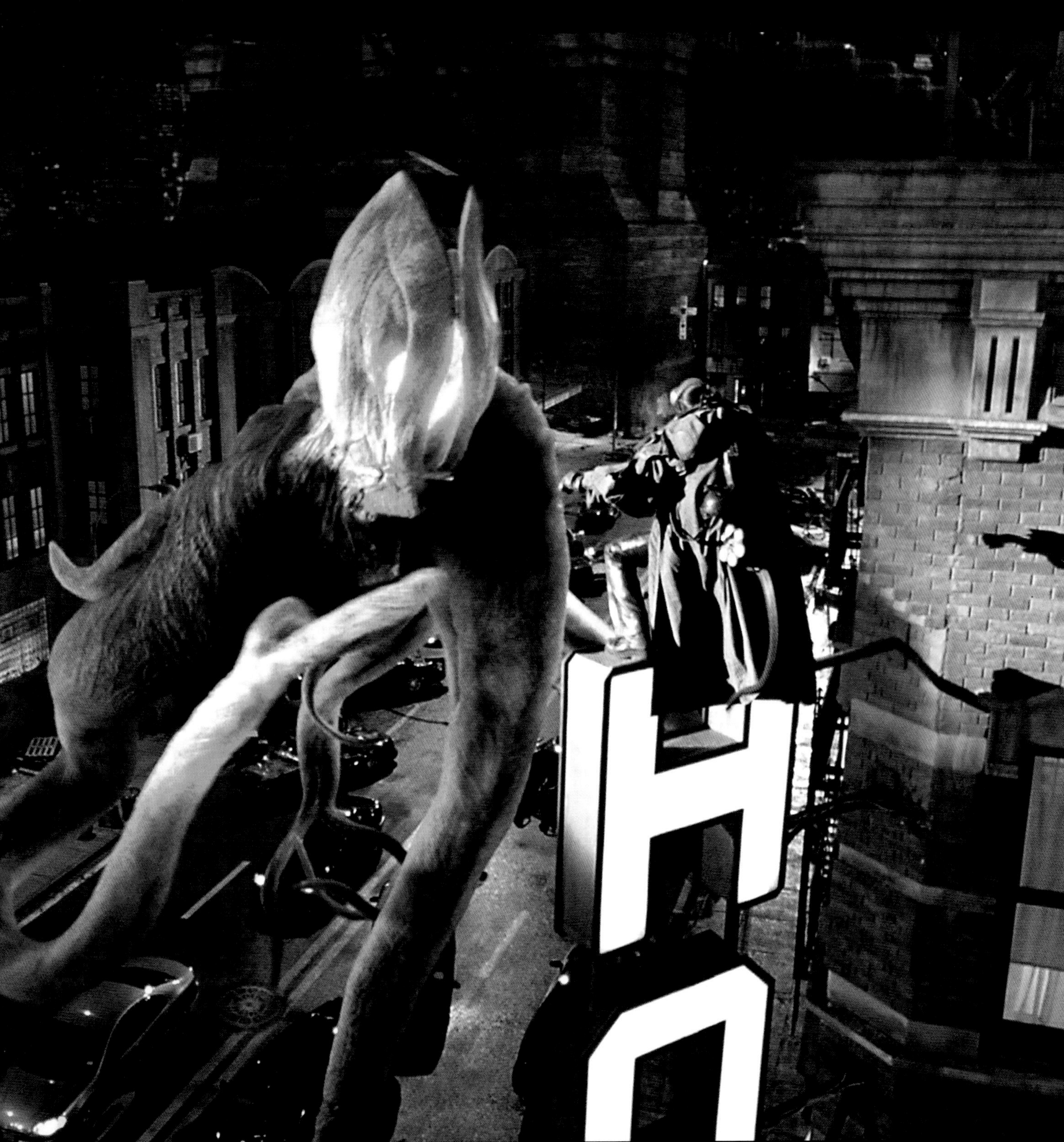

透過整部電影，導演試圖劃定自己的地盤。地獄怪客讓人感覺可親的一些弱點，巧妙安排在他所創作相互呼應的奇想故事裡。戴托羅堅持一個「訴諸感官」(sensual)[36] 的質感。以「最後元素」為例，它有著水芹菜般的透明感，還覆蓋著類似《羊男的迷宮》裡羊男身上的苔蘚。他還希望它能像一幅圖畫。他創造的「眼球蛋白質」傾注了布勒哲爾(Pieter Brueghel)、波克林(Arnold Böcklin)和波希(Hieronymus Bosch)[7]，還加上比利時象徵主義、超現實主義、達達主義、以及一點普普藝術的風格。

米諾拉是第一個承認續集是「更像戴托羅的電影」。[37]

風格上的轉換未必完全成功。原創作品裡的蒸氣龐克特異風格和俗麗的現代感似乎被繁複的情節發展所淹沒。故事裡有不少怪誕氣息。以巨怪市場(Troll Market)為例，戴托羅仿效了《星際大戰》(*Star Wars*)的酒館[8] 場景。它位在布魯克林大橋下，只有知道怎麼找的人才找得到，這裡像是到達臨界質量的格林童話，一個表現主義式的、不斷蔓延、擠滿怪物的市集，令人難以消化。你會開始想念《羊男的迷宮》清澈分明。

在這裡，脾氣愈來愈暴躁的地獄怪客(帕爾曼充分享受這個角色任務)對上了努亞達的副手韋奇先生(Mr. Wink)(布萊恩．史提爾〔Brian Steele〕)，這個魁梧的洞穴妖怪過去在戰場上失去了一隻眼睛，而且，和對手相互對應的是，他有一個巨大的金屬右拳。他名字的由來是莎瑪．布萊兒養的一隻獨眼狗。

戴托羅也不是完全忽略漫畫原著。他重回米諾拉的作品，並找到了漫畫迷所喜愛的尤漢．克勞斯(Johann Krauss)，這個滿腦子公事的新角色，想把管理鬆散的超自然研究與防衛局帶回正軌，儘管他事實上只是存於深海潛水裝的一縷日耳曼幽靈。「我們採用比較接近朱爾．凡爾納(Jules Verne)的潛水裝造型，」[38] 戴托羅形容這個續集中最有趣的新增角色。

電影的評價大致正面。電影拍得很美，但故事過於熟悉。「電影如流程圖一般精準地遵循前一集的敘事弧線，」[39]《新共和》(*The New Republic*)指出了這一點：遺留的聖物、戰爭、悲劇、以及公家機關的繁瑣事，最後是巨型發條的墓穴裡的大決戰。這次票房進步到了一億六千八百萬美元。但是還不足以令人側目驚嘆。同一年發行的漫威《鋼鐵人》，總共創造了五億八千五百萬美元的票房。

原定的三部曲當中的第三部，始終未能成真。戴托羅有許多偉大的想法，可以讓地獄怪客去挑戰環球電影公司過去恐怖片目錄上的經典怪物：狼人、德古拉、以及科學怪人，一如他們在貝拉．洛戈西和波里斯．卡洛夫時代的模樣。雖然這可能是戴托羅夢想實現的機會。但他的注意力已經被其他拍片計畫所吸引。其中最吸引他的，是他有機會拍攝他偏好的正統奇幻劇。

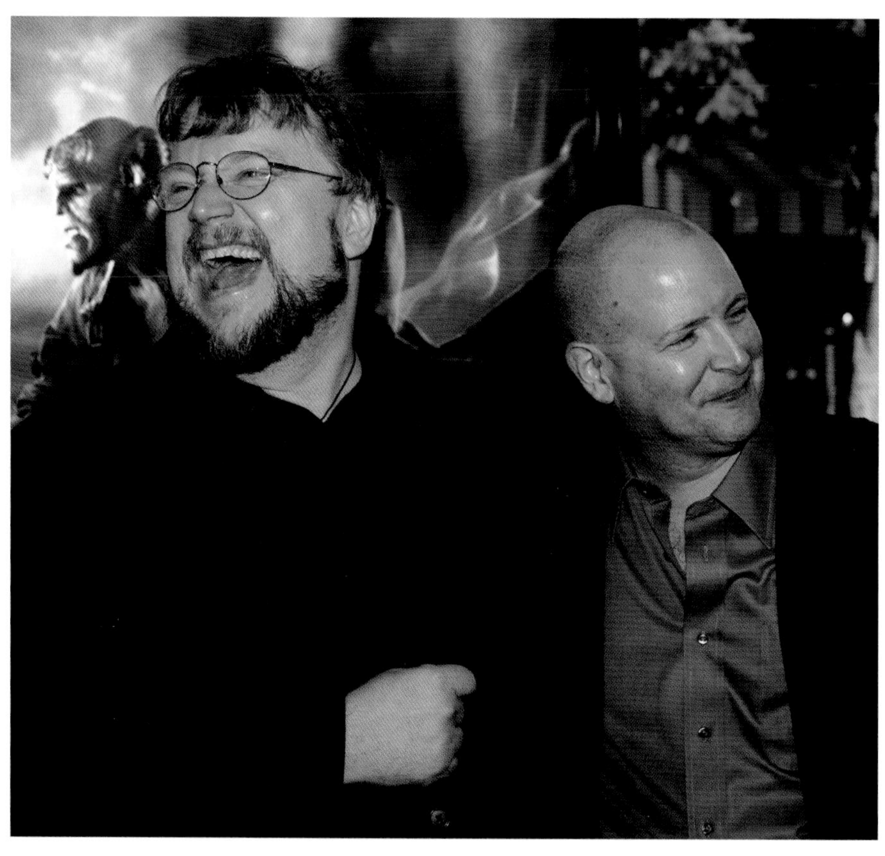

↑｜要應付的惡魔，最好是你熟悉的惡魔。戴托羅和漫畫家米諾拉在《地獄怪客2：金甲軍團》的首映會分享彼此笑話。

→｜各有特徵的生物──英雄團隊與地精貝瑟莫拉(Bethmoora Goblin)(約翰．亞歷山大〔John Alexander〕)第一眼看到傳奇的金甲軍團，它們藏身在北愛爾蘭的巨人堤道(Giant's Causeway)底下。

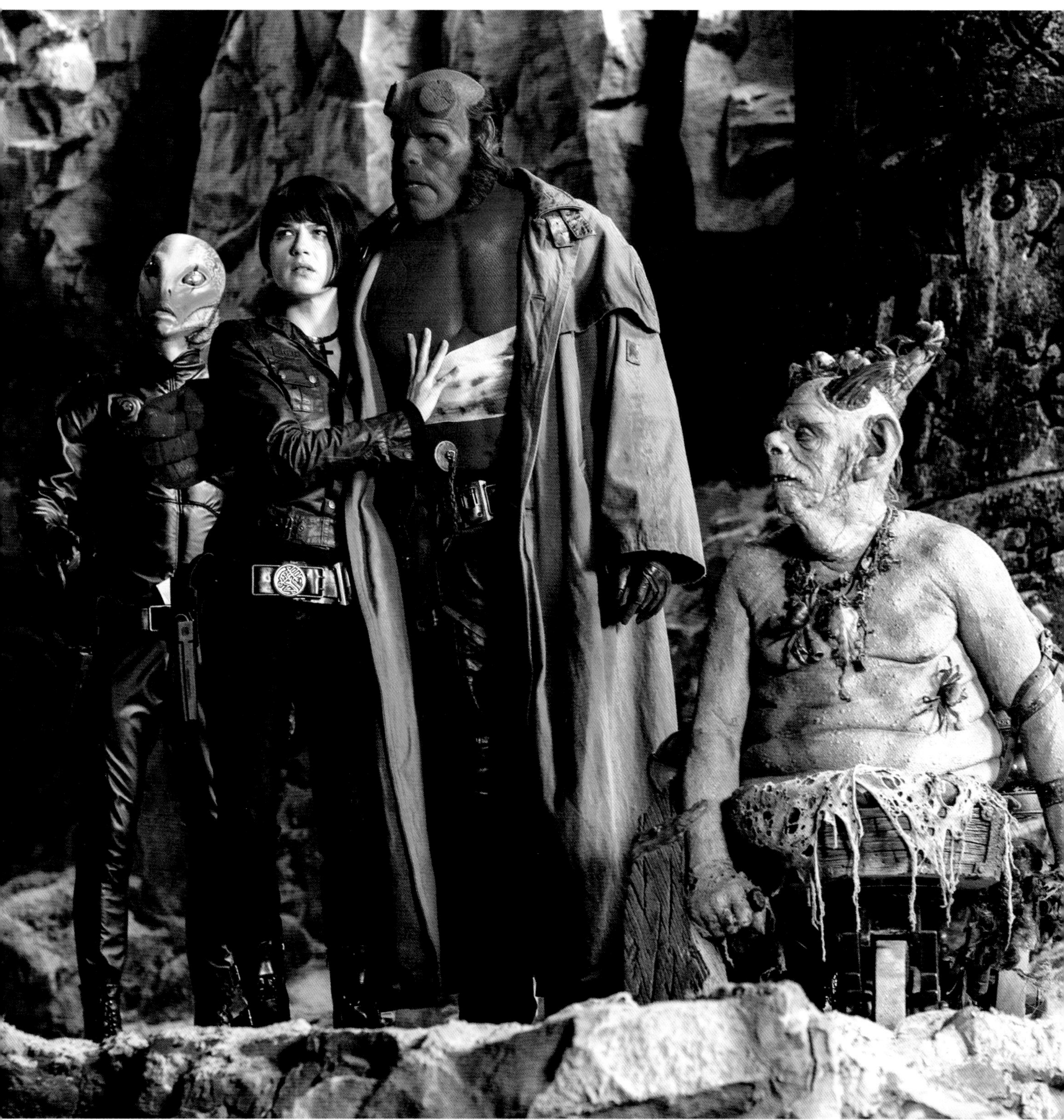

成年禮

2006

PAN'S LABYRINTH

羊男的迷宮

戴托羅依循內心的渴求，回到西班牙的題材，將童話故事與殘酷歷史劇做出奇特且具藝術性的結合。經歷艱難的拍攝過程，這部電影如破蛹而出的蝴蝶，成了這位導演最受喜愛的作品。

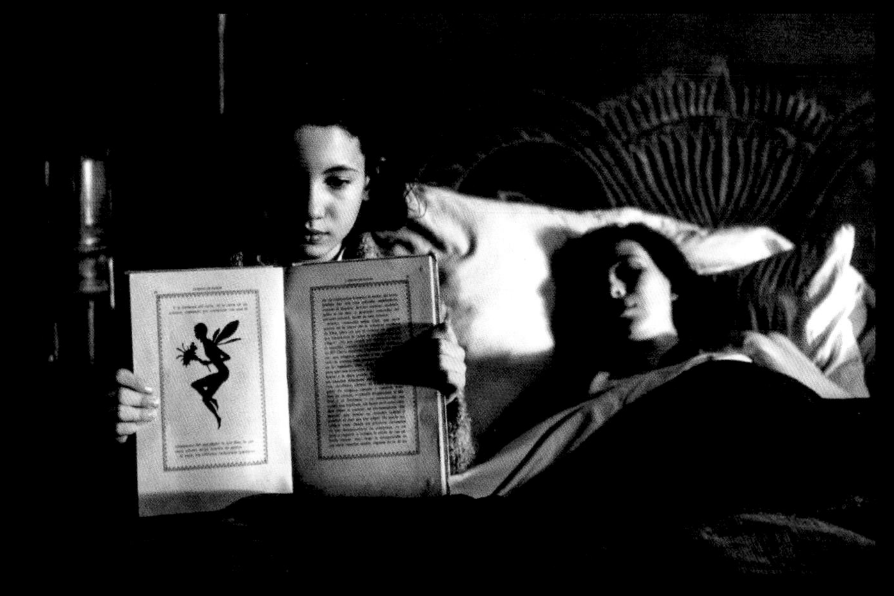

這一天可能是戴托羅電影生涯最開心的一天，即便他日後也獲得各項成功。當《羊男的迷宮》在悲傷但不失希望的結局中落幕，如雷的掌聲如降福儀式在戴托羅的耳邊響起，持續了整整二十四分鐘——至今仍是坎城影展史上起立鼓掌的最長紀錄。影評隨後也會跟上，對這部結合歷史和神話的生涯代表作大肆讚揚。

「我看不出有任何理由反對它與《魔戒三部曲》同列古典奇幻（High Fantasy）的聖殿——它完全實至名歸」[1]《娛樂週刊》（*Entertainment Weekly*）如是讚嘆。

《紐約時報》領悟了這部電影有如怪物般的巨大視野所提出的深刻問題。「《羊男的迷宮》是假託童話故事的政治寓言；或者反過來說也成立。兒童文學的道德訓示是否闡明了威權統治的本質？或者，這部電影揭示法西斯主義就是現實中出現的可怕童話故事？」[2]

在電影史裡罕見的冷門特例裡，戴托羅錯失了影展最高榮譽金棕櫚獎，輸給了肯．洛區（Ken Loach）沉鬱風格的愛爾蘭電影《吹動大麥的風》（*The Wind That Shakes the Barley*），至於導演獎則敗給了墨西哥同胞兼好友，以《火線交錯》獲獎的的阿利安卓．崗札雷．伊納利圖。不過毫無疑問，世界終於覺醒承認事實，接受戴托羅在胖男孩外表下，內心是一個藝術家。

↑｜如同戴托羅其他的電影，魔法很快就會自我顯現。奧菲莉亞（伊凡娜．巴克羅）到達磨坊的第一天，就把她的童話故事書拿給真正的精靈看。

→｜不只是在《羊男的迷宮》裡，也可能是戴托羅電影生涯之中最經典的畫面。奧菲莉亞面對說話娓娓動人的羊男（道格．瓊斯），被託付了三個任務，真實和奇幻的世界在此融合並置。

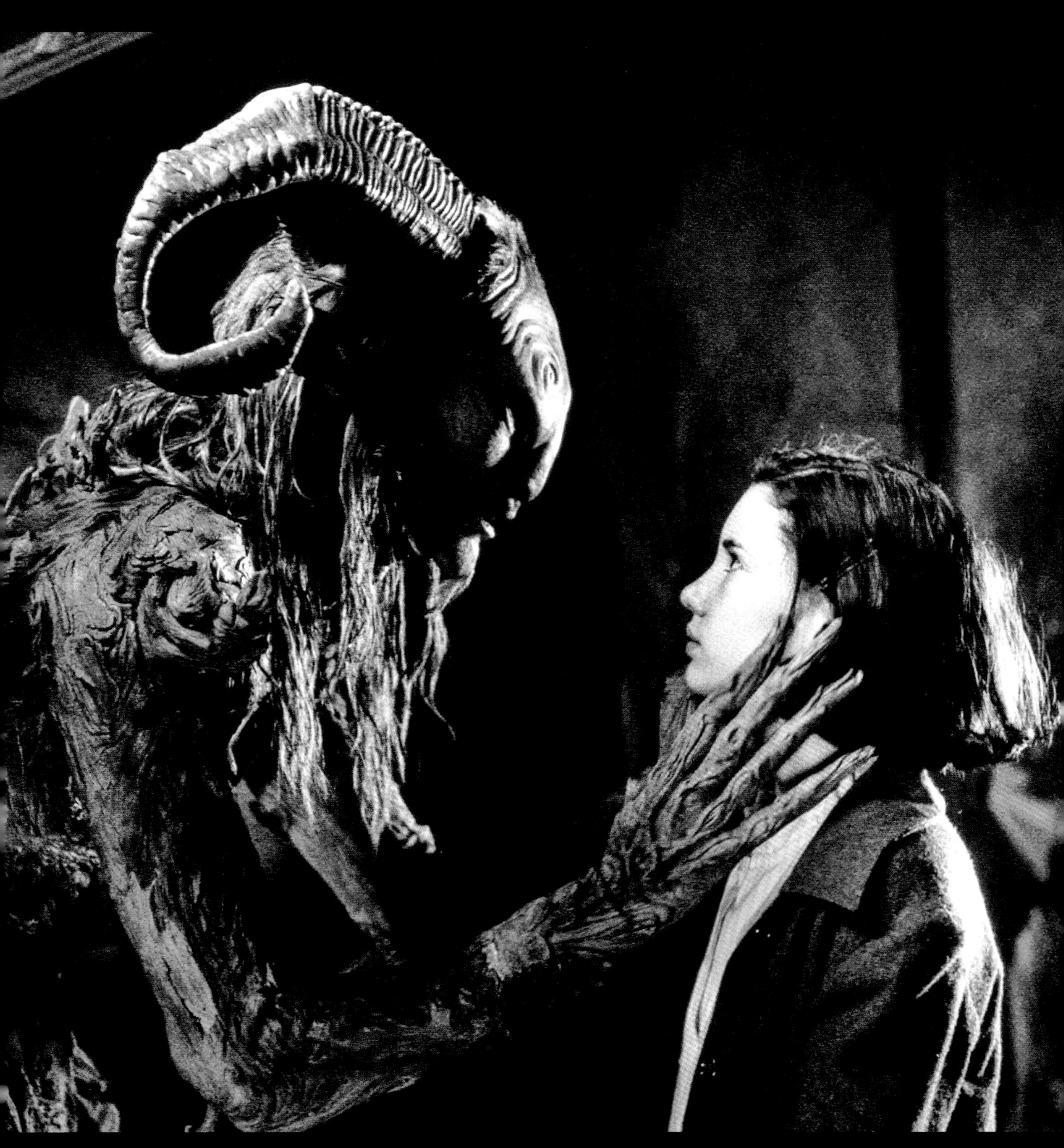

對戴托羅來說，迷宮不是為了讓你迷路，而是為了讓你找到出口。「這要經過許多轉折跌宕和一些絕望的時刻。」[3] 他會再補上一句：換句話說，也就是說故事的編織功力。從希臘神話到路易斯．卡洛爾的《愛麗絲夢遊仙境》、從大教堂的地板到鄉間的庭園、從《祕密客》交錯相連的地鐵到《刀鋒戰士》的下水道，他似乎全然沉迷於迷宮的隱喻力量。或許你可以說這是一種心靈狀態。

戴托羅成功締造生涯代表作的這趟旅途，充滿了考驗、磨難、還有絕望。據他的說法，僅次於《祕密客》之後，「《羊男的迷宮》是拍攝最痛苦的一部電影。」[4] 困難的拍攝環境、製片人的干預、故障的大蟾蜍，以及相對他高張的雄心，而顯得極其有限的預算。他（日後）笑著說，這是部不該嘗試的電影，「如果你聽從你的理智的話，說起來真是……」[5]

2002年在倫敦的一次短暫停留，戴托羅和另一個同胞好兄弟阿方索．柯朗一起聚餐。當時，他正進行《地獄怪客》的前製階段；柯朗則在拍攝《哈利波特：阿茲卡班的逃犯》。當時華納兄弟電影公司有意讓戴托羅來負責這個財源滾滾的系列電影。我們不難理解這背後的想法：戴托羅的創作類似J．K．羅琳，兩人都是從原始神話之中擷取靈感。在得知柯朗接手拍攝第三部續集之前，完全不曾看過羅琳的原版小說，氣呼呼的戴托羅馬上揪著他的好友，帶他到最近的一家書店。他對魔法可是絕對認真的。也許是**太**認真了。

戴托羅對《哈利波特》的想法，恐怕也和電影公司不大一樣。他說，「我認為〔小說〕更深刻、更搖搖欲墜、腐蝕得更嚴重。」[6] 他將原著小說和狄更斯的作品類比。他也提議將其中一個孩子賜死，最可能人選是榮恩，以加添一點戲劇的沉重分量。

不管怎麼說，他對魔法已經有一個較接地氣、更具典故、也更個人化的念頭，在這倫敦溫暖的夜裡，在好酒的助興下，他和柯朗分享了《羊男的迷宮》的故事。柯朗讚嘆地說，整部電影都已經在那兒了，它集合了戴托羅關注的所有主題：家庭、宗教、神話、孤單的孩子、以及西班牙內戰所留下

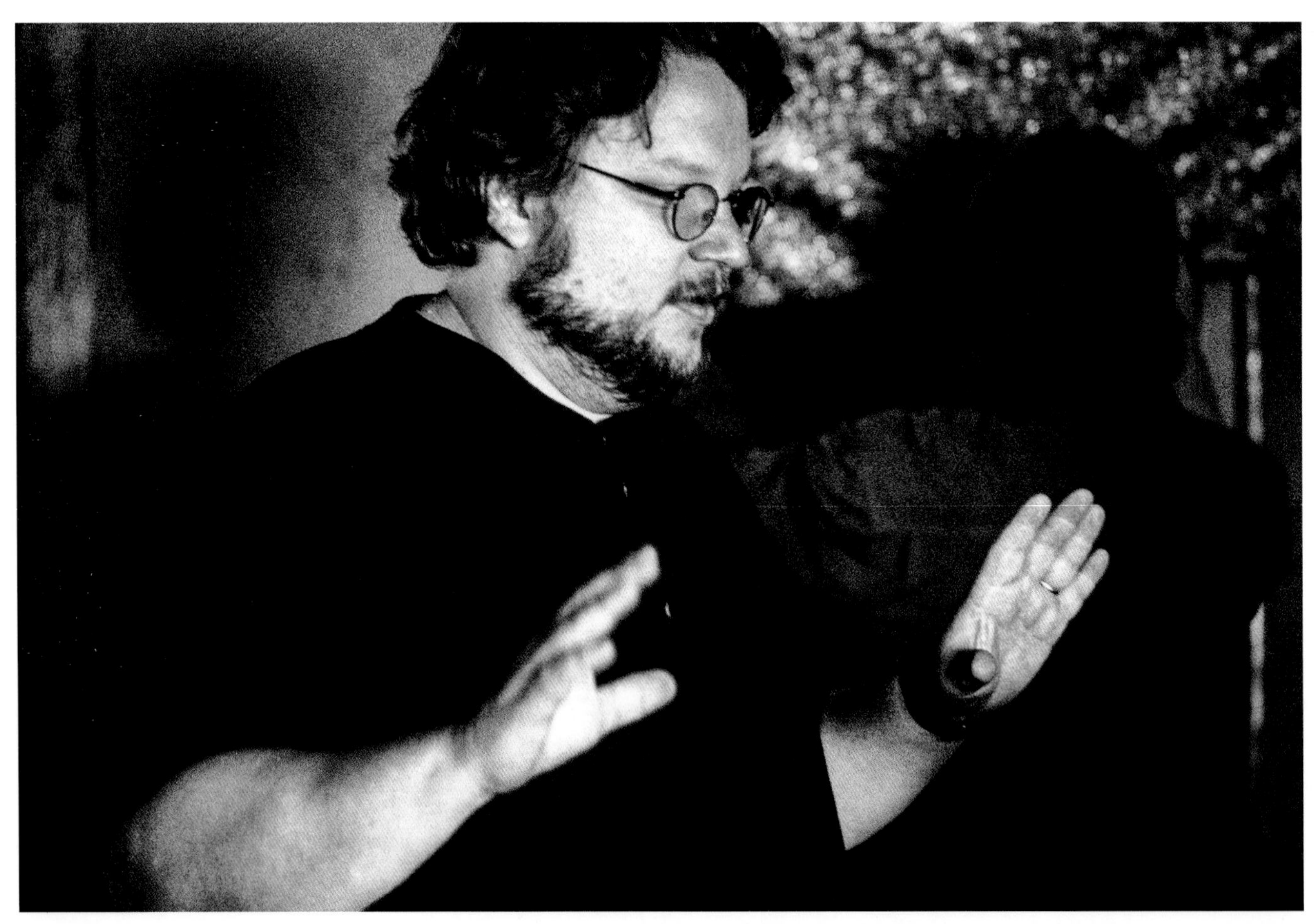

↙ | 一場墨西哥革命——在這部風格鮮明的電影裡，戴托羅鍛造出一套電影新語言，成功將冷酷的歷史事實和童話故事的魔法並置在一起。

→ | 同胞導演阿方索．柯朗在《哈利波特：阿茲卡班的逃犯》拍攝現場中。一開始正是柯朗鼓勵戴托羅拍攝《羊男的迷宮》，他也擔任了這部經典之作的製片。

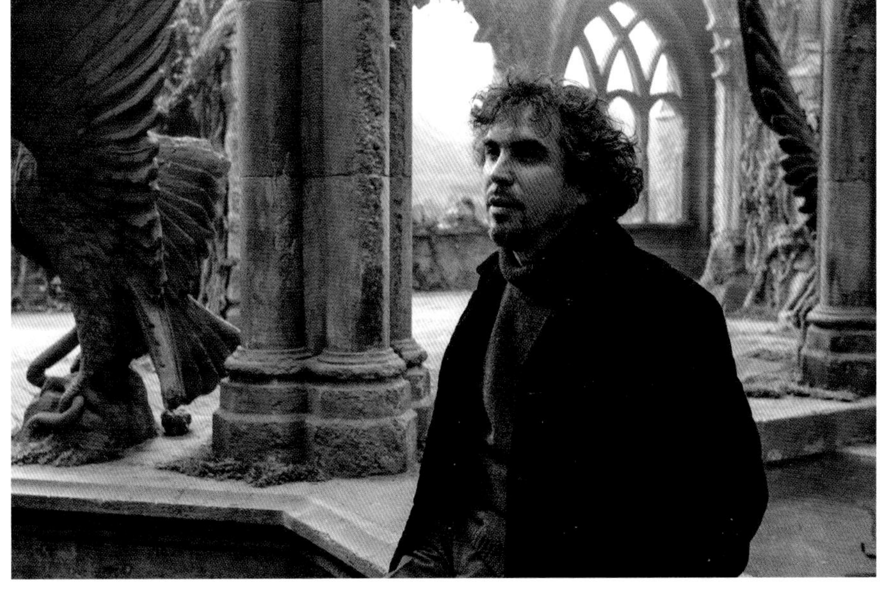

的傷口，這也是貫穿《惡魔的脊椎骨》的主題。最後，戴托羅告訴他的朋友，這是「關於現實和奇幻的界線相互滲透的故事」。[7]

▶ 西班牙的傷痕童話 ◀

電影開始於1944年，佛朗哥將軍的法西斯主義撕裂西班牙的五年之後，我們見到了十一歲的奧菲莉亞（伊凡娜．巴克羅〔Ivana Baquero〕）坐在汽車後座，全神貫注讀一本童話故事。戴托羅再次透過孩子的一雙黑色眼眸來看世界。這雙眼睛是「更高層文化的大使」，[8] 他喜歡這麼說。奧菲莉亞即將與她懷孕的母親卡門（亞莉亞德娜．吉爾〔Ariadna Gil〕）一同搬到古老的磨坊，與她惡毒的繼父，佛朗哥陣營的維多上尉（Captain Vidal）（沙吉．羅培茲〔Sergi López〕）同住。冷酷無情的上尉派駐在加里西亞的森林地區，負責捕殺躲藏在樹林間的共和軍叛軍游擊隊。在這片野蠻未馴的土地上，有一座石牆打造的迷宮，奧菲莉亞在迷宮的中心，將發現通往地下神奇王國的入口，並遇到一個不尋常的牧神造型（道格．瓊斯）的守門者。這個羊男的身形纖細如一棵樹苗，聲音狡獪具煽惑人心的力量，他提出了打開地下入口必須完成的三項艱難任務。

和戴托羅其他**獨樹一幟**的作品一樣，電影故事是透過一連串想像力的連鎖反應所孕生。在2003年左右，他已閱讀了許多童話故事的書籍，以及一些分析性的書籍，像是埃德溫．悉尼．哈特蘭（Edwin Sidney Hartland）的《童話的科學》（*The Science of Fairy Tales*），戴托羅稱它是「童話故事原始敘事」[9] 的目錄。他特別深入研究了二十世紀初英國童話作家阿傑儂．布萊克伍德（Algernon Blackwood）和亞瑟．馬欽（Arthur Machen）的作品（這兩人同時也是「黃金黎明會」〔Hermetic Order of the Golden Dawn〕，一個專門研究超自然現象的組織成員），同時也「深深著迷於」[10] 現代世界表層底下殘存的非基督教原始神話。他得知在西班牙北部仍遺存了很多凱爾特人（Celtic）的遺跡。「這很有趣，因為我在西班牙電影裡很少看到這部分……因此我想，拍一部場景設在此處的時代劇應該會很棒。」[11]

柯朗知道《羊男的迷宮》的源頭也可以追溯到《約定時刻》，他們當初一起初試啼聲的驚悚電視影集。其中一集《論妖怪》（*De Ogros*）是由戴托羅編劇，柯朗擔任導演，故事描述一個小女孩選擇在城市下水道與一個妖怪生活，而不願與她暴虐的父親同住。「她喜歡怪物更勝過她怪物般的父親，」[12] 戴托羅說。這個小故事成了後來許多電影劇情長片的大綱。

奧菲莉亞冒險故事真正開始的場景是在戴托羅的童年。「我花了三十二年的時間，要從人生的前十年中痊癒，」他在倫敦對著英國電影學院的觀眾說，大家聽了不知該不該笑。「我是說真的，」他如此堅持。「我有個很糟糕的童年……我不知道是否跟我是墨西哥人、而且住在墨西哥有關，不過我的生活充滿了非常、非常糟糕而且古怪的事。」[13]

他在十二歲的時候，聽到一個親愛的已故叔父對他低語。確切來說不是說話，

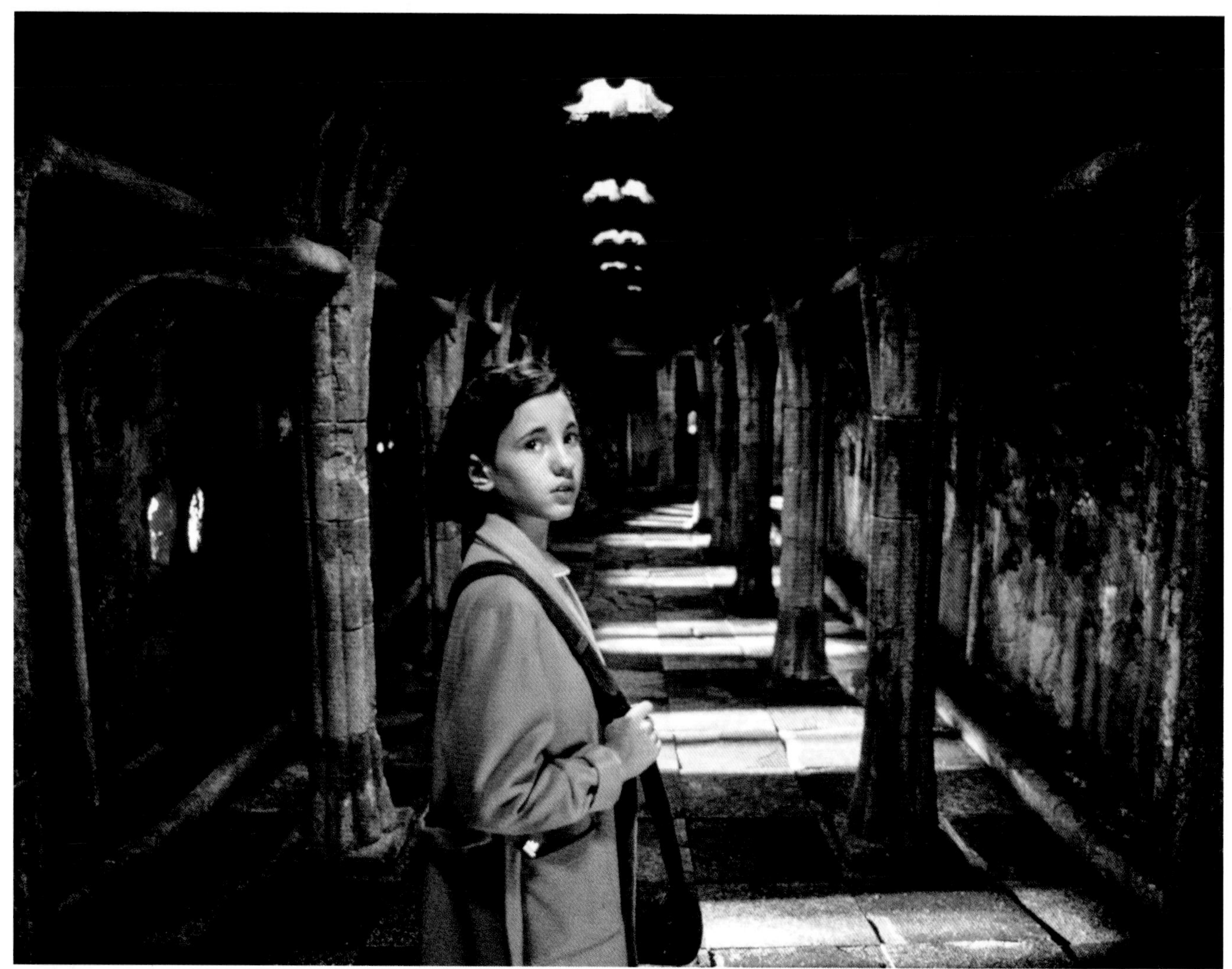

比較像是嘆氣。他們倆曾是很好的朋友。他的叔父介紹他閱讀洛夫克拉夫特。戴托羅腦中理性的一面認為這應該是穿堂的風聲，但是窗戶當時是緊閉的。即使是躺在床上，他也可以聽到同樣的聲音從床墊裡面傳出來。這個經驗成了《惡魔的脊椎骨》的桑提在午夜低聲呢喃的靈感。

更小的時候，他常常會住在祖母家有著陰暗、漫長走廊的墨西哥老房子。在小孩子的想像中，走廊似乎更長——就像被奧菲莉亞吵醒的瞳魔，把眼睛放回雙掌的位置，踩著蹣跚步伐追逐時，奧菲莉亞急著要逃向自由的走廊那般的長。「而且每天夜晚，在午夜十二點整，在我臥房裡會有一個羊男從衣櫥裡走出來，」他平靜地描述，恍如這是在祖母家過夜時完全可以預期到的事。「想必它是個保有意識的清明夢，不過對小孩子來說，它就像是真的。我看到他了。」[14] 而且他不是我們在電影裡看到活潑愛逗人、話說個不停的羊男。人類的雙手和咧著嘴笑的羊臉，暗示他有著更邪惡的性格。

▶ 被壓迫者的觀點 ◀

「在墨西哥的圖像學裡頭，各種惡魔的形象都是直立的羊，」[15] 戴托羅自己也知道，儘管電影英文片名出現了「潘神」(Pan)，他特別澄清這個角色並不是異教傳說裡的牧神「潘」的翻版。電影的英文片名是為了討好一些外國片商而加上的。

之後，還有九一一事件使人的想法明顯成熟。就在飛機衝撞世貿雙塔的前幾天，戴托羅參加了《惡魔的脊椎骨》在多倫

←｜奧菲莉亞在瞳魔的房間裡開始第二項考驗。長長的迴廊是另一個噩夢般的景象，直接連結到戴托羅的童年。

↓｜在羊男（道格・瓊斯）身上創造人與獸的完美結合，是這位導演生涯最大的挑戰之一。

多影展的試映會，留下了如潮的佳評。他說，「我因為電影受到好評而沉浸在小布爾喬亞的喜悅之中。」[16] 在家裡，他與妻子和親近的家人一起目睹可怕的事件在電視上演，他唯一能做的就是流淚。他知道這個世界已經面目全非。或者說，也許世界已揭露了它的真相。他唯一能做的回應，就是拍一部《惡魔的脊椎骨》的姊妹作，再一次以藝術來處理歷史的殘酷循環。它的確該稱為姊妹作，充滿了女性的能量。

「我想拍這部片，因為法西斯主義顯然屬於男性關懷，一場男孩的遊戲，」他說，「因此我想用一個十一歲女孩的世界來對抗它。」[17]

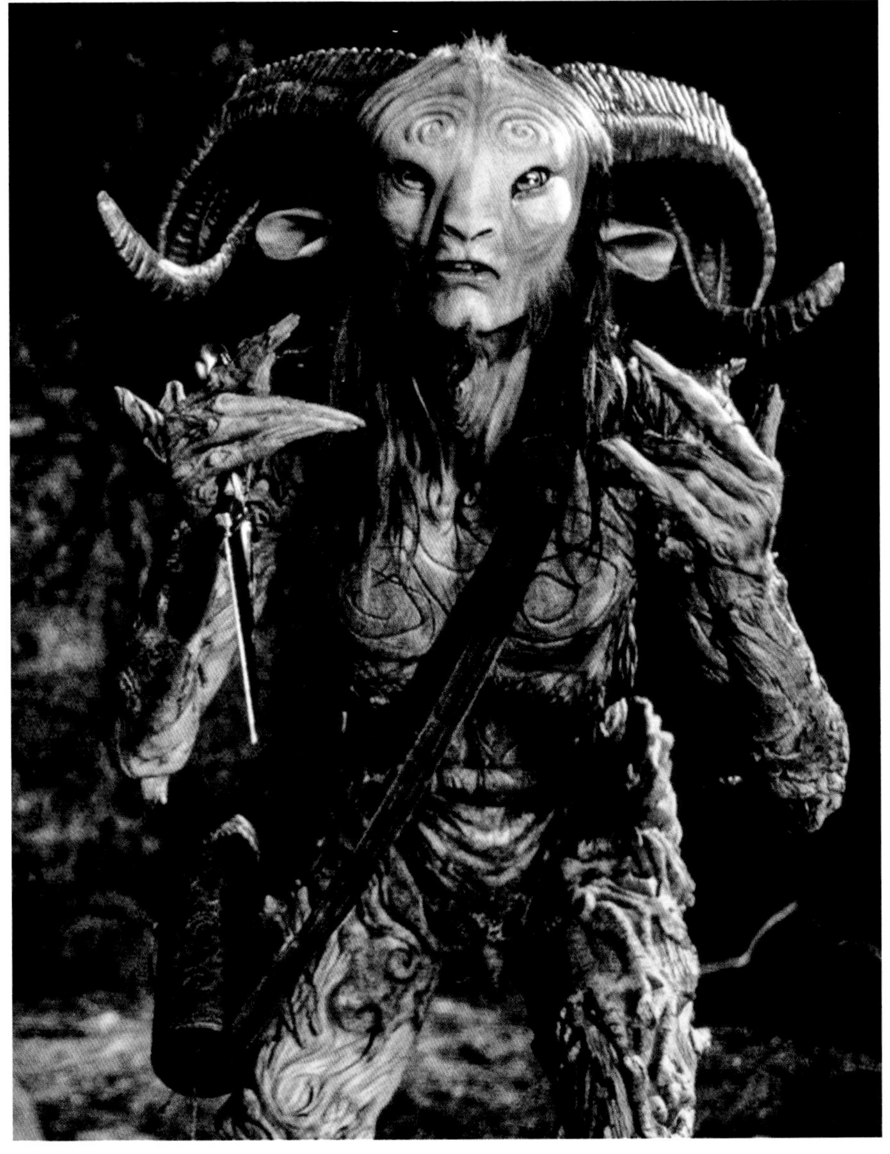

《羊男的迷宮》的初期版本把重心放在一個懷孕的女子身上。她之後愛上了羊男，被要求犧牲她的嬰孩，並獲得承諾在另一個世界裡會找回她的兒子。「之後，她必須做出信仰的一躍（that leap of faith），」戴托羅說。「這是令人震驚的故事。」[18] 這個概念的骨架仍殘留在奧菲莉亞嚴重害喜的母親身上，她受到對她毫無感情的丈夫操控，不過後來故事重點成了奧菲莉亞。這個構想要等到他和柯朗坐下長談之後才完全成形。

雖然維持了《魔鬼銀爪》的筆調和孩童的視野，不過和《羊男的迷宮》明顯對照的則是《惡魔的脊椎骨》。兩部電影都是發生在西班牙內戰的漫長悲劇和政治迷宮裡。兩者都是擷取自然景觀作為敘事的養分，過去是在荒漠裡的孤兒院，如今則是以冬季的森林場景為背景。兩者的開場，都是孤單的孩子被迫來到一個令人畏怯的新環境；兩者的超自然故事底下都是在探討戰爭的恐怖；兩者的拍攝地點和資金來源都來自西班牙。這也是他向柯朗強調的另一個重點。他有強烈的決心，要用他的母語西班牙語來拍攝。

環球電影公司對他提出了一個相當誘人的價碼，條件是這部電影必須是英語發音。但是這關乎保留他的「失敗者美學」，和帶有歐洲風味的魔法。故事的親密性很重要。「我想到，我想要說一個找不出線索痕跡的故事，」他說。「我並不想說一個戰爭的大故事，而是一個關於英雄和反派的小故事。」[19] 他知道，所有這些角色最終都將消失在歷史的洪流裡。

在某個程度上，戴托羅需要做一番掙扎。以召喚出**藏在故事底下**的東西──相信同情心和認同感終將戰勝法西斯主義的順服和殘酷。他強調，「盲目的順從閹割、否定、隱藏、並摧毀我們之所以為人的特質。」[20] 就純粹藝術層面上，沒有什麼比遏制創作自由更嚴重衝擊他的體系。

▶ 致敬電影和文學典故 ◀

《惡魔的脊椎骨》設定的年代比《羊男的迷宮》早了五年。它彷彿在顯微鏡下的載玻片，微觀檢視西班牙內戰整體的悲劇。相較之下，戴托羅認定《羊男的迷宮》談的是「選擇和不服從」。[21] 奧菲莉亞傳遞創作者的反叛精神，將發現抵抗真實和奇幻世界怪物的深層力量，加入偉大傳統的行列。

「我們是向路易斯．卡洛爾致敬、向《綠野仙蹤》致敬、向寫《賣火柴的小女孩》的安徒生致敬、向王爾德致敬、還有特別向《塊肉餘生錄》和狄更斯致敬，」[22] 戴托羅說。在這部有著多種詮釋、像一座可以不斷轉彎的迷宮的電影裡，有許多電影和文學的典故可以來導引你。不然還能怎麼解讀？這可是戴托羅。

它們跨越的光譜從尼爾．喬丹（Neil Jordan）《狼之一族》（*The Company of Wolves*）的佛洛依德式野獸，到吉姆．亨森（Jim Henson）的布偶冒險故事《魔王迷宮》（*Labyrinth*），該劇中珍妮佛．康納利（Jennifer Connelly）必須穿過複雜的迷宮，從大衛．鮑伊（David Bowie）飾演的地精王的手中救回她的嬰兒小弟弟。奧菲莉亞在樹林探索弄髒了漂亮的宴會禮服，是1951年迪士尼動畫版卡通《愛麗絲夢遊仙境》裡頭女主角服裝的翻版，只不過它是綠色的。奧菲莉亞這個名字直接讓人聯

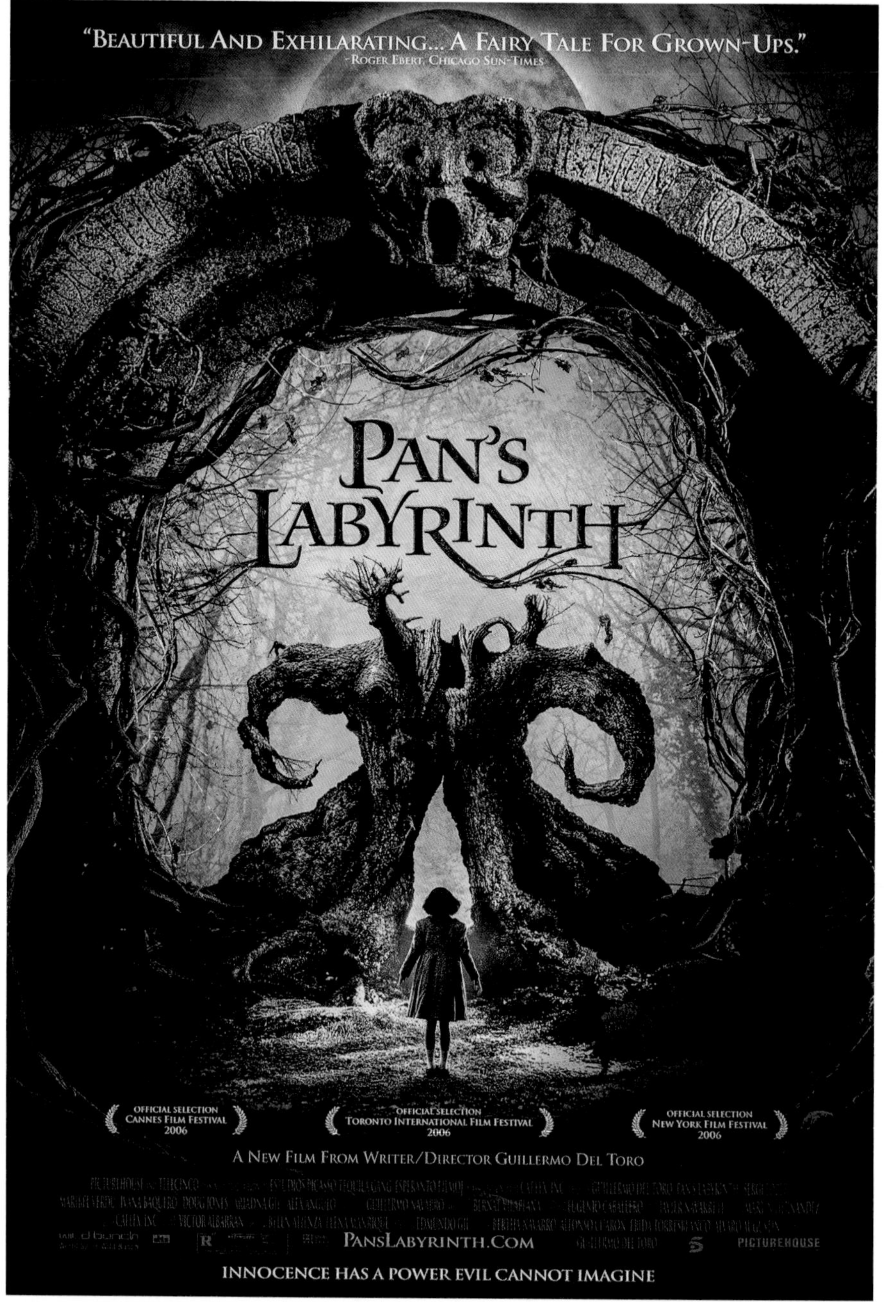

↑｜電影的海報本身成了大受推崇的作品──樹枝自然組成輸卵管的形狀，一些愛搞笑的影迷因此把片名戲謔地改為《有風景的子宮》。

↗｜維多上尉（沙吉．羅培茲）視察共和軍游擊隊的破壞。導演希望這個反派角色潔淨如新，包括他嘎吱作響的皮質手套。

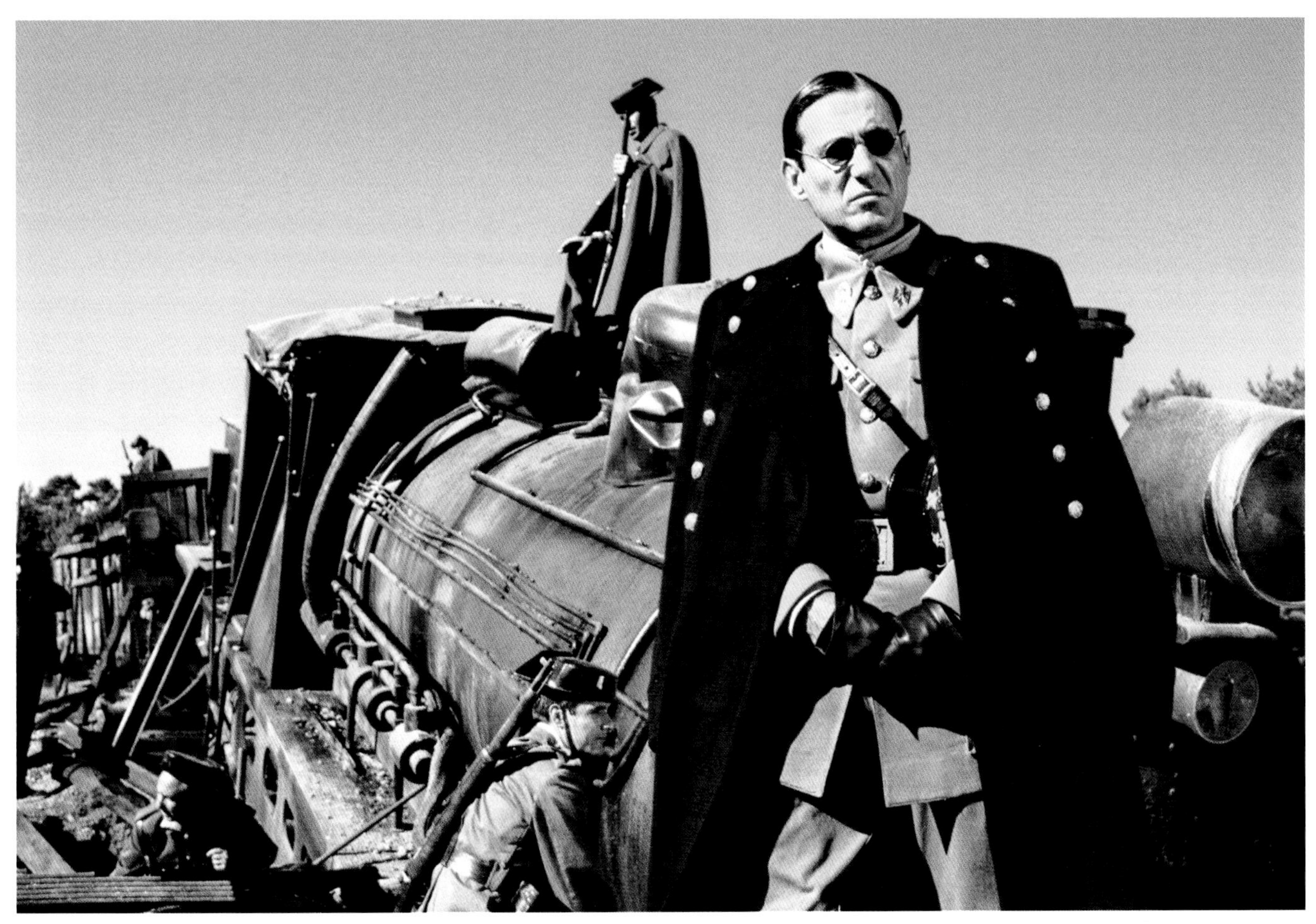

想到《哈姆雷特》悲劇的愛人和羅德·達爾（Roald Dahl）的女兒——這位作家帶黑色喜劇色彩的奇幻故事是導演另一個重要的影響來源。

西班牙的影響方面，當電影裡出現富人和神父與法西斯主義者一同用餐，農民卻在挨餓的場面，我們可以感受到布紐爾的色彩。不過，對戴托羅影響最大的則是《蜂巢的幽靈》（*The Spirit of the Beehive*），這部1973年維克多·艾里斯（Victor Erice）對佛朗哥政權陰影下童年生活的抒情研究。「一部改變了我人生的電影，」[23] 他如此喟嘆，彷彿談論的是他的情人。《蜂巢的幽靈》電影的年代設定在1940年，講的是六歲女孩（安娜·托倫特〔Ana Torrent〕）看了《科學怪人》後，生命發生的變化。戴托羅變成了小安娜（正如他也是奧菲莉亞），在西班牙滿目瘡痍的土地上找尋怪物，結果只找到一個共和軍的逃兵躲在偏僻的羊棚，她偷偷為他送來食物和衣物、以及她父親的錶。

「我對孩童選角的方式受這部電影的左右，」[24] 戴托羅說。他解釋托倫特精靈般的雙眼可以「看穿奧祕」。[25] 這裡有的是「電影最神聖的靈魂」。[26] 他希望把這種純粹注入《羊男的迷宮》。

當倫敦的晚餐接近尾聲，柯朗做出立即的反應。他交代戴托羅的任務是把他美妙的故事寫成劇本的形式，至於身為製片的他則負責找尋獨立的資金。

▶ 命運的安排 ◀

幾個月後，事情幾乎被迫中斷，因為戴托羅把他最新的筆記本遺留在倫敦的一部計程車裡。這件事成了他電影生涯的一大轉折、或者說一個十字路口。一方面，他的財務拮据；《羊男的迷宮》的預算還沒真正有著落，這時他收到一封電子郵件，則承諾他好萊塢電影機器所能提供的大筆財富。金主是漫威公司，擺在戴托羅眼前的，就像是瞳魔餐桌的豐盛饗宴一樣，包括了《X戰警3》、《驚奇4超人》（*Fantastic Four*）、或是《雷神索爾》（*Thor*）供他挑選。他承認，「大片、都是大片」，[27] 而且

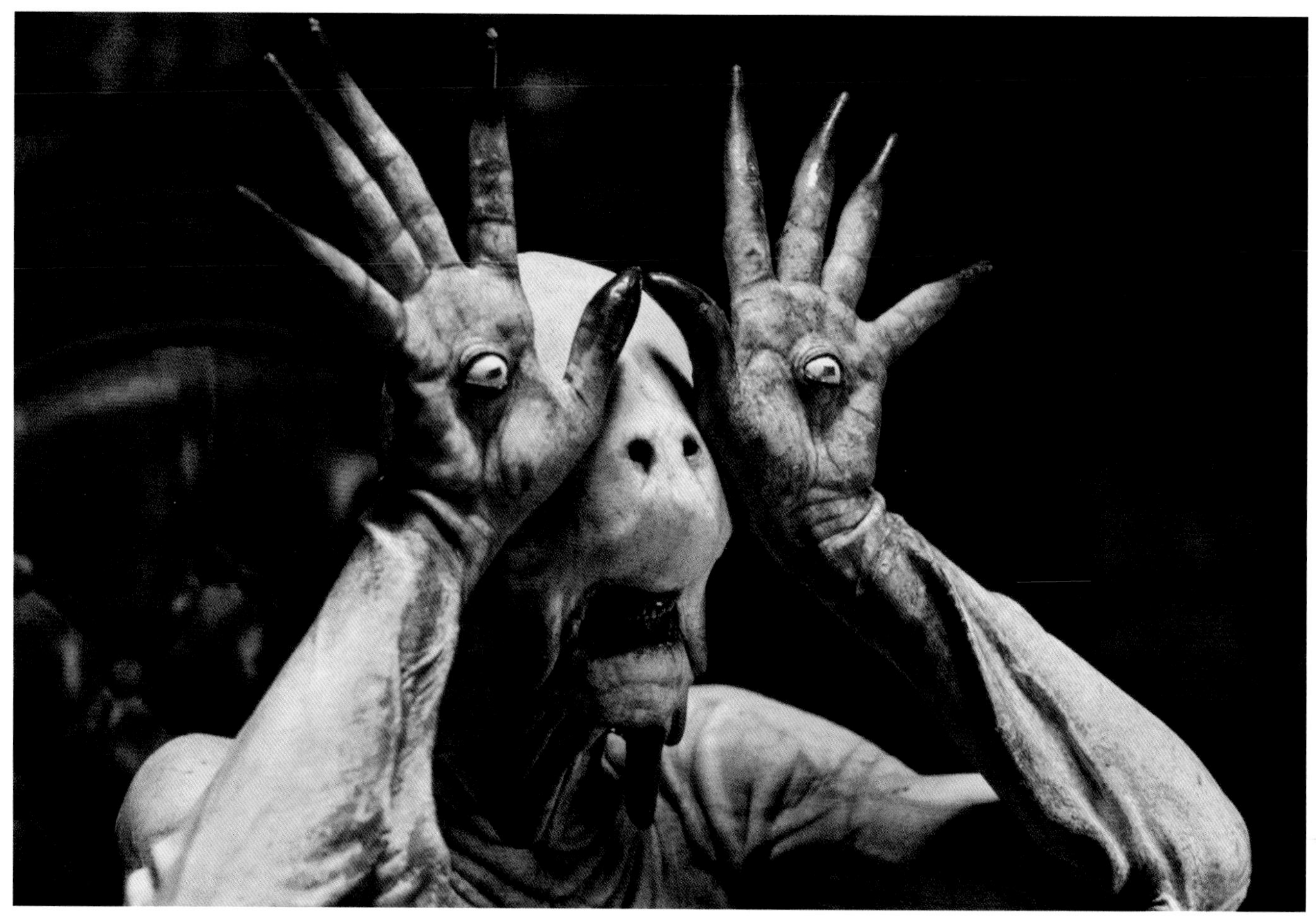

酬勞優渥。實在太有吸引力了。也許他可以暫且先拍一部大製作的鉅片，再回頭來拍《羊男的迷宮》？

不過突然弄丟了筆記本，就像是他腦子有一部分被挖走了。他坐在飯店房間裡哭泣。他的每一本筆記本對他的創作過程都非常重要——在電影初期籌備過程，「它們」**就是**他的創作過程——但是最新的這本筆記，代表的是《羊男的迷宮》整個世界和哲學的藍圖。這時電話響了。這個計程車司機神通廣大。戴托羅搭車時發現兩人興趣相投，曾用飯店信紙寫下一家漫畫店的地址給他。司機根據信紙上的飯店圖標，帶著筆記本找到了他。戴托羅相信，這一定是命運的安排。「我差點就要失去自己。」[28] 他如此想著。他必須拍《羊男的迷宮》。

在找回的筆記本上，墨色的文字和圖案填滿紙頁，這是他探索故事概念的慣常過程：裡面包括完整的場景、特定的鏡頭和設計、角色的對白、所有他腦中翻攪的美妙想法。在同一本筆記裡也有關於第二部《地獄怪客》的一些概念，這兩部電影彼此血脈交融。不過很顯然，奧菲莉亞的故事成了如今他心中執迷的念頭。有些細節在過程中會被捨棄，或隨著創意而轉折變形。中間有一度，他安排精靈把嬰兒偷走，換成掉包的假貨（由曼德拉草變化成形）。他也曾計畫安排鬼孩兒——只看得到頭部，身體部分只剩下如羽毛般的神經網絡，他們會將精靈們吃掉。在完成的電影裡，最後是瞳魔撕裂精靈的身軀，以駭人方式重演哥雅的名畫《農神吞噬其子》（*Saturn Devouring His Son*）；這幅十九世紀的畫作，正好體現西班牙在內戰中自我吞噬的概念。

但這太超過了。它不可能像《地獄怪客》一樣任憑他恣意發揮想像。《羊男的迷宮》需要像《惡魔的脊椎骨》的節制。它是衍生自殘酷歷史事實的故事。所有的奇幻元素必須更有效——和真實——把重點集中在羊男、他的精靈信使、以及奧菲莉亞重回地下王國恢復公主地位所必須完成的三個任務。

要找到完美的奧菲莉亞代表了巨大的風險。戴托羅等於是把整部電影交到一個

← | 恐怖的瞳魔（道格．瓊斯）造型靈感有眾多來源，其中一個是戴托羅本人。他在籌拍過程體重大幅流失，他看到自己皮膚鬆弛的模樣，於是以它作為西班牙挨餓的隱喻。

→ | 哥雅的名畫《農神吞噬其子》是關於瞳魔造型另一個重要的影響。

↓ | 奧菲莉亞（伊凡娜．巴克羅）手中抱著她的弟弟，在迷宮的最中央面對她最後的考驗，這座迷宮連結上尉（沙吉．羅培茲）和羊男（道格．瓊斯）的兩個世界。

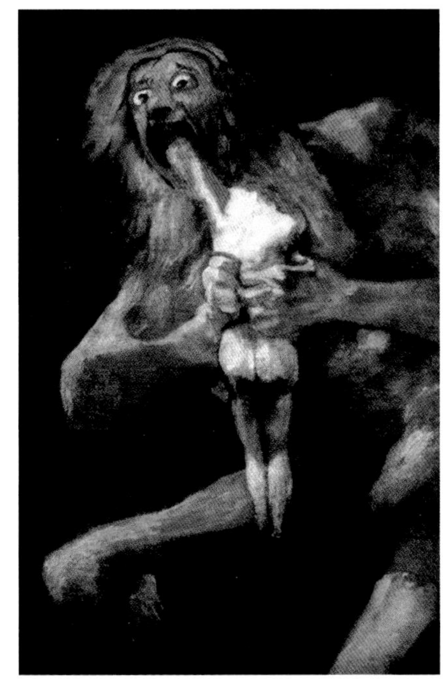

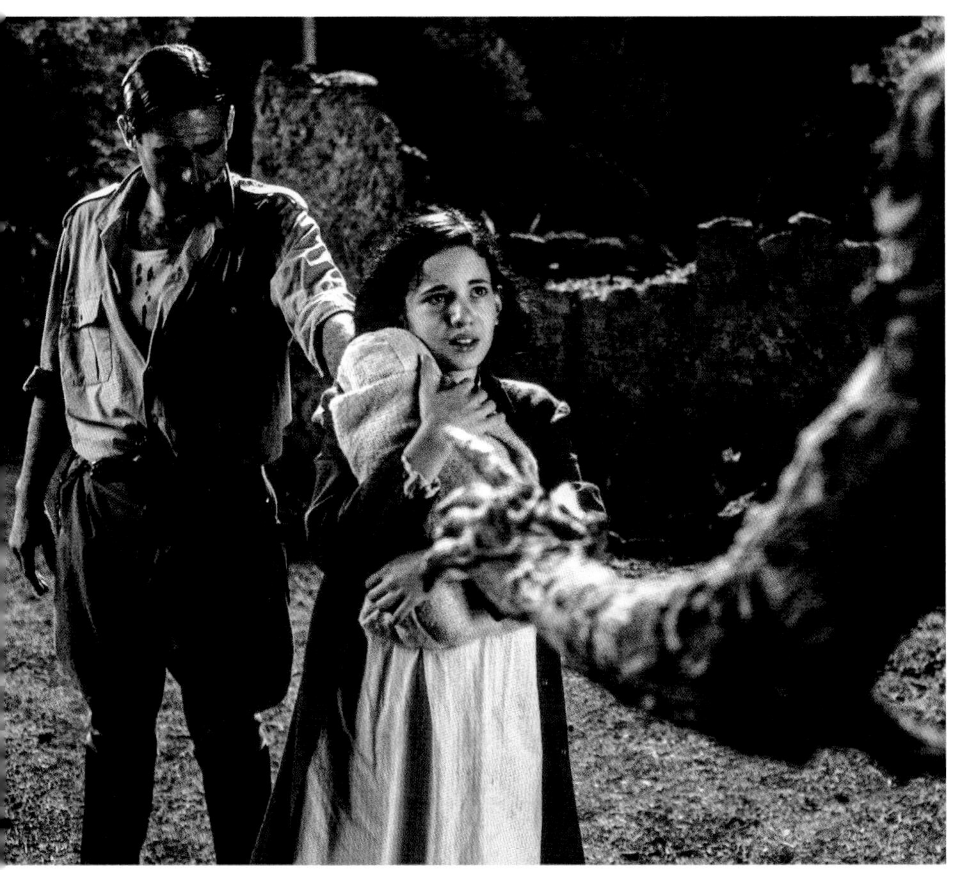

他還不曾見過的女孩手上。用更接近故事心理學的角度來說，奧菲莉亞必須走入自己的中心——她的真實自我——以擺脫現實的束縛。「我認為這非常寫實，」[29] 戴托羅說。

▶ 完美的主人翁形象 ◀

十一歲的伊凡娜．巴克羅比他心目中設想的八歲街頭頑童年紀要大一些，不過她深邃的黑眼珠讓她在上千個候選童星中脫穎而出。就如當初《魔鬼銀爪》的塔瑪拉．莎娜絲，戴托羅用同樣方式對童星試鏡。當他們一走進來，他先要求他們眼睛環顧房間四周，然後再直視著他。之後會有一些習慣性的談話，不過他這時已經知道答案。巴克羅就和《蜂巢的幽靈》裡的安娜一樣，有著魔法般的眼神。在會談結束之後，他拿了一份劇本給她。「如果你想演這個角色，」他笑著說，「那它就是你的了。」[30]

以巴克羅如此小的年紀來說，她帶有一點世故的氣息。她就讀巴塞隆納的美國學校，過去已經在三部電影中演出，包括英語發音的鬼電影《鬼撕人》（*Fragile*）。這一點很重要，暗示了她的老練。她也有銳利的風格，眼中迸發轉瞬的火花。此外，她知道如何露出笑容，讓觀眾們一見傾心。戴托羅不斷提供她書籍和漫畫，設法把她吸收進入他的世界。

死忠影迷言之鑿鑿的那些看法之一，是認定管家兼革命軍祕密成員梅塞迪絲（Mercedes）（強悍的瑪莉貝爾．維杜〔Maribel Verdú〕，演出過柯朗的《你他媽的也是》）就是未來奧菲莉亞的形象。「我母親告訴我，要當心羊男，」[31] 她如此告訴奧菲莉亞。

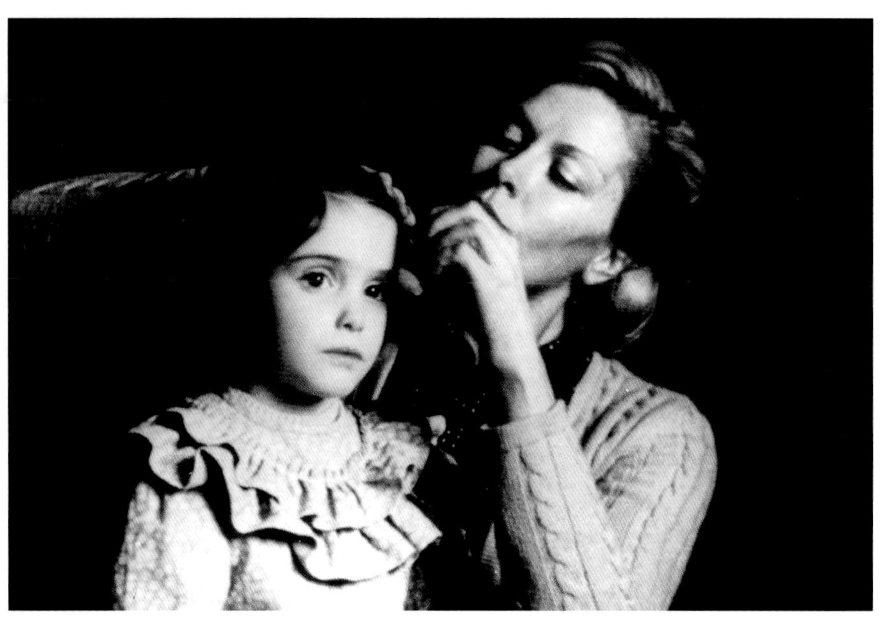

← | 維克多・艾里斯華麗的西班牙內戰歷史電影《蜂巢的幽靈》，安娜・托倫特飾演年輕的安娜，而特瑞莎・希梅拉（Teresa Gimpera）飾演她的母親，這部電影對吉勒摩・戴托羅本人以及對《羊男的迷宮》都有很深遠的影響。

→ | 奧菲莉亞（伊凡娜・巴克羅）面對著在豐盛饗宴餐桌前入睡的瞳魔。在戴托羅具象徵意味的精細設計下，所有食物都呈現血紅的顏色。

奧菲莉亞來到磨坊的第一夜，就接待了一位訪客。這次倒不是鬼魂，而是一個精靈，它化身成一隻類同於《祕密客》裡變形蟑螂的竹節蟲。《羊男的迷宮》用數位合成的精靈仙子，外形就和《地獄怪客》保存在罐子裡的三個精靈一模一樣：八英寸高、可變換不同顏色的身體、沒有毛髮、耳朵有尖角、還有樹葉一般的翅膀。在《地獄怪客2》成群出現的邪惡牙仙子，更確切證明了這個跨物種的普遍形態。它們是轉喻自戴托羅窸窸窣窣的蟲子。

精靈會導引奧菲莉亞到迷宮的地底密室，羊男在此恭候她的來臨，電影中這個令人難忘的變戲法者，有著曲折的長腿，他將設定遊戲規則。雖然故事感覺和這座廢墟一般古老，彷彿是一代流傳給下一代的傳說，但是戴托羅希望羊男的造型盡可能有新鮮感而且美麗。羊男的外貌一度是比較結實多肉、比較類似人形和古代羊神，最後的設計，則是惡魔、弄臣、馬欽的潘神插圖、和托爾金的樹人（Ents）的綜合體，彷彿覆蓋苔蘚的四肢還加上了吉格爾《異形》的DNA。

隱身在特殊控制的道具服裝裡（由導演所設計），道格・瓊斯只能透過他糾結的、異形式的肢體語言（羊男所使用的古卡斯提亞語最後是由舞台劇演員帕布羅・亞丹〔Pablo Adán〕配音）。戴托羅希望這個能言善道的羊男能有輕快靈巧如搖滾明星的魅力。「多一點米克・傑格（Mick Jagger），少一點大衛・鮑伊」，[32] 他如此指揮他的合作者。同樣地，如果他能改編他夢寐以求的瑪麗・雪萊經典作品，他保證會拍出「伊吉・帕普（Iggy Pop）版的科學怪人！」[33]

在電影開拍一個月之後，羊男第一次現身片場。全場陷入一片安靜，接著是滿場的熱烈喝采。甚至幾個星期之後，片場的演員們的視線還是忍不住要停留在他身上，彷彿他將他們催眠了。

為了讓觀者感受到現實與非現實之間是彼此滲透的，羊男的形象會巧妙出現在欄杆、門框、把手，以及傳說裡諸如貓頭鷹這類的意象。不過，「它安排得非常、非常巧妙。」[34] 戴托羅提醒我們。

羊角精緻彎曲的弧線有如輸卵管，這個女性生殖器官的基調，出現在奧菲莉亞進行第一項任務時，樹幹支離破裂的形狀，之後又出現在電影具鮮明特色的海報上。它強化了戴托羅的女性定位——即創造生命的力量。導演大笑。「我們為了坎城製作這個海報時，有人說很想把電影名字改作《有風景的子宮》（*A Womb With A View*）。它的概念是，這女孩心目中的天堂，最終來說，就是回到她母親的肚子裡。」[35]

▶ 奧菲莉亞的三個任務 ◀

第一項任務：按照羊男的指示，奧菲莉亞必須到前面提到的那棵樹底下，從醜惡的蟾蜍肚子裡拿回鑰匙，在樹洞裡她有如《愛麗絲夢遊仙境》的愛麗絲一樣跌跌撞撞。只不過樹根糾結的潮濕地洞更令人不舒服。電動蟾蜍的大小如一頭河馬寶寶，它實在太過笨重，以致奧菲莉亞無法按照原本計畫跳到牠的頭上，於是戴托羅只好匆匆修改劇本，讓這個心有不甘的兩棲動

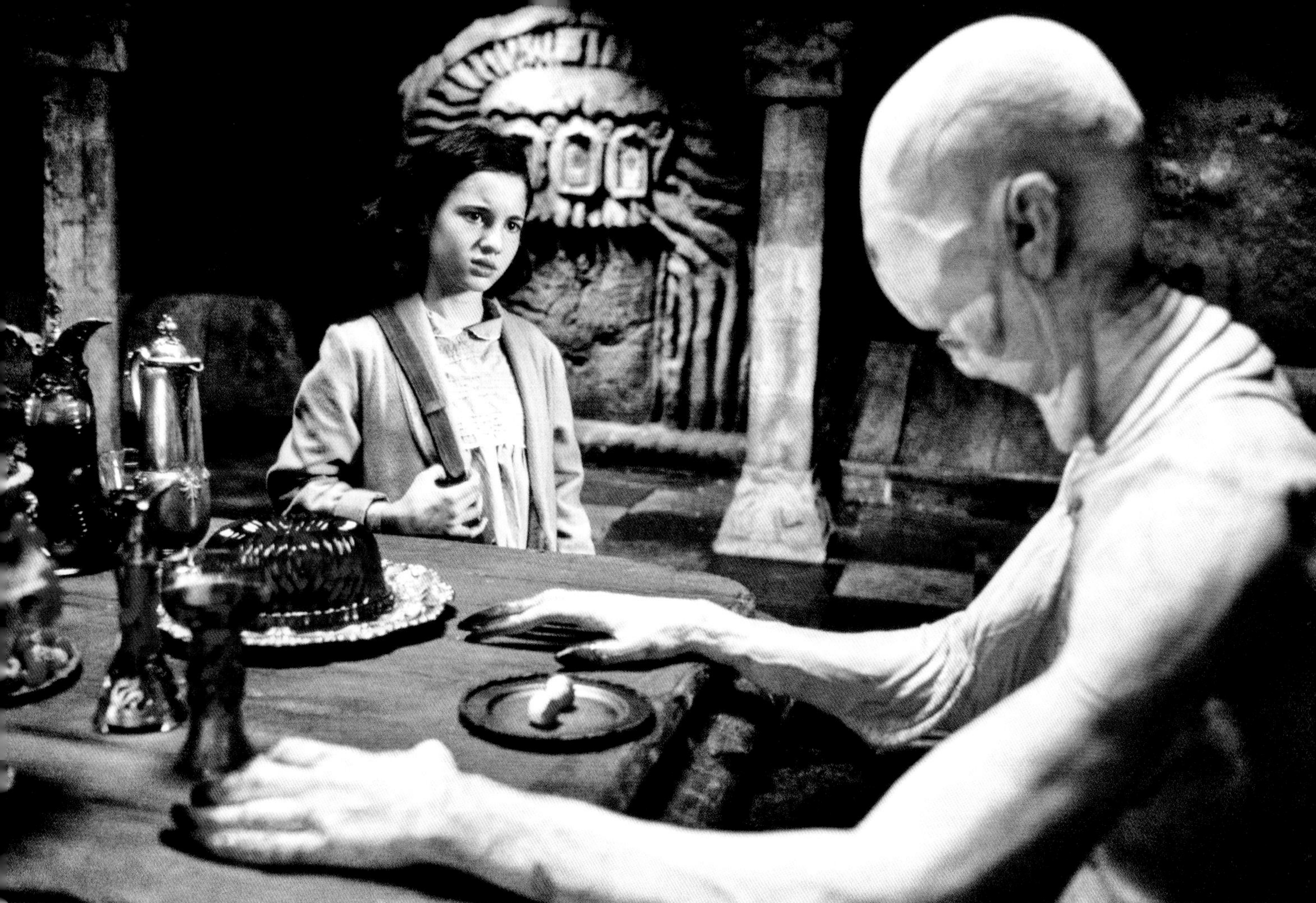

物吞下無法消化的魔法石後，吐出一堆電腦動畫生成的嘔吐物。

「《羊男的迷宮》的奇幻世界是壓迫性的，」他如此認定，捍衛此處《地獄怪客》式風格的正當性。「大蟾蜍、瞳魔、骯髒而且吃生肉的精靈仙子們——你知道，這可不是吉米．亨森。」[36]

第二項任務：使用魔法粉筆顯現牆上的門（這是兩個世界之間的另一個通道）。奧菲莉亞必須進入有壁畫裝飾的瞳魔房間，這個可怕的怪物在滿桌的美食前沉睡。他的眼球就放在他面前的盤子裡。

奧菲莉亞在抗拒美食誘惑的同時，必須使用黃金鑰匙來取得一把匕首，故事的魔幻遵循著格林童話的整齊節奏進行。

戴托羅遵循人生使命創造出各種叫人驚嘆的怪物當中，瞳魔始終是他最原始、最駭人的造物。他從一個有木質雙手的老者，演化成皮膚鬆弛的無臉蒼白怪物（以戴托羅減重後皺褶的皮膚為藍本），他的雙手有著如聖殤的裂痕，可以將他的眼球嵌入——這個駭人的形象源自他對聖露西亞（Saint Lucia）這位聖人雕像的記憶。她的眼球被挖出，而且在肖像中，她往往被描繪成眼球擺在盤子上，眼眶裡流著血。天主教教會是源源不絕的材料來源。這一回，穿道具服裝演出這個角色的還是道格．瓊斯。

戴托羅提到這個角色多重目的的象徵意義，他清楚表明，瞳魔「代表的是法西斯主義和教會，他們眼前明明有著近乎變態的滿桌豐盛菜餚，卻還吃小孩。他們有著吃掉無辜者的強烈飢餓感。一種想把純潔吞噬掉的渴望」。[37]

瞳魔的饗宴，與維多上尉在磨坊的晚宴派對，形成了視覺上有力的韻腳，教會和國家都成了他的賓客。你可以注意到，瞳魔和維多都坐在相同位置扮演餐桌上的主人，背景是熊熊的火焰。重點很清楚，各種奇幻的動物，特別是瞳魔，對應的是電影裡真正的怪物——他們有人的形貌。冷酷無情的維多上尉由沙吉．羅培茲飾演（他多半以喜劇演出而知名），他是冷酷的佛朗哥，或者說所有男性威權人物的代言人，有著法西斯的光鮮俐落外表。

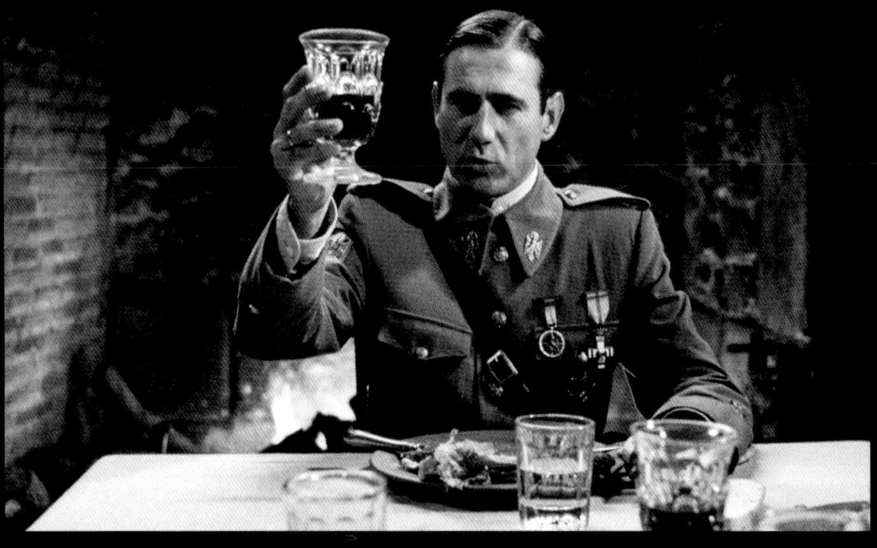

←｜沙吉・羅培茲飾演的維多上尉坐在餐桌主位，準確對應瞳魔在另一個奇幻世界裡的位置。他是電影中優雅但可鄙的法西斯代表。

↘｜難耐飢餓的奧菲莉亞終於受到禁忌果實的誘惑，驚醒了可怕的瞳魔。她從哥德式的走廊絕命逃跑是現代電影裡最驚悚的段落之一。

戴托羅把他當成《惡魔的脊椎骨》裡迷失的王子哈辛托長大後的樣子。兩人的形象都是英俊充滿陽剛氣。「法西斯的危險之一，也是我們世間真實邪惡的危險——我確信它存在——在於它非常有吸引力」[38] 戴托羅說。他對羅培茲的指令是要始終顯得優雅。電影在他的皮靴和皮質手套可怕的嘎茲作響時，加入了一點可愛的音效。

「在我的電影裡，我寫壞蛋的時候一定要知道他們的感受」[39] 戴托羅如此堅持。維多抗拒魔法和小說，只追求秩序和純粹。他是個盲目的心理變態，一個被壓縮變形的螺旋彈簧——電影裡處理他的殘暴毫不眨眼留情——但是和哈辛托一樣，他也有著複雜的病理。他強迫症一般擦拭父親的懷錶（光亮精巧一如魔鬼銀爪的裝置），說明他深陷在光榮戰死的偉大佛朗哥將軍的政治遺產。或者，如戴托羅自己的說法，維多已經掉入了他自己「歷史的迷宮」[40] 而無從逃脫。

▶ 每個場景都有話要說 ◀

拒絕了電影公司的資金，戴托羅「嘗試用創意的方式，重新定義我的人生」。[41] 但是自由被證明是一條上坡的艱辛路。在2005年的夏季開拍，一千四百萬美元的單薄預算遠遠不足供應他的雄心。「預算是一種精神狀態」[42] 他對自己如此說。不管你有一千九百萬美元，還是一億九千萬美元，在你的願景中一定希望有更多。拍攝《魔鬼銀爪》，他找到了一個幾乎全憑意志力的拍片方法，把自己的酬勞又挹注到電影裡。他身兼共同製片人的身分，讓他經常處於焦慮的狀態，每晚只睡三個小時，體重不斷流失。「而且大部分劇組人員都覺得，我們拍的是一部可笑的怪電影」[43] 他說。

這個拮据的狀況，還要加上瓜達拉馬山脈的赤松林裡遇到的困難，它位在距馬德里不遠處。由於有引發火災的風險，這裡限制爆裂物和槍枝的使用。「但我們拍的可是戰爭片！」[44] 戴托羅抱怨。為了讓草地生長，他們必須安排一套複雜的灌溉系統。一些西班牙的金主認定拍片已經失控，計畫要停止拍攝。在某個層面上，這是事實。戴托羅始終不滿意電影在鏡頭框裡呈現的樣貌。他不禁懷疑自己的要求是否太過專制。

「導演的任務就是要保持不可理喻」[45] 他說。為了省錢，他雇用了缺乏經驗的部門主管，以及剛剛成立的特效公司，期待他們在創業階段能和他一般如飢似渴。但是創作的過程難免出現挫折摩擦。一切都必須從頭開始：場景、道具、布景、以及所有的服裝。這一切都必須達到戴托羅的準確要求，現實中的每一件瑣碎小事，都必須和奇幻世界一般具有意義。充當維多破敗堡壘的磨坊和它的外部建築都是原地建造。

「我從劇場的設計學到了一個原則：每個場景都必須發出它的宣言」[46] 他說。它們需要被快速解讀，表達它們代表的故事重點。《惡魔的脊椎骨》的中庭重點是在那枚未爆彈。在瞳魔的房間裡，重點是煙囪和壁爐。在維多的辦公室，吸引我們的是他背後牆壁有如巨人眼球的巨大齒輪。這些齒輪呼應了所有推動戴托羅世界運行的地獄機器。「我想它們代表了宇宙的機制，」他說，「它循環的本質，不可阻逆。」[47] 它們也是維多的懷錶裡頭精緻齒輪的回音。進一步證明了，這位軍官困在這個計時的裝置裡。

最後一項任務：最糟糕的是，奧菲莉亞必須讓剛出生的弟弟流一滴血，她從小弟還安穩待在母親子宮裡 —— 借助粉色的CGI電腦特效畫面 —— 就開始跟他說故事。這個任務將帶引她在滿月的夜色下，同時與羊男和發狂的維多進行可怕的最後對決。

▶ 站在奇幻這一邊 ◀

詹姆斯．卡麥隆是最早看到剪輯過的影片的人之一。這已經成了固定的儀式，每當他們兩人之中有人即將發片，就會邀對方到場提供意見。這種墨西哥電影人相互扶持的文化，由戴托羅帶進了好萊塢。「他總是說，當某人的電影要完成了，就像

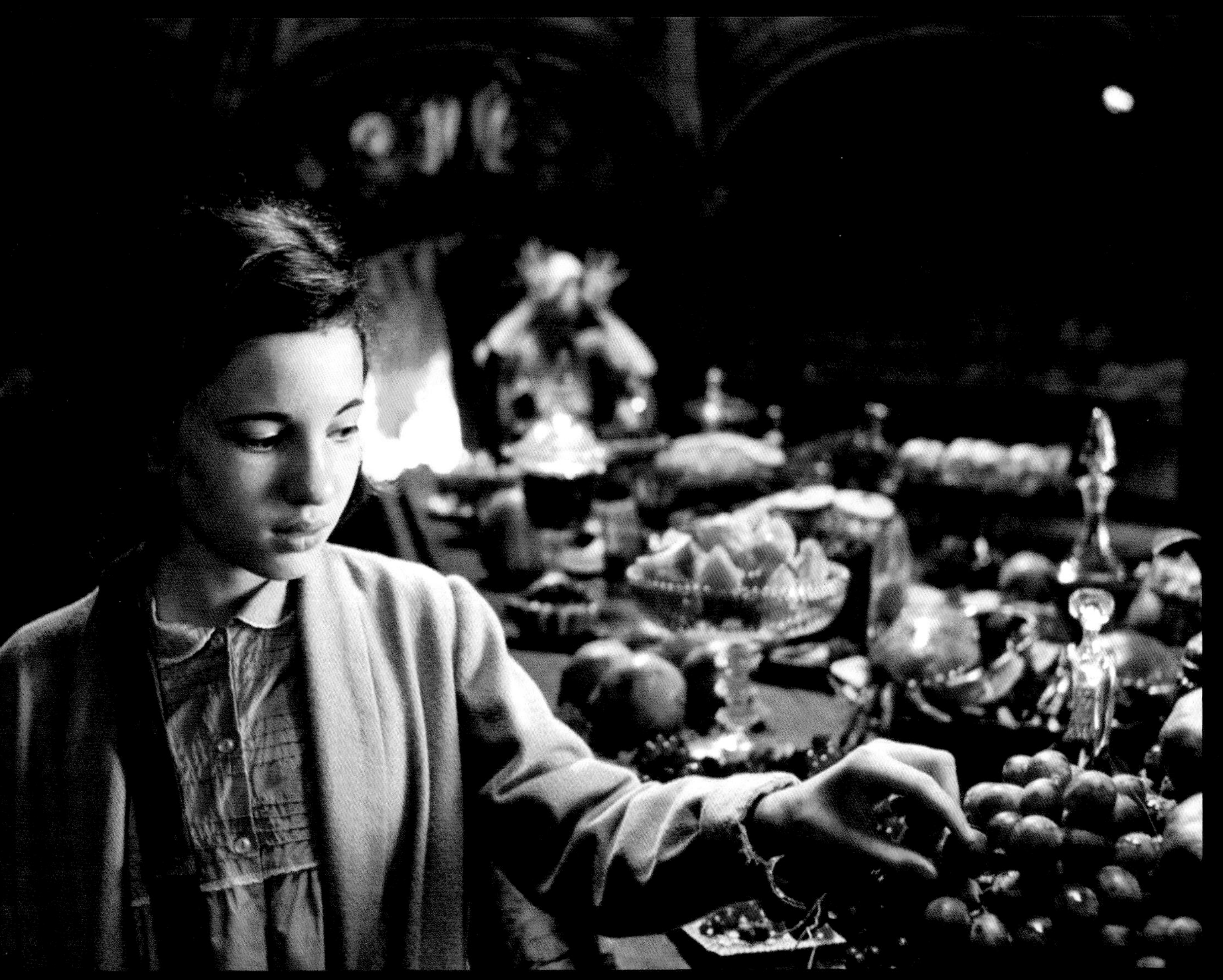

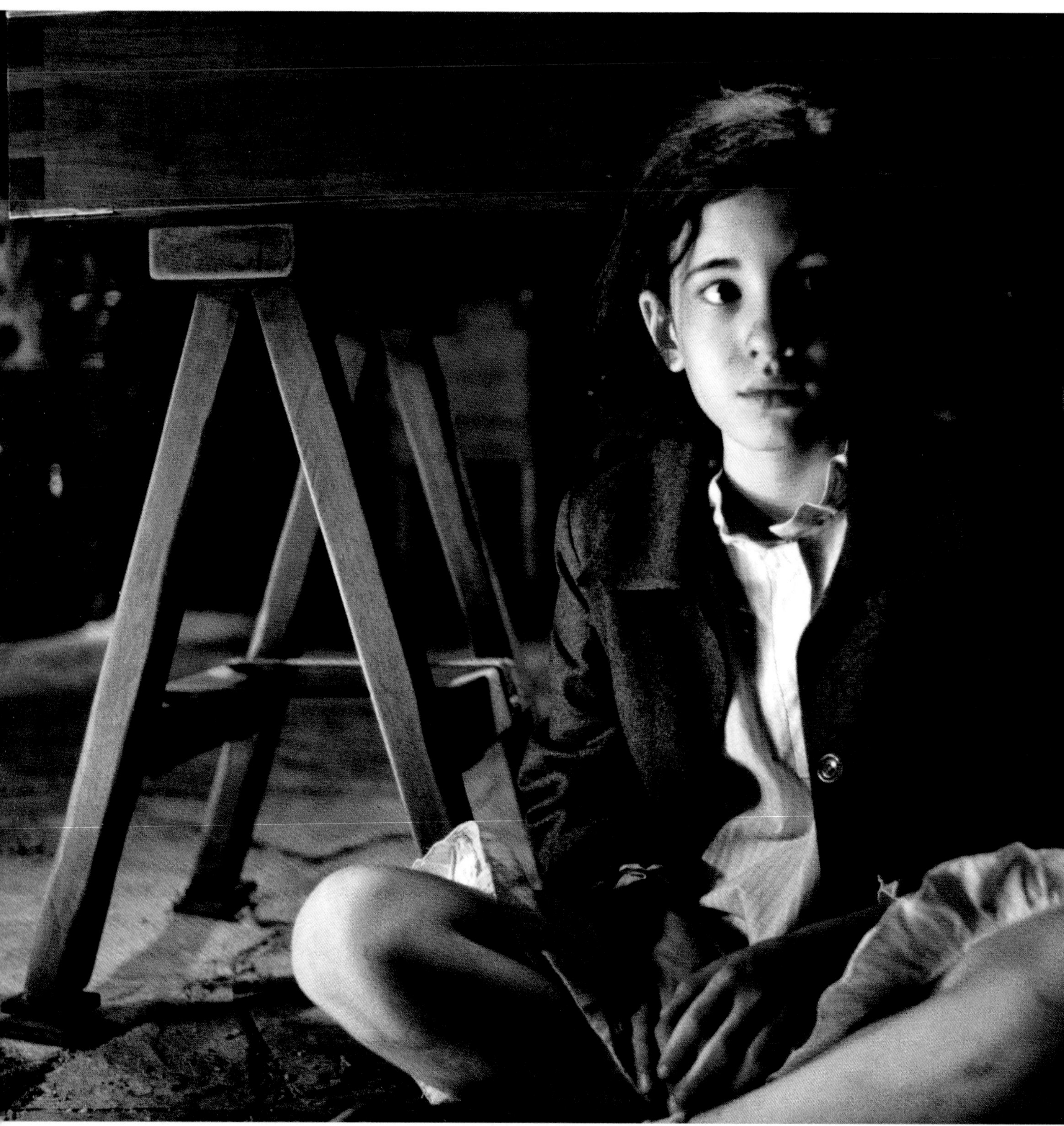

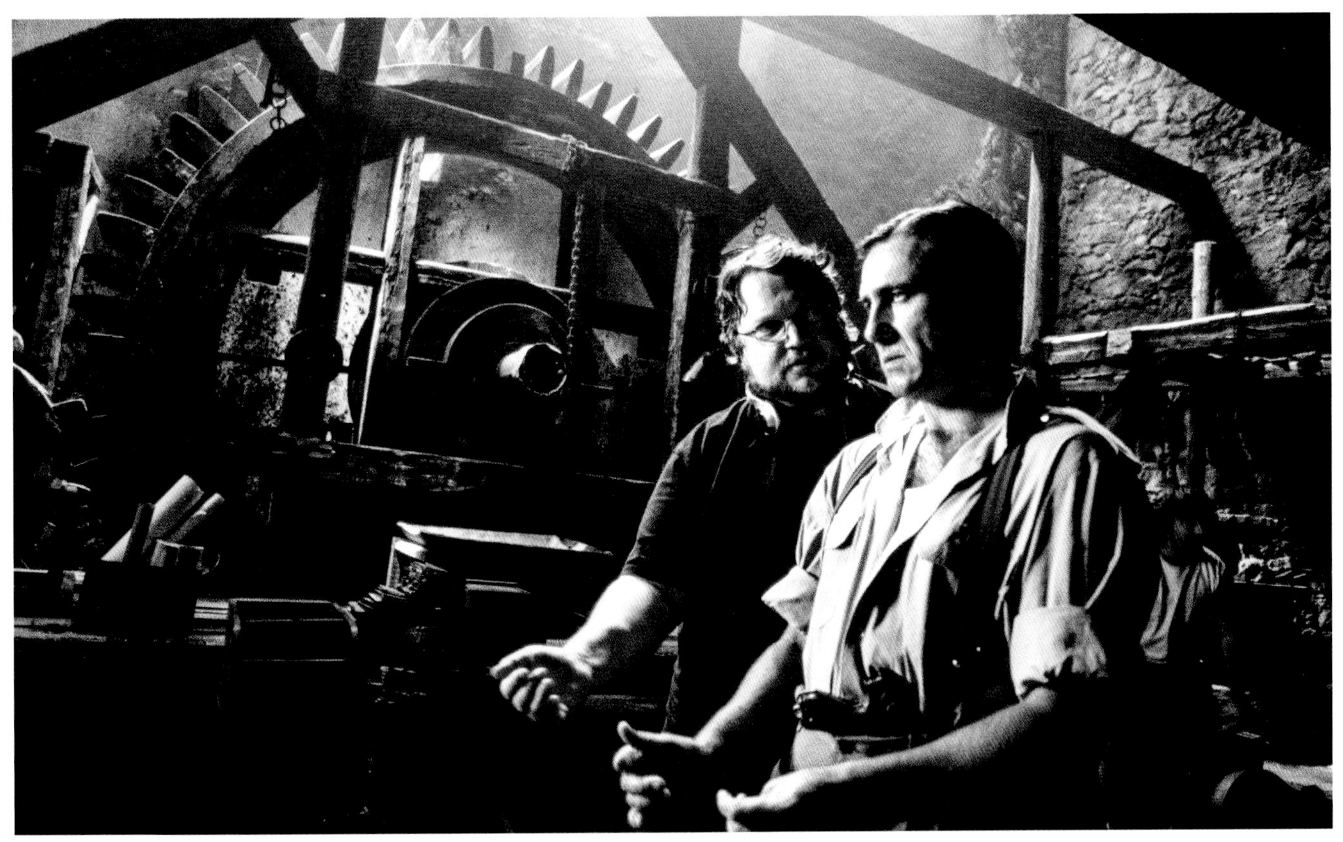

← | 伊凡娜・巴克羅一走入試鏡室，戴托羅就知道她是奧菲莉亞的完美人選。在她的眾多特質裡，她直接讓他想到的是《蜂巢的幽靈》裡的安娜・托倫特。

↑ | 吉勒摩・戴托羅正在指導飾演維多上尉的沙吉・羅培茲。上尉的辦公室背景是磨坊裡巨大的齒輪裝置，被設計如一顆巨大的眼睛。

一個嬰兒要誕生了，」卡麥隆說。「你會經歷陣痛，而所有人會聚在一起給予支持。」[48] 這和美國電影界是多大的不同，他們像狼一樣在產房外徘徊窺伺。卡麥隆和柯朗一樣，在影片中看出了新的成熟度。「這似乎是他一直努力想要營造的東西，」[49] 他說。

在坎城影展之後，《羊男的迷宮》受到國際矚目，在全球創下了八千四百萬美金的票房，並且成為有史以來在美國上映最成功的西班牙語電影。戴托羅的名聲就此確立。儘管很遺憾地，他再次與奧斯卡的最佳外語片失之交臂，這次是敗給了德國驚悚片《竊聽風暴》（*The Lives of Others*），它探索的也是高壓政權底下藝術與身分認同的類似主題。

瑪爾・迪斯卓—多皮多（Mar Diestro-Dópido）在她的《BFI電影經典》（*BFI Film Classic*）中提到，這部電影如此特別，有著眾多原因，其中一點是它「完全無意辯解的歧義性」（unapologetic ambiguity）。[50] 正是這種召喚的魔力才引來一批死忠鐵粉的追隨。同樣地，學院派的各類詮釋也是發展自這個肥沃的土壤。這部電影是對後九一一的世界裡資本主義危機的研究嗎？還是對佛朗哥帶給西班牙的奇幻魔境的探索？

「讓我開眼界的是，童話故事和奇幻劇竟然被當成是『孩子氣』的工作，」戴托羅說，「而戰爭卻被視為高貴的成人志業。」[51]

或許最讓人關切的問題是，《羊男的迷宮》到底有多少成分是存在於奧菲莉亞的腦中。就如《愛麗絲夢遊仙境》和《綠野仙蹤》的不確定性一樣，兩種不同方向的暗示都同時存在。現實和祕境被仔細盤結在一起。一切都說得通：如怪物般的人和長相

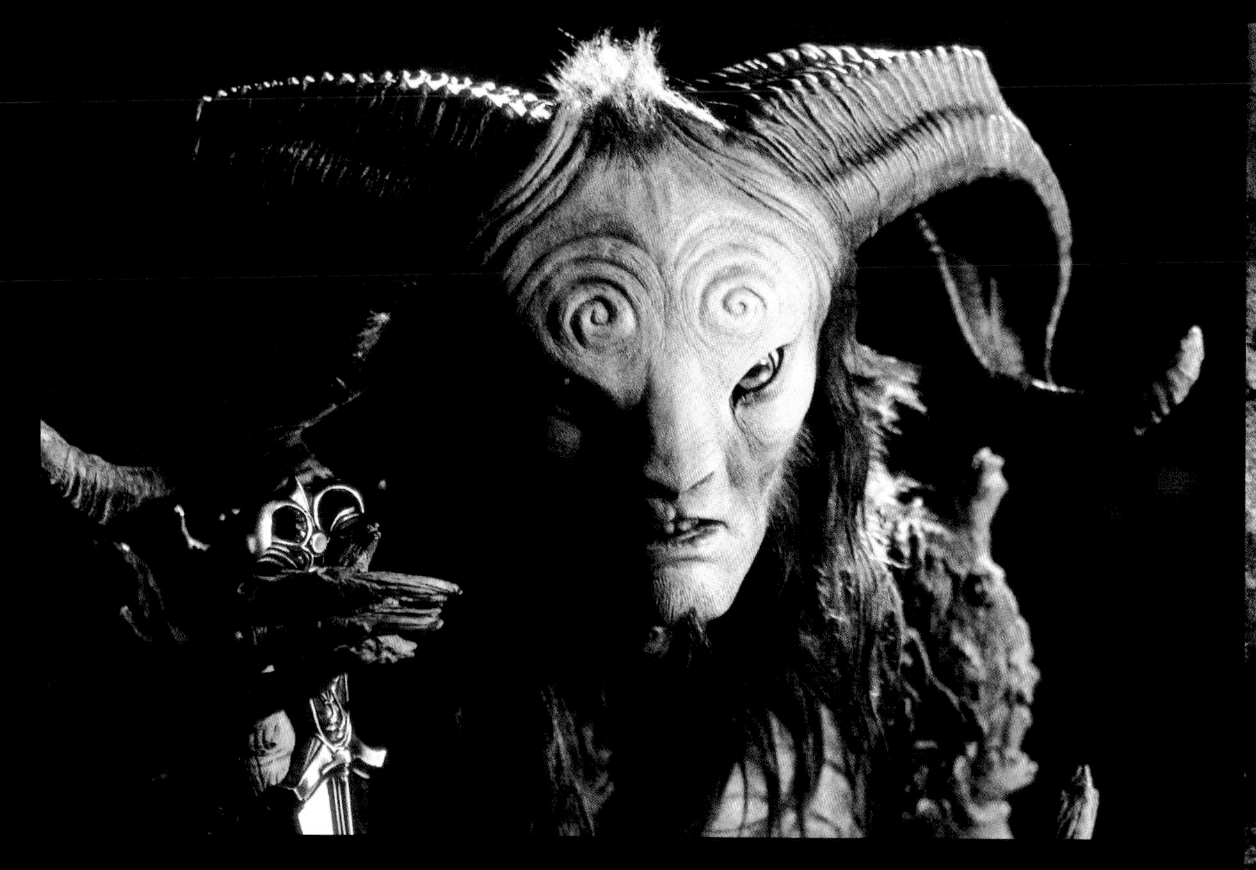

怪誕的野獸；異教的神話和天主教的教條；奇幻的故事籠罩在溫暖、潮濕、土地的色澤中，而現實則冰冷如鋼，這都要歸功於電影攝影指導吉勒摩．納瓦洛。然而，維多卻無法看到羊男。

「奇幻是一種語言，允許我們對現實進行解說、詮釋、和重新運用，」戴托羅這般主張。他堅持認定《羊男的迷宮》就像羅夏克墨跡測驗（Rorschach test）。「如果電影被當成一段故事，被當成一件藝術創作，那它應該對每個人說的故事都不一樣。它應該是一個私人的討論。客觀說來，我架構它的方式，在電影裡頭有三個線索可以告訴你我的立場。」[52]

戴托羅的線索：第一，事實上除了用粉筆畫的門之外，沒有其他方式可以從閣樓進到維多的辦公室。第二，當奧菲莉亞逃避維多而穿過迷宮（如同《鬼店》〔*The Shining*〕裡丹尼穿過玉米田迷宮以躲避它的父親），牆壁打開創造了足夠的真實距離，讓他無法把她捉住。最後一點，在電影結尾，有代表懷念的白色花朵盛開。

「我站在奇幻這一邊，」[53] 他如此宣告，彷彿在宣達信條。

↑｜道格．瓊斯飾演令人難忘的羊男角色，他在戴托羅龐大的神奇創造物之中比較不像怪物，而是一個亦正亦邪的雙面角色，充滿著迷人魅力，但也會欺騙人。

→｜奧菲莉亞取回了神奇的匕首——這個鏡頭傳達了導演在顏色運用的強烈對比：土褐色的牆壁，女孩藍綠色的洋裝，金黃的匕首，及鮮紅的布。

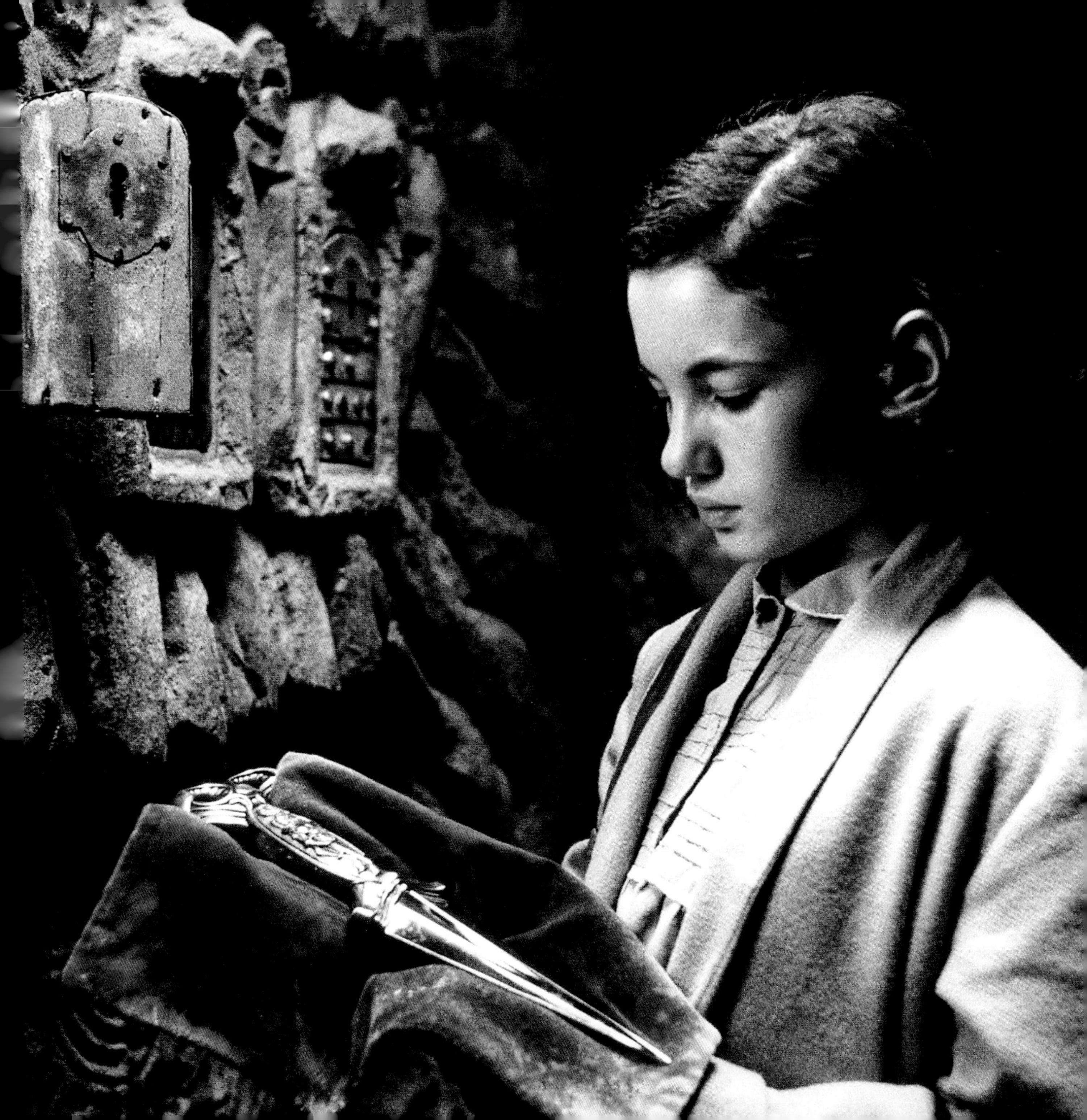

PACIFIC RIM

環太平洋

經過五年的失敗計畫和心碎經歷之後，
他如何重燃魔力拍出他所能想像出最巨大的電影：
在驚悚的反烏托邦時空背景下，巨大機器人和巨大怪物展開搏鬥。

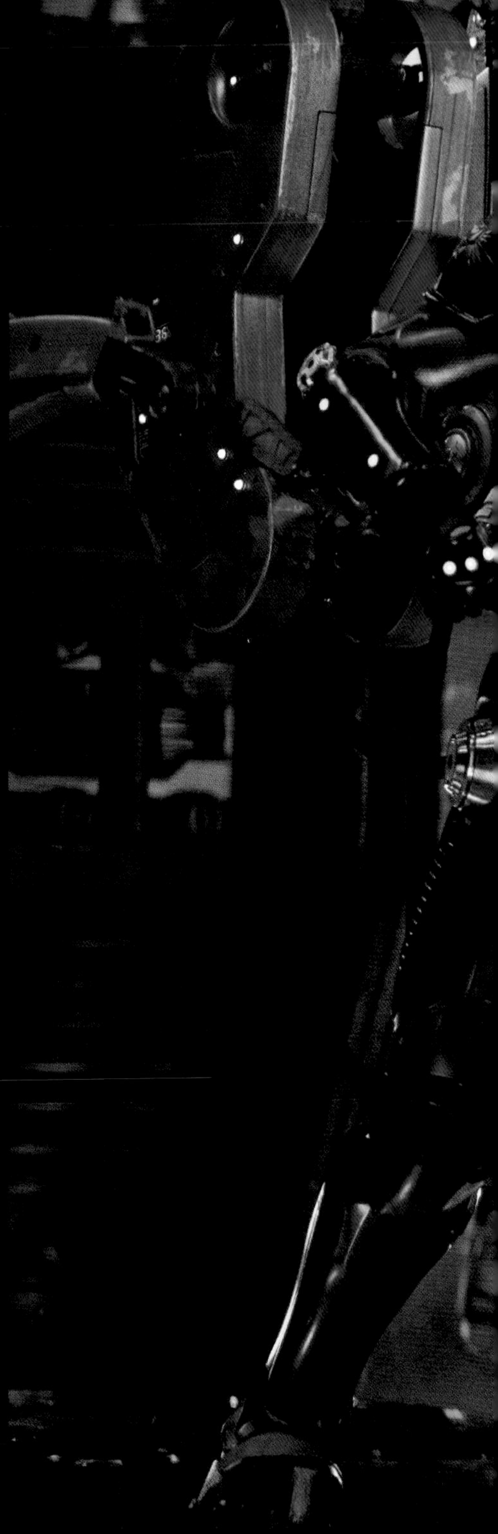

曾經，戴托羅擔心自己為人所知的，是他沒拍成的電影。即使是最成功的導演，甚至是史匹柏或是卡麥隆，都曾殘留美夢成空的陰影。

電影產業的易變本質，受制於電影公司高層的一時興起念頭，和緊盯數字的占卜家預言，需要電影製作人保持開放心態。就算只是為了保持神智清醒，都需要投入更多的愛。

戴托羅在同儕導演中顯得不尋常之處，是他討論拍片計畫時的開放和熱情。那些戴托羅未拍出的電影，甚至因此衍生了一整部相關的神話學。

到2017年為止，他估算自己已經寫了二十四部劇本，但只拍出了十部電影。就像保存在罐子裡的胚胎標本一樣，這剩下的十四部假想作不只是有了劇本，還有大量的設計、動畫、雕塑、勘景、甚至是選角，還要加上情感投入。它們從旁佐證，他所做的每件事潛在的協同作用。正如我們所見，戴托羅樂於把未拍出的劇本拆解使用。

「我記得自己完整讀過雷蒙．錢德勒（Raymond Chandler）的全部作品，我知道他會吞食自己的故事，」他語帶輕鬆地指出。「他會從自己的第一個偵探約翰．達馬斯（John Dalmas）抽出一段話，可能在十五年後再重新使用，把它變得更好。」[1]

→｜萊利．貝克特（查理．漢納）和森真子（菊地凜子）藉由「浮動」的過程連接彼此大腦以駕駛巨大的機甲獵人。

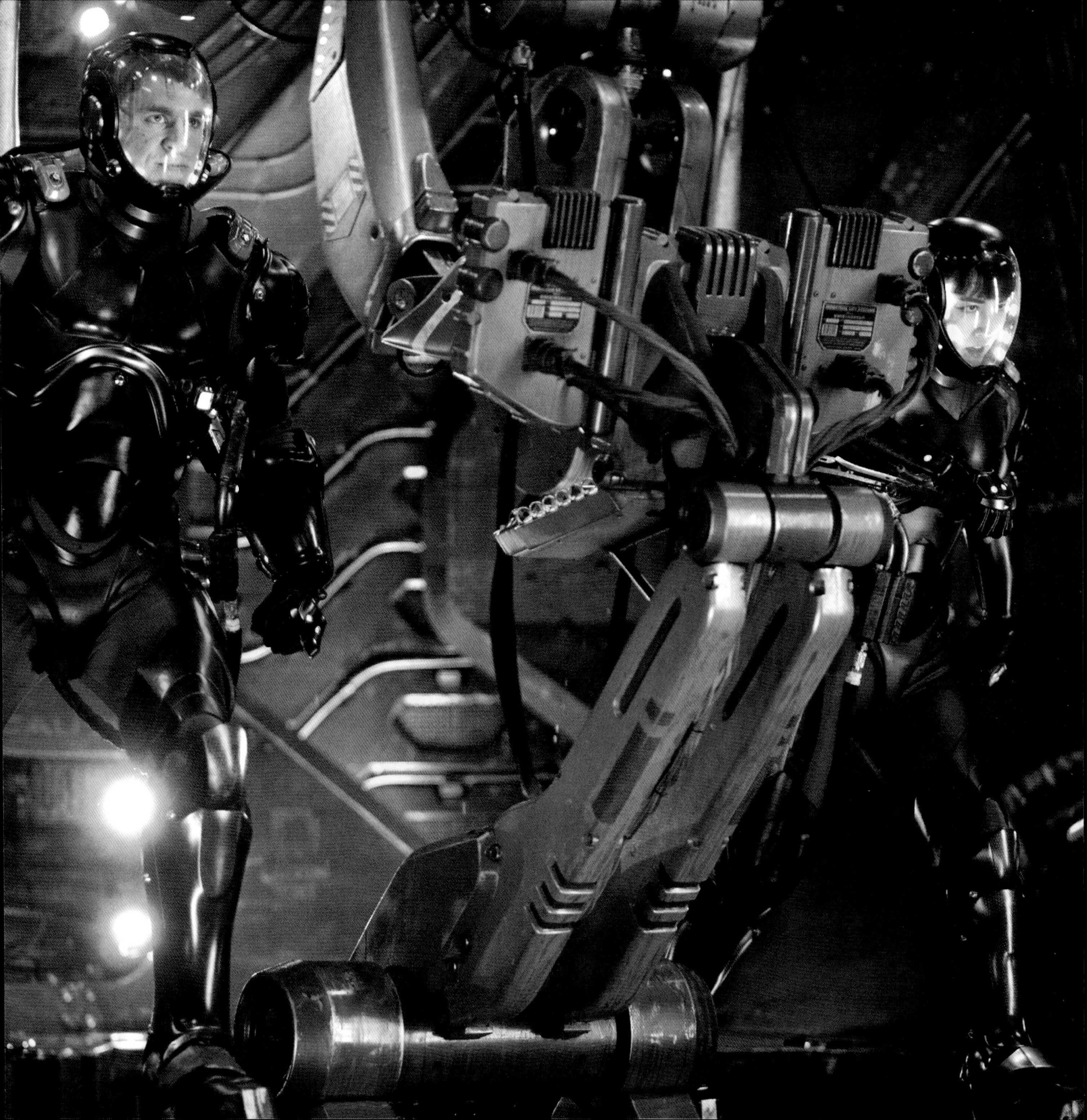

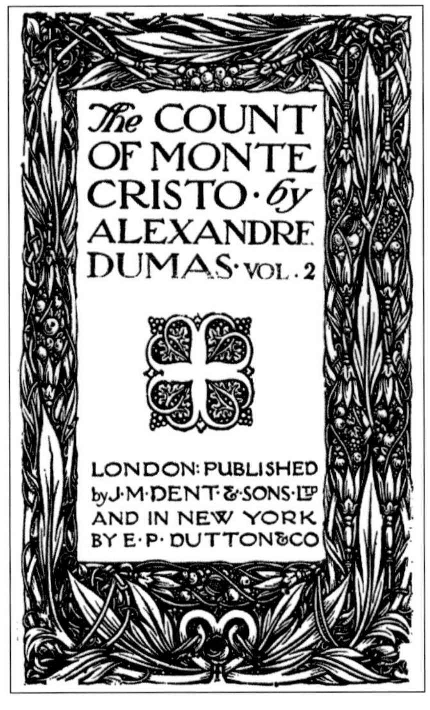

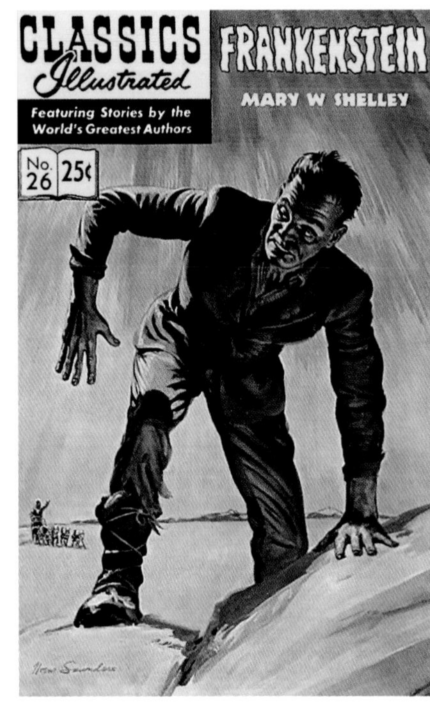

←｜在整個電影生涯裡，戴托羅一直渴望把經典的《基度山恩仇記》和《科學怪人》改編為高度個人色彩的電影版本。

→｜《環太平洋》上映時的海報，讓觀眾可以體會一下電影裡作品的規模，以及被美國電影借用的日本圖像學。

改編《基度山恩仇記》與《科學怪人》的計畫

在《腥紅山莊》裡頭，湯姆·希德斯頓（Tom Hiddleston）為了維持蠟燭不滅安排的美妙舞蹈，最早是為1993年的《黑暗左手》所設計。從前面幾章我們已經知道，戴托羅想改編《基度山恩仇記》，是他最有個人色彩、卻無疾而終的四部曲之一。其中的三個作品，是他電影生涯中打擊最大的挫敗，但我們仍期待，有天可以在黑暗的電影院中見到它們。剩下的《黑暗左手》，則是一度可能實現、但永無機會了。

《黑暗左手》的劇本在1993年到1998年之間進行，不過戴托羅最熱切投入寫作，是在父親遭受綁架的那段慘澹時光，他承認其中摻雜了「很多的憤怒」。[2] 故事的中心主題是父與子之間的牽絆。在此同時，它的視野充滿了壯闊雄心（請讀作：很燒錢）。「我對劇本非常、非常自豪，」他曾這麼說。確實他也有理由這麼說；這個劇本充滿豐富敘事和文學典故。「但是它需要一系列的工具，會讓人退卻。它有點像大衛·連恩和塞吉歐·里昂尼（Sergio Leone）的史詩西部片。充滿了魔法。而且它是唯一沒有創造任何奇怪生物的電影。」[3]

故事始於1862年的墨西哥邊界──「時間和地點都適合叛變，」[4] 劇本如此說明。氣氛是哥德式的，裝飾繁複，有發條的機械裝置以及密教魔法的閃光。戴托羅說，「我總以為大仲馬想要召喚的是《一千零一夜》的精靈，他所著迷的東方想像。」[5] 原先的版本缺少這種異國情調。在小說裡，伯爵在不同處被描述為「海盜」、「吸血鬼」、以及「盜賊」。[6] 他的版本裡的主人公埃德蒙多·但丁（Edmundo Dantes）只在夜晚行動，穿戴刀鋒般的墨鏡和披風。「他非常接近於來自西部電影的德古拉，」戴托羅這麼想像，「全身穿著黑、紅和金色。他有一隻機械手臂，讓他掏槍時可以比任何人都更快。」[7]

死亡和重生的觀點再次出現。戴托羅說，這是很天主教式的。最後，在一個具有象徵性的沙塵暴中，主角幾乎精神錯亂，他的敵人的子彈對他毫無效果。

被問及他的這部墨西哥史詩片為何沒有拍出來，戴托羅只能聳聳肩。他說，「時機似乎一直都不對。」[8] 或許是電影的企圖心太過遠大。或許，1998年的《蒙面俠蘇洛》（*The Mask of Zorro*）風格如此相似，把它的點子都搶走了。或許，適當的時機未來會出現。

就戴托羅的記憶所及，他老早就夢想要改編瑪麗·雪萊的《科學怪人》。它是現代怪物神話學的基本教材。在啟蒙時代之前，所謂的理性時代，怪物並不存在。龍這類的動物被視為自然的一部分。隨著法蘭肯斯坦博士的創造物出現，**非自然**的怪物誕生了。戴托羅有機會為環球電影公司描述這個孤絕而可怕的生物，就像是文藝復興畫家描繪耶穌被釘上十字架的那一刻。

從2009年到2010年，戴托羅以無數

TO FIGHT MONSTERS
WE CREATED MONSTERS

FROM DIRECTOR GUILLERMO DEL TORO

WARNER BROS. PICTURES AND LEGENDARY PICTURES

PACIFIC RIM

WARNER BROS. PICTURES AND LEGENDARY PICTURES PRESENT
A LEGENDARY PICTURES/DDY PRODUCTION A GUILLERMO DEL TORO FILM "WARNER BROS. PICTURES AND LEGENDARY PICTURES PACIFIC RIM" CHARLIE HUNNAM IDRIS ELBA
RINKO KIKUCHI CHARLIE DAY ROB KAZINSKY MAX MARTINI RON PERLMAN MUSIC BY RAMIN DJAWADI COSTUMES DESIGNED BY KATE HAWLEY EDITED BY PETER AMUNDSON JOHN GILROY, A.C.E.
PRODUCTION DESIGNERS ANDREW NESKOROMNY CAROL SPIER DIRECTOR OF PHOTOGRAPHY GUILLERMO NAVARRO, ASC EXECUTIVE PRODUCER CALLUM GREENE STORY BY TRAVIS BEACHAM SCREENPLAY BY TRAVIS BEACHAM AND GUILLERMO DEL TORO

的繪圖和雕塑打造這個生物的基本外形。他想要擺脫過去的刻板形象（不用螺栓，沒有用水平儀畫出的額頭），更接近於雪萊所描繪的形象。它的頭必須取自死屍，鼻子是突出的一小塊骨頭。被設定要穿這套道具的道格．瓊斯提到，這個生物是「身形更加枯瘦」而且「長相可悲的傢伙」，[9] 但是體能敏捷超乎尋常。

「你必須真心**相信**才行，」[10] 戴托羅反覆強調。

「因為他自己是粉絲，」瓊斯說。「他清楚知道粉絲會如何批評電影。他預期到會有影迷反應說『這根本不可能！』」[11]

回頭來看，很難理解為什麼環球電影公司沒有讓這位最熱忱的信徒，繼續演繹他這部經典。不過他們對於要選擇目錄裡的哪一部恐怖故事經典，的確顯得猶豫不決，擺盪於要選票房大片（《神鬼傳奇》〔*The Mummy*〕）、還是較為精簡的現代故事（《隱形人》〔*The Invisible Man*〕）。而戴托羅的歷史劇則被遺落在縫隙之間。

此外，他自己也有別的事要忙。

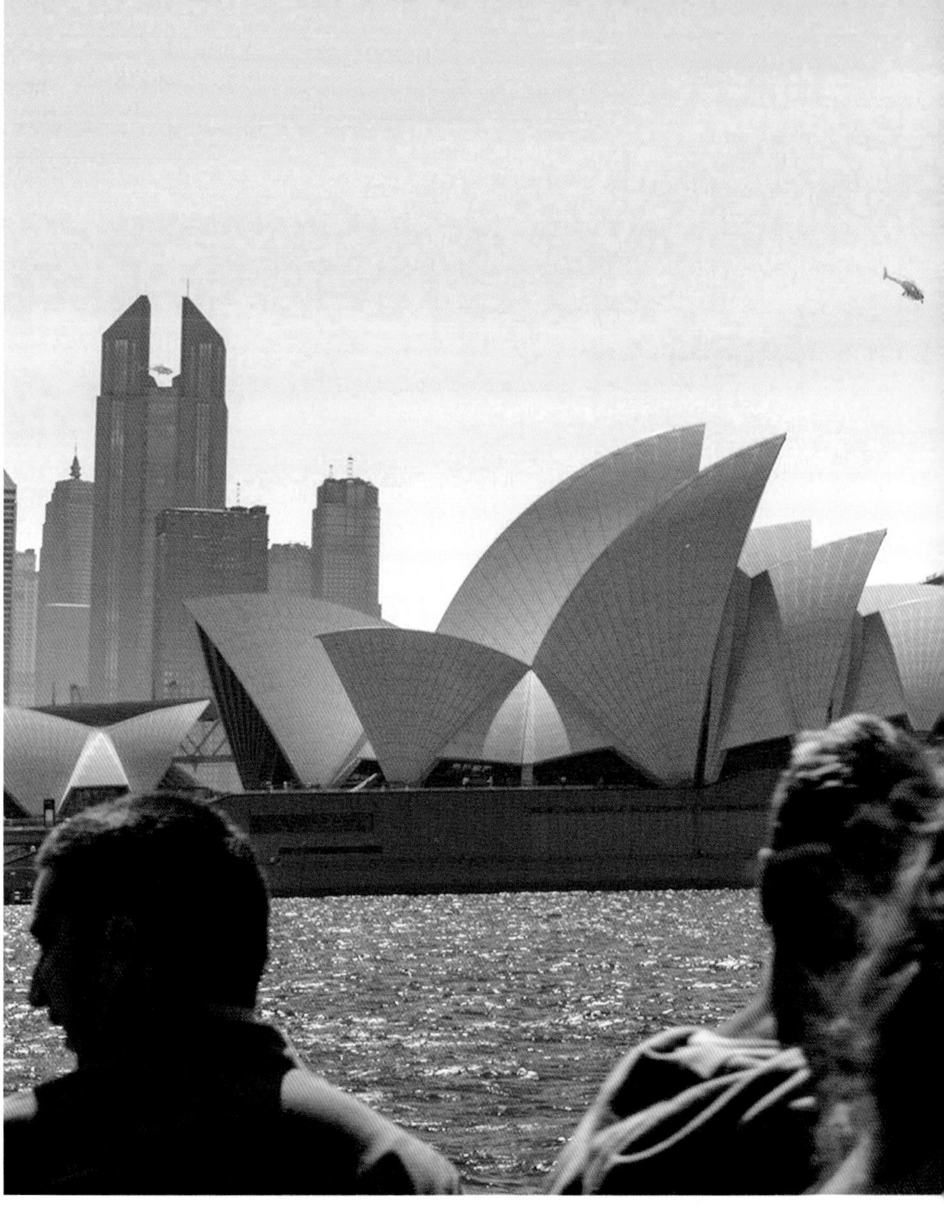

▶ 陷入《哈比人》的泥淖 ◀

在2008年春天，一個重大的提案輾轉從紐西蘭送到了荒涼山莊。彼得．傑克森（Peter Jackson）認為戴托羅是理想的人選，來執導分為上下兩部（當時如此）的托爾金小說《哈比人歷險記》（*The Hobbit*），作為他自己奧斯卡金像獎作品《魔戒》的前傳。 這個以比爾博．巴金斯（Bilbo Baggins）為主人公的故事裡，他將加入一群愛吵鬧的小矮人，將惡龍趕出他們的祖先家園，從中我們得以了解，毫不起眼的哈比人為何會擁有這個威力強大的魔戒。

看起來是個好兆頭。彼得．傑克森對總管「中土世界」已感到疲憊而樂於交棒，同時他還是可以繼續和合夥人菲莉帕．鮑恩斯（Philippa Boyens）和法蘭．華許（Fran Walsh）一起擔任共同編劇和製片。紐西蘭繼續提供美麗景點。戴托羅已經證明有能力傳達令人信服的奇幻魔力。事實上，他和傑克森興味相投：兩人同樣熱切崇拜雷．哈利豪森，兩人都是從實體特效起家，兩人都是以自己的方式在好萊塢掙得一席之地，而且，兩人都是狂熱的收藏家，搜集了一大堆電影相關的紀念物。

「《哈比人》的電影？它們可是終極任務，」戴托羅開心地說，抗拒不了奇幻教父的提議。「絕對沒有不拍的道理。」[12]

他思考巧妙平衡的方式，如何讓電影設定在傑克森中土世界的同時，還可以展現自己的風格。大有理由可以說，他以童話故事起家的導演手法，更適合執導托爾金第一部小說不按牌理、且不至於過度激昂的風格。

秋冬的輪迴。

不過，在九個工作月的密集籌備之後（總共耗時兩年），戴托羅突如其來離開了紐西蘭。擔任共同製片的米高梅面臨嚴重的內部財務問題，整個拍攝計畫始終停留在前製階段，而他已經無法再忍受。

謠言如飛箭穿過好萊塢叢林。戴托羅和傑克森的構想是否出現了衝突？傑克森堅稱他希望「戴托羅有決定做任何事的自由」。[13] 戴托羅則暗示有些「不太愉快」，[14] 因為他打算把惡龍史矛革打造成像蛇一般的「飛斧」。[15]

真相是，他察覺到這十億美元大製作的難產，讓自己的電影生涯步入衰退。就算萬一電影可以順利開拍，他還是要再花六年的時間進行《哈比人》的拍攝工作。他開始動念要拍自己的電影。他最想拍的，是改編他最熱愛的洛夫克拉夫特《瘋狂山脈》，而湯姆．克魯斯也表達了興趣。

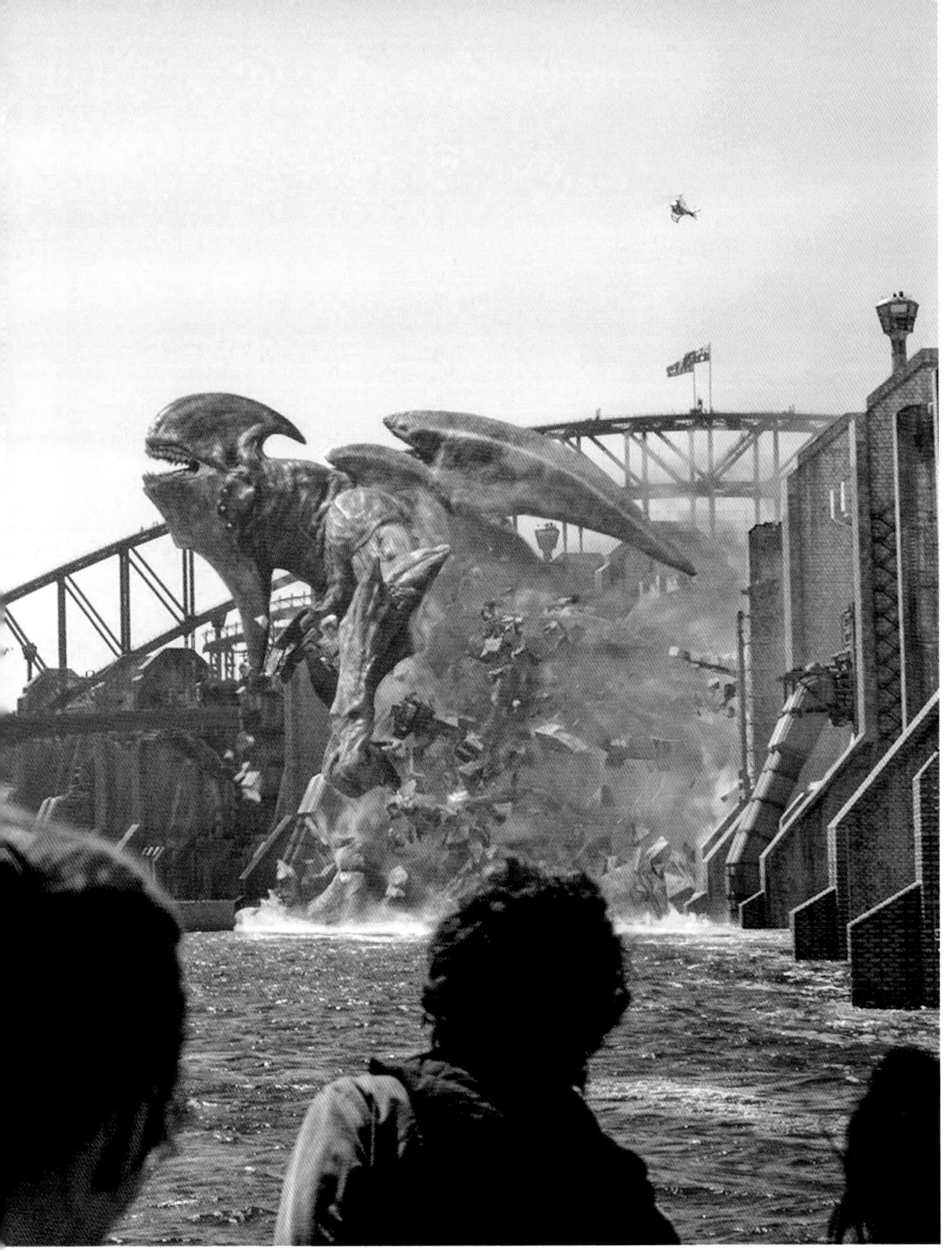

↑｜一頭怪獸浮出水面攻擊雪梨歌劇院。雖然戴托羅對摧毀世界地標建築的老套手法並不熱衷，他還是忍不住要讓怪獸的身體曲線襯映著名的建築物。

這會是個夾雜了《地獄怪客》怪異風格的中土世界。小矮人的世界裡，有著巨大的通風管、引擎、和大型的機械鎖。他想要盡量避免電腦合成動畫，以製造更有觸感的世界，盡可能在野外打造電影的場景——包括類似托爾金原著插圖的人造森林。穿著盔甲的巨妖可以滾成一個球來打倒敵人。小矮人領袖索林的頭盔和《地獄怪客2：金甲軍團》裡的精靈國王一樣，可以長出岔角。這兩部電影將各經過一個春夏

▶《瘋狂山脈》計畫的挫敗◀

洛夫克拉夫特在1936年出版的這個中篇小說，描述了一場南極科學探險，在巨大的山脈裡，意外找到一個被冰雪封凍的古代城市。科學家在這裡的發現讓他們瘋狂。這裡是長久消失，被稱為「古老者」（the Old Ones）種族的一處要塞——這群有高度智能的生物，在很久之前打造了這個世界和我們人類。他們有著巨大管狀的身體，蝙蝠一般的翅膀，以及海星形狀的頭。他們的觸鬚明顯。故事進入了洛夫克拉夫特更巨大的神話世界中，主角是圖騰般的、有許多觸鬚的天神克蘇魯。這群莽撞的科學家也發現到了，「古老者」（顯然是）被他們所奴役的種族，也就是那些會改變形狀的修格斯（Shoggoth）所消滅。在

封凍的冰底下，一切開始出現騷動。

戴托羅對洛夫克拉夫特的特殊情感無須贅言。他戴了一個米斯卡托尼克大學（Miskatonic University）校友的戒指，這是洛夫克拉夫特杜撰出來的學校，而且他也已經把這個獨居在羅德島的作家所有作品都一字不漏地讀完。他所有的電影都融入了洛夫克拉夫特的古怪想像，而洛夫克拉夫特表情帶著困惑的雕像，更成了荒涼山莊的擺設。《瘋狂山脈》是最令戴托羅沉迷的代表作，他曾半開玩笑把它稱之為他的「薛西弗斯計畫」。[16] 他最早在1993年，開始把一些想法畫進他的筆記本。

戴托羅曾經想過，如果他中了一億美元的樂透，「我會拍攝《瘋狂山脈》或是《基度山恩仇記》。它們是他心目中的兩部電影……它們拍起來有很大的風險，非常地個人，非常美，有非常強大的力量。」[17]

他的劇本根據洛夫克拉夫特巴洛克式的敘述，安排了以動作為主的情節，讓科學家受困於融化而出的種族之間。它營造出的氣氛是《異形》，或是約翰．卡本特（John Carpenter）的《突變第三型》（*The Thing*），背景則如中土世界一般浩大。一部規格如大衛．連恩的怪物電影，不過，與戴托羅正常的做法相反，這些怪獸是全然惡毒、而不可理解。

他在2006年曾經嘗試向華納兄弟電影公司提案，不過電影悲觀氣息讓他們擔心。故事裡沒有快樂結局、沒有愛情故事、也沒有機智逗趣。這是一場生存之戰。他打算推向極限，拍成一部耗費一億三千萬美元的R級恐怖電影，還要撕裂猶太－基督教傳統裡創世紀的觀念，以全新的方式宣告，人類是戴托羅稱之為「宇宙大玩笑」[18] 的產物。

2010年從紐西蘭回來之後，他已經得到了需要的軍火：不只是湯姆．克魯斯有興趣，他找上了他的下一個停靠站環球電影公司，提出的案子則是恐怖版的《阿凡達》（*Avatar*），裡頭會有大量的CGI特效，還有詹姆斯．卡麥隆擔任製片。

設計工作在卡麥隆位於聖塔莫尼卡的光影風暴娛樂公司（Lightstorm Entertainment）進行，這裡是《阿凡達》豐富多彩世界的孕生之地。彩圖和筆記已經記滿了戴托羅的筆記本，彷彿狂人靈視的景象。和洛夫克拉夫特一樣，他使用了頭足生物——身體柔軟的章魚、烏賊、和魷魚——作為他怪物的基礎造型。

最複雜的迷宮對他而言是城市本身，他特別針對這些生物做因應的設計。他想要營造東方電影裡肅殺的氛圍，在東方，白色象徵著死亡，他計畫了八個星期在南極的實景拍攝，或者，在加拿大或阿拉斯加最近似南極的取代景點。

他從不曾對一個拍片計畫「投入如此多」，[19] 當打擊來臨時，實在是額外沉重。

當頭一擊出現在演員集合前的一個星期。稍早的簡報讓電影公司高層驚呼連連，但是還有一關還沒過。環球電影公司

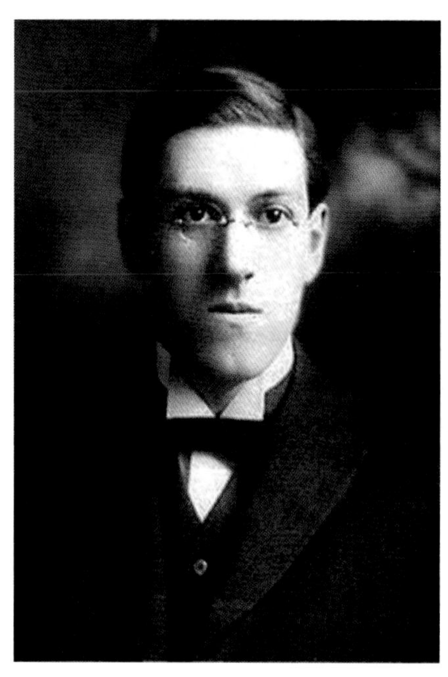

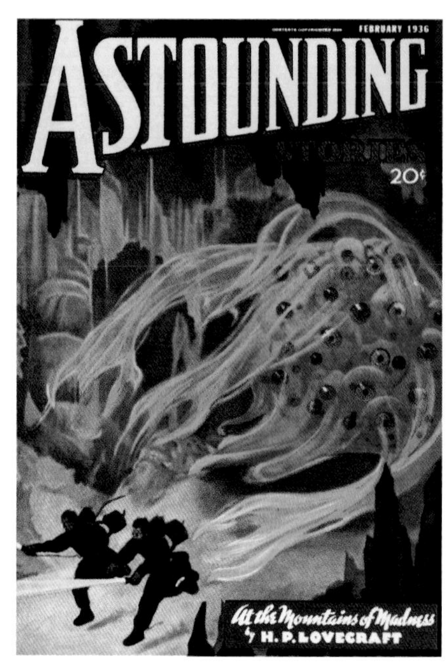

↖｜洛夫克拉夫特的世界，有著非比尋常的動植物，令戴托羅長期深深著迷。他的每一部電影都能感受到這位作者的影響。

↑｜《驚奇故事》（*Astounding Stories*）的其中一期封面，是洛夫克拉夫特的恐怖故事《瘋狂山脈》——有異域的怪物和冰封的場景，這是戴托羅極力想要改編成電影的故事。

→｜科學家牛頓．蓋斯勒（查理．戴），偵測這個令人不舒服的怪獸殘骸的生命數據——這個戴托羅電影的驗屍橋段也是對B級電影傳統幽了一默。

始終不能接受電影被設定為R級，而戴托羅毫不讓步。他告訴他們，「我認為，R的分級會是電影藉以宣傳的榮譽勳章。」[20] 況且，它儘管打鬥激烈，並不是充斥血淋淋的電影。電影公司不為所動，堅持要他讓步，而他則痛苦地退出了協商。「《瘋狂山脈》陷入了黑暗，」他聲聲悲嘆。「這個R字毀了我們。」[21]

有如在傷口上撒鹽的是，一年之後，雷利．史考特列為R級的《普羅米修斯》（*Prometheus*）這部《異形》的前傳，承續了類似的宇宙宏觀主題和生物學的恐怖效果，揭露人類非上帝所創造的起源故事。在好萊塢，沒人能聽到你的哀嚎。

▶ 意外的高概念電影 ◀

我們把洛夫克拉夫特遺棄在覆蓋白雪的墳墓之前，希望依舊存在。戴托羅依然戴著他的米斯卡托尼克戒指，承諾他會一直戴到電影拍出來為止。「他們可以把戴著戒指的我埋了，」[22] 他說。影迷開始向Netflix施壓，希望他們出資拍攝，這個具冒險精神、現金流豐沛的巨人，最近已經藉《皮諾丘》和這位導演建立起關係。

不過，這也是另一個轉折點。「你計畫做得愈多，上帝笑得愈厲害，」[23] 他語帶嘲諷地說。他無法花費好幾年、甚至幾十年，塗寫他的筆記本，等待著不存在的黎明。他非常需要有電影可以拍。

在2007年夏天，電影編劇崔維斯．畢奇漢（Travis Beacham）在聖塔莫尼卡海灘散步。他在附近租了一間公寓以籌畫他的第一部劇本，奇幻主題的神祕謀殺劇《狂歡節謀殺》（*A Killing on Carnival Row*），這個劇本已經被戴托羅選中。他喜歡彼此無拘無束的會談。導演毫無憤世嫉俗的真誠氣息充滿感染力。

在一個不合時令的涼爽早晨，來自異世界的迷霧自太平洋外海升起，遮蔽了海岸。在聖塔莫尼卡碼頭的摩天輪金屬骨架的後方，畢奇漢的腦中想像出駭人的景象：一個巨型機器人和巨型怪獸進行絕命搏鬥。他回想著，「這些龐然大物，有如天神降臨」。[24]

這個念頭在腦海中盤桓了好幾個月。

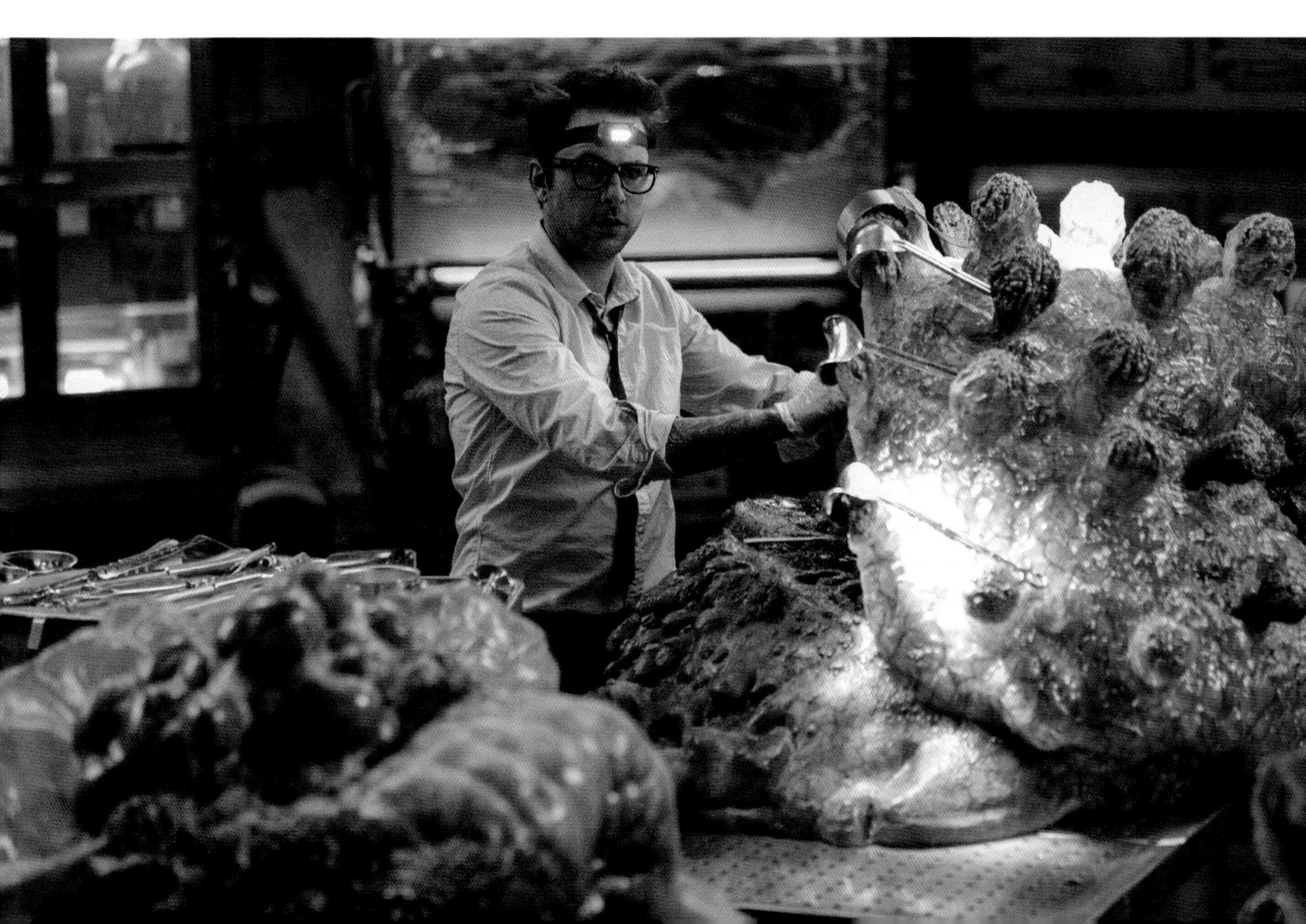

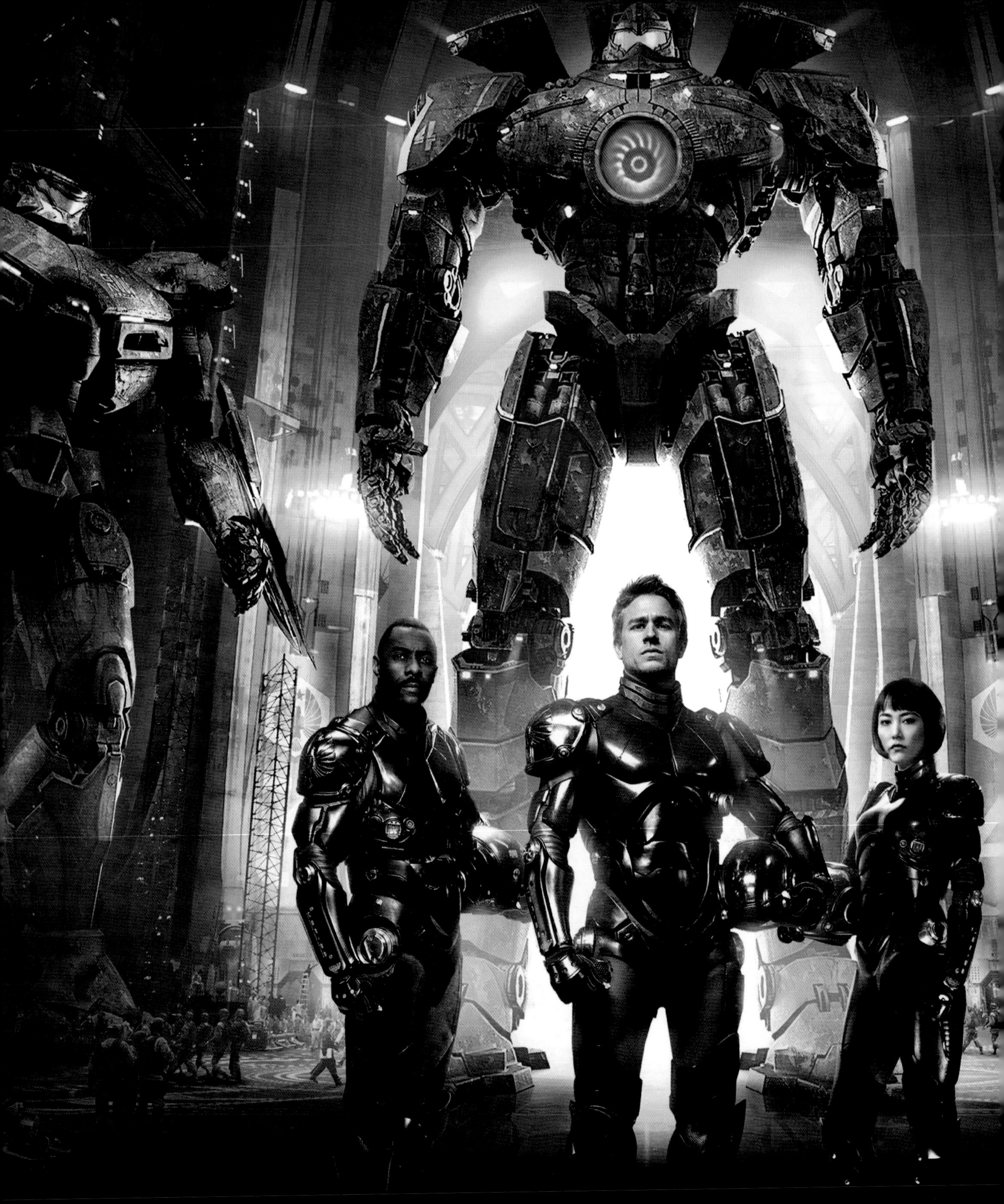

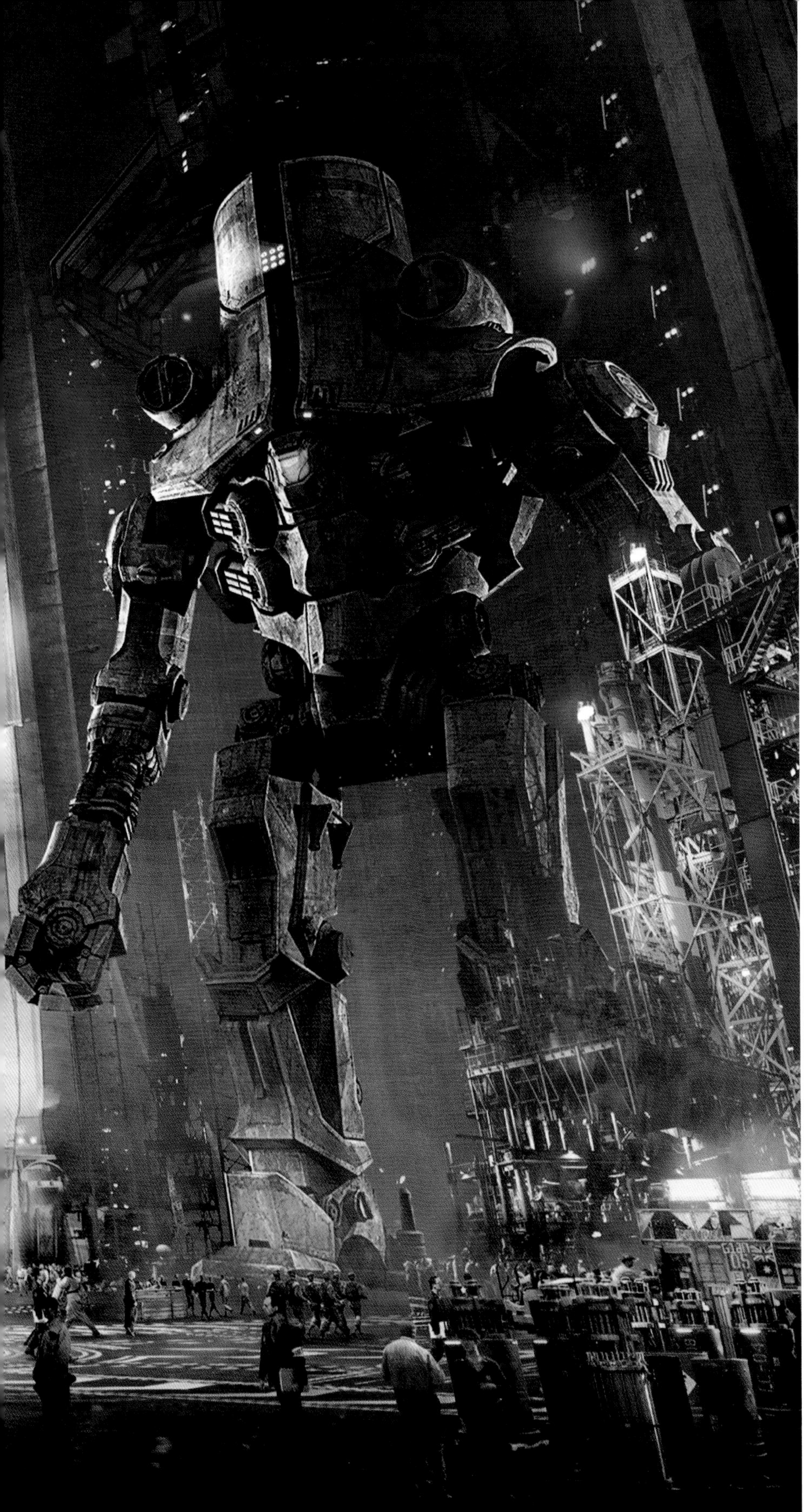

他決定這些機器人由兩人共同駕駛，他們會透過某個方式心靈互通。但是，要是其中一人死去了會怎麼樣？即便怪物是來自異次元的入侵，它仍是關於失落和復原，以及倖存者負疚感的故事。它仍屬於人性的向度。

雄心勃勃的傳奇電影公司，根據一份二十五頁長，標題名為《環太平洋》的說明，買下了電影版權，他們看出了它發展成系列電影的潛力。幾天之後，在純屬意外巧合下，戴托羅與傳奇影業的人碰了面。他們提到了他自己旗下編劇的這部高概念電影，這又讓他開始心旌動搖。首次擔任電影製片遭遇到洛夫克拉夫特電影的失敗之後，讓一切都改變了。他決定再執起導演筒，他迫切想回去導戲，迫切想要證明自己可以拍出賣座片。這一次，它是扎扎實實炸翻整條街的賣座鉅片。

前製作業是就他所知最快速的一次。隨著《瘋狂山脈》在某個星期五確定被腰斬，他在接下來的星期一就開始著手進行《環太平洋》，傳奇影業敲定合約，遞出一億九千萬美元預算，並由華納兄弟負責發行。如果戴托羅有時間停下來思索，他應該會覺得好萊塢的瘋狂令人難以理解，他偉大的恐怖史詩在發展多年之後被迫停手，如今他卻拿到了一份更大的預算，在他筆記本裡，只有粗略大綱的電影。《環太平洋》用體型如大教堂的怪物和摩天樓高度的機械人對打，這至少讓他有機會，可以嘗試把洛夫克拉夫特的恢弘精神放進一部實際拍攝的電影裡。

← |《環太平洋》的宣傳資料公布了三個英雄主角：史塔克．潘塔考斯特（伊卓瑞斯．艾巴）、萊利．貝克特（查理．漢納）以及森真子（菊地凜子）。在他們背後是三個機甲獵人：衝鋒發現號、吉普賽危機、以及車諾艾爾發（Cherno Alpha）。

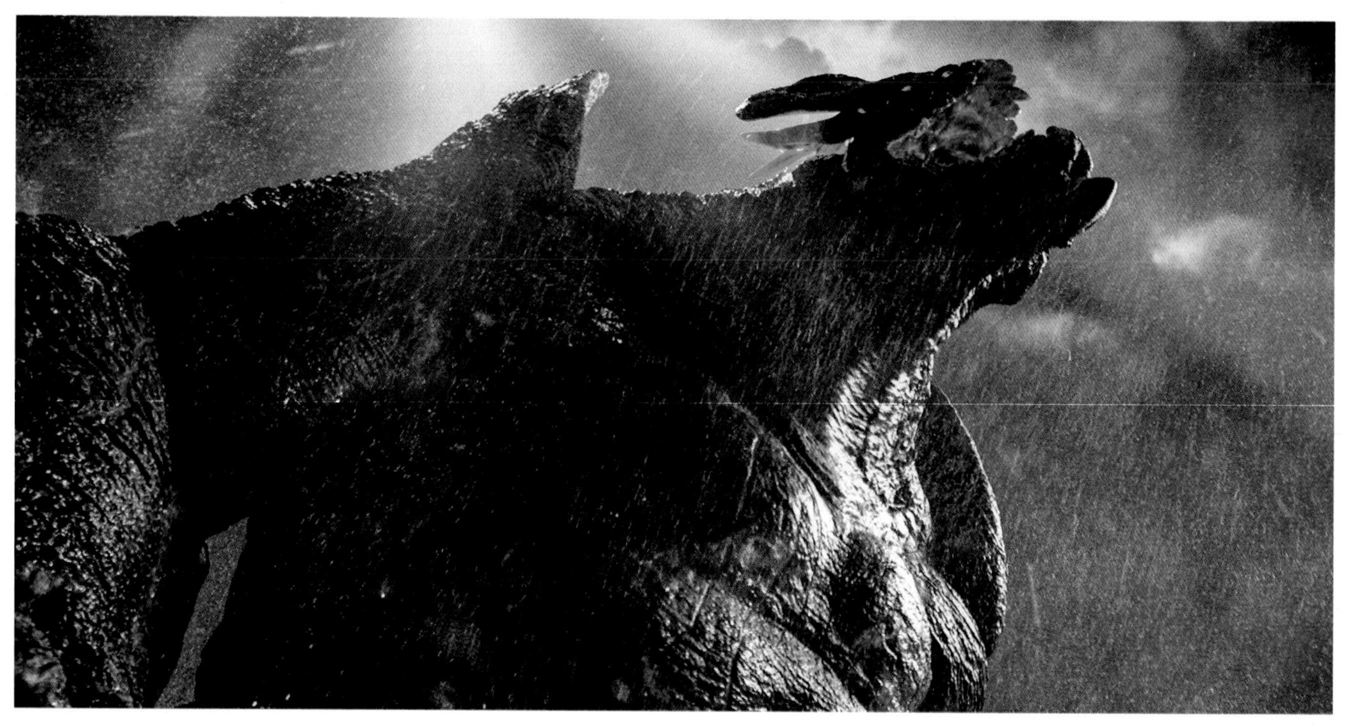

▶ 怪獸電影與機甲傳統 ◀

更直接相關的，《環太平洋》是向六〇和七〇年代日本的怪獸電影致敬，它們符合了那個時代人們對於原爆、以及對巨獸摧枯拉朽破壞城市的恐懼。當中《哥吉拉》（*Godzilla*）是頭號的怪獸主角。「我想讓《環太平洋》成為獻給怪獸（kaiju）和機甲（mecha）的真摯情詩，」[25] 戴托羅如此宣告。這裡所提到的「機甲」是日本漫畫的一個副類型，主題是人類操控的巨型機器人來對抗同樣巨大的敵人。

在日本曾經蔚為風潮的機甲系列《超人力霸王》（*Ultraman*），主角會悄悄變形成巨大的外星人，穿著閃亮盔甲和彈性緊身衣，防衛一個高度到他肚臍的東京模型。它輸出到墨西哥成為填補下午時段的電視節目——不用猜，你可以想像這位孤單的藍眼珠男孩從不錯過任何一集，之後會拿出他的玩具，設計定格動作的戰鬥場面。

「這些雄偉的巨型機器人運作方式是神話級的，」[26] 戴托羅興奮不已地說，在他心目中，通俗文化與高眉文化並存不悖。他把他的鋼鐵巨人們命名為Jaegers，德文的意思是「獵人」，並且聯想到了哥雅的作品《巨人》（*The Colossus*），畫中的巨人聳立在城市之上（一個入侵的比喻）。他打算把古典造型和高科技相結合，呼應古希臘傳說裡的喀邁拉（Chimera）和九頭蛇（Hydra）。最後一個機甲獵人的基地位在香港（中國），它是一個巨大而嘈雜的堡壘，裡頭充滿各種機具，背景如地獄般的火星飛濺，彷彿是諸神的冶煉廠，或是像《哈比人》裡頭留給矮人族的廣大洞穴。

經過十五次的劇本修改，就結構上來說，這是戴托羅最直截了當的劇本。對抗怪獸的戰鬥進入最高潮。尚未倒下的只剩下三個機甲獵人，末日似乎已在眼前。最後的救贖希望，是關閉在海底深處不斷產生怪物的跨次元「突破口」。

在特寫鏡頭下，駕駛員穿戴繁複的裝置，處身於機甲獵人頭部位置的駕駛艙。他們如瘋癲的操偶人，人體的動作會和機甲獵人同步：步行、抓取、揮出勾拳或刺擊。這個過程被稱之為「浮動神經元連結」（drift），而兩名駕駛必須是「浮動可相容」[27] 才能成為搭檔——通常是存於家人之間彼此的心電感應。

特立獨行的萊利．貝克特（Raleigh Becket）（查理．漢納〔Charlie Hunnam〕）在怪獸攻擊中失去了兄弟而心灰意冷，他如今必須嘗試與另一個外人森真子（菊地凜子）進行連結，這位武藝高強但缺乏安全感的孤兒，在怪獸蹂躪東京時目睹親人遇害。在一段如童話般的倒敘中，我們看到了還是小女孩的真子，手裡緊握著紅鞋被怪獸追趕，灰燼如雪般落下，彷彿廣島原爆的情景。對戴托羅而言，這是這部電影的中心意象。

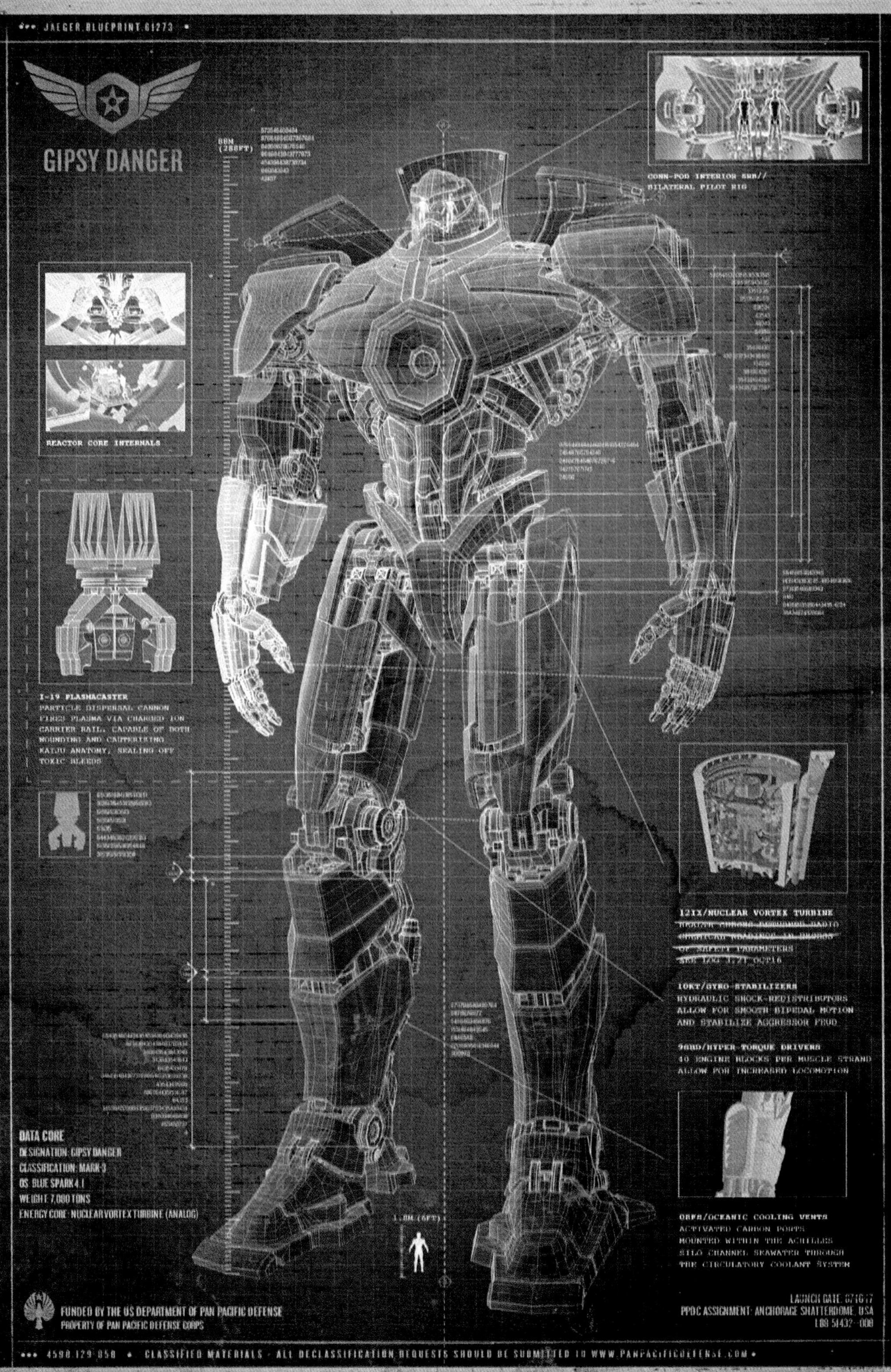

↖｜虛構出來的機甲獵人「吉普賽危機」的設計藍圖，讓我們可以見識到設計如何巧妙呼應了超級英雄和動作明星的體型。

←｜一頭致命怪獸發洩牠的狂暴。戴托羅小心避免參照任何既有的電影怪獸，他鼓勵設計師仔細從真實世界裡的生物尋找靈感。

「我〔把《環太平洋》〕想像成一個俄羅斯娃娃，最中間是受傷害的小女孩，再來是真子，再來外面是個二十五層樓高的巨大機器人。發現自己從過去兒時曾經害怕的東西找出力量，她就此不會再害怕。我想基本上這是我們所有人的一種人生隱喻，你懂嗎？」[28]

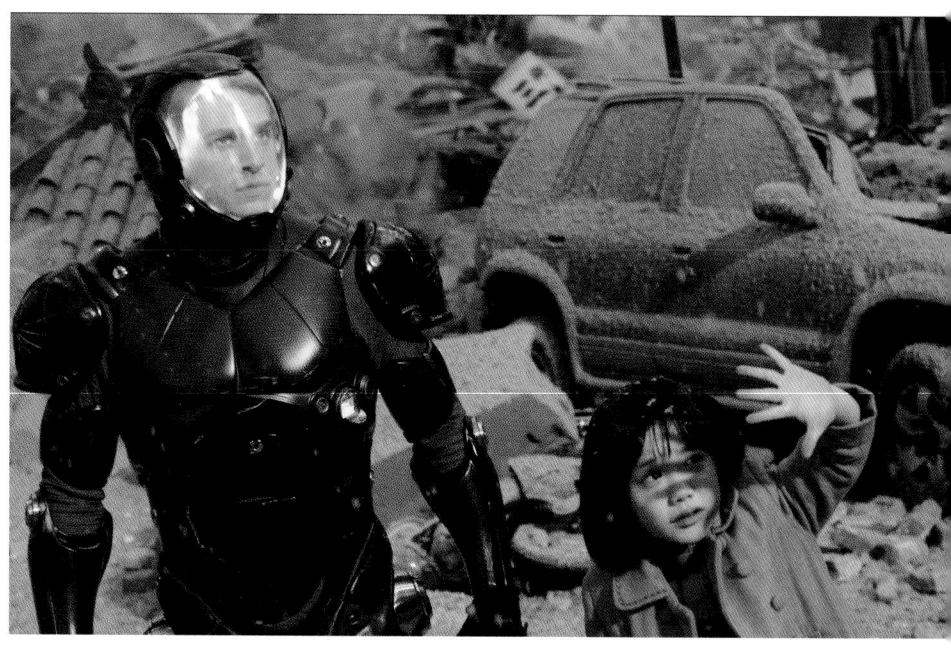

▶ 充分掌控時間與預算的拍攝 ◀

主角們要設法找出可相容的浮動模式，反映的是更廣泛關於人們如何跨越文化、宗教、性別、和語言的障礙而相互連結的主題。戴托羅說，整個世界就存在於大機械人的腦袋裡。我們只有靠一起合作，才有辦法拯救自己。

這是一個全球規模的故事。電影以香港為基地，但同時我們從東京旅行到雪梨、到舊金山、再到海參崴。電影的片名也因此而來，其中瀰漫霓虹光的未來景觀，借鏡自《銀翼殺手》和日本動畫裡喧鬧紛亂的大都市。

電影裡頭充斥著名字帥氣、喜歡耍酷的多元文化角色。伊卓瑞斯．艾巴（Idris Elba）飾演史塔克．潘塔考斯特（Stacker Pentecost），他是聲音宏亮、做事一板一眼的機甲獵人計畫指揮官。朗．帕爾曼飾演的漢尼拔．周（Hannibal Chau），是販售怪獸骨粉（宣稱有壯陽效果）的獨眼黑市商人，是調和電影氣氛的甘草角色。兩個科學天才牛頓．蓋斯勒（Newton Geiszler）（查理．戴〔Charlie Day〕）和賀曼．格里布（Hermann Gottlieb）（柏恩．高曼〔Burn Gorman〕）唇槍舌劍的爭辯牽動了情節的進展。

戴托羅半開玩笑地說故事有著「複雜的簡單性」。[29] 雖然是怪物的類型電影，不過它底下蘊藏人性的筆觸。他慎重地宣示，「我想要表現的，不是透過一個角色，而是透過群體合唱的方式，說明身而為人的意義。每個角色都代表了一個人性的美德：諸如智慧、勇氣、領導力。」[30]

角色安排上，日本女星菊地凜子讓電影連結到了它日本動畫的源頭，不過菊地凜子本身就是演技精湛的女性，曾演出阿利安卓．崗札雷．伊納利圖的《火線交錯》。她成了戴托羅電影裡莊嚴、有著大眼睛的女性核心角色。

英國藝術系學生轉行演員的漢納，因為他在《冷山》（*Cold Mountain*）、《綠街流氓》（*Green Street*）、機車黑幫電視影集《飆風不歸路》（*Sons of Anarchy*）、以及阿方索．柯朗反烏托邦主題的《人類之子》（*Children of Men*）等片愈來愈吃重的戲分，得到電影主角的角色。他與墨西哥導演的關係始終密切。他原本是《地獄怪客2：金甲軍團》裡頭努亞達王子的人選，不過他太過鮮明的顴骨，被認為飾演流放的精靈王子有點突兀。但是飾演衝勁十足的駕駛，操控有鋼鐵尾巴的機甲獵人，則是無懈可擊。

戴托羅也承認，漢納或許脫了上衣更好看，不過這個角色有著自傳色彩。「萊利被迫離開機甲獵人的時間，就和我離開我的導演椅的時間一模一樣！這安排不算巧妙，但對我而言非常重要。我又回到我的機甲獵人裡頭了。」[31]

諷刺的是，《哈比人》在終於解決資金的難題之後，被安排在《環太平洋》之前拍攝，不過戴托羅已無意回頭。在2011年11月，距離他上一次在電影片場發號施令五年之後，他重回了他鏡頭後方的位置。

即使有超過兩千個CGI電腦合成動畫鏡頭，他仍決定安排緊湊的拍攝進度。他的電影從不曾在一百一十五天之內拍完，但這次他用了一百零三天。他務實計畫，排定攝影支援小組（splinter unit）好隨時可派上用場。他每天會工作十七或十八個小時，一週七天不休息。他意識到，《哈比人》和《瘋狂山脈》這兩個未成功的史詩巨作，對他而言是為這部電影「上健身房，做點鍛鍊」。[32]

← | 倒敘——在心靈浮動相連的時刻，查理．漢納飾演的萊利．貝克特進入了共同駕駛森真子的記憶，她的幼兒時代（蘆田愛菜飾演）在一場怪獸攻擊中失去了家人。

→ | 柏恩．高曼扮演特立獨行的科學家格里布，他尋求認識敵人的方法。在他背後是戴托羅經典的肧胎標本放大版。

↓ | 萊利與他的父親彥西．貝克特（迪亞哥．克萊坦霍夫〔Diego Klattenhoff〕）一同駕駛機甲獵人。

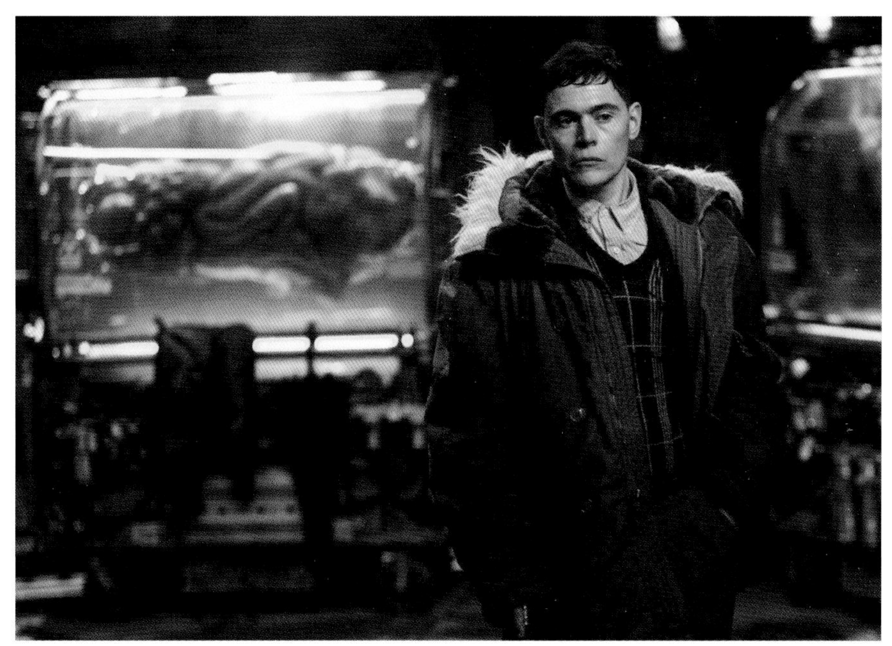

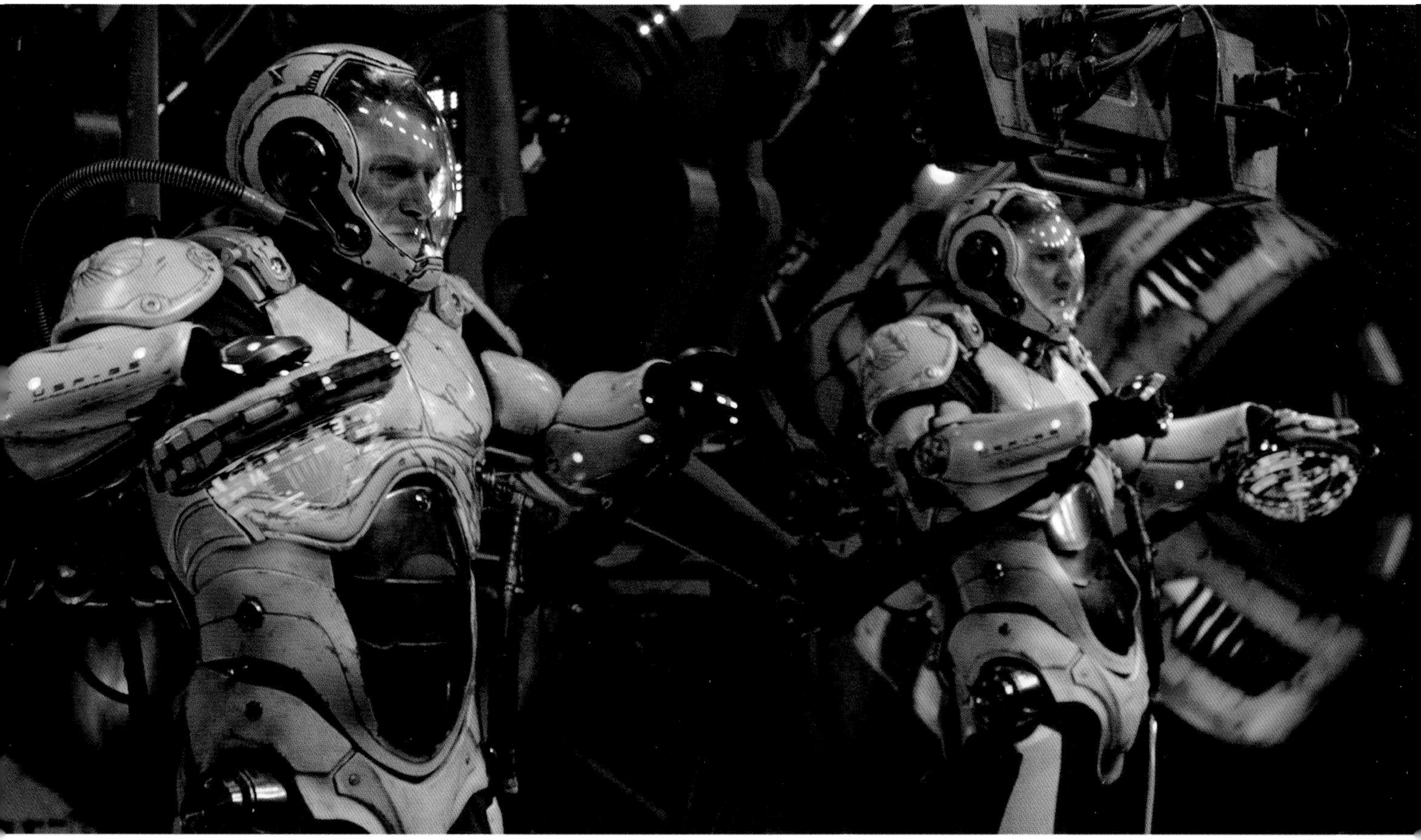

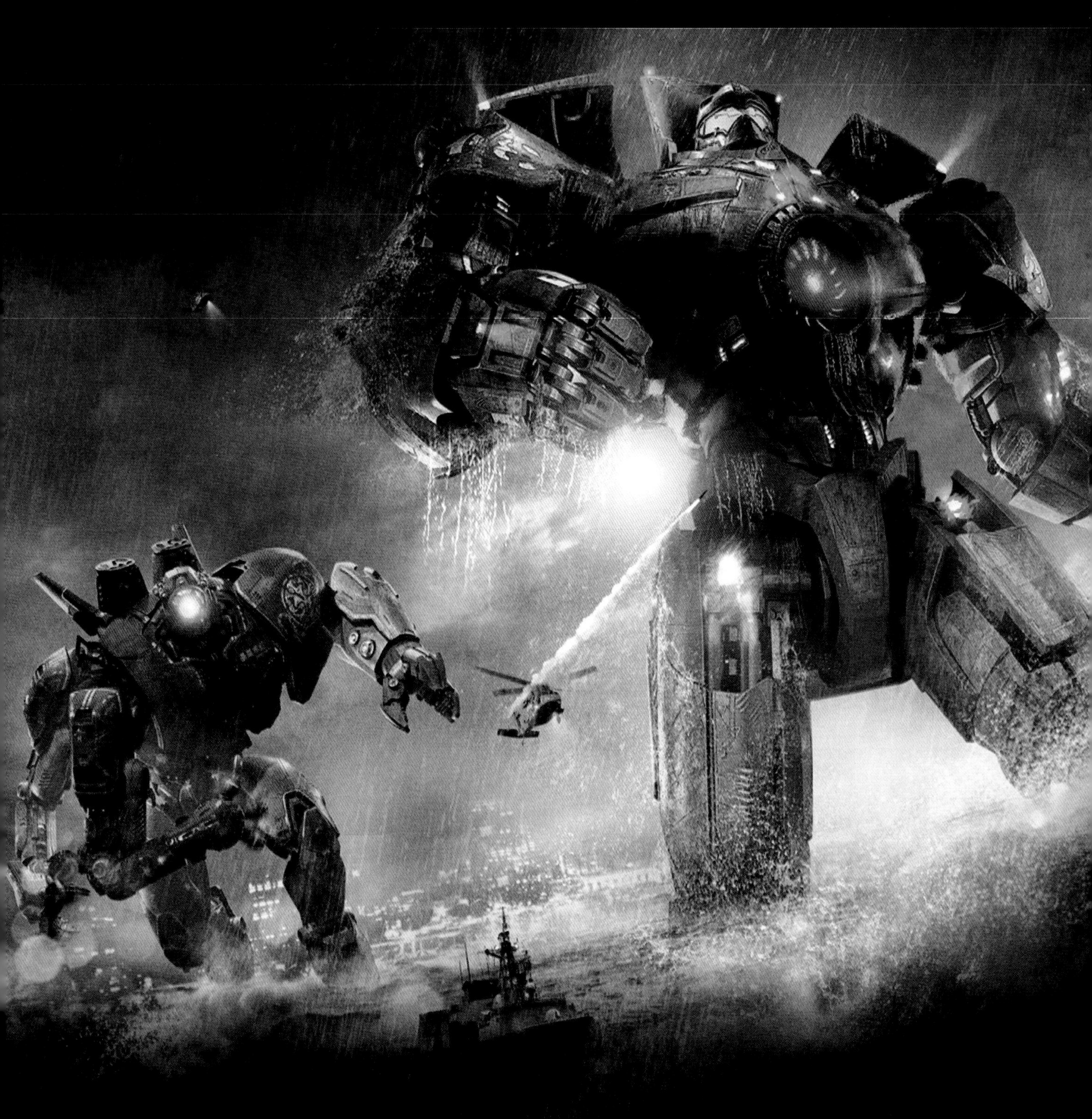

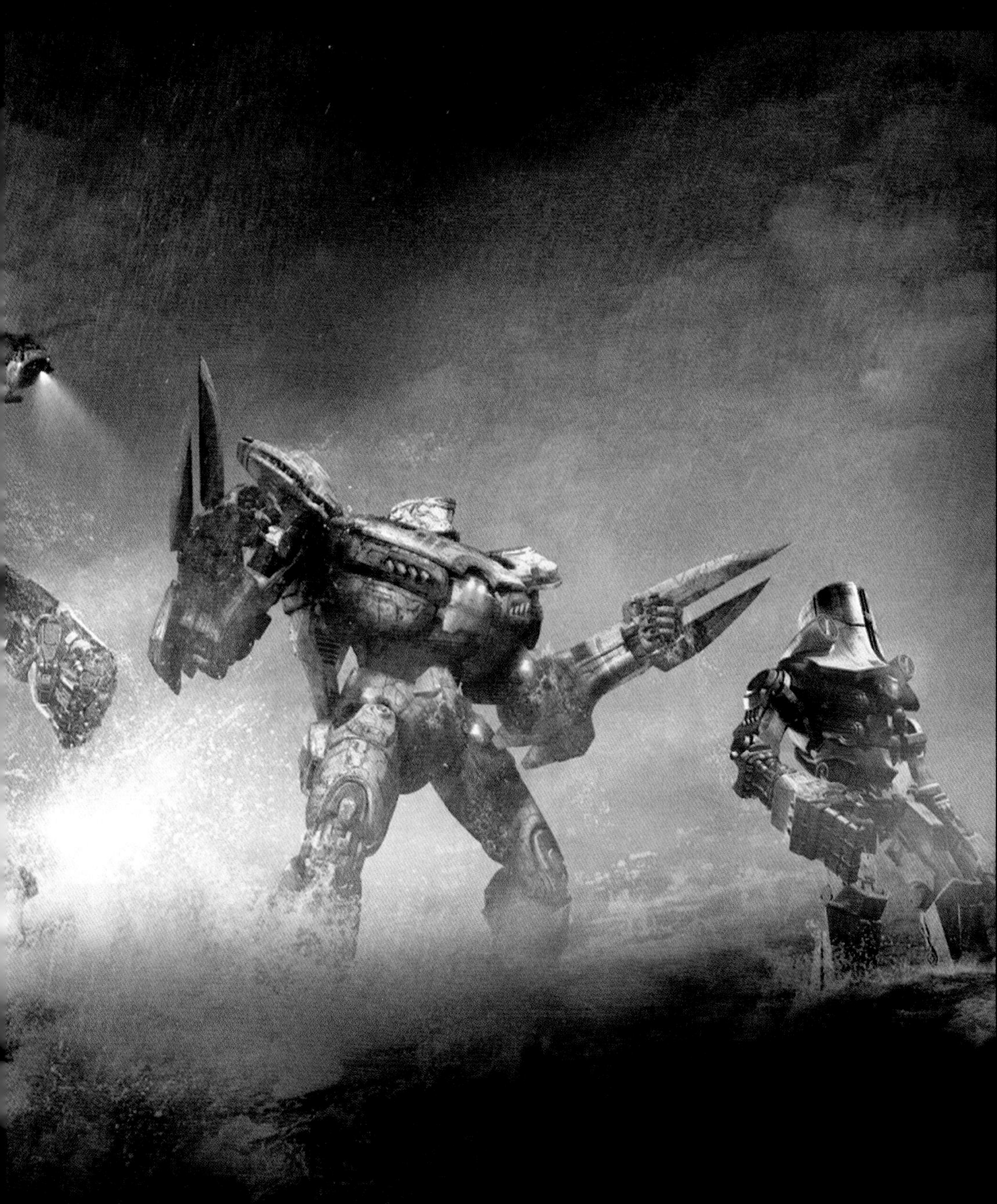

← | 以史詩級鉅片規格拍攝，《環太平洋》是戴托羅所拍過的最大型製作，不過也是他個人的作品。在他看過劇本簡介說明之後，他腦子裡馬上回想到了自己童年時代熱衷的日本怪獸電影和機甲電視影集。

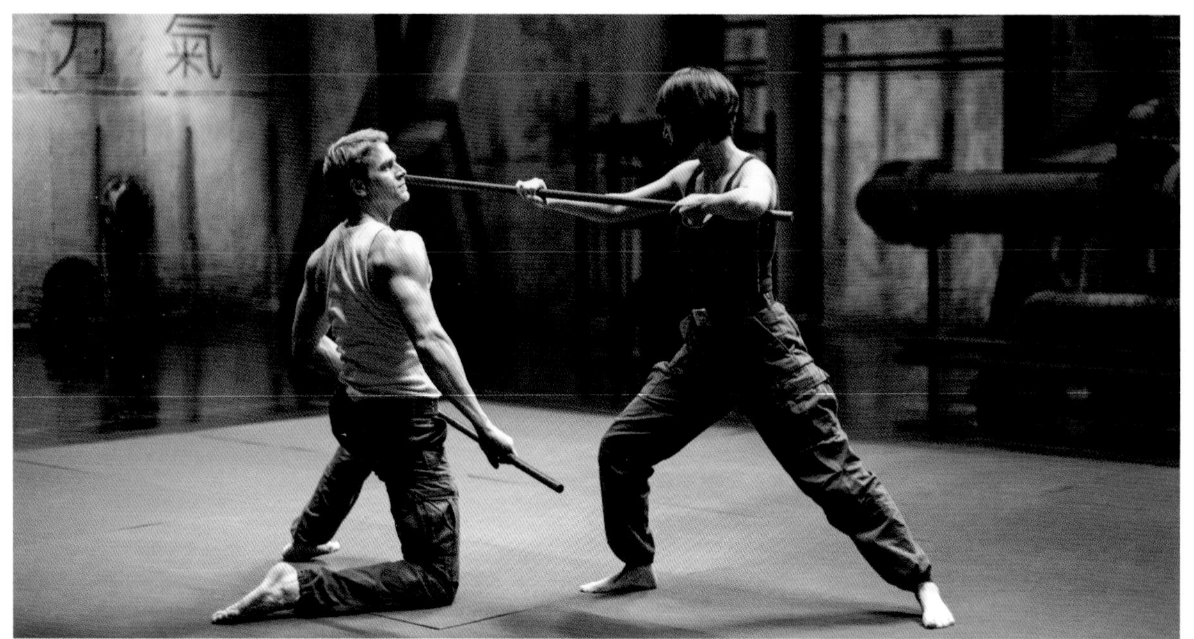
力氣

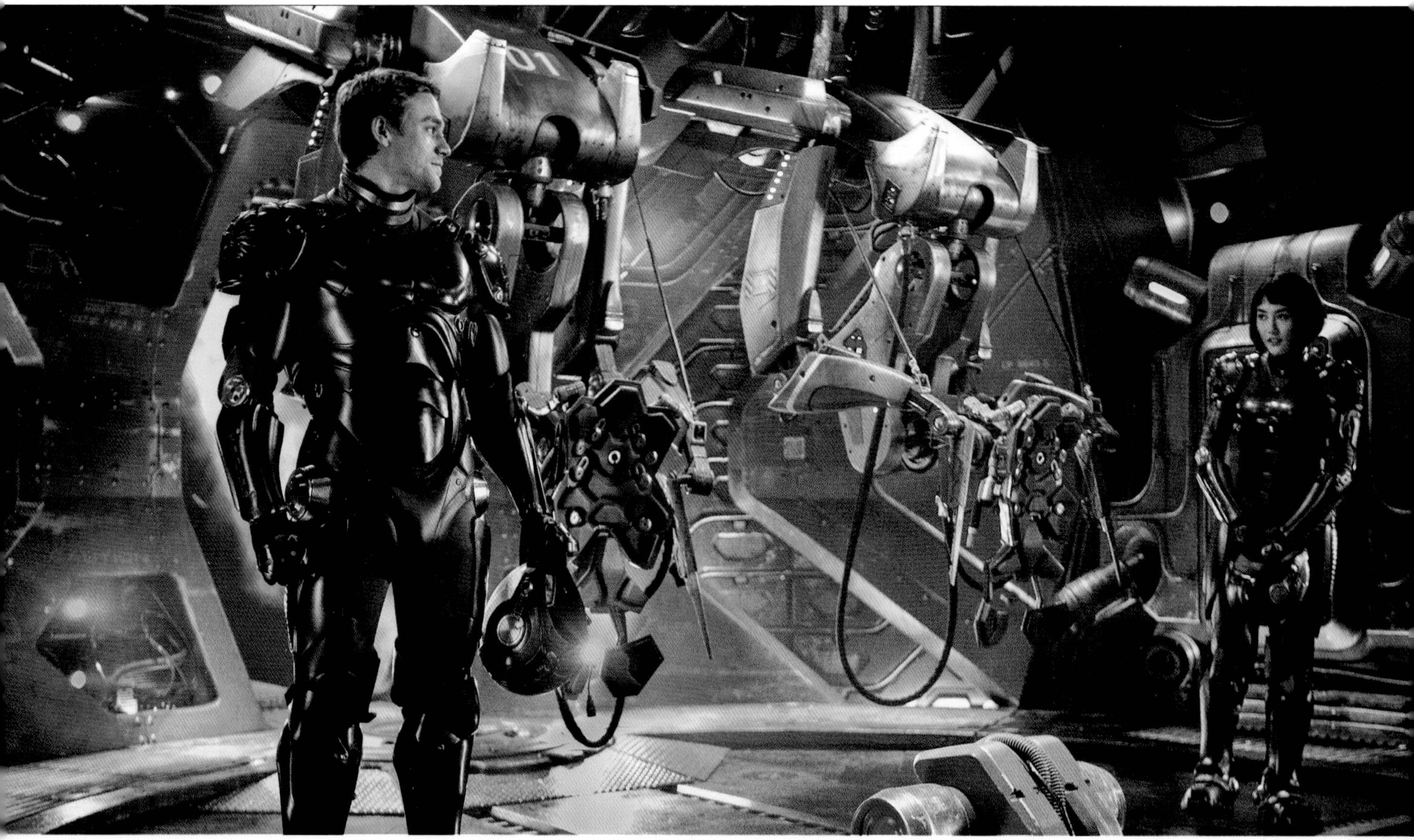

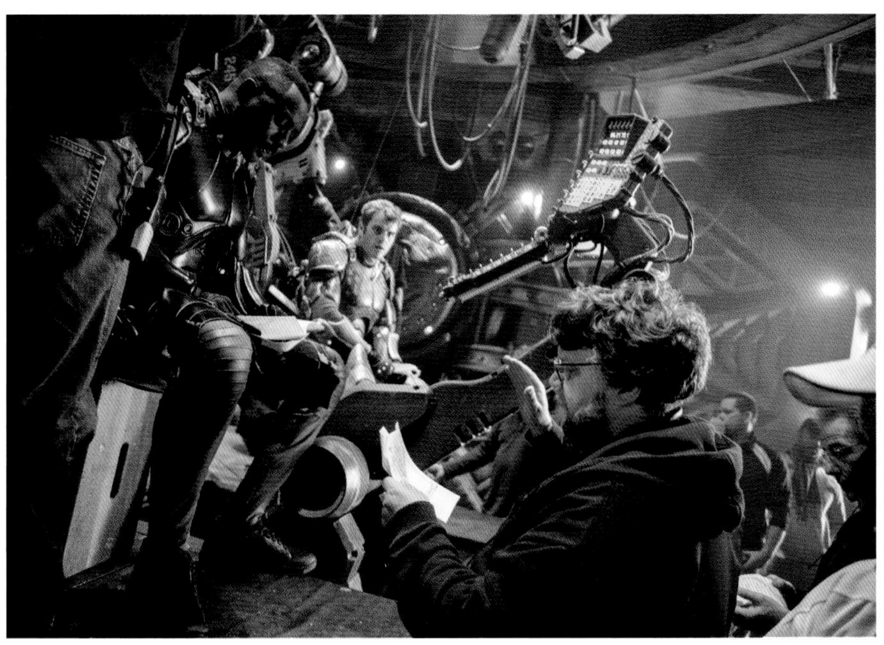

↖｜菊地凛子飾演的森真子，證明自己的武藝勝過她的新搭檔萊利・貝克特（查理・漢納）——讓人短暫回想起導演在《刀鋒戰士》安排的武打動作。

←｜駕駛搭檔們準備出發。機甲的駕駛艙是在機甲獵人的腦部，它被打造在數層樓高的巨大場景中，透過液壓裝置讓演員感受機甲獵人的每一步動作。

↑｜戴托羅重拾自己熟悉的事物而興奮莫名，他決心擺脫顧慮放手去做。事實上，最後他比原定進度提早完成，而且沒超出預算。

這部電影在多倫多松林電影工作室的寬敞空間，和比鄰兩個工作室，總共設計了一百零一個不同的場景。機甲的駕駛艙有四層樓高，建造在平衡環架（gimbal）上。即使是幕後的世界，也只有戴托羅才能設想出來。

戴托羅自始至終都不知疲倦為何物，幾乎很少離開片場，彷彿陰魂不散的幽魂。演員和劇組人員不禁開始好奇他是否曾闔眼休息。他們毫不例外，每次都會發現他在監控螢幕後面，小口吃著蘿蔔和辣醬，一邊處理千百個問題。他比預計提前一天完工，而且沒有超出預算。他心裡想著，「這是我唯一充分樂在其中的拍片經驗。」[33]

▶ 機械人與怪獸的設計 ◀

帕爾曼從不知道他的老朋友要求如此精確。不過戴托羅壓抑了他慣常在鏡頭和角色之間「儀式性的」[34] 的舞步，讓出空間給演員自由發揮。在某種程度上，他們會構想出在CGI的廣角鏡頭裡的機甲獵人，如何在擁擠的城市街道或是水深及膝的大海中移動。

三個英雄機甲獵人，分別名為「暴風赤紅」（Crimson Typhoon）、「衝鋒發現號」（Striker Eureka）、和「吉普賽危機」（Gypsy Danger），他們宛如巨大的盔甲武士，揮動可伸縮的長劍和噴射推進的飛彈，以核能為其動力。它們有著裝甲的寬闊胸膛和小小頭顱，體型如八〇年代的肌肉男星阿諾・史瓦辛格和席維斯・史特龍，不過戴托羅想讓他們全身傷痕累累，呈現被痛毆後的慘狀。他謳歌「二戰的轟炸機……和巨型柴油坦克的語言」。[35]

他和他的團隊也細心研究現代的機器人科技——遙控的拆彈機器、以及提供他們科學最終可能方向的軍事級資料。他希望自己異想天開的設計，能具備視覺上一定的寫實效果。上帝就藏在細節裡。他們展示了機甲獵人走過辦公大樓時，街道上的氣流如何移動，讓玻璃帷幕變形碎裂。整個場景裝設在液壓裝置上，因此怪獸腳步移動時，可以看到所有東西都為之震動。CGI的模型會再覆蓋上一層微粒，它們是大樓震動產生的灰塵、霧氣、雪花、或是典型戴托羅的滂沱大雨，運用巨大的機具在片場裡複製出來。

《電影評論》雜誌（*Film Comment*）承認這些明顯是電腦合成的場景「具有真實的質感和重量」[36]。在最好的情況下，《環太平洋》像是「科技加強版的聖喬治和龍（George and the Dragon）」。[37] 怪獸是一群長相奇特的龍。戴托羅制定了嚴格的規定，不管是怪獸還是機械人都不能參照既有的電影巨怪，不過他還是受到了洛夫克拉夫特的一些影響。這些爬蟲巨獸會噴出螢光的血液、長了一排角的頭、星狀的下

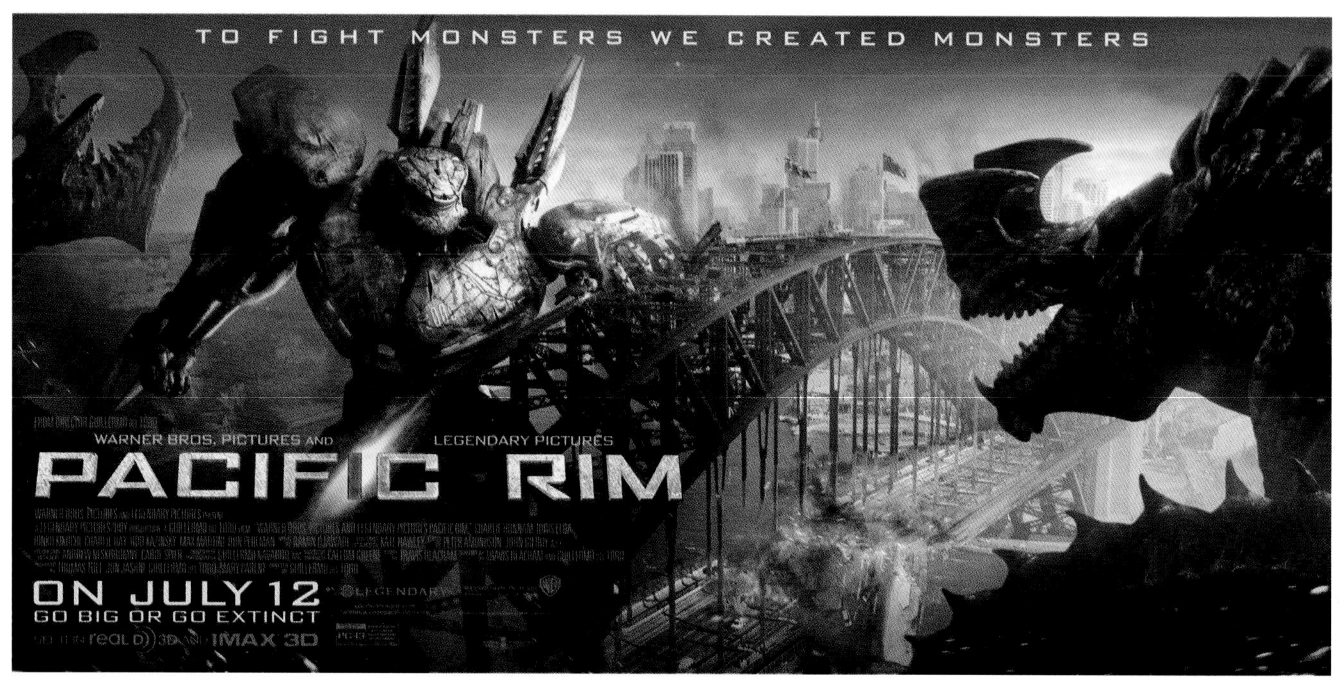

顎、還有怪異多稜角的軀體。牠們也對照真實的動物：哥布倫鯊（goblin shark）的外形輪廓、或是大象的皮膚。「我要求設計團隊實際畫出數以千計的草圖，只是輪廓的素描而不講究細節，這樣他們就不用受困於怪物的肌理結構，」[38] 他如此解釋，決心不能耗費幾年的時間在緩慢進展上。他們選擇了易於被辨識的造型。

一直到影片的尾聲，我們才瞥見到在「突破點」的另一邊，怪獸們有如蟲類的文明體系（暗示了《祕密客》裡的宏大計畫），以及怪獸被創造的理由和過程，但是戴托羅清楚知道牠們為什麼會長這副德性。

《環太平洋》有太多東西需要消化。它充滿世界末日的憤怒以及瘋狂發明。類似於《刀鋒戰士2》，但規格統一而巨大，戴托羅重拾了少年時期對電玩的狂熱喜愛，將整座城市摧毀，發洩他所有未實現計畫殘存的挫折感。

一些影評人認為這是他天分的豐沛表現。「如果說《變形金剛》系列像是長版的玩具廣告片讓人覺得心情低落，」《石板》雜誌如此評論，「《環太平洋》至少讓觀眾看到了想像力在馳騁。」[39] 電影上映後出現追捧熱潮和搜集機器人的狂熱，不過很快熱潮就消退。朱爾．凡爾納式的華麗，似乎受困在大量的電腦動畫效果中，留給你去猜想，到底戰鬥為何打贏了，或是為何打輸了。在影片中不容易找到視覺的韻腳或是魔法的點觸。就導演工作來說，《環太平洋》是他再次的自我肯定，展現沉寂已久的身手，提醒好萊塢他有能力拍主流的賣座片。全球四億一千萬美元的票房（在國際上的票房數字尤其亮眼）足以讓傳奇影業公司相信，它值得再拍一部續集。不過戴托羅的心思已經轉向了哥德浪漫劇的翻湧熱情。

↑｜《環太平洋》成為全球賣座大片，開啟了系列電影，證明了戴托羅在好萊塢的世界裡可以獲得成功仍不失個人色彩。

待拍計畫

讓我們看看戴托羅導演生涯的另一個世界，以及他至今未能實現的作品。

梅菲斯托的橋》（*Mephisto's Bridge*）

改編自克里斯多福．富勒（Christopher Fowler）的小說《史班奇》（*Spanky*），這是一個看板設計師把靈魂賣給魔鬼的故事。戴托羅說，「這是我的好萊塢經驗的一個比喻。」[1]

一個誠實的人》（*An Honest Man*）

為費德利柯．路比所寫的劇本，可能會用西班牙文拍攝。故事焦點是一個個性溫和的會計，為了保住自己聲譽而謀殺整個辦公室裡的人。

七人名單》（*The List of Seven*）

一些草稿還留著。預計要改編馬克．弗洛斯特（Mark Frost）與密教相關的謀殺推理小說，故事主角包括亞瑟．柯南．道爾（Arthur Conan Doyle）和布拉姆．史托克。

棺材》（*The Coffin*）

由漫畫改編，介於《魔鬼銀爪》和《科學怪人》之間的故事。描述一個聰明的科學家發明了一套可以讓人類靈魂寄生的服裝，靈魂藉此而得以不死，不過它的存在只不過是一陣煙霧。有點類似《地獄怪客2：金甲軍團》裡頭化為靈氣的尤漢．克勞斯。

描述一個名為「晨神」的小孩，在去超市的途中見證了「被提」[9]。

《泰山》（*Tarzan*）

戴托羅打算對這個穿著獸皮的英雄做出殘酷的改編。雖然仍會是一部闔家觀賞的電影，不過主角將處於真正惡劣的環境。「我想描述他如何成為叢林裡最強悍的動物，」[2] 他說。

《潘》（*Pan*）

他計畫大膽翻轉彼得潘的故事。想像一下，故事裡的虎克是個灰髮蒼蒼的偵探，正在追查一個兒童殺手，而殺手正可能是彼得潘。

《獅子、女巫、魔衣櫥》（*The Lion, the Witch, and the Wardrobe*）

原本有機會改編C．S．路易斯的經典故事但受阻，因為戴托羅透露他想捨棄獅子亞斯藍（Aslan）如聖經寓言般復活的情節。還有那聖誕老人（Father Christmas）的造型。

《柳林風聲》（*The Wind in the Willows*）

這部肯尼斯．葛拉姆（Kenneth Grahame）的經典擬人童話，戴托羅計畫結合電腦動畫和真人演出。不過當迪士尼建議給故事裡的蟾蜍一個滑板，他決定暫時打退堂鼓。

《德魯德》（*Drood*）

以丹．西蒙斯（Dan Simmons）的小說為本，戴托羅設想的場景裡，十九世紀偉大的作家威爾基．柯林斯（Wilkie Collins）和查爾斯．狄更斯，在倫敦地鐵網

《黑暗正義聯盟》（*Justice League Dark*）

DC漫畫提供了一個加入恐怖元素的超級英雄故事，集結的主角包括了一些長相怪異的反英雄，像是沼澤異形（Swamp Thing）和死人（Deadman）。這部電影的目標是擴展DC漫畫的廣大宇宙，與蝙蝠俠和超人這類角色並列，不過電影公司最後未能履行承諾。

《3993》（*3993*）

這部電影最初計畫是安排在《惡魔的脊椎骨》和《羊男的迷宮》之後，成為戴托羅的西班牙三部曲的完結篇。它的時間被設定在1939年和1993年，萬人塚重新被開啟。片名因此而來。

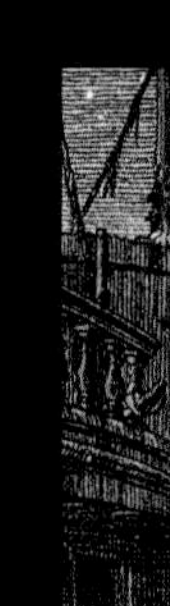

FREAK HOUSE

腥紅山莊

經過漫長的等待，
戴托羅終於能在哥德羅曼史類型發揮他獨到的眼光，
在他個人(也可說是每位電影人)的電影生涯最了不起的場景裡，
填入狂熱情感和華麗服裝，以及悲劇的飄蕩鬼魂。

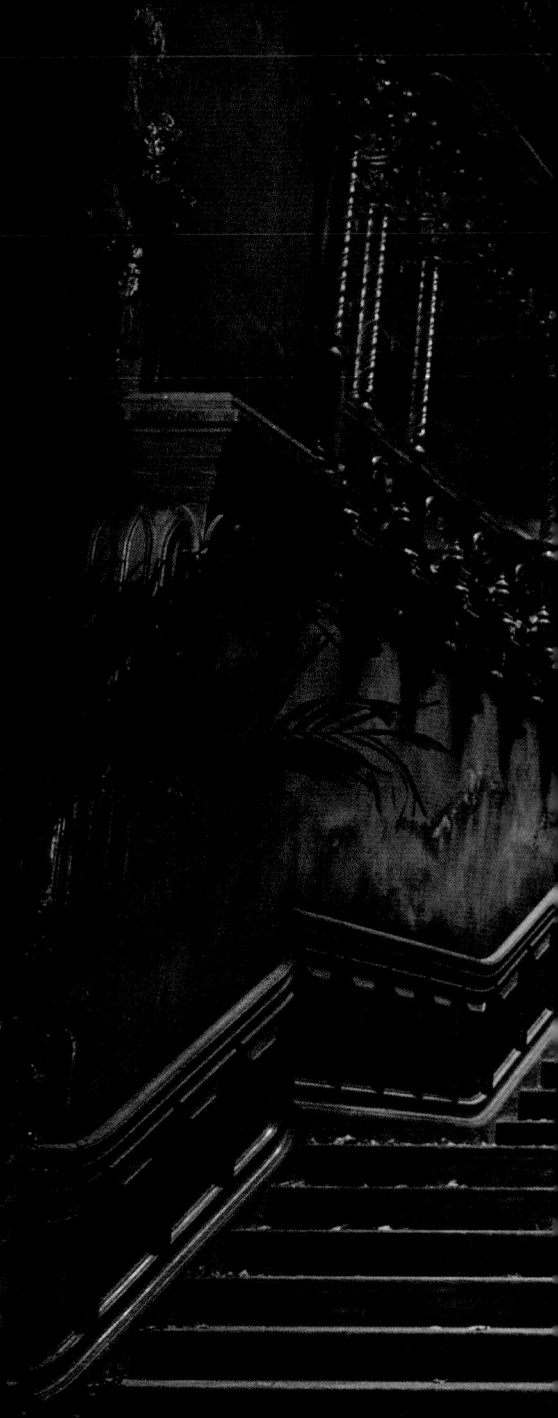

五〇年代和六〇年代的墨西哥電影伴隨著戴托羅成長，這些作品令他激賞之處在於，它們根本不認為混合電影類型是個問題。恐怖故事偽裝成了牛仔電影。黑色電影變身成了浪漫劇。「我或許是從墨西哥電影獲得了許可，會用意識流手法來處理類型，」他思索著，「你知道嗎？這就是我用童話故事混搭西班牙內戰的自由。」[1]

戴托羅電影世界的私密樂趣在於，你從來無法確定你身在何處。他的鬼故事感覺像是西部片；他華麗的超級英雄冒險有民間故事的氛圍；他的吸血鬼傳奇深處藏了家庭劇。影評金姆·紐曼（Kim Newman）把他多變的電影總結稱之為「奇幻派」（fantastique）[2]（根據戴托羅最喜愛的類型電影雜誌《電影奇幻派》（*Cinefantastique*）而命名）——代表的是所有奇幻類型的拼貼總和。戴托羅的第八部電影，實際上就是在這變動不居的流沙上建造起來的。

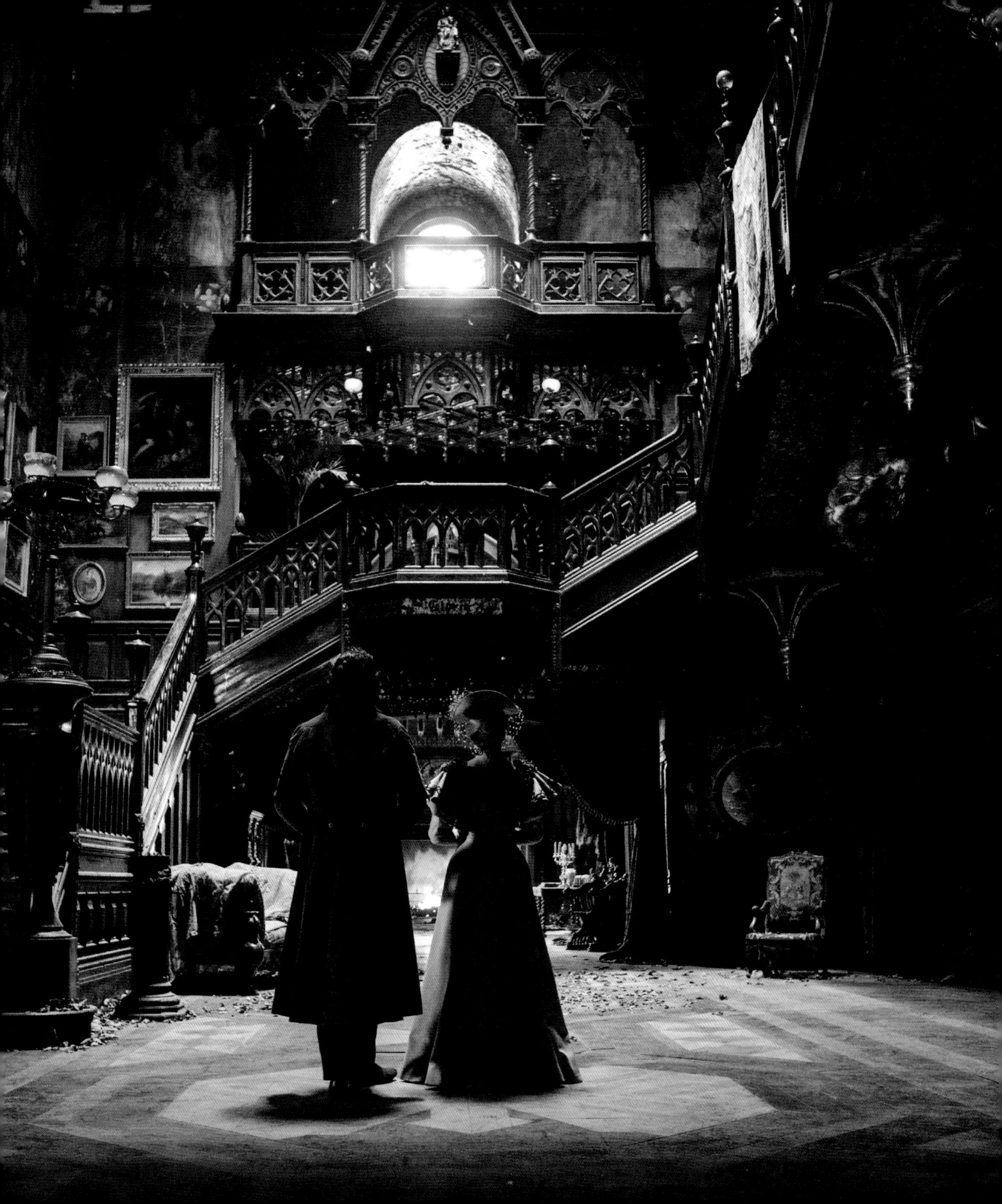

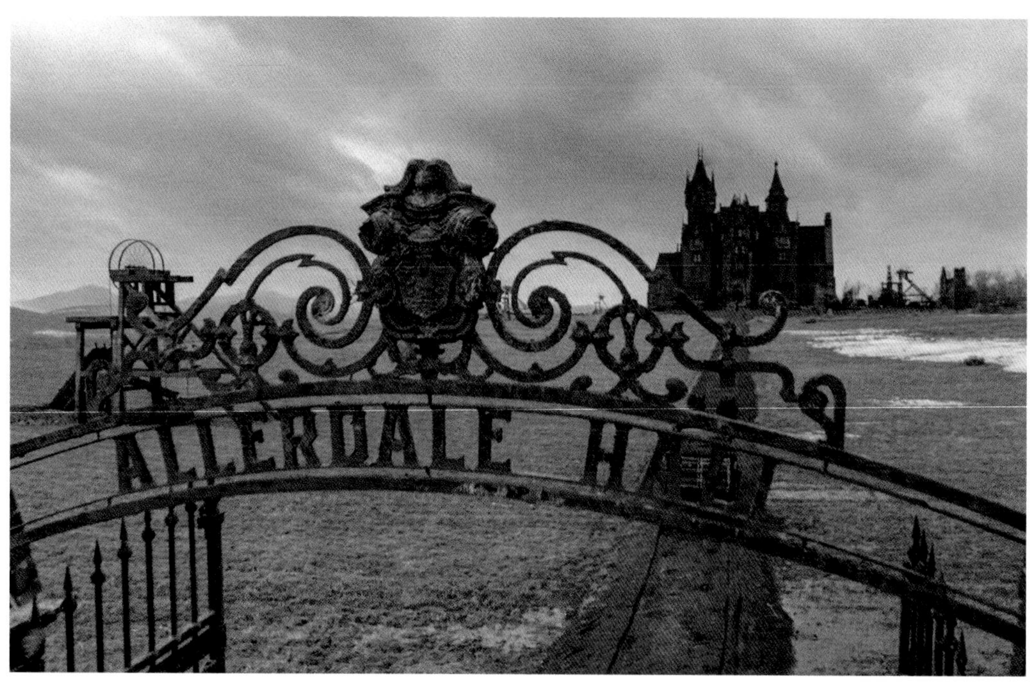

←｜艾勒戴爾宅，設定在英格蘭坎伯蘭的虛構地點，不過實際是在加拿大拍攝，它像是迪士尼中灰姑娘城堡的惡意反轉。

↘｜血腥的頭尾兩端——在電影開場和結尾，傷痕累累的伊迪絲（蜜雅．娃絲柯思卡）躲避她丈夫的姊姊兼死對頭露西爾（潔西卡．雀絲坦）。

史。故事中的老宅艾勒戴爾宅（Allerdale Hall），位在英格蘭西北部坎伯蘭一處荒涼的山崗上。新到的房客是心地善良的美國人伊迪絲．庫欣（蜜雅．娃絲柯思卡〔Mia Wasikowska〕），她與迷人的湯瑪斯．夏普爵士（湯姆．希德斯頓）甫新婚不久，他和冷若冰霜的姊姊露西爾（潔西卡．雀絲坦〔Jessica Chastain〕）以及眾多死後仍未得安息的家族成員，一起住在這個令人生畏的古墓裡。

自然地，幽靈作祟的鬼屋是戴托羅最希望處理的題材之一。小時候在瓜達拉哈拉，他不時會闖進一些被遺棄的屋舍，找尋被遺留下來的物品。他第一次到訪迪士尼樂園（一場登入涅槃的頓悟，讓他從此無法再回復原本的樣子），「幽靈公館」（The Haunted Mansion）就成了他的最愛。「對一些人而言，它不過就是一個遊樂設施，」他說。「對我來說，它是人生之道。」[3] 在他的收藏品當中，你不只會發現一些紀念品，還可以在翻製的幽靈公館裡找到「真品」：[4] 一些不再使用的道具和模型。荒涼山莊裡有著與幽靈公館門廳相同的壁紙，和怪獸首（gargoyle）壁燈。

2010年的聖地牙哥國際漫畫展，他剛雙手空空從紐西蘭回來美國，宣布將執導一部類似《神鬼奇航》（*Pirates of the Caribbean*）的鬼電影。這項計畫要挖掘關於幽靈公館的帽箱鬼（Hatbox Ghost）的「核心神話」，[5] 那是一個戴著高禮帽、拿著拐杖、手提著帽箱的鬼魂。透過一連串複雜燈光效果，他的頭彷彿會從身體上消失，之後重新出現在箱子裡。根據傳說，這實在**太**嚇人。小孩子們走到出口時害怕得發抖，傳聞在1969年遊樂設施開放的第一天，遊樂設施裡的無頭鬼就被取消了。不過，實際情形是，它的視覺效果受到周遭光線的干擾，幾個月之後決定停用。戴托羅自己設法構想了三個不同版本的「帽箱鬼」劇本，並且商請雷恩．葛斯林（Ryan Gosling）擔任主角（他們一起搭乘了這個遊樂設施來討論它的恐怖之處）。在這個時期，迪士尼重新擁抱了闔家共賞的精神。戴托羅誓言要讓孩子「驚恐尖叫」[6] 的念頭，也隨之成了幻影。

▶ 不一樣的鬼屋故事 ◀

《腥紅山莊》實際上更早於他與迪士尼在倫理上理念不同。它的劇本是在2006年《羊男的迷宮》完成後，他與長期合作的馬修．羅賓斯共同撰寫，當時彷彿一切都有可能。不過接下來出現了拍攝第二部《地獄怪客》的機會，還有那些沒有開拍《哈比人》而空轉的時光。這個劇本賣給了環球電影公司，隨著戴托羅投入《環太平洋》的拍攝，這個劇本繼續束之高閣。在和怪物搏鬥建立了成果豐碩的關係，《環太平洋》的製片公司傳奇影業詢問他，下一步他打算拍什麼。

他給他們看了三個劇本。三個飄渺的神奇寶物：《瘋狂山脈》、《黑暗左手》、以及比較保守的（至少，就預算而言）《腥紅山莊》。他們選了第三個，與環球電影公司聯手支持不算太過分的五千五百萬美元預算，故事背景設定為二十世紀初的古裝時代劇。

「鬼是真的，我知道的就這麼多。」[7] 伊迪絲輕聲地說，這個聰慧、有現代思想的女性被引入了一個較古老、陰鬱的世界。這是開場的第一句台詞，戴托羅很可能也會這麼說。他知道鬼是真的。回想一下他見到死後的叔父的故事。他在紐西蘭為《哈比人》勘景時，住在一個鬧鬼的飯店（鬼是他主動去找的）。當時是旅遊的淡季，飯店大抵空空蕩蕩。當天晚上連飯店經理都不在。被全世界所遺棄的氣氛達到了最高點，他坐在床上，聽到了一個女子痛苦尖叫的聲音從通氣窗傳過來。五分鐘之後，又出現一個男子令人心碎的哭嚎。「這時候我真的嚇壞了，」他承認。「我戴起我的耳機，看完了一整季帶在身邊的《火線重案組》（*The Wire*）。」[8]

很難不讓人懷疑他的話中有話，不過戴托羅說得一本正經。他的圖書館收藏了從1700年代以來各種見證鬼魂的紀錄，裡面詳述他所謂的「超自然情況」。[9]

在銀幕上，《惡魔的脊椎骨》展現他冷調處理經典鬼故事的才華，不過這部電影裡鬧鬼的孤兒院，和《腥紅山莊》的血色噩夢有著強烈對比。如今需要的是放縱。前者從義式西部片的直白風格擷取養分，而後者則沾染了被稱為「鉛黃電影」（gialli）的血腥義大利恐怖片煽情風格，和更多其他電影的影響。

即使擺在戴托羅的諸多作品中，這部電影的開場鏡頭仍屬衝擊感強烈：伊迪絲被困在洛夫克拉夫特可能會稱之為「色彩變幻的虛空」（opalescent void）之中[10]（導演對改編洛夫克拉夫特重要小說的渴望，滲透到了他的各部作品裡），她的蒼白面容、潔白睡衣，與《地獄怪客》飛濺的血紅色成了鮮明對比。狂風吹起。雪花飄落。迷霧中浮現古怪的形狀。她發抖的手握著一把生鏽的刀。我們可以感受到，這個幽靈不論死活，都將出現在電影最終結局，我們將透過華麗視覺意象深入探索。你可以稱它是「戴托羅高峰」（Peak del Toro）。

不過，他自己絕對不會稱它是鬼屋電影。儘管有那些半夜（或白天）傳出的古怪或淒厲的聲響，有那些飄蕩穿過走廊的幽靈，他還是把這部最大膽創新的作品稱為「哥德羅曼史」（Gothic Romance）。[11] 有些部分需要做一點釐清。

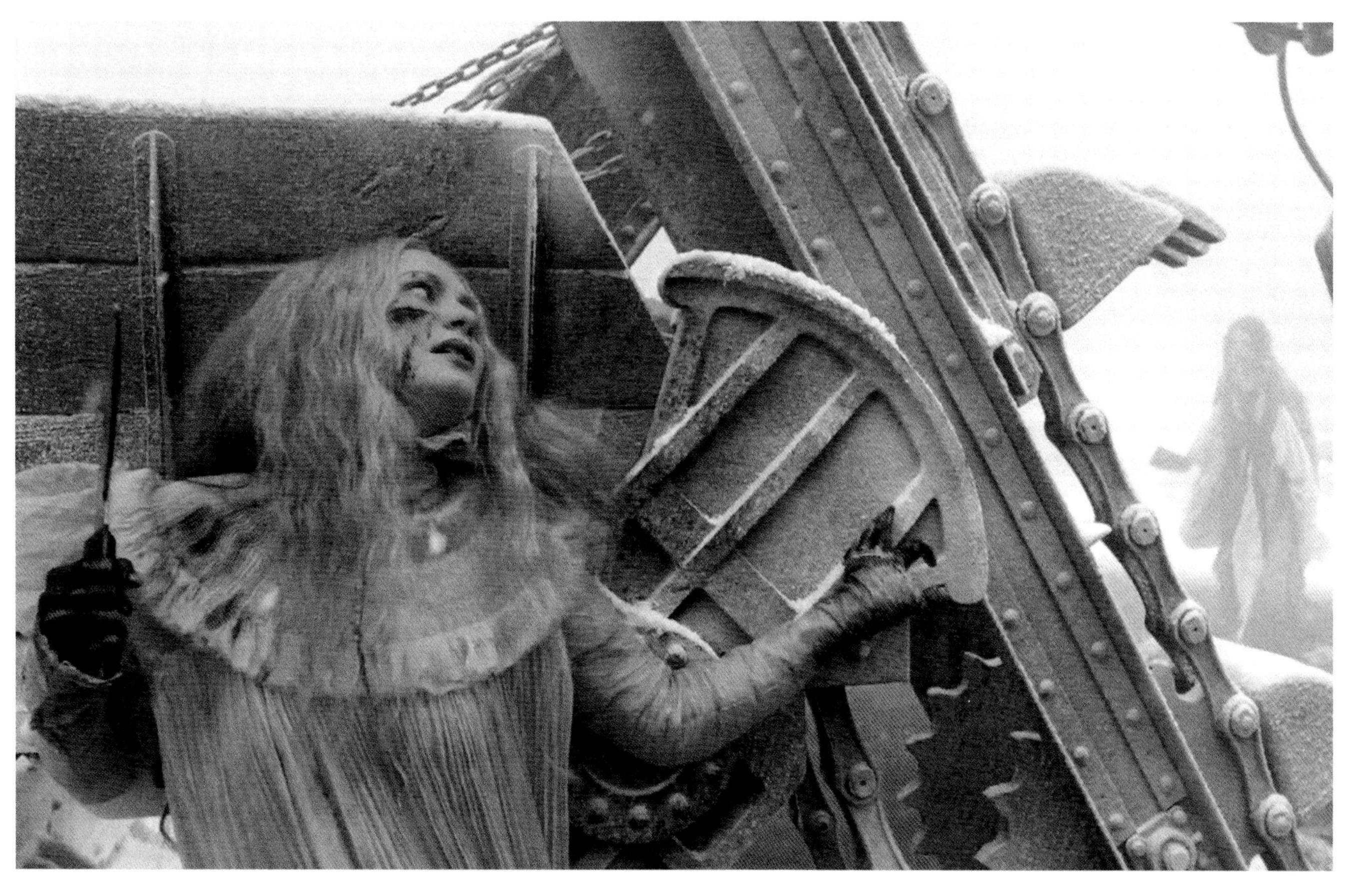

▶ 文學與電影典故 ◀

這一切，已經在戴托羅想像的大鍋裡翻攪了好幾年。哥德羅曼史是他的另一道獨門菜色。別忘了，他在電影院看的第一部電影是威廉．惠勒（William Wyler）在1939年改編的《魂歸離恨天》。不久之後，他發現了《科學怪人》和《簡愛》，並認定這二者都是「它們作者的情感傳記」。[12] 於是開啟了他所說的「與勃朗特姊妹和瑪麗．雪萊強烈的精神戀愛」。[13]

特此聲明：《科學怪人》較接近於加了科幻色彩的恐怖故事。

戴托羅會是第一個告訴你，哥德羅曼史（和恐怖故事）萌芽自童話故事的豐富土壤。

他也說過，《腥紅山莊》的另一個靈感來源是謝里丹．勒法努的《西拉斯叔叔》（*Uncle Silas*），這個「變態冒險故事」[14] 講述少女莫德搬去與她邪惡的叔叔同住，讓人聯想到《灰姑娘》、《白雪公主》、以及《羊男的迷宮》裡的不幸。

他解釋，「哥德故事裡的成長儀式，往往需要進入某種迷宮，也許是黑森林、或是鬧鬼的房子、或是二者都有。」[15] 導演自己也身兼了評論家。

就如同《羊男的迷宮》破裂的中心，《腥紅山莊》同樣刻意區分了兩個不同的世界。故事一開始在繁榮現代的美國，有汽車、印刷機、以及整體的進步氣息，之後他們轉往英格蘭，這裡似乎籠罩在奇幻的帳幔之中。「如果要我選全世界鬧鬼最厲害的國家，我會選英格蘭。」[16] 戴托羅大笑著說。我們隨著伊迪絲一起從現實人生進入到類型電影。就連湯瑪斯巧妙的發明，在這片泥淖之地也難以找到買家。這位夢想家打造了有如恐龍造型的複雜裝置，來開採珍貴的黏土，這種黏土會讓大地染上

哥德類型傳統的復興

專家會指出，哥德文學的濫觴是霍拉斯．沃波爾（Horace Walpole）在1764年的嘲諷小說《奧特蘭托城堡》（*The Castle of Otranto*），它建立起了被詛咒的家族、陰森的城堡、以及神祕的死亡等固定的元素。推展這個文類的作家多半是女性：最有名的包括了安．雷德克里夫（Ann Radcliffe）（她在《奧多芙的神祕》〔*The Mysteries of Udolpho*〕現身說法，對小說的超自然現象提出理性的解釋）、珍．奧斯汀（Jane Austen）（她在《諾桑覺寺》〔*Northanger Abbey*〕諧擬了雷德克里夫）、以及寫出重量級哥德小說《簡愛》（*Jane Eyre*）與《嘯風山莊》（*Wuthering Heights*）的勃朗特姊妹（Charlotte and Emily Brontë）。少數的男性作家之一是亨利．詹姆斯（Henry James），他在《碧廬冤孽》（*The Turn of the Screw*）描述令人毛骨悚然的孩子，做了開創性的試驗。

下一代的優秀作家是達芙妮．杜穆里埃（Daphne du Maurier），她的1938年反羅曼史小說《蝴蝶夢》（*Rebecca*）給了《腥紅山莊》深遠的影響。注意它昏沉的曼德雷宅邸；迷夢般的氣氛與心理折磨；還有，在故事結構上，新來的天真戀人與受困於過去的病態管家之間的對立衝突。雪莉．傑克森（Shirley Jackson）1959年的經典恐怖小說《鬼入侵》（*The Haunting of Hill House*）設想了房子與房客之間曖昧的心靈聯繫。

它的系譜也可以連結到拉丁美洲的哥德小說和魔幻寫實作家，像是賈西亞．馬奎斯（Gabriel García Márquez）和波赫士（Jorge Luis Borges）（戴托羅經常被歸為與他們同列）。還有最近大獲成功的《暮光之城：無懼的愛》（*Twilight*）以及《格雷的五十道陰影》（*Fifty Shades of Grey*），它們至少是嚴肅看待自己的主題。的確，《腥紅山莊》是這股哥德傳統復興的一部分。

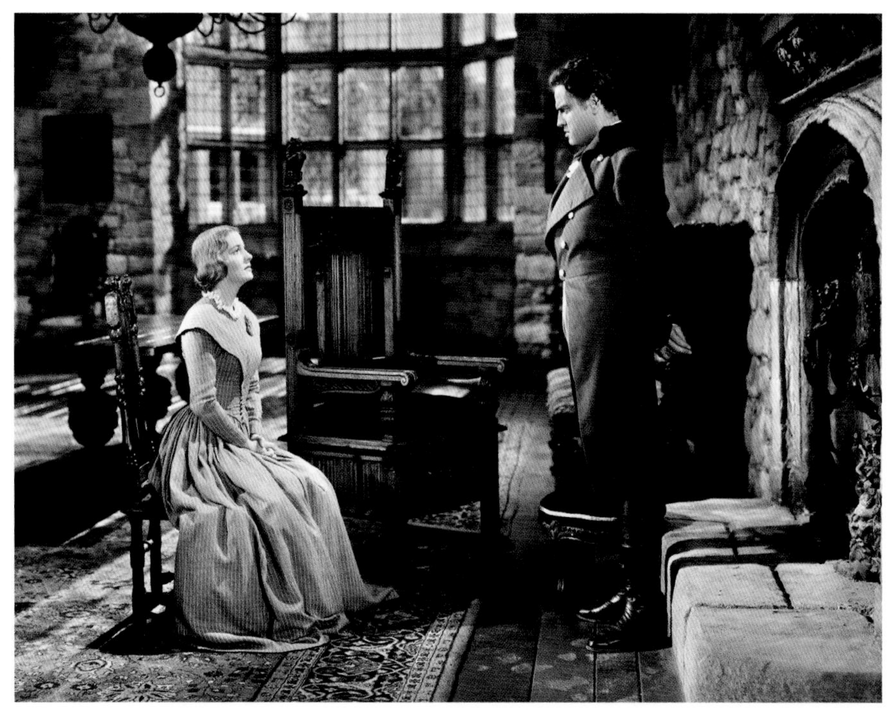

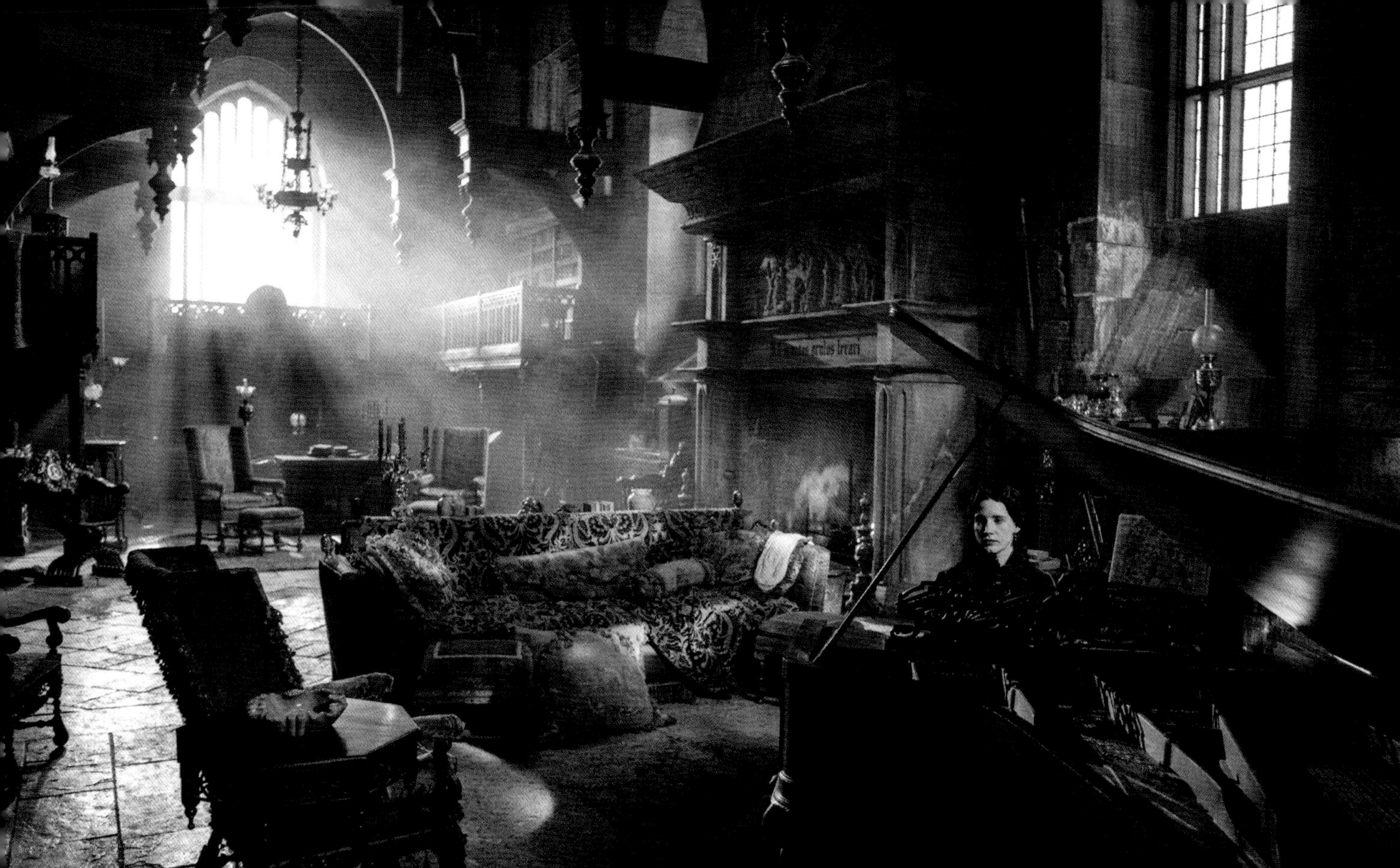

←｜瓊·芳登（Joan Fountain）飾演的女主角，在1943年經典的《簡愛》抗拒歐森·威爾斯（Orson Welles）飾演的羅徹斯特先生的熊熊眼光，這是《腥紅山莊》靈感來源的眾多經典電影之一。

↑｜內部的衰敗——一棟宏偉但衰敗的宅邸是哥德羅曼史的招牌場景，戴托羅也建立了屬於他的代表作。

噁心的紅色。宅邸很不自然地坐落在這裡，從地底冒出的污泥在地面上留下血漬般的腥紅。

電影史學家大衛·湯姆森（David Thomson）宣稱，戴托羅與眾不同之處在於，「他的素材具有強大的文學結構。」[17]《腥紅山莊》也是他最執意要展現小說風格的作品。在電影開場的片頭，片名是以一本舊精裝書上的花飾字母出現。

一如過往，除了參考書籍，他也用了許多電影的典故。哥德羅曼史電影曾經風行一時。布紐爾改編過《嘯風山莊》。希區考克改編充滿通俗劇氣味的《蝴蝶夢》，成了他榮獲金像獎的成名之作。哥德故事在電影上，逼近於荒謬劇的邊緣。

在整個1960年代，羅傑·柯曼（Roger Corman）改編愛倫·坡的作品，配合標準的B級演員文森·普萊斯，以濃烈哥德風格描繪注定不幸的家族命運。每一個故事，不管是《亞瑟家的沒落》（*The Fall of the House of Usher*）、《烏鴉》（*The Raven*）或是《陷阱與鐘擺》（*The Pit and the Pendulum*），都是以閃動的繽紛色彩呈現，迷幻的氣氛更勝於中世紀色彩。他也沒錯過普萊斯在約瑟夫·孟威茲（Joseph L. Mankiewicz）1946年灑狗血的《神祕莊園》（*Dragonwyck*）裡，應付離奇命案和豪宅的種種風波。或是《煤氣燈下》（*Gaslight*），新婚的英格麗·褒曼（Ingrid Bergman）被查爾斯·波伊爾（Charles Boyer）逼到瘋狂——這也是「煤氣燈效應」（gaslighting）這個字指涉心理操控的由來。或者是《藍鬍子》（*Bluebeard*）裡，李察·波頓（Richard

Burton）飾演的貴族如何不斷變換美麗的妻子，他不是和她們離婚，而是把她們冰冷屍體隱藏在封凍的地窖裡。

戴托羅要重新找回這種通俗劇的魔力，他也再度從內在翻轉它的規則。他將之稱為「再脈絡化」（recontexualization）。[18] 這位墨西哥人的一隻腳仍牢牢踩在恐怖故事的土地上。這些人是真正的鬼，不是隱喻或是妄想。氣氛是恐怖的，主題深刻而扣人心弦。他說，「這是我第一次嘗試結合《羊男的迷宮》和《惡魔的脊椎骨》的風格，加上更多的卡司和更多的預算。」[19] 情節、角色、服裝、美術指導、音樂、音效、還有最重要的，艾勒戴爾宅的宏大教堂場景，彷彿滿缸的鰻魚糾結在一起。

因為企業家父親（吉姆．畢佛〔Jim Beaver〕）慘遭殺害，在**必要的**驗屍場景中成了一具破裂暴露的頭顱，伊迪絲成了遺產的女繼承人。她被帶到陰森封閉的艾勒戴爾大宅，很快開始懷疑夏普一家人財務拮据。湯瑪斯變得疏遠，露西爾則充滿危險，而從第一晚起，亡靈就開始嘗試對她提出警告。就如同《惡魔的脊椎骨》裡無依的亡靈桑提，這些扭擰的幽魂更像是行刑的見證者，而非鬼魅。

《腥紅山莊》的共同編劇羅賓斯強調，電影的核心概念是主角可以「與初看之下令人生畏的物種，形成奇特的結盟關係」。[20] 編劇想知道，他們能否寫出一個撼動我們對鬼故事期待的電影。戴托羅常喜歡跟記者們說，這裡怪物仍是人性的變種。伊迪絲必須嘗試解讀亡靈的謎題，才能解救自己。

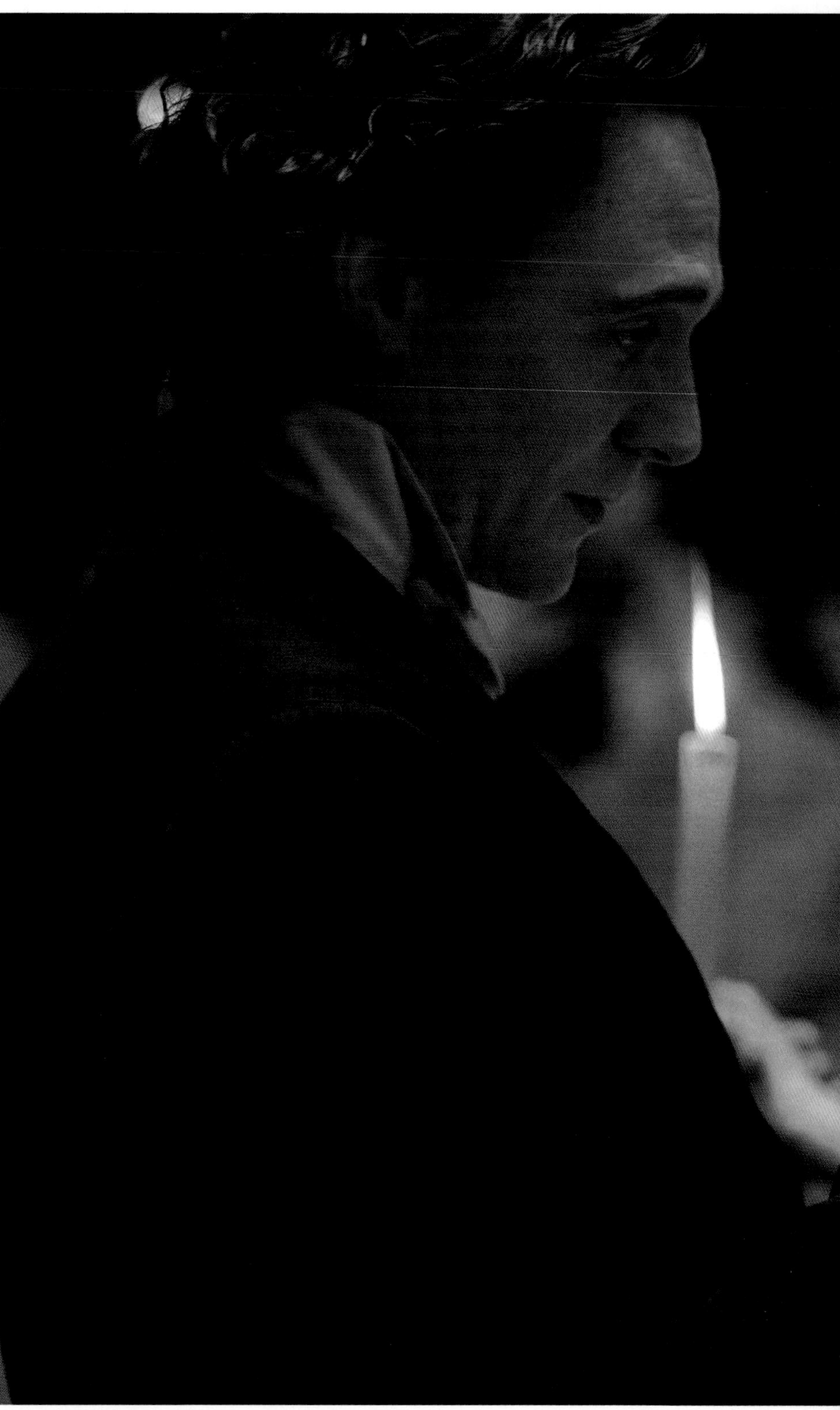

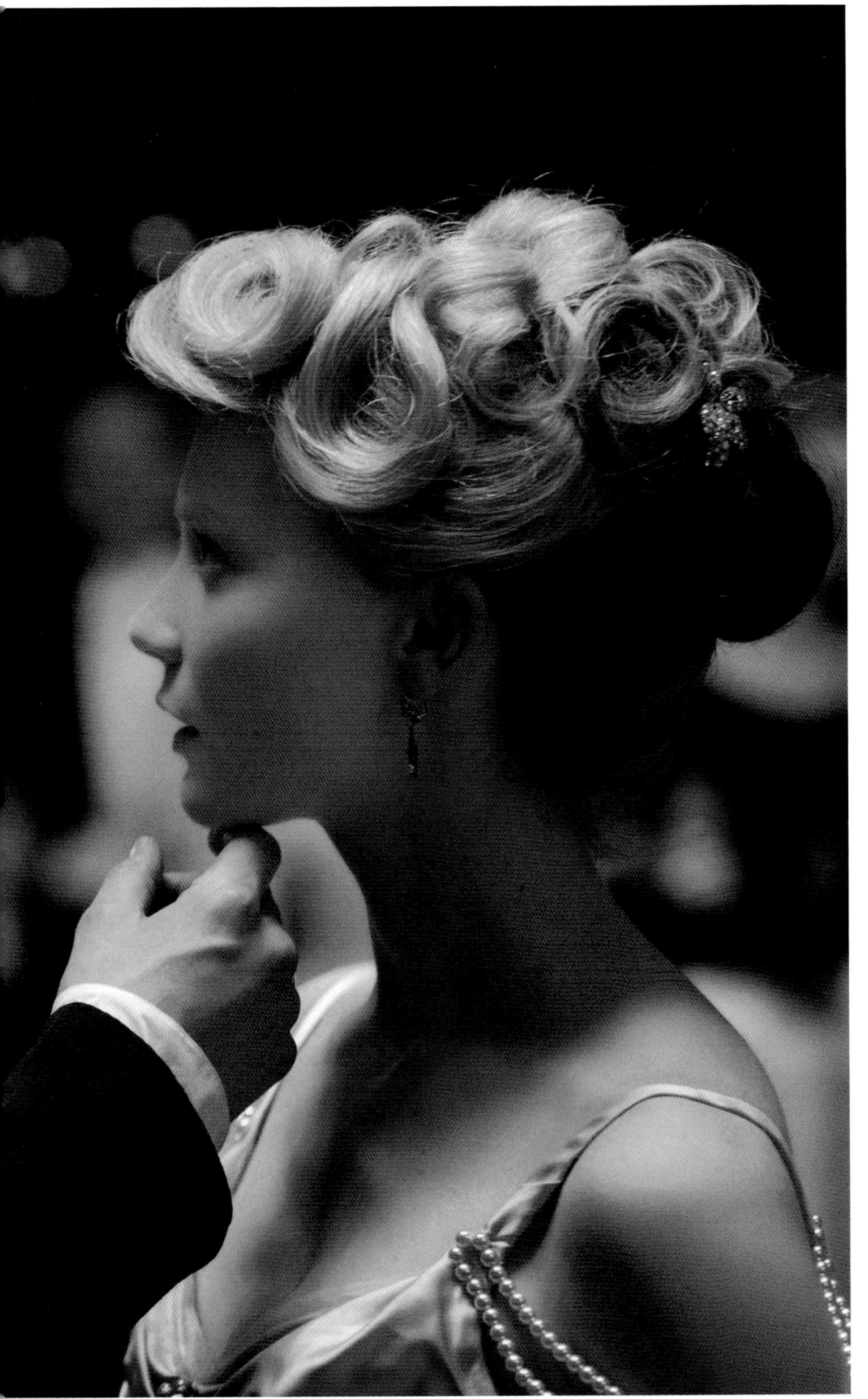

▶ 選角波折 ◀

由於故事多半圍繞著核心的姊弟，和被當成獵物的伊迪絲三人，加上查理．漢納這位在遠方被忽略的情人，角色選擇必然令人矚目。這是個棘手的過程。一開始公布湯瑪斯和伊迪絲的角色人選分別是班奈狄克．康伯拜區（Benedict Cumberbatch）和艾瑪．史東（Emma Stone），潔西卡．雀絲坦則確定飾演露西爾。在拍攝《母侵》（*Mama*）時，戴托羅就已經把劇本拿給參與演出的雀絲坦，認定這個紅髮女星適合伊迪絲的角色。讓他感到意外的是，雀絲坦卻積極爭取露西爾的角色，對演技的考驗躍躍欲試：她除了要傳達片中角色難以抑遏的情感風暴，她還得要學鋼琴。之後，前置工作延誤了開拍的日期，艾瑪．史東因為新片開拍而必須辭演，至於康伯拜區則是在不傷和氣、但令人不解的情況下改變了心意。

戴托羅如今早已習慣好萊塢易變的風向，他重新釐清思緒。「我總是告訴老婆，『假如你要添置家具，你要先買其中最關鍵的東西，然後它會成為你的定錨。之後你圍繞著它進行裝飾。』」[21] 他選角的第一個定錨是康伯拜區。在他離開之後，戴托羅以雀絲坦作為他的定點，這讓他對於湯瑪斯和之後伊迪絲的角色都有了新的想法。「我覺得湯姆．希德斯頓非常適合來調和潔西卡的力量，」他如此思考。「接下來，我覺得蜜雅是他很好的對手。她對潔西卡而言有非常不同的、較安靜的深刻內在力量。」[22] 這與他們的演技或是票房吸金能力無關，它與化學效應有關。

← ｜新燃的火焰——湯瑪斯．夏普（湯姆．希德斯頓）翩然起舞仍巧妙保持蠟燭不滅，贏得了富有的女繼承人伊迪絲（蜜雅．娃絲柯思卡）的芳心。

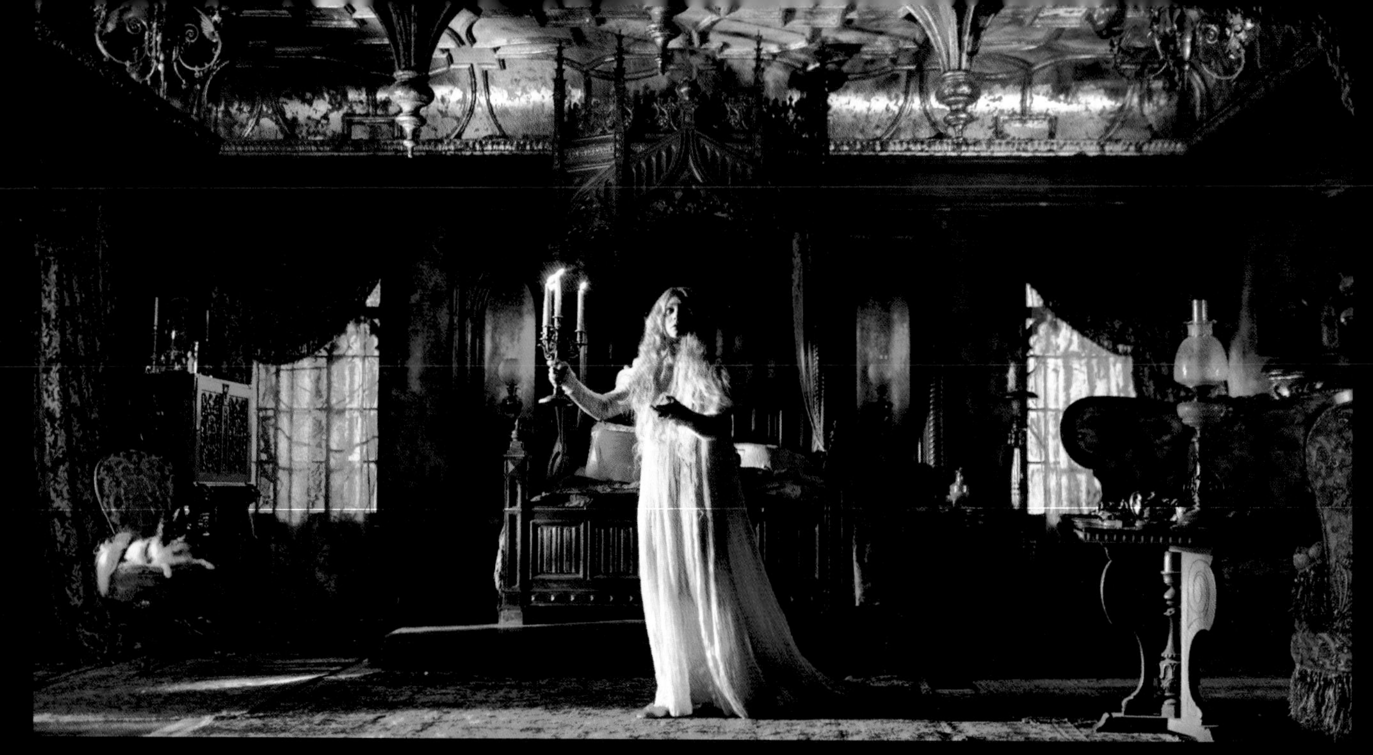

雀絲坦來自加州的沙加緬度，以《00:30凌晨密令》（*Zero Dark Thirty*）和《星際效應》（*Interstellar*）這類賣座的現代劇知名，儘管她的白皙膚色非常有維多利亞時代風。倫敦出生，伊頓公學院畢業的希德斯頓受過傳統劇場訓練（他念台詞就像鞋跟踩在石板上，清脆有力），不過他在《雷神索爾》飾演洛基（Loki）的角色，閃現了他反派的魅力。充滿靈氣的澳洲女星娃絲柯思卡也有足夠資歷分量，剛擔綱演出了《魔境夢遊》（Alice in Wonderland）和《簡愛》。

▶ 哥德故事中的女性力量 ◀

依照戴托羅的說法，早期的哥德故事「最中心需要一個天真無邪的或是『純潔的』角色才能夠運作」。[23] 他用稍嫌偏大的服裝道具來凸顯女主角的脆弱，這個技巧是借用自希區考克的《蝴蝶夢》。不過，伊迪絲可不是柔弱無助的「落難少女」（damsel in distress）。她既保有天真，但同時也理解世故人情。這個角色脫胎自戴托羅個人樂於追根究柢、偏好文藝的面向，她是潛力作家，特別喜歡寫鬼怪故事（恰好不是愛情故事），心頭縈繞不去的，是兒時目睹死屍狀的母親骨頭像油膜一樣發黑發亮的景象。

這些角色都不完全是原型角色。露西爾在她靈魂的冰山底下，有著汪洋一片的激情和苦澀。她對弟弟的情感已屬於病態，但是卻相當真實。在她憤怒眼神背後，是另一個亡故的母親（依舊陰魂不散），和一小段在療養院的經歷。她扭曲的靈魂讓自己加入了哈辛托、維多上尉、以及《地獄怪客2：金甲軍團》裡頭設計陰謀的努亞達王子的同一陣營。他們是戴托羅的世界裡受過傷的孩子。

和《羊男的迷宮》一樣，《腥紅山莊》也是一部以女力驅動的電影。希德斯頓演的湯瑪斯，隨著電影的進展而變得愈來愈被動——最終成了一個鬼魂，他灰白的前額出現了裂口，就和《魔鬼銀爪》的耶穌・葛利斯、《惡魔的脊椎骨》的桑提、或煮熟雞蛋的破裂蛋殼一樣。漢納飾演的亞倫醫師是穿著灰色西裝的煙霧彈。所有事件等待他關鍵時刻的到來，他英勇的行動被刺入腋下的刀所阻斷（哈辛托在《惡魔的脊椎骨》也有同樣近乎致命的傷），讓他反而陷入了需要救援的險境。

電影在2014年的春季拍攝，戴托羅顯然樂在其中。他不時會唱起歌來娛樂劇組人員。每隔幾個星期，就會有一個墨西哥街頭樂隊被邀請在午餐時表演。他一直忍到宅邸準備就緒之後，才讓他的演員們參觀，滿意地看著他們驚嘆的神情；就和《環太平洋》一樣，他也比以往更容許演員們即興發揮。露西爾暴怒把燉菜鍋摔在餐桌上，然後再徒手舀起滿桌殘渣，暴露她瘋狂的一面，這段戲完全是出自雀絲坦的構想。有些時候，它彷彿是場舞台劇。

伊迪絲和露西爾在這些佛洛依德式的迴廊一決高下，有如雪歌妮・薇佛（Sigourney Weaver）和她的異形——雖然這場對決，充滿的是茶酸而不是血腥，因

← | 在主角與靈界力量遊蕩了一夜之後，戴托羅的諸多情節營造觸發了行動。

↓ | 家族血脈——湯姆．希德斯頓與潔西卡．雀絲坦的宣傳照，這對不正常的親密姊弟處在故事的黑暗核心。

為露西爾調製的是難以入口的茶，而伊迪絲日益惡化的健康，對應了她日漸單薄的衣服。你可以說伊迪絲所演繹的是殺人魔電影（slasher movies）裡頭「最後倖存女孩」的隱喻。劇中唯一的裸戲由男星演出。按照現代好萊塢的標準，這是屬於女性主義的材料，足以讓電影公司躊躇猶疑（這也是電影花了八年時間才完成的另一個理由）。不過戴托羅一輩子已習慣和女強人共處：妻子、女兒、祖母、以及那些在耳邊喚起他的迷人女作家們。「每當〔哥德羅曼史〕是由女作家來處理，」他說，「故事往往會變得很巧妙、複雜、有強大的力量。」[24]

他想的是好的故事，而不是它的政治議題。「如果你回頭看《魔鬼銀爪》，它是兩個角色間的對手戲，當我在1991年拍攝《魔鬼銀爪》時，它是很邊緣人物的敘事。一個是老男人，另一個是小女孩。我感興趣的是類型電影裡很少當主角的人物，這樣拍起來更有趣味。」[25]

▶ 發揮力量的場景與道具 ◀

在《腥紅山莊》的另一個怪物是房子本身。戴托羅希望夏普家這個混亂脫序的宅邸感覺起來「像個有機體」。[26] 當煙囪口吹送的氣流讓火爐更加熾熱，整個屋子似乎在呼吸。由於屋頂上失修的裂縫，雪落入了寬敞的中庭（向《大國民》裡頭雪花球裡的國度「仙那都」〔Xanadu〕致敬）。這

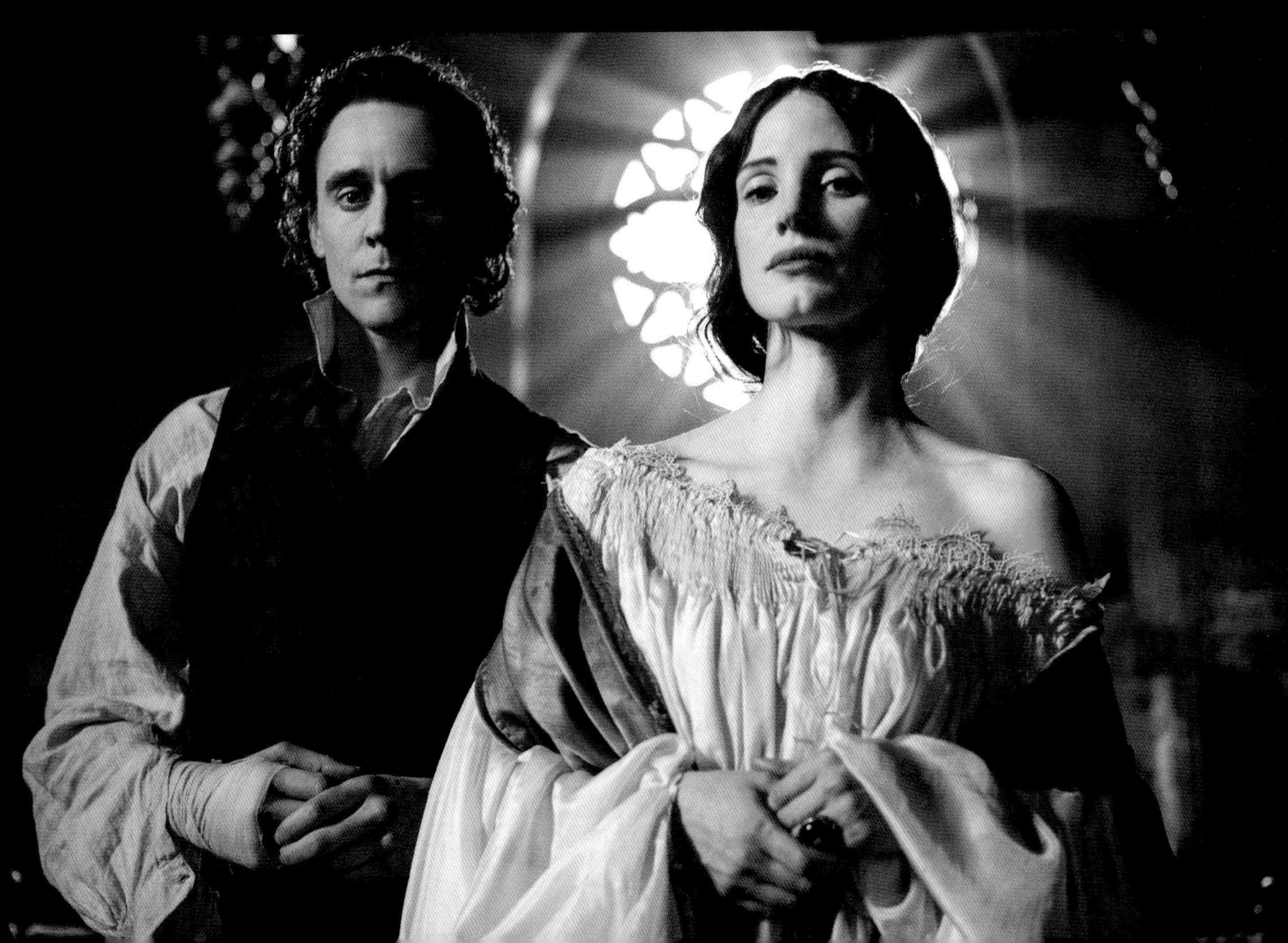

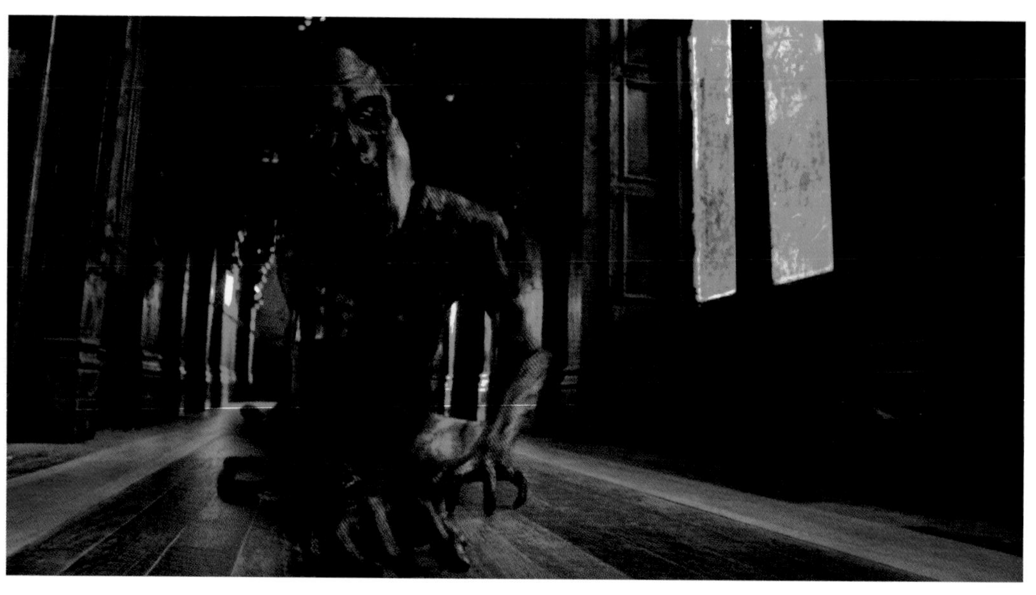

→ | 執意要重新定義電影裡的鬼，戴托羅以狂暴的紅色加上CGI效果來強化他抽搐、痛苦的鬼魂。

個哥德式建築的失序彷彿具有感染性。整個地方從上到下都已經腐爛。在戴托羅看來，這房子已經瘋狂。

運用建築軟體所設計的內部裝潢，實際上可說是湯姆．桑德斯（Tom Sanders）用持久性泡棉以手工打造（他在《吸血鬼：真愛不死》〔*Bram Stoker's Dracula*〕就已經打響名聲）。儘管《環太平洋》證明了電腦合成動畫的多樣神奇功能，戴托羅的鬼屋必須是真實打造。這是神聖不容侵犯的。這是他對迪士尼樂園著名遊樂設施稍加扭曲的改裝，而它壯觀的恐怖宅邸使用的，是多倫多松林製片廠裡安置巨大機甲獵人的同一個寬敞片場。這裡為發出呻吟聲的室內場景提供了廣大的空間，總共有五層樓高，而且全部是三度空間設計。戴托羅依舊視野宏大。

在某種意義上，「荒涼山莊」成了一部電影。他把它的靈魂注入了這棟被沉甸甸的文學和電影典故壓垮的巨大宅邸。湯姆在房間裡展示了複雜的自動裝置和發條娃娃：盤子上擺放的陶瓷眼珠，還有怪異的人偶從角落裡瞪著雙眼。圖書館裡有原版的書籍。夏普家族裡如皇太后般的母親表情嚴厲的肖像，有著薩金特（John Singer Sargent）或惠斯勒（James Whistler）的畫風（很可能是以戴托羅的祖母為模特兒），為了讓畫作顯得經歷歲月風霜，還提前了七個月委託畫家繪製。每個細節都注意了。還有一台連接三層樓的電梯，營造出戴托羅收藏的那些古董畫片中的機械感。

艾勒戴爾宅是電影史上偉大豪宅的誇張呈現，但絕對不是它們的諧擬仿作，在這個大宅裡，攝影機可以在迷宮般的世界裡匍伏前行，就如同《惡魔附身的小孩》（*The Innocents*）、《鬼屋》（*The Haunting*）、還有號稱「鬼屋電影裡的世界第一高峰」[27] 的《鬼店》一樣。此外，還帶有雷利．史考特其他幾部類型電影經典《黑魔王》（*Legend*）和《銀翼殺手》的風格，有著飽滿、浪漫、歷經風霜的背景。

戴托羅設計他的場景時，他一定不會忘記他的攝影指導。一定要有攝影機可以移動的空間，可以帶著觀眾深入其境。這一回他找的是丹．勞斯特森（Dan Laustsen），他已經在黑色電影風格的《祕密客》地下世界與他共事。他們毫不保留。透過窗戶從外面打光，可以提供現場環境朦朧如畫般的光澤。場景裡的大膽用色，從黑色、紅色、青綠色、到綠松色、再到乳白色，是在向馬利歐．巴瓦（Mario Bava）致敬。

巴瓦這位害羞的義大利大師，「鉛黃電影」的教父，是戴托羅另一個重要的影響。和戴托羅一樣，巴瓦從電影特效的學徒做起，他相信類型電影的力量。在整個1960年代，他以嘉年華風格拍攝一系列的邪典恐怖電影，發展出了哥德電影的精緻形式。「他在顏色、飽和度、構圖、或是打光所做的每個決定都豐富了故事，」[28] 戴托羅讚賞道。即便是片名《腥紅山莊》也像是在向《驅魔任務》（*Kill, Baby... Kill!*）致敬，這部閃著血光的故事，描述十九世紀外夕凡尼亞被謀殺女孩的鬼魂復仇。就戴托羅看來，巴瓦卓越的視覺特效創造了一個超自然現象得以存在的棲地。

▶ 華麗中的恐怖 ◀

戴托羅的鬼魂們都沾染了埋葬他們的土壤的腥紅色。他的想法是，過去沒人見過紅色的鬼魂。他們也必須有真實感。於是他得讓身材纖細的演員們穿上可怕、扭曲的服裝，其中包括了永遠演技精湛、也永遠樂於效勞的道格·瓊斯。任何的電腦合成動畫都是為了強化道具的效果。他們扭曲的面容反映他們翻攪苦悶的情感：下巴脫臼、頭骨破裂、皮膚鬆弛見骨（和瞳魔有點相像），而他們嘴巴撐大到不可思議的程度。戴托羅對每個鬼魂都有各自的背景故事。

讓亡靈實際在片場演出，讓主角的表演更直接。他們無需想像有什麼東西該出現。屍體僵硬的亡者開始移動後骨頭顫抖吱吱作響，有如經過編排的舞步。鬼魂可以和周遭的環境互動。從地板上爬出的鬼魂實際上是「從地道爬出來，」戴托羅回想著，「之後我們再把地板加上去。」[29]

窒息是電影的一個主題。露西爾的愛是令人窒息的奉獻。「怪物般的愛是一切怪物之本，」[30] 她輕聲說著，影射了夏普家族的心理狀態是種家族傳承的精神疾病。整部電影有充滿窒息的象徵。在地板縫隙不斷湧出的紅色黏土，象徵了這座宅邸是建立在殺人謀財的根基上。

電影挑選的昆蟲是蝴蝶，及牠們夜間的近親，蛾。這些有飛翅的蟲子不斷盤旋在道具和場景中，彷彿挑戰觀眾不斷回頭。服裝是裝潢和性格的延伸。穿著一身金色洋裝的伊迪絲，像是在黑暗房間裡躍動的陽光。伊迪絲就是蝴蝶。露西爾則是蛾：她的青綠色服裝緊繃如冑甲，在暗處恍如真正的蛾融入了壁紙的紋路。湯瑪斯充滿了狄更斯小說裡送喪人的氣息，彷彿剛剛從錯誤的時代誤闖了進來。

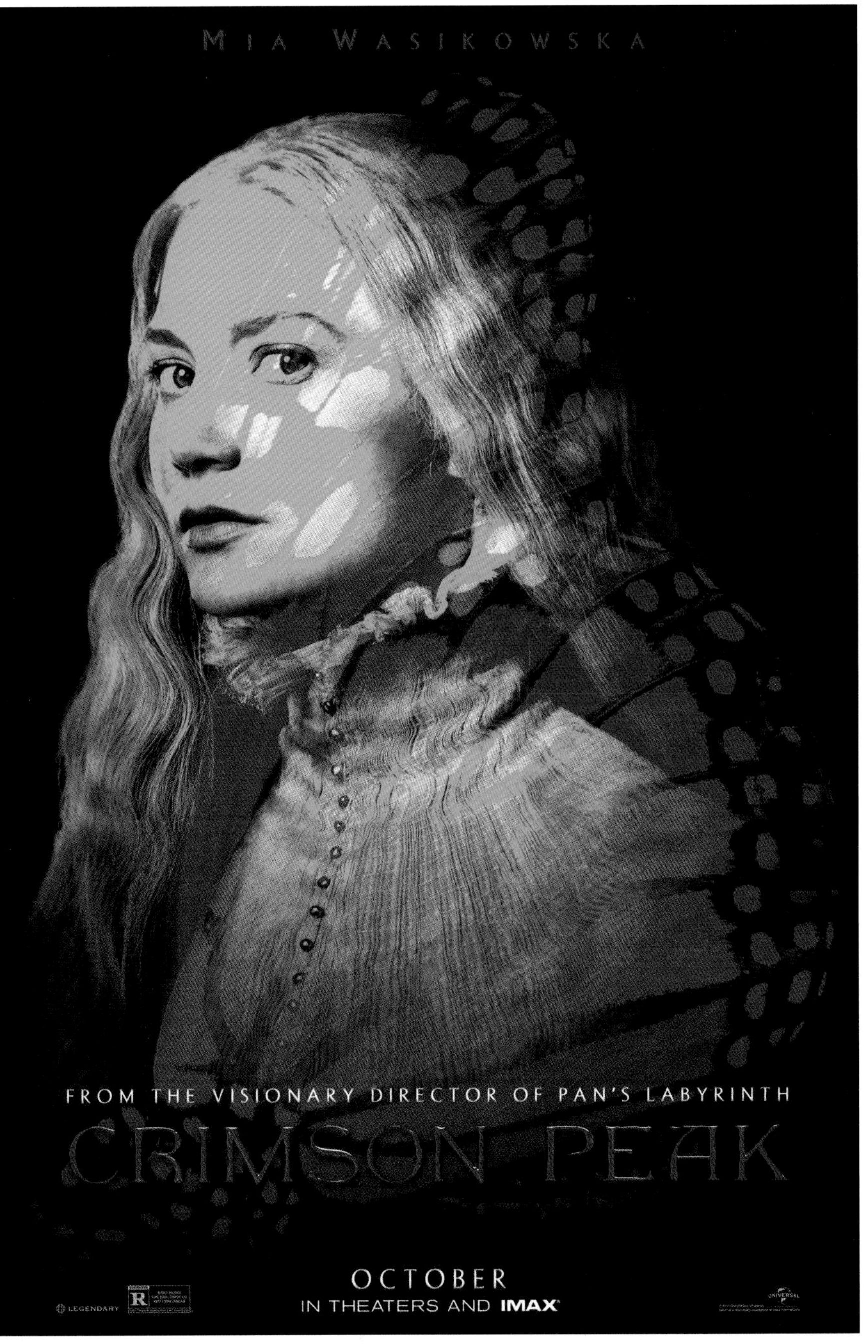

↑｜以充滿驚懼的伊迪絲（蜜雅·娃絲柯思卡）為中心的超現實海報。戴托羅認定他要拍的是一部哥德羅曼史，而不是恐怖電影。

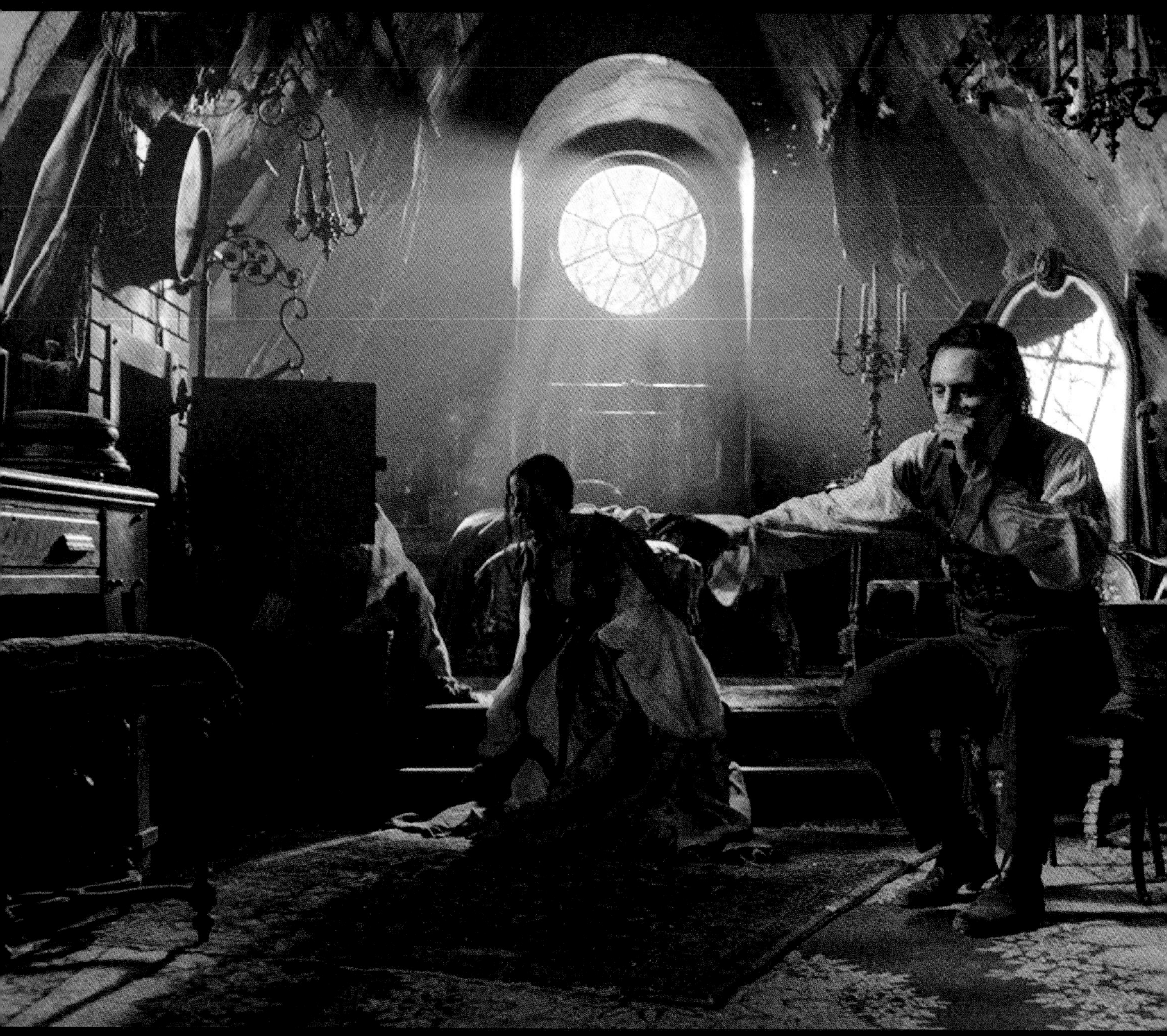

↑｜戴托羅喜歡把艾勒戴爾宅想像成一棟發了瘋的房子——隨著屋主們駭人聽聞的歷史被揭露，整棟建築的內裝開始四分五裂。

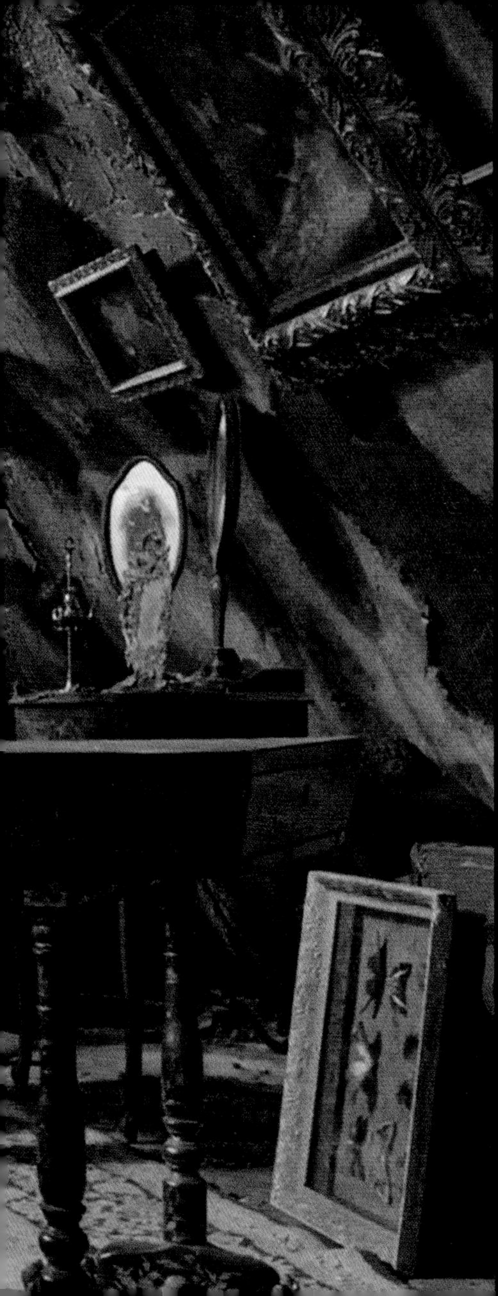

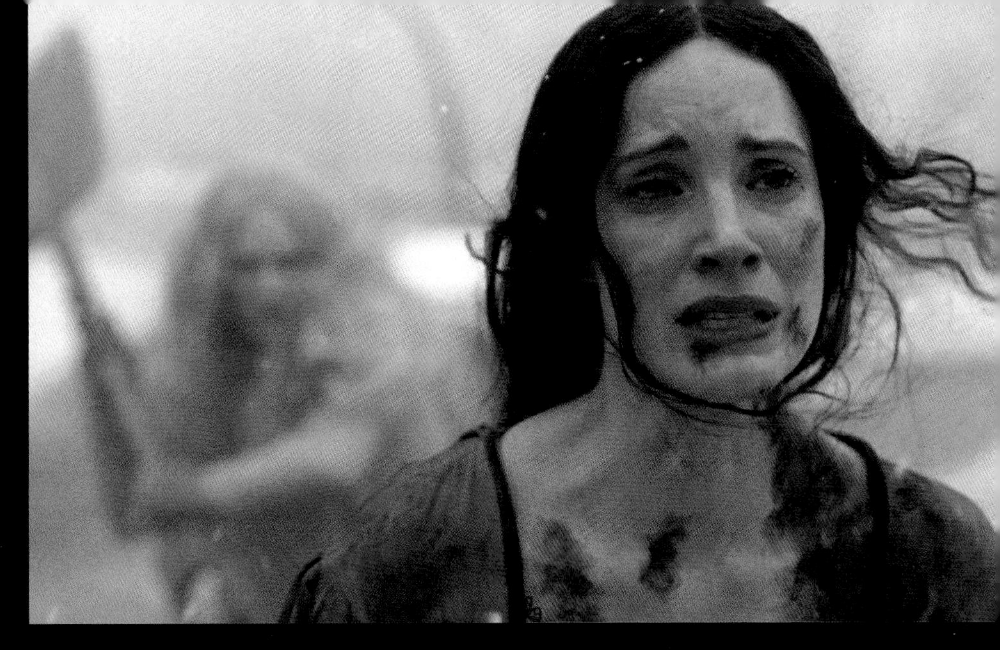

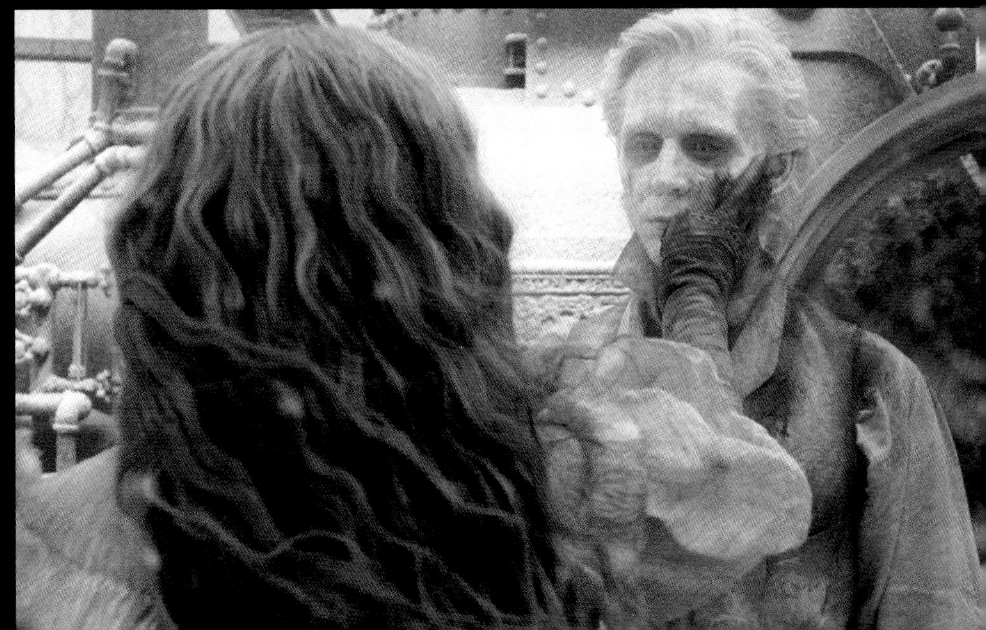

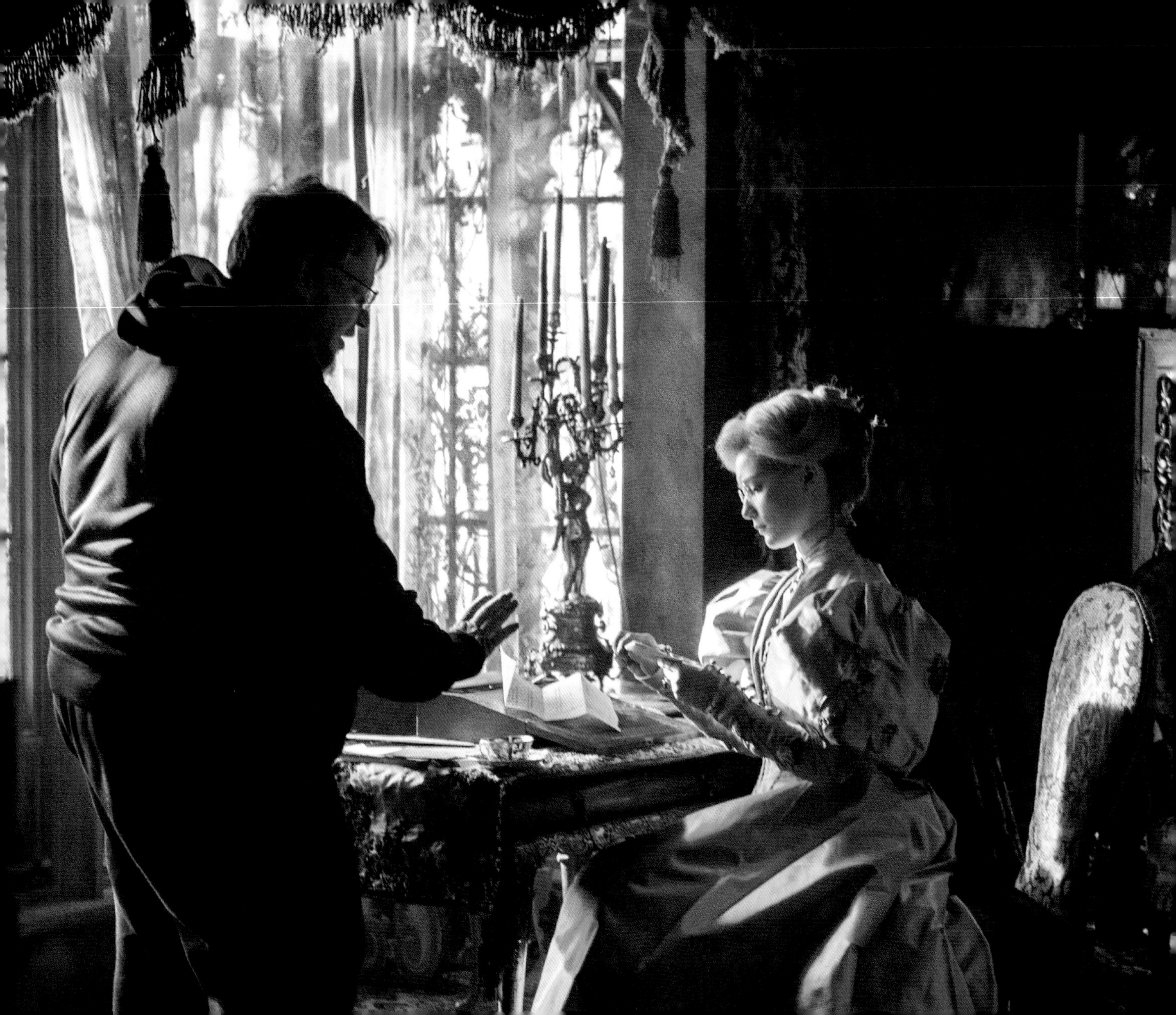

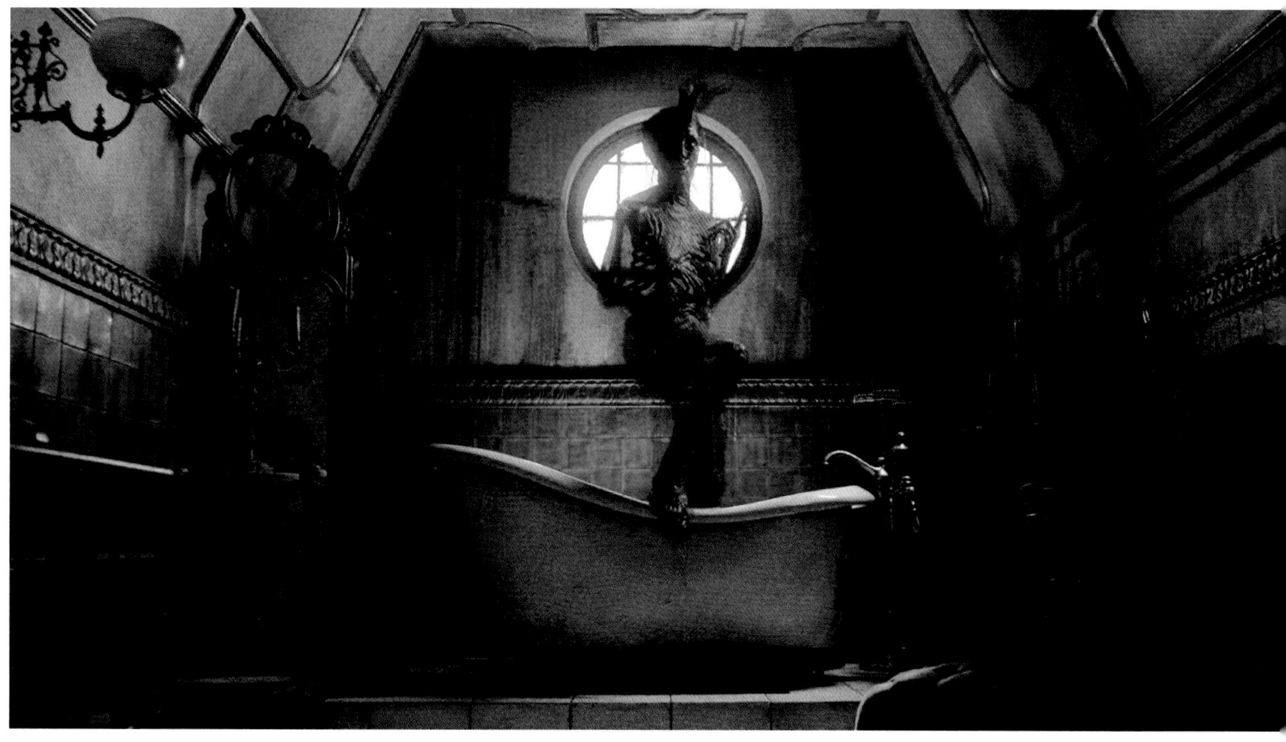

← | 靜物畫──這位藝術家導演讓女主角的姿態有如盛開的蒲公英，背後自然主義的光線從窗戶流瀉而下。

↑ | 不論驚悚程度如何，戴托羅的意象都充滿視覺美感。眼前的例子：夏普姊弟母親的鮮紅色幽魂和背景的浴室墨綠色牆壁形成強烈對比。

「我喜歡的，是用最美的方式呈現絕對恐怖的事，」戴托羅如此總結。「我喜歡它的美被暴力摧毀。我說不上來為什麼，我就是被這種混雜的感受所吸引。」[31]

在高度期待和一系列令人嘆為觀止的預告片之後，《腥紅山莊》正式上映，卻讓觀眾不禁要懷疑，戴托羅是否可能太過頭了。全球票房七千五百萬美元被認為不符預期（特別是在美國票房是不算太光彩的三千一百萬美元）。這部奢華的電影點出了一個難題──一部電影有沒有可能太美？這一次，會不會饗宴太豐盛？「戴托羅的每個場景，都想給觀眾強烈的視覺衝擊，但你不得不讚賞他的勇氣，」[32]《大西洋期刊》（*Atlantic*）發出了精疲力竭的喟嘆。

相較於《羊男的迷宮》故事和風格之間的優雅平衡，《腥紅山莊》被狂亂給沖昏了頭。劇情的張力未曾企及道具裝潢的狂亂程度。故事情節不足以承受死亡意象的重量。「如果你是足夠敏銳的觀眾，你會發現它缺少轉折──或者說，電影核心這對有濃濃殺氣的亂倫姊弟並沒有帶給你任何驚奇，」[33]《電影評論》如是說。當夏普姊弟最終的詭計敗露，動機被揭穿，報應臨頭，顯然帶來的是反高潮的情緒。

不過，你還是不得不同意《國家》雜誌（*The Nation*）的說法，「電影圈如果對戴托羅這部艷麗多彩的作品視而不見，整個影壇會更加貧瘠，戴托羅是當今少數不只製作影像，還會在影像中思考的編劇和導演。」[34]

而且戴托羅也完全沒有昏了頭。他已經開始另一部帶有哥德風的成人品味類型電影。不同的是，這一次的怪物是浪漫劇的主角。

愛的海洋

THE SHAPE OF WATER

2017

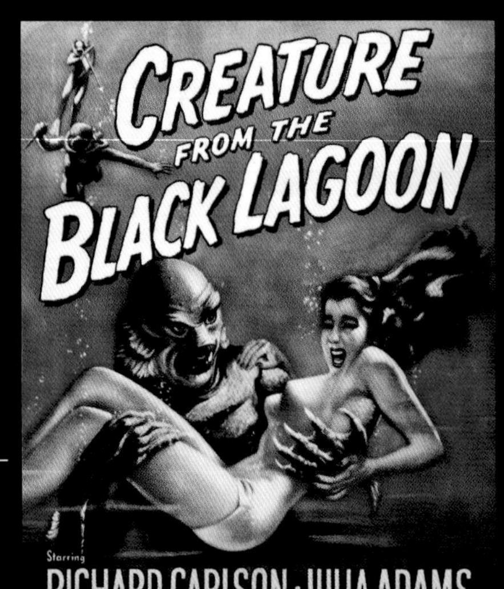

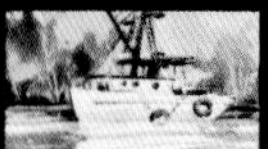

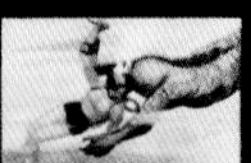

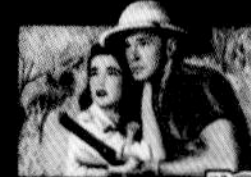

水底情深

一個喑啞清潔女工和囚禁於軍事基地的兩棲魚人之間，一段詭異又深情滿滿的愛情故事，橫掃了奧斯卡大獎。

要說故事裡帶有政治意涵，那完全是導演的刻意為之。

「我是個移民。」[1] 戴托羅直截明快地宣告，青藍色手帕點綴著他的燕尾禮服，右手緊握著奧斯卡獎最佳導演的獎座。站在位於好萊塢大道的杜比劇院頒獎台上，他想要清楚告訴大家，他如此熱愛電影的原因是，它抹除了人為的畫地自限。藝術讓人們站在一起。

時間是2018年3月4日，這是屬於他的人生夜晚。他的新作，他的第十部電影，一口氣拿走了四座大獎：最佳音樂、最佳美術設計、以及最佳導演和最佳影片這兩大冠冕。雖然《水底情深》故事的年代設定在1962年，沒有人會錯過電影對當下美國政治急速向右傾的嘲諷批判，一個不斷製造可怕對立言論的白宮，正狂熱計畫在南方邊界樹立圍牆。

↑ | 一張1954年B級電影的原始海報，戴托羅孩提時見到它的那一刻起，影像就深深烙印在他腦海中。

→ | 最終的結果是，導演翻拍了他最喜愛的怪物電影，成了無可比擬的跨物種抒情浪漫故事。

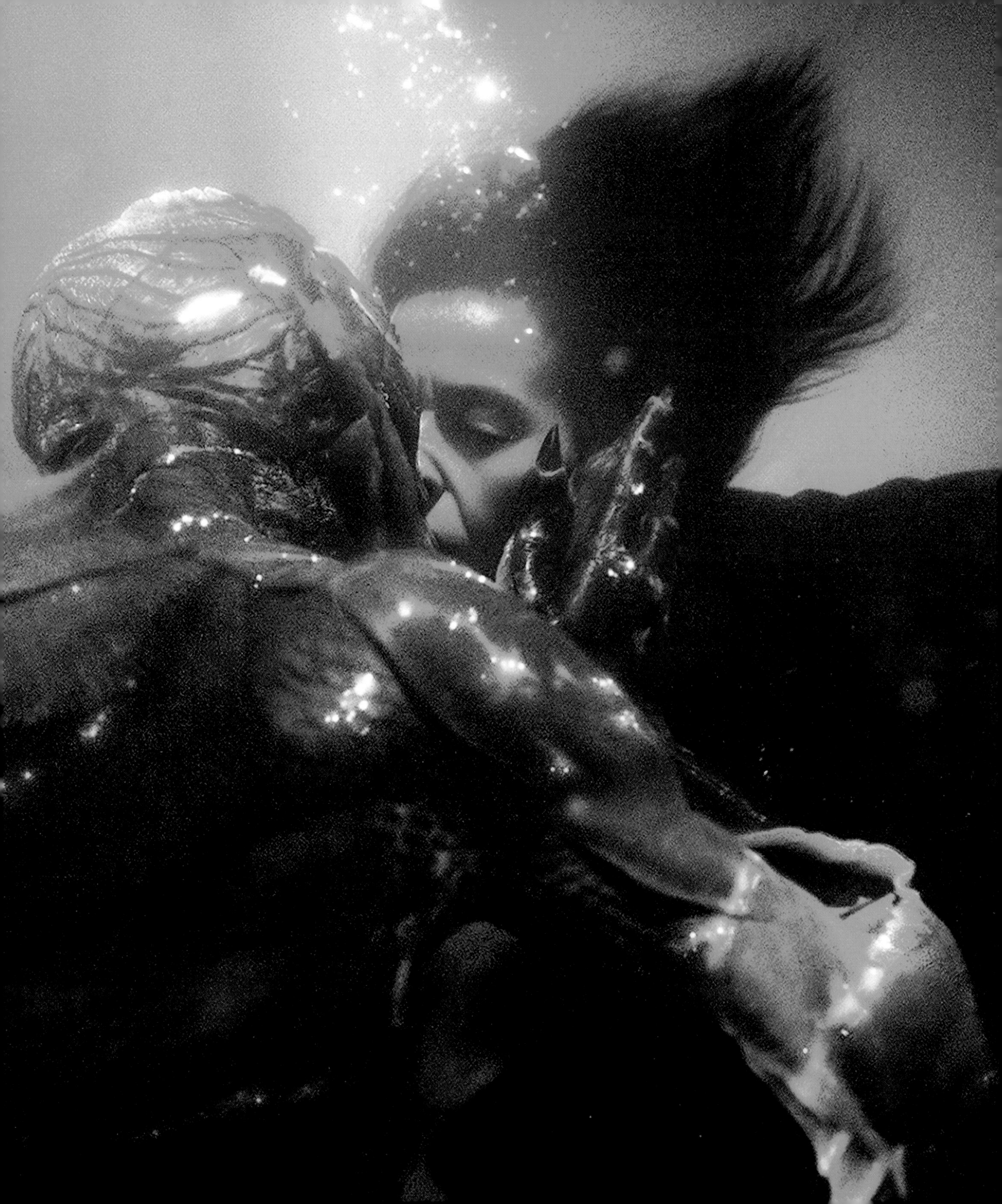

稍後他領取最佳影片獎的時候，戴托羅接續了前不久上台時沒說完的話題。他提到在墨西哥成長階段，觀看來自世界各地的電影。多元文化的力量形塑了他的影片。他最新的作品《水底情深》從各方面來說都是大獲成功，它在全世界創造了一億九千五百萬美元的票房，受到各方的一致好評熱譽，如今好萊塢更獻上了最終極的讚歌——奧斯卡獎。

戴托羅在致詞最後重述了他的基本信念——奇幻劇是探究真實世界議題的最佳工具。「它是一道門，」他向在場的同儕們喊話，「把門踢開，走進來吧。」[2]

儘管他的邀請慷慨大氣，但這可是他獨特電影魔法的勝利。還有誰會想到把政治寓言放入一個喑啞清潔女工和兩棲魚人的浪漫劇框架中，根據的還是一部在1954年幾乎完全被奧斯卡忽略的B級電影？

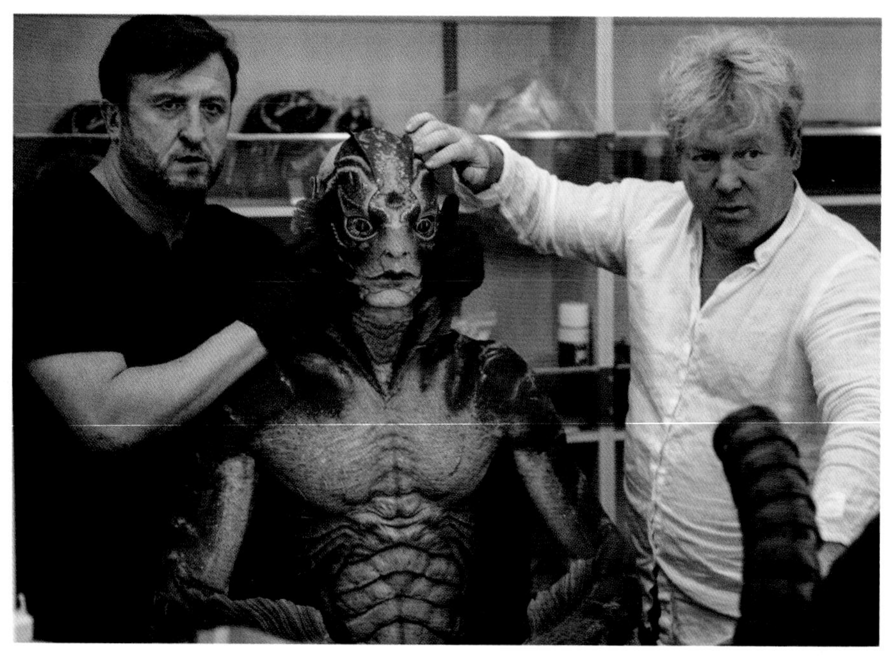

▶ 向《黑湖妖潭》致敬 ◀

當戴托羅第一次看到《黑湖妖潭》，他的反應和其他人不大一樣。他沒有驚聲尖叫或遮起眼睛。他也沒有嘲笑它老掉牙的特效或俗套的對白，或是批評它顯然是在加州取景。相反地，他深深沉浸在它在當時是突破性的水底場景，特技潛水員里古．白朗寧（Ricou Browning）的「半魚人」，在女星茱莉．亞當斯（Julie Adams）的水底下悠遊。他的優雅動作訴說一個奇異的渴望。這個有著浪漫想像的瓜達拉哈拉六歲男孩內心期盼著，這個由深入亞馬遜叢林的地質探險隊所發現的可怕史前動物，最終能和這個女孩在一起。

「我喜歡這個生物愛上她，」他不無遺憾地回想，「對於他們最終結合有著近乎存在式的渴望。當然它最後沒發生。」[3]

《黑湖妖潭》這部傑克．阿諾德（Jack Arnold）的怪物影片，以原本的3D立體電影播出時，成了戴托羅人生的重大時刻。它和《飛輪喋血》（*Duel*）和《銀翼殺手》必定是戴托羅看過最多次的電影。生物的造型設計是他所見過最美麗的。從他精確而充滿情感的細節描述，他會提到這套服裝真正的設計師米莉森．派屈克（Milicent Patrick）受到如何不公平的忽視，她的功勞全被化妝師巴德．威斯摩爾（Bud Westmore）獨佔。戴托羅運用《地獄怪客》的世界發揮了許多趣味，其中之一就是創造出亞伯．薩伯恩這個角色，對他更適切的描述是：一個受過古典教育的魚人。

戴托羅三十幾歲的時候，正努力進軍好萊塢，他曾多次向環球電影公司提案要重拍這部電影。他說其中一個想法是把它設定在大探險的維多利亞時代，「有熱氣球和蒸汽船」。[4] 非常像戴托羅會做的事。不管他們決定設定在哪個時代，都有商業上的可行性，他堅持要從生物的視角來講述這個故事。「他們並不支持，」[5] 他一邊大笑，一邊又抱怨他的另一次提案，自己像是從沙漠來的隱士對電影高層人士喃喃囈語。「我說，『我覺他們最後應該在一起。』他們同樣也不贊成。」[6]

厭倦於不斷的來回折衝，戴托羅把它深鎖在存放未竟之夢的櫃子裡。一直要到2011年，他與他電視影集《巨怪獵人》（*Trollhunters*）的共同編劇丹尼爾．克勞斯（Daniel Kraus）一起吃早餐，情況才有了變化。他們倆在做概念的發想，這時克勞斯提到了他正在著手的一個故事，是關於政府祕密部門裡的清潔女工，她發現了一個超自然的生物，並計畫偷偷把它帶回家。這時，戴托羅對魚人的熱愛重新湧上了心頭，他看出了一個講述愛情故事的新方法。他當下和克勞斯達成協議，買下了故事概念，並開始籌備劇本。

他過去在《地獄怪客》裡挑起了跨物種（或是跨實界）的愛戀想像，描寫了麗茲和大紅之間糾葛的情感。也曾在《腥紅山莊》探索了生者和亡者間的連結。在《羊男的迷宮》裡也有羊男無從置疑的性衝動。但是這

← | 三年研發設計的演進，讓魚人造型臻於完善，同時具備了人和異形的外貌。

→ | 戴托羅的第十部作品是席捲電影大獎的罕見奇幻片。

一次，愛情故事將是遵循好萊塢宏大的通俗劇傳統。只不過它是發生在人類和高智能的魚之間。

所以說，與其說是重拍《黑湖妖潭》，更像是向它致敬，作品注入B級電影的精神（當然，他大部分作品都是如此）以及催淚元素，再加上足夠的格調和創意，讓它成為可以拿獎的競賽片。他設定的清潔工是個喑啞、孤獨的女子艾莉莎（Elisa）（出人意表地由英國女星莎莉．霍金斯〔Sally Hawkins〕擔綱這個刻畫鮮活的角色），她在巴爾的摩的軍方研究實驗室裡做著彷彿隱形人的工作。在這裡，她目睹了機構裡一個殘酷祕密的到來——一個人形的兩棲類（自然是由道格．瓊斯出演），從遙遠的亞馬遜老家被捕獲運送到來，並由有虐待狂傾向的史崔克蘭上校（麥可．夏儂）負責對他進行殘酷的實驗。只消看這個生物藍黑色的雙眼一眼，那就是愛。

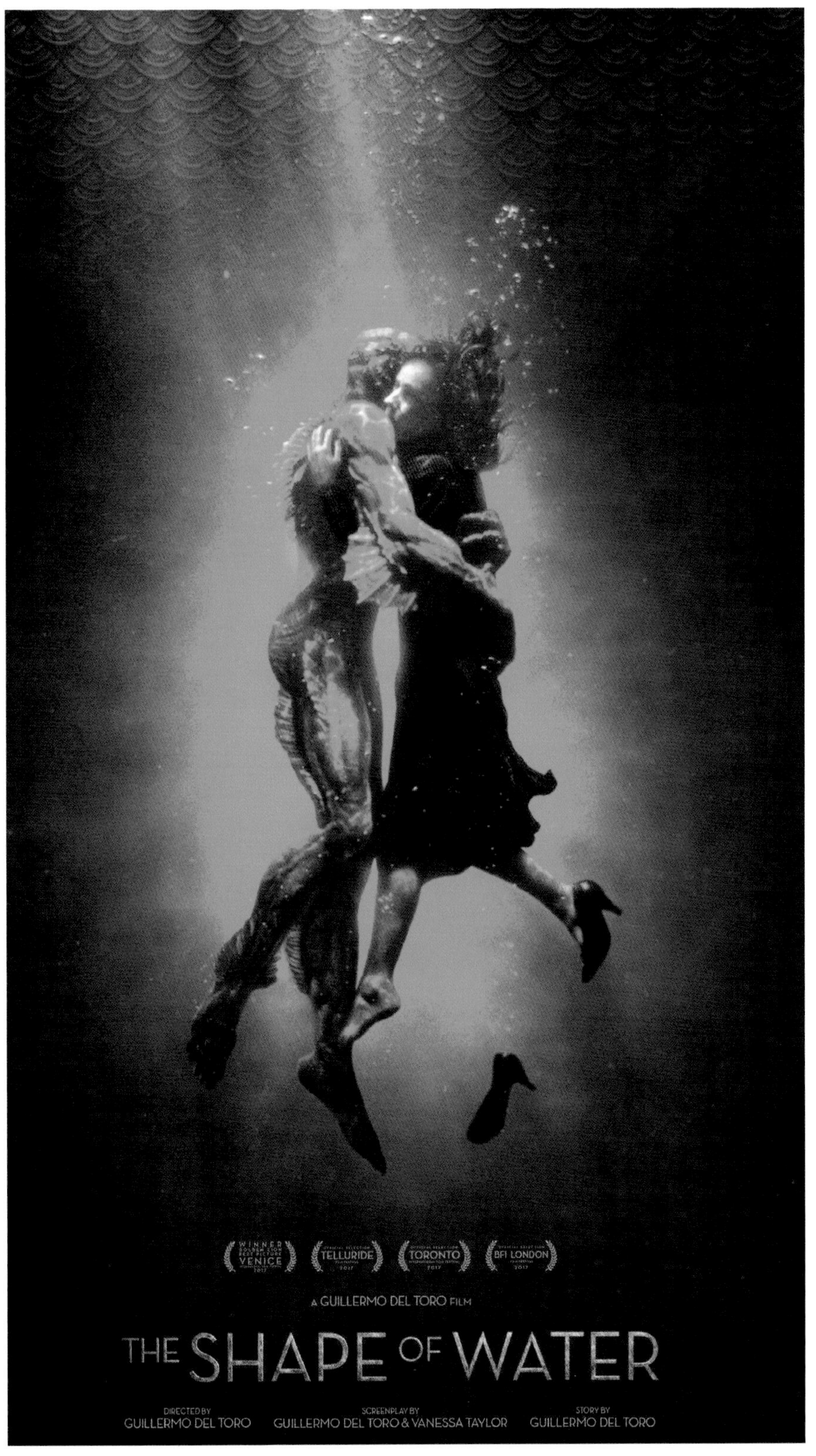

▶ 說出當代社會真相的寓言 ◀

雖然故事設定遠離了西班牙和它的陰暗歷史——《惡魔的脊椎骨》和《羊男的迷宮》的故事場景——《水底情深》探索的是社會不容異己的類似主題。更甚於以往，推動戴托羅的，是所處時代愈來愈嚴重的社會對立：「我想到的是，意識形態把我們分化得愈來愈嚴重，甚至進入了我們最私密的領域。」[7] 救援行動將聯合一群被社會所遺棄的邊緣人：不只是魚人和不能說話的艾莉莎，還有她僅有的朋友，非洲裔美國同事莎爾達（Zelda）（奧塔維亞．史賓塞〔Octavia Spencer〕）和孤單的同性戀鄰居吉爾斯（Giles）（理查．簡金斯〔Richard Jenkins〕）。

「我始終相信，透過創造意象和概念，你可以從奇幻故事中說出真理，」戴托羅說，把他電影工作的核心信念用豐富的意象表達出來。「把奇幻劇當成寓言來處理，你可以拍出真相。」[8]

小時候在祖母的強迫下，他必須上教堂（在那裡，比較吸引他的，自然是屋簷承漏的怪獸首而不是莊嚴的聖徒雕像），他只有在提到聖經寓言時才會注意台上的講道。這些故事充滿了隱喻和雙關意義，用故事來闡明世界。他把它們當成了宗教化的童話故事。它們是具備靈魂的故事。

艾莉莎說不上是美德的模範。她是成熟的大人。每天早上把蛋放在爐子上煮，然後匆匆進浴室裡自慰。原本隱藏在《黑湖妖潭》裡的潛文本如今豐富清晰。這是戴托羅最異想天開、轉型也最大的作品，對曾經安排紅通通的惡魔和巨大蘭花打鬥的導演來說，這是跨出很大的一步。它也是戴托羅最情色的作品。

他把這樣的計畫簡報給了福斯探照燈公司（Fox Searchlight），這是個以藝術電影

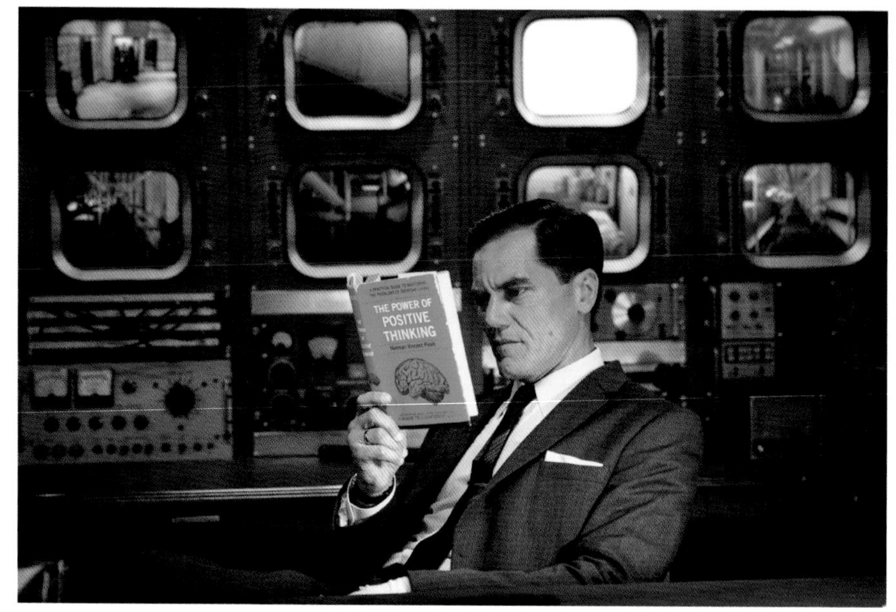

為主的子公司，專門照顧一些風格獨具的導演，像是魏斯．安德森（Wes Anderson）、達倫．艾洛諾夫斯基（Darren Aronofsky）、以及諾亞．波拜克（Noah Baumbach）。他帶著繪圖和模型，並讀了一部分的劇本。跟過去一樣，預期自己可能不容易打動他們。

「在提案結束後，」他說，「大家都感動到掉眼淚。」[9]

於是他又做了進一步要求。要是把它拍成黑白片，讓它符合記憶中他對1954年那部邪典的想像，他們覺得如何？從他們的表情就可以看出大概：如果他堅持要拍成黑白片，那麼預算就是一千六百五十萬美元。「如果是拍彩色片呢？」[10] 他問了。答案是一千九百五十萬美元。

「那就彩色吧，」[11] 他同意了。

敲定之後，他吩咐攝影師丹．勞斯特森用接近單色調的綠色來拍攝，從藻綠到海水的藍綠色，再到墨西哥萊姆派（Key lime pie）如放射污染的填料。這個視覺的韻腳可以回溯到《魔鬼銀爪》，影片中唯一出現的紅色是血，及艾莉莎在性交之後身穿的外套和鞋子。

▶ 獻給好萊塢的情書 ◀

在某個程度裡，戴托羅留意把規模縮小。就和《羊男的迷宮》一樣，他利用這些侷限來驅策自己，並從同在探照燈的導演好友阿利安卓．崗札雷．伊納利圖新近獲奧斯卡獎、風格特異的《鳥人》吸取靈感，電影裡它用有限的預算創造了驚奇的想像。這段時期，對墨西哥電影界而言是重大的分水嶺，在三年之內「墨西哥三兄弟」各自得到了奧斯卡的最佳導演獎。稍後阿方索．柯朗將以更浩瀚魔幻的《地心引力》得獎。

戴托羅談到為資本優渥的電影公司拍片的壓力，有他一貫的生動比喻。他說，它就像領養一頭「老虎幼仔」。[12] 一開始很可愛，但是它們很快就會長大，想把你吃掉。更大的預算讓更大的構想開花結果，但是不可避免地它要對最廣大的市場行銷宣傳。令他傷心的是，花了五千五百萬美元拍攝的《腥紅山莊》，被直接冠上了恐怖片之名進行聲勢浩大的宣傳，他甚至懷疑

← | 虐待狂的史崔克蘭上校（麥可．夏儂）是基地負責人，電影中他是戴托羅另一個衣著整潔的法西斯主義者。

↓ | 在上班休息的時候，艾莉莎（莎莉．霍金斯）放音樂來慰藉囚禁在基地裡的神祕生物。注意看導演如何搭配牆壁與服裝色調的一致。

這是導致票房失利的原因之一。

探照燈影業沒有做太多干涉，給了戴托羅自由揮灑這部預算保守、但內容細緻的寓言故事，他終於找到了一個供他穩定進行電影工作的平台。事實上，我們無法確定他是否還會回到賣座大片的戰場，承受那些衝撞損傷的壓力。他選擇不執導《環太平洋》隨後的續集（在2018年令人失望的《環太平洋2：起義時刻》他只掛名製片）就是一個明證，當時片場從他過去慣用的松林公司多倫多攝影棚搬到了澳洲。

由於松林公司巨大的片廠已經被人預約，《水底情深》不得不選擇在多倫多相對比較小的電影空間製片廠（Cinespace Studios），時間就在戴托羅製作的吸血鬼電視劇《活屍末日》的兩季拍攝中間的空檔。歡樂的拍攝過程從2016年8月進行到11月。

戴托羅從不用好萊塢的財務收益來定義自己的事業。他堅持說，「你必須用成就感的多寡來定義成功。」[13] 他從不嘗試解讀市場。他也說不出誰是熱門的電影高層。他對現有趨勢——無可避免的「續集」——一無所知。「我長大之後，」他說，「我們創辦了電影俱樂部，後來它成了瓜達拉哈拉電影節，我們會安排節目播放麥克斯．歐弗斯（Max Ophüls）或普瑞斯頓．史特吉斯（Preston Sturges）的影片。我是放映師、售票員、還是主講人。一切都是為了電影。」[14]

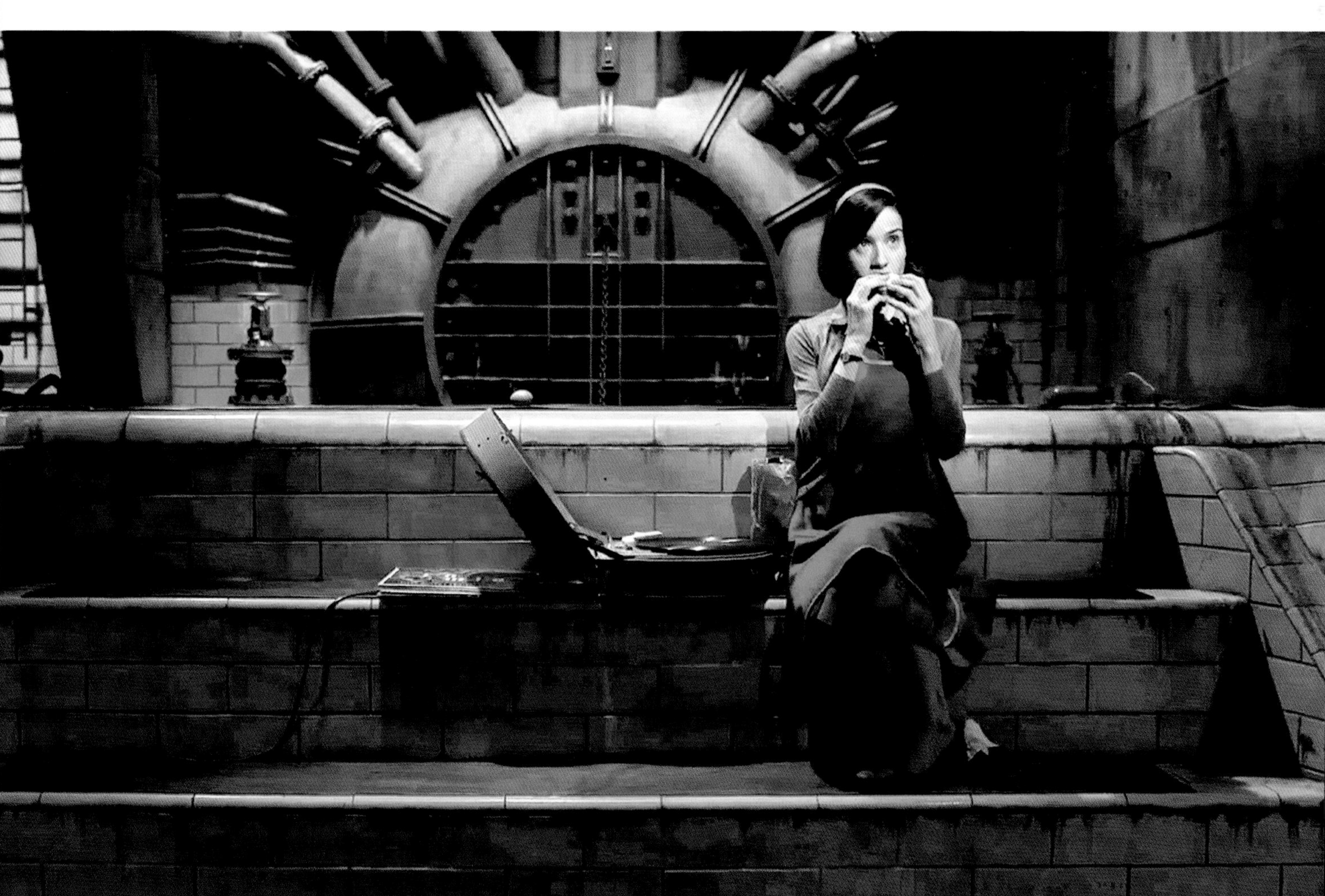

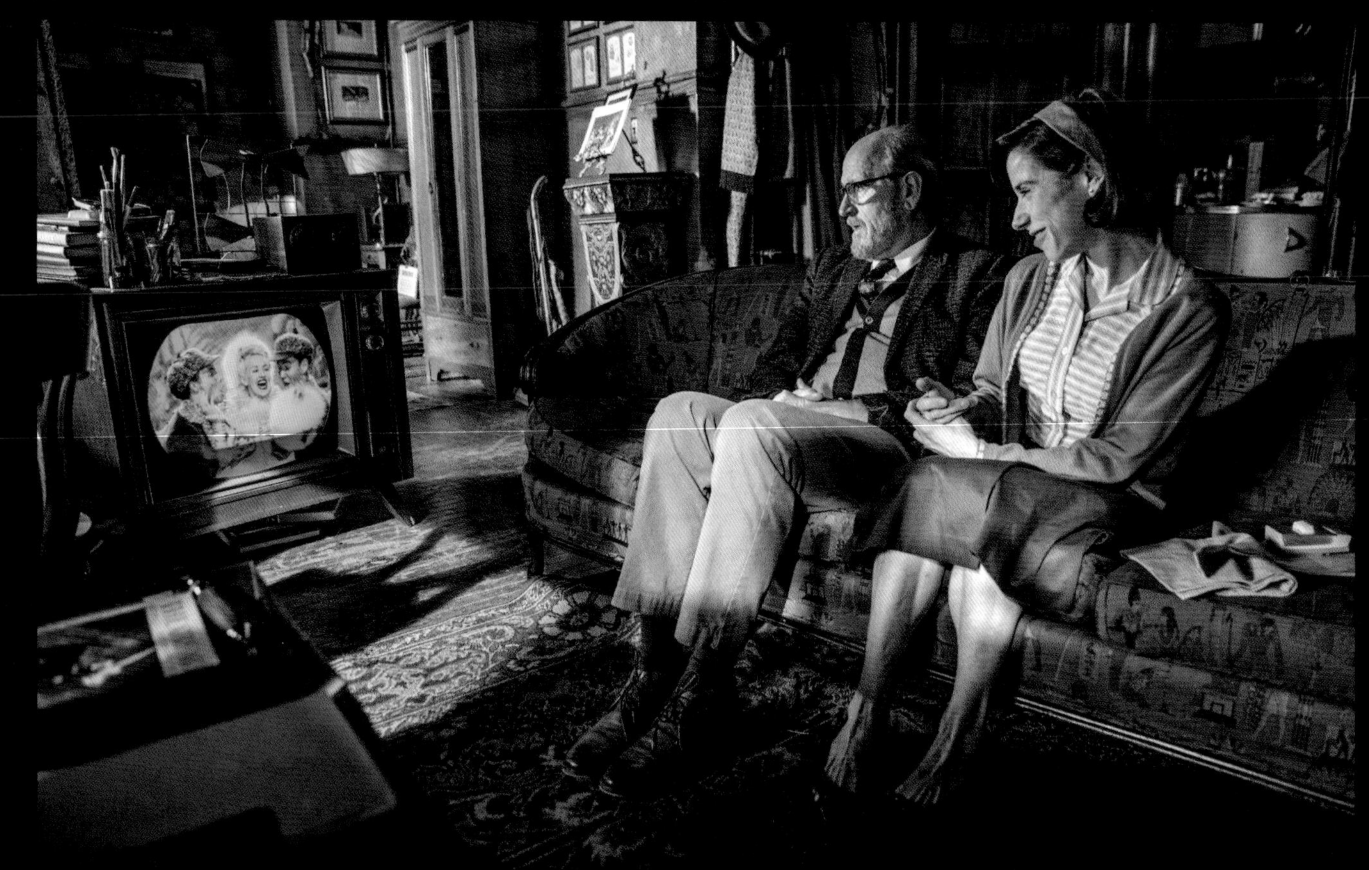

《水底情深》存在現實和超現實世界交會的邊界上。艾莉莎名字取自《賣花女》（*Pigmalion*）和它改編的音樂劇《窈窕淑女》（*My Fair Lady*）裡的青春少女，她住在老舊的奧芬戲院樓上。樓下電影螢幕投射的光束從她地板透出來，腦子飄飄然的導演利用這個機會實驗他的音樂劇橋段，讓艾莉莎夢到自己與穿燕尾服、戴著禮帽、手腳有蹼的伴侶在舞池翩然起舞——呼應了《隨艦起舞》（*Follow the Fleet*）裡的佛雷．亞斯坦（Fred Astaire）和琴吉．羅傑斯（Ginger Rogers）。

電影是新的童話故事。戴托羅把《水底情深》稱為一封「情書」，[15] 獻給好萊塢歷史盛會所有輝煌和愚行。他沉浸在道格拉斯．瑟克（Douglas Sirk）對戰後美國豐富而感性的描繪。我們可以瞥見往昔的電影佳片，像是在奧芬戲院上映的聖經史詩巨作《路得記》（*The Story of Ruth*）及音樂劇《南國春戀》（*Mardi Gras*），還有在吉爾斯的電視裡播放，秀蘭．鄧波兒（Shirley Temple）主演的電影。

▶ 類型混搭與充滿隱喻的場景 ◀

《水底情深》是這位導演對類型電影萬花筒式的處理手法巔峰之作。或者，像《紐約客》雜誌的安東尼．蘭恩（Anthony Lane）形容的，是「類型流動的」（genre-fluid）[16]，充滿可塑性的處理手法。他還

↑ | 為了向好萊塢的「黃金時代」致敬，戴托羅在電視螢幕和公寓樓下的電影院播出過去的通俗劇。

→ | 即使對戴托羅而言，《水底情深》也是高度風格化的電影，從牆上壁紙到雞蛋盒子都泛著青藍色澤，間歇插入一小撮的紅色——圖中看到的是小罐裝的鹽。

說，戴托羅『拍的是恐怖－怪物－音樂－越獄－時代－諜報－浪漫劇。它還加上了陰影下的俄國人，一點種族政治學（史崔克蘭對莎爾達講話時提到『你們的人』，意指非洲裔美國人），還有幾攤血泊，和女性主義者正常合理地對男性的不耐。」[17]

氣氛的排列組合讓人驚嘆。充滿自信的戴托羅讓他的電影遊走於喜劇、殘酷、偏執妄想、明顯的政治劇、深情的浪漫劇，還有無庸置疑的神祕劇之間。

沒錯，這部電影是以英語拍攝（還加上手語和兩棲魚人的叫聲）。沒錯，它的場景設定在美國，在加拿大拍攝，以冷戰為時代背景。不過，在放棄拍攝《3993》之後，《水底情深》成了與《惡魔的脊椎骨》和《羊男的迷宮》組成三部曲的完結之作。它們是戴托羅的電影敘事最個人的，具有自我滌化作用的作品。

在冗長的宣傳過程中，他總是比其他導演付出得更多，他把這些電影設想成一種治療形式。「對我而言是徹底的、完全的、百分之一百的治療。它們對其他人來說，不管人們把它們看成美妙的奇幻劇，或是看成這樣、看成那樣，都不是我能控制的。」[18]

他對一家墨西哥電視台說，萬一《水底情深》失敗了，他可能會考慮從導演的位置上退休。

這部電影在藝術層次上更加複雜，隱喻的安排更加深刻。這是他導演生涯第一次回頭去考慮，他到底想要發掘什麼樣的情緒反應。

艾莉莎的破敗公寓裡有斑駁的水漬。牆壁是有污漬的青藍色。屋頂的破洞下雨時會漏水。有光線在空氣中躍動。在一邊牆壁上難以辨識的壁畫是葛飾北齋（Katsushika Hokusai）所作的日本傳奇木刻版畫《神奈川衝浪裏》（*The Great Wave off Kanagawa*）（《環太平洋》的一個重要基調）。裂縫彷彿河川的支流。整個房間彷彿沉沒在夢境裡。

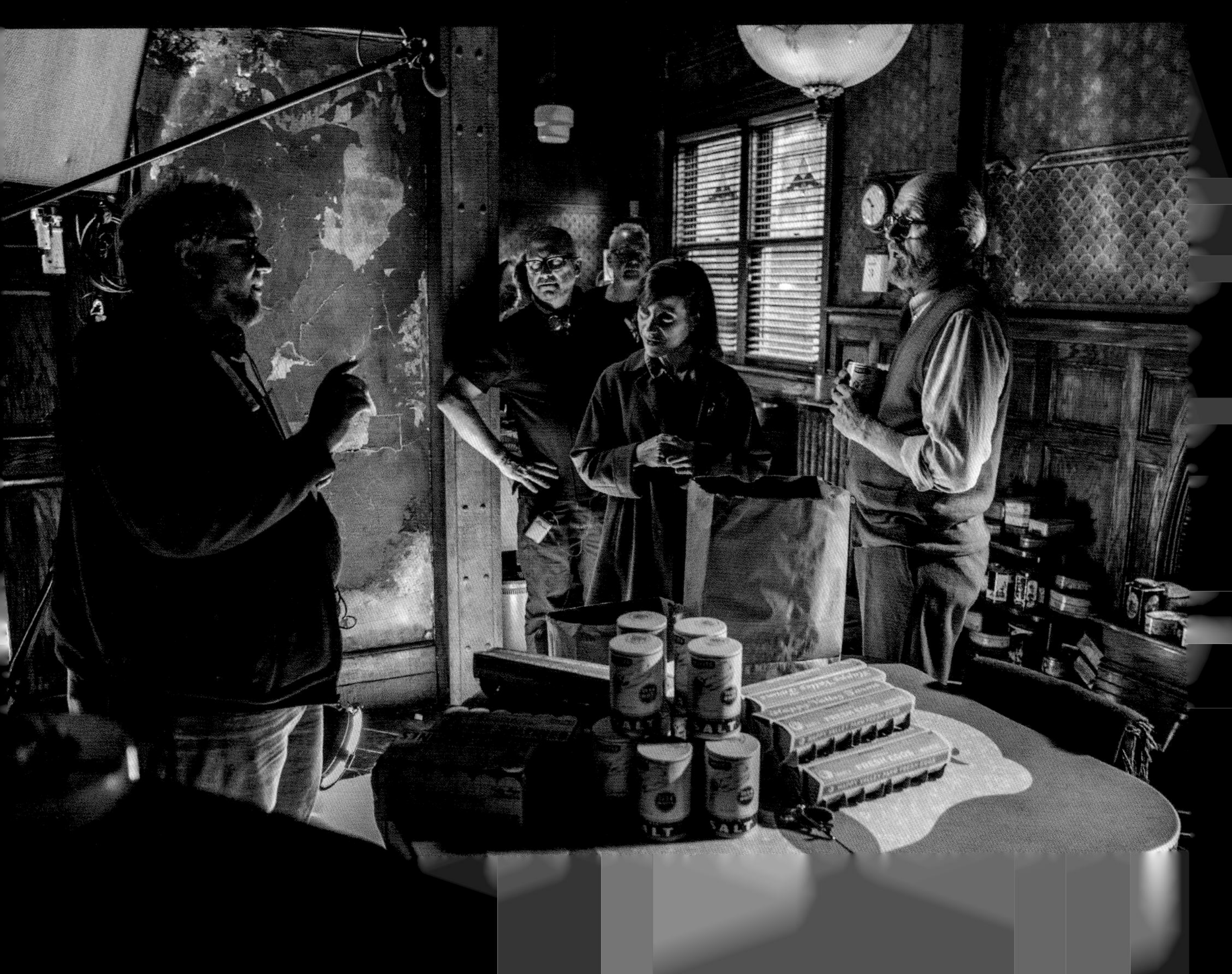

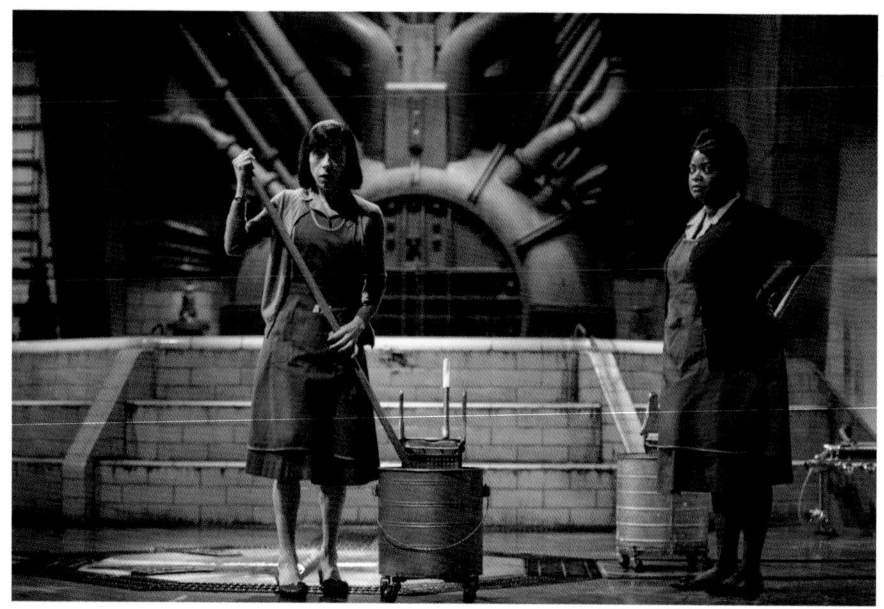

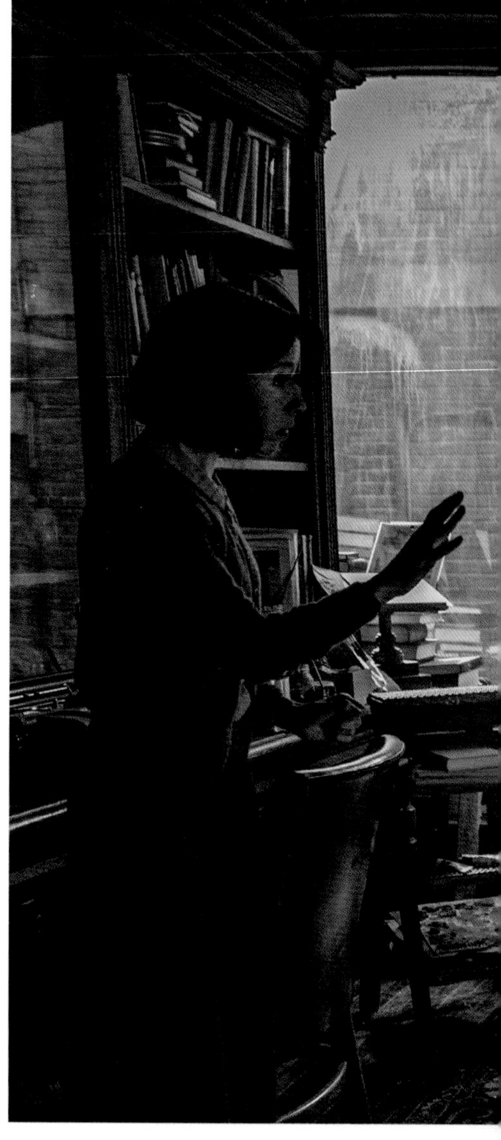

↖｜被人們視而不見的清潔女工艾莉莎（莎莉．霍金斯）和同事兼戰友莎爾達（奧塔維亞．史賓塞），這群隱形人計畫解放異域來的俘虜。

特別是與史崔克蘭毫無生氣、制式化、注重功能性的住家成了鮮明對比。

童年回憶的泉源始終都在。在狂喜的愛情戲裡，水漫艾莉莎的浴室，淹了整個浴室，流瀉到底下的電影院，這和他自己真實發生的事件有關。「我沒有和生物性交，」[19] 戴托羅趕緊澄清，而是他小時候家中只有淋浴間，他一直渴望在浴缸裡頭游泳。於是他用毛巾塞住淋浴間的底部，塞住了排水孔。一直到水淹到他的胸口時，他才意識到門是向內開的。他就像胡迪尼一樣被困在裡頭！他強行把門打開時，大水淹漫了浴室。「我父親因此不大高興，」[20] 他承認。

吉爾斯位在隔壁的公寓，有著囤積控的雜亂無章和建築師的桌子，讓人想起荒涼山莊和希區考克的《迷魂記》（*Vertigo*）。戴托羅形容自己裝飾場景的方法類同普普藝術，把日常用品推高到超現實的地步。在這裡他用溫暖、琥珀色的、賦予生命力的光澤來凸顯場景，讓它似乎始終存於黎明或黃昏時刻。此外，這裡也像地獄怪客的住所一樣，有在各處自由活動的貓。

奧坎航空研究中心的實驗室，在戴托羅的多重宇宙，扮演著停屍間、工廠樓層、工作坊、以及試驗場的總和，靈感來自詹姆士．惠爾（James Whale）電影《科學怪人》裡頭的原初造物廠。在這座迷宮的中心，是亞馬遜當地人心目中的「河神」被囚禁的所在，它是《地獄怪客》裡亞伯水缸的殘酷變形。

場景是圍繞角色而設計。巨大的管線和建築的金屬結構讓人聯想到神殿。比鄰的水池就像是兩棲魚人可能浮出的潟湖，這是導演另一個招牌設計。我們可以回想《惡魔的脊椎骨》裡桑提遭逢命運的蓄水池，或是《刀鋒戰士2》裡頭大馬基諾斯巢穴裡注滿血的大缸。

▶ 細膩的生物外形與內在情感 ◀

即使戴托羅設計過如此眾多的生物，《水底情深》仍是靠獨特的生物設計來決定

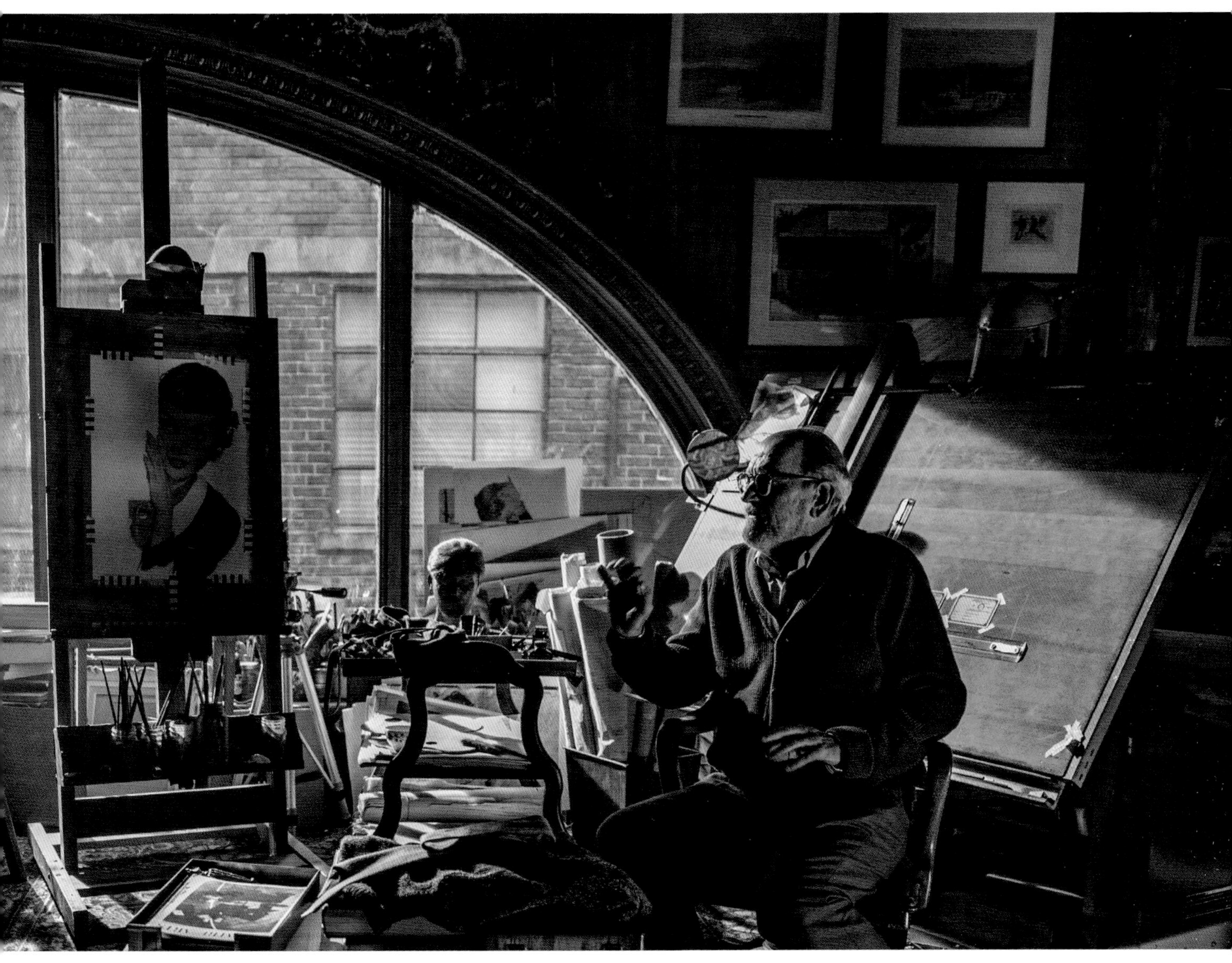

↑ | 與基地裡的陰鬱氣氛相對比，艾莉莎鄰居吉爾斯（理查．簡金斯）的公寓沐浴在溫暖、金黃的光線中。

成敗的作品。它要求觀眾對一個魚人產生浪漫的愛慕情感。雖然他認為當初的鰓人很美麗，但它只是個起點。「我需要你賦予它靈魂，」[21] 他告訴他的雕塑師麥克．希爾（Mike Hill）（他過去參與過《狼嚎再起》和《MIB星際戰警3》）。這是一個巧妙的平衡。我們需要同時感受到異形和人性。

導演的筆記本裡已經寫滿了附上註釋的設計圖，和如何讓乳膠栩栩如生的工作指南。「第一件要解決的事情在於輪廓，」他解釋。「一旦輪廓掌握了角色的特徵和性格，你就可以開始決定顏色。之後再決定裡頭的細節。」[22] 有太多電影在這裡犯了錯誤。他們會從細節開始：給我五個翅膀、巨大的觸鬚和牙齒！「他們開始不停堆積，」[23] 他一邊說一邊用力地搖頭。一個偉大的生物絕不是靠堆積而成，而是對每個元素細加琢磨。

歷經三年的研發，這個兩棲人（他確切屬於哪個物種被刻意模糊）締造了戴托羅創

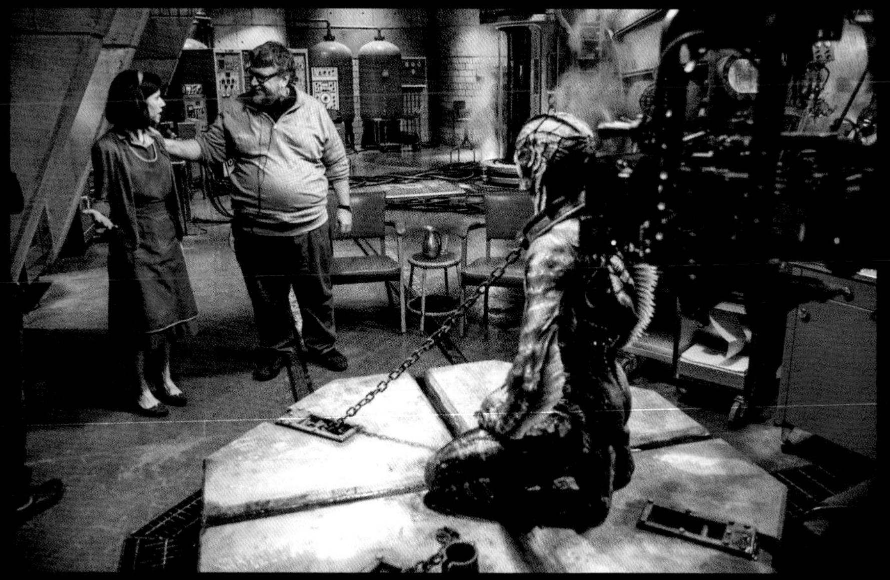

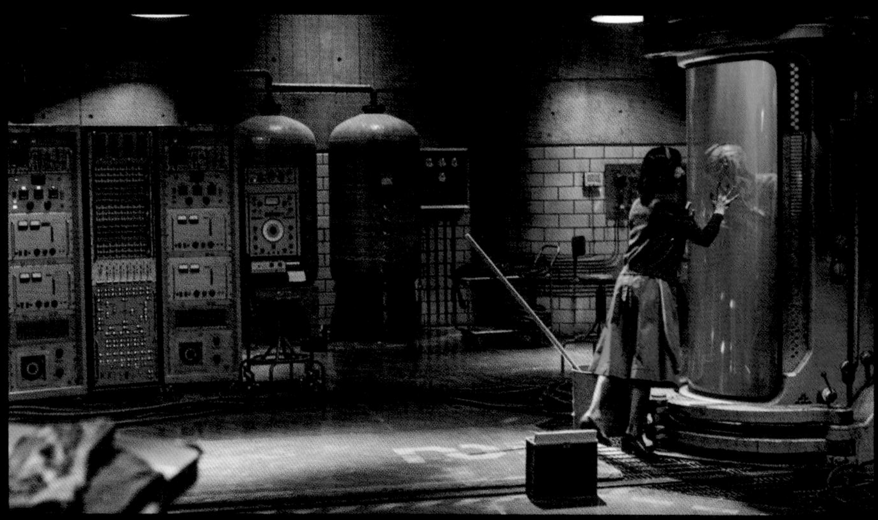

↑｜在基地最核心是囚禁魚人的實驗室，戴托羅的設計是向《科學怪人》的工作室致敬。

↓｜啞巴的艾莉莎透過美國手語和她奇特的戀人溝通。莎莉・霍金斯為了這次表演，必須學會熟練使用手語。

→｜戴托羅的棘手挑戰是，他的怪物同時也必須是令人愛慕的男主角；這代表的是他需要有能夠接吻的嘴唇！

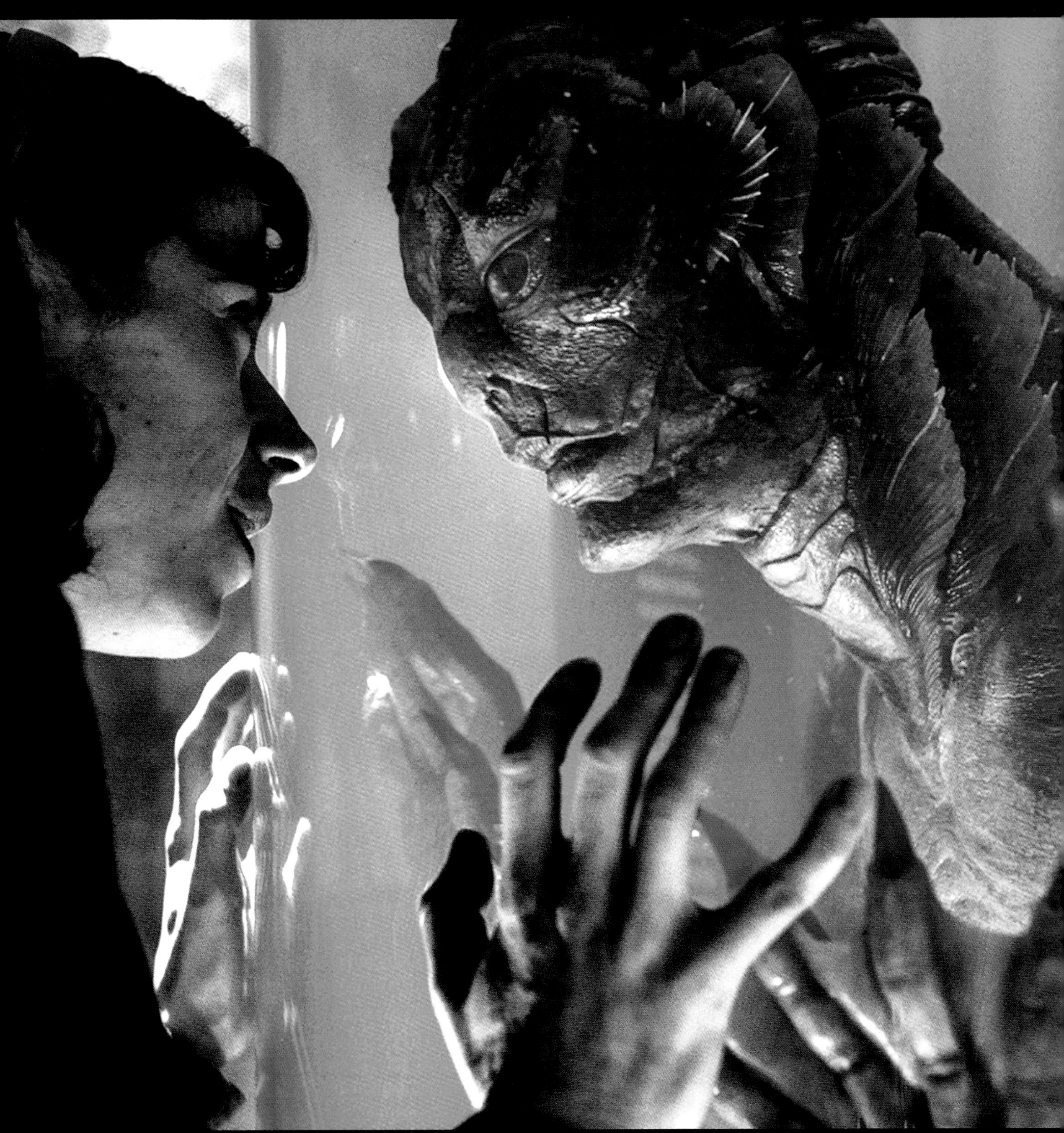

→｜不露聲色的間諜電影。史崔克蘭上校（麥可·夏儂）與首席科學家霍夫斯特勒（麥可·斯圖巴）進行討論，他的內心和表面上截然不同。

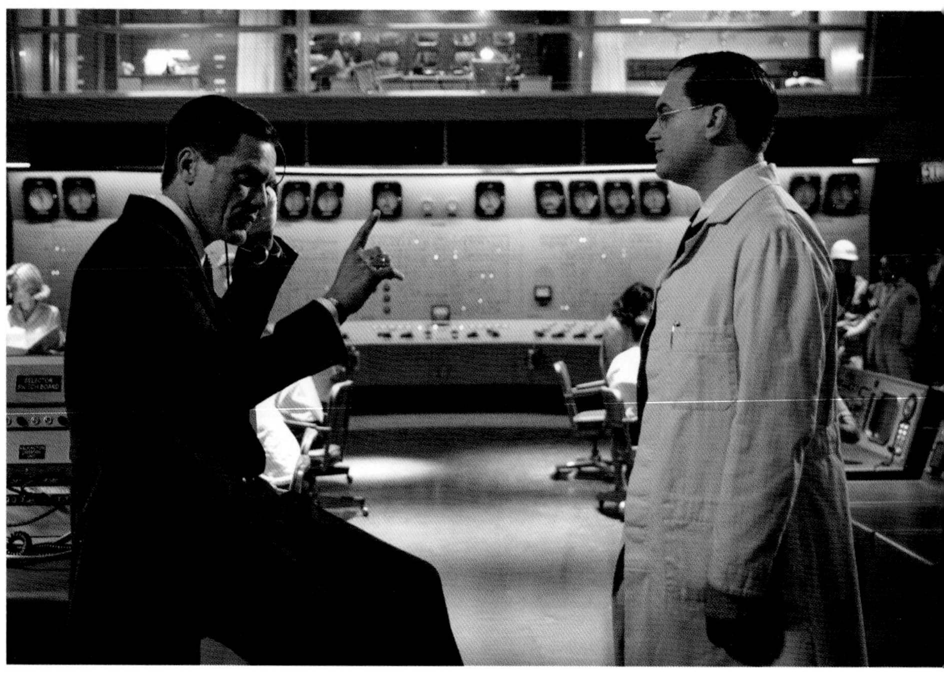

造的眾多生物中，設計過程耗時最久的紀錄。從畫紙到黏土，再進入到數位雕塑，無數的原型多如劇本修訂的版本。在荒涼山莊的工作室裡，擠滿了希爾的整個工作團隊，而戴托羅堅持在真正的生物學上必須有所本。他告訴他們，《地獄怪客》的亞伯是活在漫畫的世界哩，至於這個兩棲人是活在我們的世界。日本版畫提供了底色設計的靈感：尼古丁象牙白和牡蠣綠。他們討論了斑紋和血液的流動，構想出一套他的自體發光在影片中呈現的方法。

希爾給了他一雙大眼睛，高高的顴骨，偶像帥哥的方形下巴，還有用來親吻女主角的豐潤嘴唇。漂亮的臀部至關重要，戴托羅屋裡的每個女性都被徵詢了意見。

導演如何構想他的敘事語言的一個好例子，是他「知道」[24] 他要介紹這個從水中浮出的生物，利用水面高度的攝影機，只顯露他頭部的上半部。一直要到他眨了眨眼，你才「知道他是活的」。[25] 這種細微表情利用的是最初在《刀鋒戰士2》開發的CG動畫技術——在實體的服裝上添加細微差異，從虛擬和實體二者取得最佳效果。

墨西哥大師的第十部電影是他和神奇的瓊斯合作關係的最頂峰。這回，他終於成了男主角。在2014年拍攝《腥紅山莊》期間，戴托羅第一次告訴他這個讓他神魂顛倒的生物。他會是「兩棲界的卡萊·葛倫（Cary Grant）」，他的口氣毫無諷刺意味，清楚讓他知道這是個演技大考驗。「你必須和她心意相連，」[26] 他如此說：瓊斯必須考慮這個生物的需求，他的渴望，他的靈魂。他的**內心世界**到底發生什麼事？

「唯有透過藝術，你才能瞥見他者，」[27] 戴托羅在他其中一本筆記上寫著。他的筆記和設計裡的一切，還有他每一部電影，都是朝著讓陌生變得熟悉和有意義的目標而前進。

「就算我還小的時候，我也知道怪物比住在我們內心的怪物更溫柔、更可親，」他解釋。「我想，身為怪物，並接受自己是怪物，可以讓你有迴旋餘地，不至於做出怪物的行為。」[28]

經他手中改造的傳奇半魚人具有魅力、能力強大，而且確實很可親。戴托羅提到了他如鬥牛士般的莊嚴氣質。

「這是靈魂層次的事，」[29] 夏儂說，讚嘆瓊斯賦予了這個角色優雅而超脫凡俗的氣息。他刻意效仿基督耶穌，一個被人類以鎖鏈囚禁的神，有著讓死者復生的力量。

▶ 令人難忘的女主角 ◀

一如以往的標準程序，戴托羅已經為每個主要角色寫好了詳細的傳記。艾莉莎愛饒舌的同事好友莎爾達（演技精湛的史賓塞）喜歡聽金恩博士的廣播節目，她有個不愉快的童年，之後又進入一段不愉快的婚姻。厭世傾向的吉爾斯（理查·簡金斯）是個廣告畫家，他的風格早就不流行，要依靠前男友償付帳單。他同時也是電影中的

→ | 被浸透的靈魂。發狂的史崔克蘭試圖追捕他失去的實驗品。和戴托羅所有的反派角色一樣，這個角色帶有悲劇的元素。

↓ | 雖然場景設定在1962年，《水底情深》是對當代日益嚴重的對立提出警世寓言。

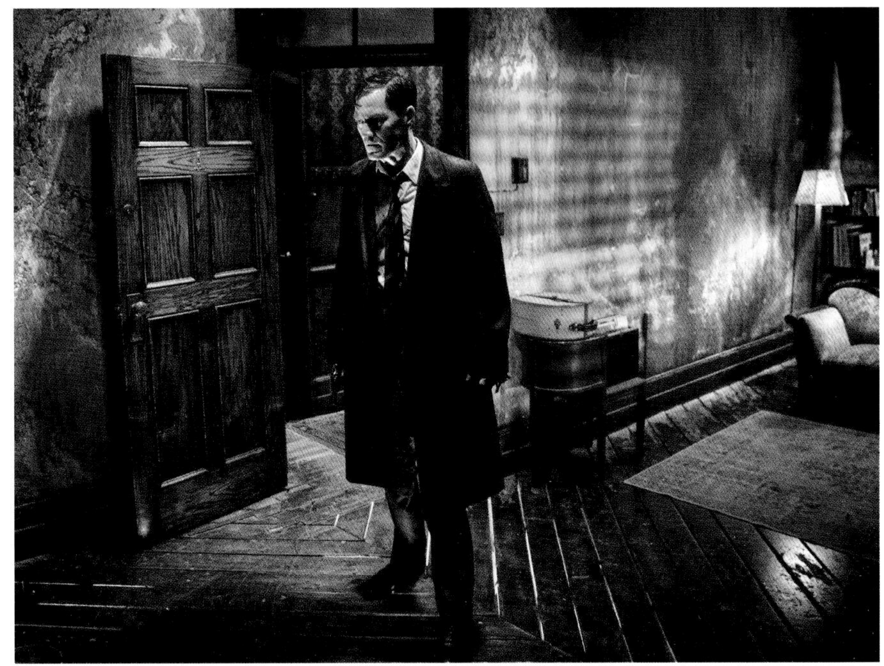

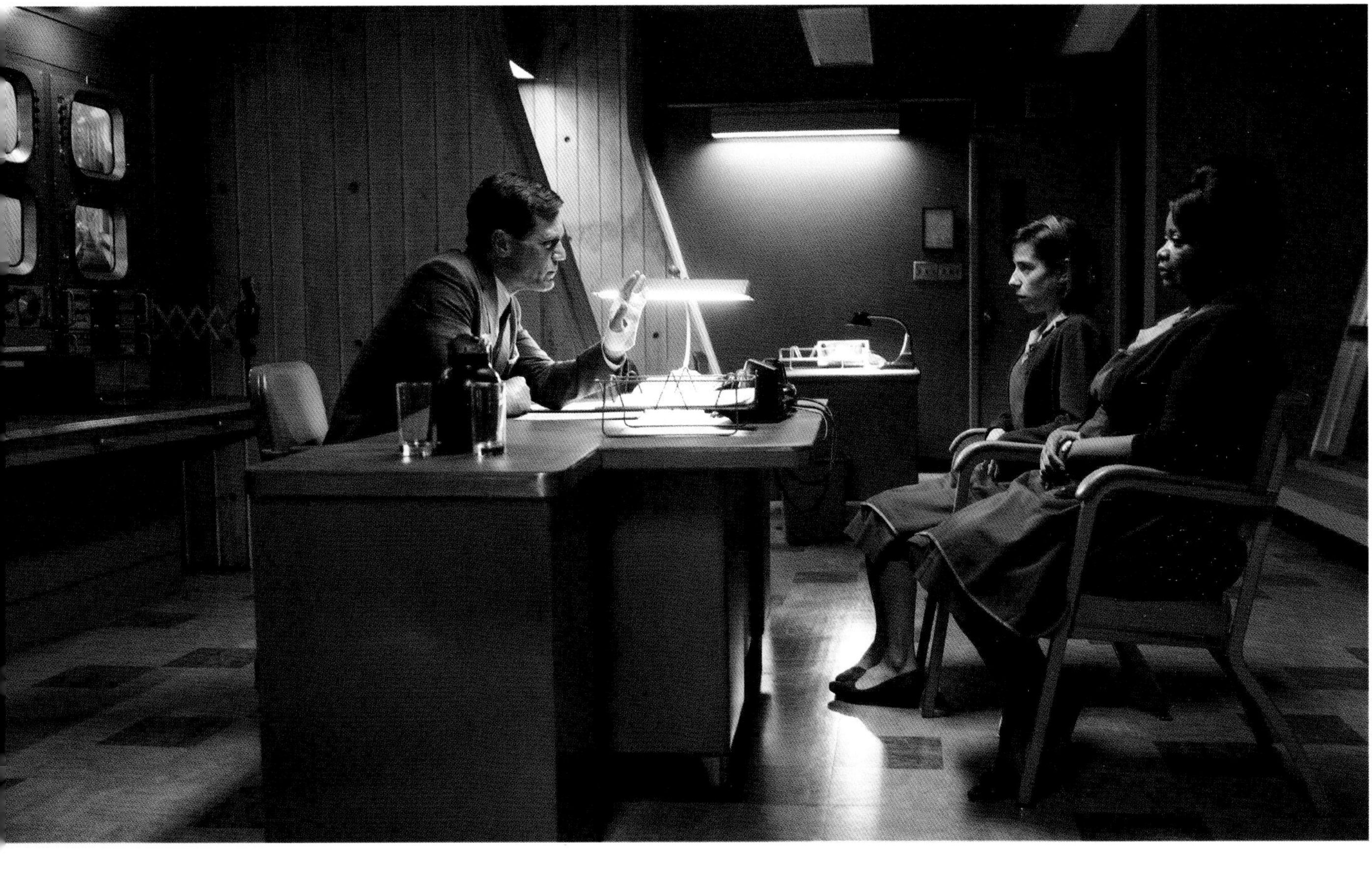

→ | 平反。熱愛怪物的墨西哥男孩，緊握著奧斯卡最佳導演和最佳影片金像獎。

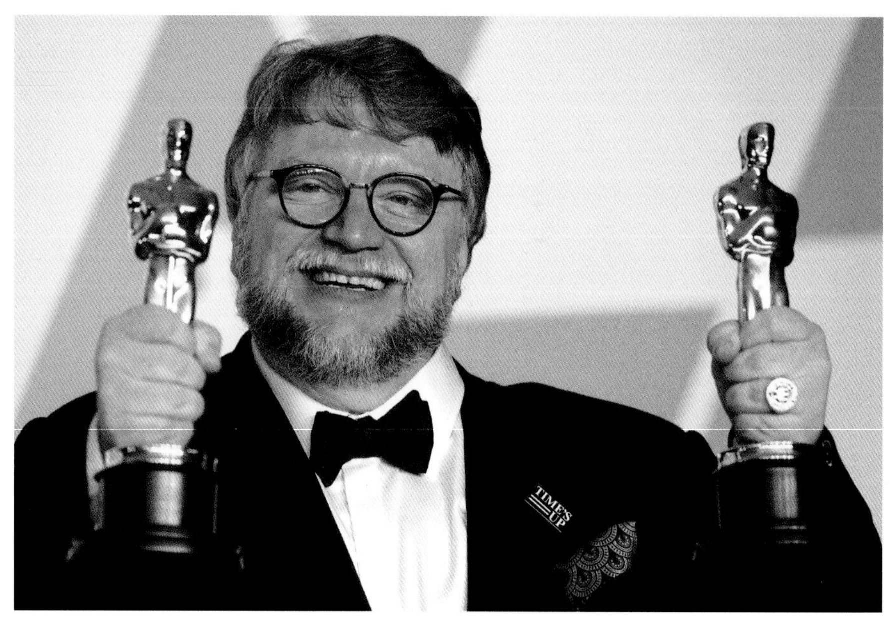

敘事者。「我要他扮演劇中最了解艾莉莎的人。」[30] 戴托羅說。夏儂飾演的史崔克蘭，承繼了《惡魔的脊椎骨》的哈辛托和《羊男的迷宮》的維多，是電影中有著人類臉孔的悲哀怪物。夏儂是演技細膩的演員，能從《超人：鋼鐵英雄》（*Man of Steel*）裡薩德將軍的瘋狂角色找尋出深度，戴托羅想要的，就是這種殘暴與悲情的綜合體。他是個政府公務員，滿心想要對**他的**國家有所貢獻，但同時他身上遺留了壞父親給他的傷疤。

《祕密客》除外，《水底情深》是戴托羅第一次把場景設在他旅居的美國，並掌握了美國特有的一種偏執妄想。在冷戰方熾的1962年，瀰漫著赤色滲透的恐懼。科幻小說這個文類被植入了關於原子彈災難和外敵入侵的隱喻，裡頭的怪物是用來比喻共產黨，他們隨時準備把一般老百姓轉變成異形「豆莢人」（Pod People）。戴托羅把這類B級電影的傳統徹底顛覆。麥可．斯圖巴（Michael Stuhlbarg）飾演富有同情心的霍夫斯特勒博士（Dr. Hoffstetler），他被證實是臥底的共產黨員，試圖阻止美國人把所謂的「中情局資產」[31] 升級為武器。霍夫斯特勒因為他個人的身分，成了另一個受困在這棟水泥地下世界的局外人。

沒有必要為艾莉莎寫一份傳記。導演和演員之間對於這個角色的內在生命，討論如此深刻，顯然她的角色人生早就設定好了。霍金斯比任何人都更了解艾莉莎。戴托羅寫這個角色時，心中想的就是這個鳥兒般的英國女星，參考的是她過去在《無憂無慮》（*Happy-Go-Lucky*）和《指匠情挑》（*Fingersmith*）裡話較多、但同樣帶著古怪的角色。霍金斯有著內在的光芒，讓她顯得空靈，甚至有些難以理解，但絕非天真無知。她有女性的特質。

當她的經紀人告訴她，戴托羅正為她寫一個劇本，霍金斯簡直不敢置信。不過在難以解釋的巧合下，她當時也正為一部短片寫劇本，內容是關於一個不知自己其實是魚的女子。一切彷彿都是命運的安排。導演和演員開始以電子郵件討論，戴托羅要她提供更多想法來推動劇本的進展。

如果說史崔克蘭讓人回想起戴托羅過去的法西斯壞蛋，那麼艾莉莎則是《魔鬼銀爪》裡的奧蘿拉（以及《羊男的迷宮》的奧菲莉亞）的成人版。霍金斯必須熟練使用美國手語，讓她表達近乎存在式的欲望的無聲悸動。戴托羅提供她一整箱勞萊與哈台、巴斯特．基頓、哈羅德．勞埃德」（Harold Lloyd）、以及查理．卓別林的作品全集。他想要的是無聲電影的傳統──在電影甫誕生的時代，肢體語言帶給人的感動。大部分時候，她甚至會忘了自己是在演啞巴。在銀幕上，她的眼神閃閃發光，充滿情感和意義。從她身上散發的內在生命力為電影下了定義。至於她的外在，她脖子上有著傷疤：這個神祕的傷口導致她無法說話，也對應了水中生物的鰓。

「愛情沒有形狀。」[32] 戴托羅如此宣揚。和水一樣，它是宇宙間最柔順的物質，但是在壓力下有著驚人的力量。電影最後一個鏡頭，或許是他所有電影裡最快樂的結局，我們看到這對戀人在深海中擁抱，一隻紅鞋在水中漂蕩無人留意。

戴托羅宣稱，這是他第一部在拍完後「吐了一口氣」[33] 的電影。過去他的每部電影總有一些失落。彷彿某些東西還沒有處理。《水底情深》算是圓滿了。

墨西哥巨匠

—

光是擔任導演不足供吉勒摩·戴托羅的想像力馳騁。他在多方面展現他風味獨特才華。

作爲小說家

《活屍末日》三部曲/2009-2011

戴托羅的第一部小說《活屍末日》（2009）與查克·霍根合著，結合了《祕密客》與《刀鋒戰士2》的元素，描述疾病控制專家試圖遏制吸血鬼病毒的蔓延。與隨後完成的《墮落》（*The Fall*）（2010）和《永夜》（*The Night Eternal*）成了血族三部曲小說。

《巨怪獵人》/2015

一個青少年題材的小說，與丹尼爾·克勞斯合著，描述在加州名為阿卡迪亞瀑布的不起眼小鎮，潛藏著竊取小孩的巨怪部落。

《水底情深》/2018與《羊男的迷宮》/2019

不同於一般電影的改寫，戴托羅將他最珍愛的電影寫成文學作品，兩書分別與丹尼爾·克勞斯和柯內莉亞·芬克（Cornelia Funke）合著。

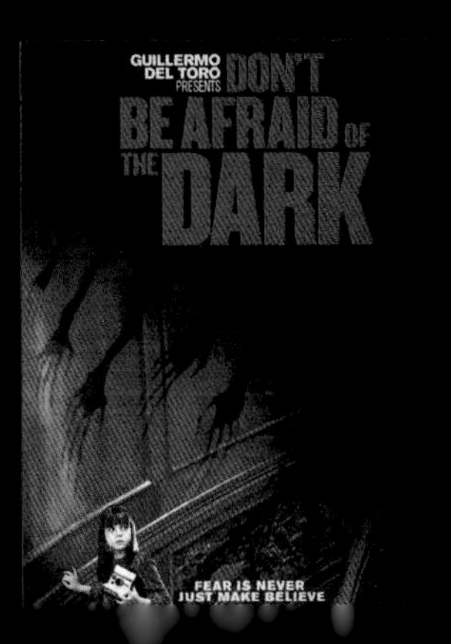

《空心人》（*The Hollow Ones*）/2020

與查克·霍根合著的新小說系列，年輕的FBI探員要對抗可以控制人的幽靈。

作爲電視製作人

《活屍末日》/2014-2017

戴托羅的法醫風格吸血鬼小說除了擴展成系列的漫畫之外，他也擔任改編電視劇的監製，由柯瑞·史托（Corey Stoll）和大衛·布萊德利（David Bradley）擔綱演出。這部電視劇共播出了四季。

《巨怪獵人：幽林傳說》/2016-2018

戴托羅擔任自己小說《巨怪獵人》改編電視劇的製作人，以動畫電視劇形式在Netflix播出。由於影集大獲成功，之後還發展出另外兩個系列影集《天外三俠》（*3Below*）（2018-9）和《傳奇魔法師》（*Wizards*）（2020），故事涉及流亡地球的外太空手足和十二世紀的亞瑟王城堡卡梅洛。

作爲電影製片

《靈異孤兒院》（*The Orphanage*）/2007

J·A·巴亞納（J. A. Bayona）向七〇年代西班牙電影致敬之作，在一座鬧鬼的孤兒院裡種種失蹤與超自然的線索。

《別怕黑》（*Don't Be Afraid of the Dark*）/2010

翻拍自1973年的電視電影，這部公式化的洛夫卡拉夫特式恐怖電影裡，類似妖精的怪物潛藏在老舊宅邸的地下室，以新屋主蓋伊·皮爾斯（Guy Pearce）和凱蒂·霍姆斯（Katie Holmes）為作祟的對象。

《母侵》/2013

……安迪·穆齊亞提（Andy Muschietti）的導演正式起步（《牠》第一章與第二章），影片中兩個野人姊妹被送去與舅舅（尼可拉·柯斯特-華爾道〔Nikolaj Coster-Waldau〕）同住，她們同時也帶來了詭異的母性力量。

《羅曼奇遇記》（*The Book of Life*）/2014

這部墨西哥CGI電腦動畫寓言故事，由他的同胞導演侯黑·古提雷斯（Jorge R. Gutiérrez）執導，是向這位偏好拉丁美洲傳奇故事的製片的宏大致敬；有著可愛、生動的細節，以及朗·帕爾曼的男中音（他提供配音）。

《環太平洋：起義時刻》/2018

這個巨型機器人史詩故事欠缺生氣的續集，證明了即使是戴托羅較接近好萊塢品味的作品，其特有風格仍不可能複製。

《在黑暗中說的鬼故事》（*Scary Stories to Tell in the Dark*）/2019

根據艾爾文·施瓦茨（Alvin Schwartz）暢銷小說改編，各種戴托羅式的基調——毫無戒心的青少年、一本超自然的書、一個鬧鬼的宅邸充滿活力貫穿整部作品。戴托羅曾經一度考慮執導，之後他決定把導演工作轉給了挪威的恐怖類型電影專家安德烈·歐弗蘭多（André Øvredal）。

作爲極佳龍舌蘭酒的宣傳者

Patrón × Guillermo del Toro

窖藏五年，裝入手工打造的酒瓶裡，這個限量版的戴托羅龍舌蘭酒與墨西哥最古老酒廠之一的帕特龍合作生產，它具有煥熱的焦糖特色、活潑的柑橘香氣、和極度黑暗的後勁而受到稱讚。

NIGHTMARE ALLEY & PINOCCHIO

夜路／皮諾丘

孤獨的墨西哥男孩成了大導演，在一年之內有兩部電影要上映。
一部改編自為人遺忘的小說，是眾星雲集、帶有神祕氣息的黑色電影。
另一部是改造經典故事的華麗定格動畫。

時間是2021年，這本書的書寫接近尾聲，戴托羅鋒芒畢露已臻巔峰。在他奧斯卡的重大勝利之後，他勇於暫停拍片一年。不過和他人生大部分的事情一樣，喜悅往往摻雜著一些悲傷。在那光榮的夜晚之後不久，他的父親過世了。突然間，一切都需要重新思量。生命多麼短暫，人間關係是多麼叫人感慨。基於各種不同的理由，他的每一部電影的深處都是為了他的父親而做。這是絕不會變的。

於是他名副其實地加倍工作，2021年年底之前有兩部新的電影預定要上映。這是一次對比的練習，兩部片子都是對眾所熟悉的戴托羅風格做出重大的突破。但各自仍帶著導演如假包換的古怪標誌。

第一部電影《夜路》的故事，從瓦倫西亞郊外的一座村莊展開，作家威廉．林賽．格雷沙姆（William Lindsay Gresham）正在等待遣返。時間是1938年，一切都已無可挽救。這個飽受折磨的不安靈魂，簽字參與國際志願軍，在苦痛的西班牙內戰中投入捍衛共和國的徒勞盼望。

你不禁會猜想，光是這個事實就足以讓戴托羅受他奇異的火光所吸引：又一個被歷史遺忘的唐吉訶德式失敗藝術家。不過格雷沙姆還有更魅惑人心之處。他出生於巴爾的摩，在紐約長大，曾參與馬克思主義和心理分析的實驗，但也同樣醉心於唯靈論。他同時在理性和密教的世界找尋解答。在他小時候，曾著迷於科尼島遊樂園裡的占卜者和所謂通靈者。

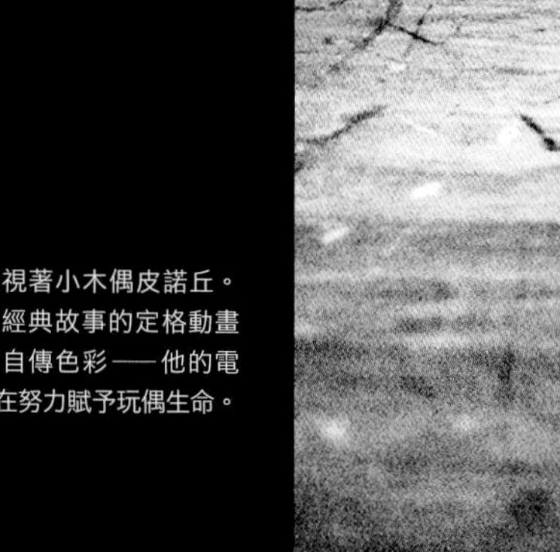

→｜戴托羅注視著小木偶皮諾丘。他改編自經典故事的定格動畫作品帶有自傳色彩——他的電影生涯都在努力賦予玩偶生命。

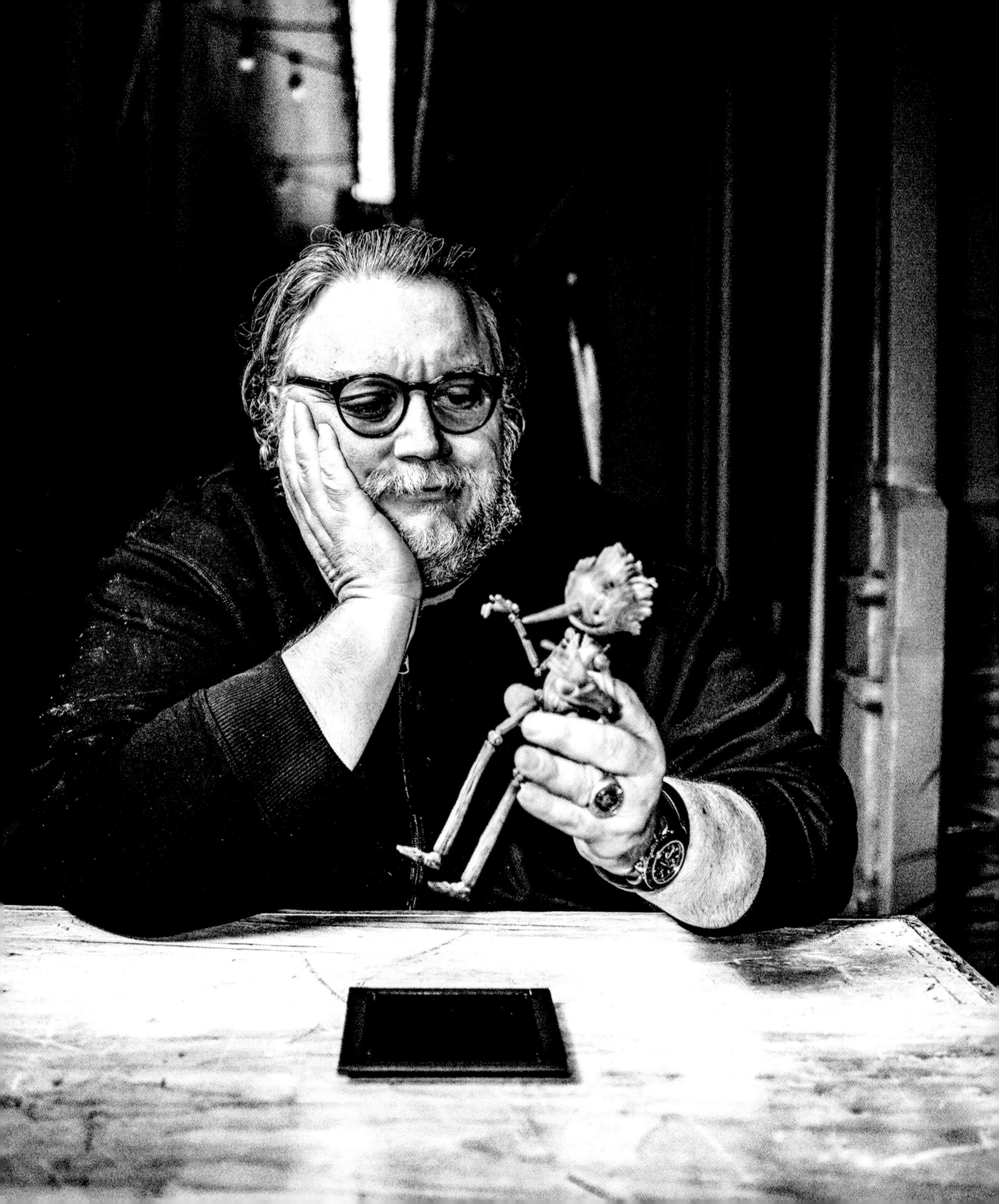

在等船的過程中，格雷沙姆喝了酒。和他同桌的是同胞美國人約瑟夫．丹尼爾．哈勒戴「博士」（Joseph Daniel “Doc” Halliday），他曾經在巡迴表演團擔任藝人，一州又一州旅行，給大蕭條時代悲慘的人們一點小小的娛樂。一開始哈勒戴告訴格雷沙姆關於「怪胎」的事。他解釋說，怪胎秀是所有表演中最低劣的形式。他是個無計可施的絕望醉漢，為了換口酒喝而坐在籠子裡，表演把雞和蛇的頭咬下來。這怪胎，差不多就是人類所能墮落最慘的情況。

這個影像在格雷沙姆的腦海中揮之不去——一個悲慘的傻瓜，露出淌著血的笑容。他了解酒精的誘惑以及隨後的空茫，或許是墮落者的概念引發了他內心的共鳴。「到最後，為了擺脫它，」他說：「我不得不把它寫出來。」[1] 在他從西班牙回國之後，他開始寫這本他最為人知的小說，它也是戴托羅接下來新電影的基礎。

小說《玉面情魔》（*Nightmare Alley*）於1946年出版後得到短暫的好評，故事以大蕭條時代為背景，敘述巧舌如簧的江湖郎中史丹頓．卡萊爾（布萊德利．庫柏），起初是在遊樂場幫靈媒做掩護，進階到假扮通靈者進行巧妙的詐騙，最後他更大膽地把對象鎖定在伊薩．格林德爾（Ezra Grindle）（理查．簡金斯）這位富裕的實業家。在此同時，他與迷人的精神科醫師兼致命女人香莉莉絲．芮特（Lilith Ritter，由凱特．布蘭琪〔Kate Blanchett〕飾演）建立了充滿不確定的關係。

▶ 玩轉黑色電影 ◀

史丹頓不僅為歷經煎熬的導演代言，更是戴托羅創造出來的角色裡，善惡最曖昧難分的一個。他回想童年時代苦痛的父親和不貞的母親。雙親的罪惡都傳給了這個孤獨的兒子，他忽視甜美的妻子茉莉（Molly）（魯妮．瑪拉〔Looney Mara〕），陷入莉莉絲編織的網中，同時他又被巡迴表演團初次見到的怪胎所糾纏。這是不折不扣的黑色電影（film noir）。

稍早在1947年，改編自同名小說、屬於黑色電影風格的黑白片，是由泰隆．鮑爾（Tyrone Power）主演，完全不想玩虛張聲勢的遊戲。但當時電影公司主管達瑞．札努克（Darryl F. Zanuck）對它的悲慘結局感到震驚，因此限制了電影的發行，讓它只能在午夜場苦苦等待。

無庸置疑，戴托羅熱愛類型電影。在2020年，他在恐怖、超級英雄、童話、以及科幻電影都留下了名聲，就像《環太平洋》的巨型機甲獵人一樣，闊步遊走在各個類型之間。「我不認為它是在我先天的DNA裡面。」[2] 被問到是否會執導類型明確的電影時，他如此回答。他讓類型電影令人尊敬。他曾說過，恐怖電影並不是他的踏腳石，而是他的一座大教堂。

然而，他渴望嘗試黑色電影。

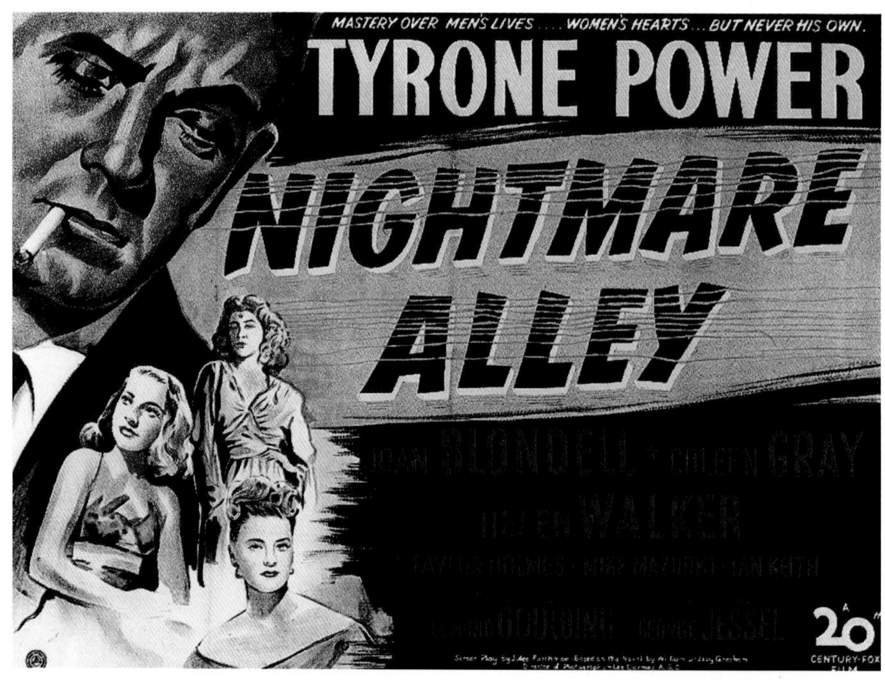

→｜1947年由艾德蒙．古爾丁（Edmund Goulding）執導，改編自威廉．林賽．格雷沙姆小說的電影海報。電影公司在上映之前，刪除了電影裡殘酷攻擊小雞的段落。

→ |《夜路》的共同編劇金姆．摩根，2017年與戴托羅共同出席奧斯卡獎。這位前影評人也參與過加拿大超現實導演蓋伊．馬丁（Guy Maddin）的恐怖電影《禁忌密室》（2015）。

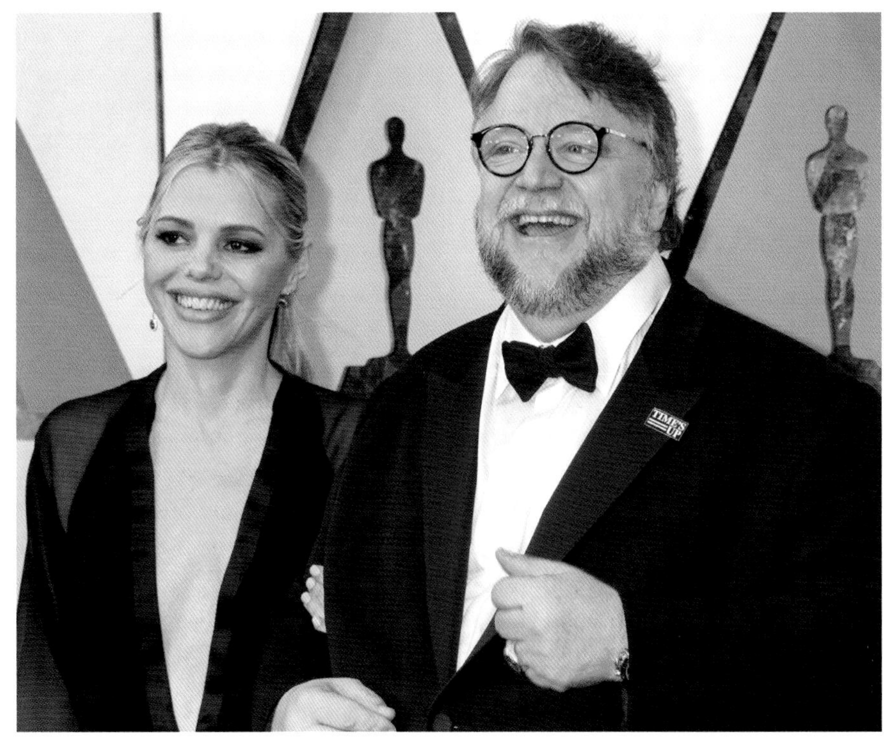

黑色電影並不容易定位。它是一種電影類型，也是一種風格。大致來說，它代表戰後驚悚片的一個分支，以緊張的心理學、密閉恐懼症、極度制式的場景、以及對人性的虛無觀點為特色。在陰暗、都市的黑色電影裡，壞蛋和英雄在表面上並無二致。

「我對三〇年代後期到四〇年代中期這段時間非常感興趣，世界在這個時代因為二次世界大戰而改變，」他在2015年這麼說，開始思考他內心裡的黑色電影。「我想拍一個歷史劇，但是我必須從一段至少是足夠離奇，能夠吸引我的想像力的軼事來建立這個歷史，我祈求好運，希望有一天能夠實現。」[3]

結果是他手中早就有了足夠離奇的黑色電影。朗．帕爾曼在1992年拍攝《魔鬼銀爪》的時候，就曾經拿給他一本《玉面情魔》。戴托羅因它粗野的氣息，以及它所指引美國夢通往的方向深深感動。「在書中對資本主義，以及所謂的都市文明抱持某種幻滅，」他說。「我認為它充滿性的欲力，真心對美國的情況感傷，對遊樂園的算命術和美國心理學的誕生有聰明的直觀聯想。」[4]

2017年，他開始與共同編劇金姆．摩根（Kim Morgan）（《禁忌密室》〔*The Forbidden Room*〕）著手改編劇本。他熱切地說，「現在是我第一次有機會去拍一部『社會的下半部』的電影。」[5]

這部電影由探照燈公司製作，是另一部投資較保守的電影。不過，戴托羅還是吸引了相當精彩的卡司陣容。這說明了他如今受到敬重的程度，雖然因為檔期問題他錯過了由李奧納多．狄卡皮歐（Leonardo DiCaprio）飾演他說話喋喋不休的主角，布萊德利．庫柏馬上接上了空缺。在他身邊，戴托羅安排了自己的老朋友和幸運星，像是朗．帕爾曼和簡金斯，來扮演吃重的角色。此外，還加上有趣的新面孔凱特．布蘭琪、魯妮．瑪拉、東妮．克莉蒂（Toni Collette）、威廉．達佛（Willem Dafoe）、和大衛．史崔森（David Strathairn）來豐富他的陣容。

雖然黑色電影具有恐怖氛圍，提供難以捉摸、如噩夢般、暴力、而且超現實的故事，不過按照戴托羅的說法，「並沒有超自然的元素。」[6] 這是相對的區別。《夜路》絕不是直截了當的戲劇。它和他的其他作品明顯是筋脈相連。它仍舊是非常戴托羅式的電影。

首先，史丹頓為了愚弄信眾而精心設計的詭計，和電影拍攝有著驚人的相似，它基本上是利用巧妙手法來讓觀眾信以為真。在中學時代，戴托羅以他精心設計的惡作劇而出名。他做的基本上仍是同樣的事。因此這個靠巧計謀生的（騙子）藝術家也帶了點自傳式的色彩。

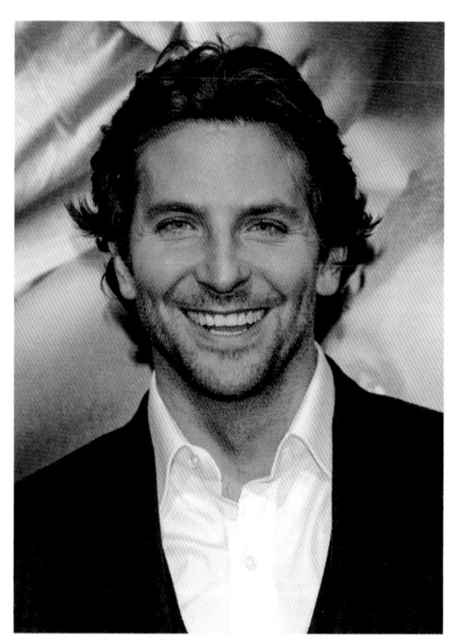

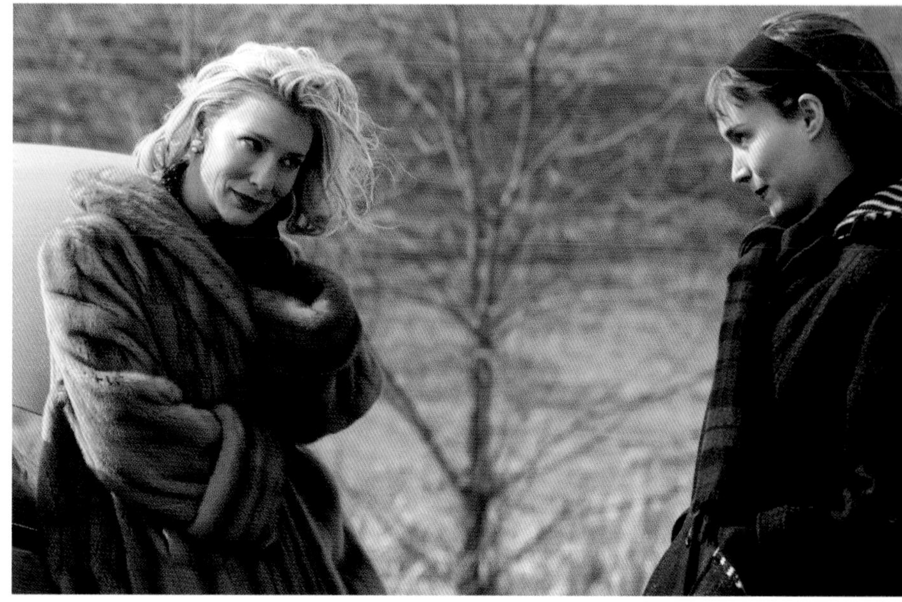

格雷沙姆在1962年自殺，惡靈最終還是在他的命運佔了上風，他的屍體在紐約一個破敗旅社的房間被發現。就和洛夫克拉夫特一樣，他生前鮮為人知，但是他辛辣的小說逐漸吸引了小眾的簇擁者。他是另一個寄身於文壇邊陲，陰暗、悲劇、被誤解，但經常讓戴托羅感覺心靈相契合的人物。奇妙的是，格雷沙姆的第一任妻子是詩人喬伊・大衛曼（Joy Davidman），她後來嫁給了《納尼亞傳奇》的創作者C・S・路易斯（C. S Lewis），之後不幸早逝——理查・艾登堡（Richard Attenborough）在電影《影子大地》（*Shadowlands*）描述了這段悲劇。

▶ 塔羅牌的神祕色彩 ◀

此外，有些神祕之物在書中逸走。格雷沙姆在寫作期間迷戀起塔羅牌——這副畫了圖案的紙牌，放在對的人手中據說能預知未來。

塔羅牌除了在故事中被靈媒齊娜（Zeena）使用之外，小說結構也是圍繞二十二張王牌，或稱為大祕儀（Major Arcana）：每一章的標題都是根據紙牌的圖像和牌意，像是「愚者」、「吊人」、和「戀人」。它提供了故事的潛文本。也許有更強大的力量在運作，換句話說，這是一部調節成神祕劇的黑色電影。從遭受巡迴藝人詐騙的卑微農民、到史丹頓的狂熱追隨者、再到富裕的有錢人，每個人都渴望從宇宙中找出意義。不管是從心理學或是從靈魂的層次，史丹頓都有他無可迴避的命運。人生本身就是一場騙局。

「出其不意的轉變總是只差一張牌，」戴托羅說，「而且，在這方面，塔羅牌就像人生本身。」[7] 如果可能，他應該會告訴格雷沙姆，佛洛依德在「所謂祕密儀式的真相」[8] 的研究裡早就清楚說明，塔羅牌已經不容忽視。

著重於紙牌的象徵意義，正好再次和導演的童年經驗起了共鳴。「任何人要我母

↖｜布萊德利・庫柏是飾演史丹頓・卡萊爾這個魅力型騙子的完美人選。2020年的拍片工作因為疫情而中斷，在拍攝《夜路》過程中，他同時也完成了保羅・湯瑪斯・安德森的《濕底》（*Soggy Bottom*，暫譯）。

↑｜在陶德・海恩斯（Todd Haynes）的《因為愛你》（*Carol*）中曾經演出對手戲的凱特・布蘭琪與魯妮・瑪拉如今飾演莉莉絲・瑞特和茉莉・卡希爾——這兩個女人最終決定了史丹頓的命運。

→｜由真正的馬戲團表演者演出，托德・布朗寧充滿爭議性的1932年經典《怪胎》長期以來令戴托羅著迷，它也是描述巡迴表演團成員時最直接的靈感來源。

親算忙算塔羅牌，她都會答應——不管是什麼時間或場景，」戴托羅回想著。「她總是帶著一副紙牌，用絨布包著放在手提袋裡，對待紙牌非常慎重小心。紙牌因為頻繁和熟練地使用，側邊已經出現磨損和污漬。」[9]

他的母親也教他易經、手相、以及如何用茶葉占卜。這類黑魔法遠比務實的父親教導他的世俗功課，或是虔誠天主教徒的祖母教他的宗教教義更有吸引力。

塔羅牌提供了一套祕密的、象徵性的代碼，讓戴托羅應用到他的電影裡，好讓它們可以用同樣方法來解讀。「象徵的符碼，叩問的是我們存有的宇宙根源，」他如此宣稱。「……我一開始使用塔羅牌並不是為了敘事的設計，而是為了強化我說故事的本能直覺。」[10] 確實，一套戴托羅的塔羅牌在2020年出版，由西班牙藝術家湯瑪斯．伊荷（Tomás Hijo）（他以洛夫克拉夫特和托爾金的繪畫而知名）根據他的電影，以手工膠版畫繪製而成。戴托羅自己被畫成了塔羅牌中的「魔術師」，即夢的編織者。

除此之外，小說本身雖然沒有怪物，但是它提供一大堆在怪胎秀會出現的常客，戴托羅為他們安排了生動而富同情的描述。他們包括了一位肌肉強人，一位雙腿萎縮靠手走路的「半身雜技演員」，[11] 以及一位名叫鳥女孩飛飛（Fee Fee the Birdgirl）的角色。

托德．布朗寧的《怪胎》是重要的靈感來源。這部令人毛骨悚然的1932年恐怖電影，以真正的殘疾雜藝演員來飾演馬戲團的團員，他們對一個狡詐的空中飛人進行可怕的報復。發行時遭受嚴厲批判和票房的慘敗，這是另一部日後逐漸受追捧、難以歸類的邪典神作。想當然耳，戴托羅也是它的尊榮會員。

他使用自己的推特帳號來撥亂反正，捍衛受人遺忘的影片，他形容《怪胎》是獨一無二的神劇。「這樣的電影過去不曾有，未來也不會再出現，」[12] 他宣布。

這一切讓《夜路》成了迷人的矛盾：它打破一般常規，由角色推動，有著多層次的騙子電影，它是對美國的寫生，一場荒涼的存在之旅，以及另一次遊走不同電影類型的拋耍飛刀特技。

電影在2020年1月開拍，在多倫多拍攝紐約和表演團巡迴演出的各個不同地點。不過，呼應戴托羅不祥故事（特別是《活屍末日》）的國際事件，讓拍片工作在2020年3月突如其來被迫中斷，電影的拍攝還未完成一半。COVID-19新型冠狀病毒的疫情，迫使所有電影拍攝全部叫停，也讓好萊塢的檔期安排大亂。

「我們拍重頭戲就真的正好拍到一半，」戴托羅說。「我們去吃午飯，然後跟電影公司的人討論，回去時我們就宣布，『所有人放下手邊的工具，現在就離開。』」[13] 即使他們被准許重新開拍之後，戴托羅還是得等待庫柏拍完他的另一部電影（與導演保羅．湯瑪斯．安德森〔Paul Thomas Anderson〕合作），這部片才剛開始拍攝不久。不過戴托羅也沒閒著。他並沒有沉浸在創作的恣意想像，而是把全副精神放在《皮諾丘》上頭。

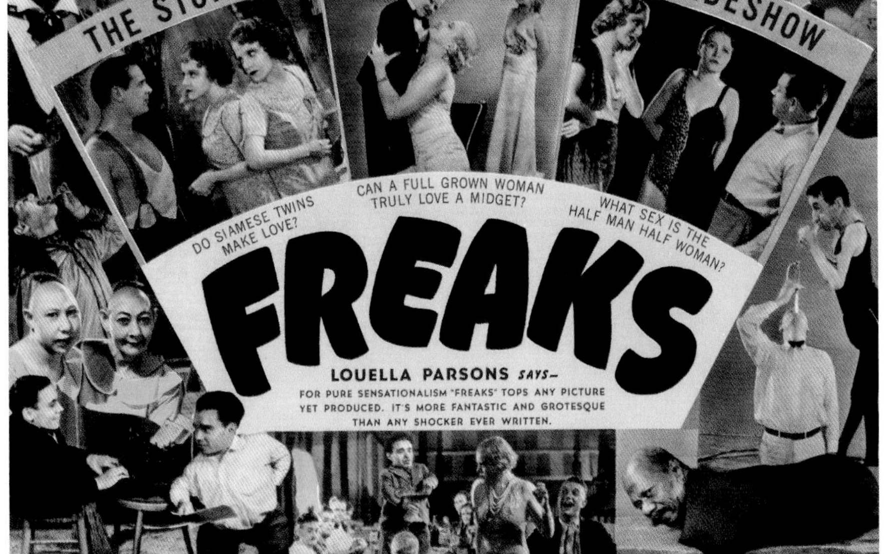

▶ 動畫師的投射 ◀

拍攝《夜路》這部複雜的真人電影的同時，戴托羅正嘗試一個截然不同的新媒介。出於對雷．哈利豪森和捷克動畫家楊．斯凡克梅耶（Jan Švankmajer）超現實世界的崇拜，戴托羅想要拍攝一部定格動畫電影。他過去就使用過這套技術來呈現《地獄怪客2：金甲軍團》序幕中機械部隊的誕生，也曾經為羅德．達爾的《女巫們》（*The Witches*）改編定格動畫做過不成功的提案。最後勞勃．辛密克斯（Robert Zemeckis）在2020年終於把戴托羅改編的劇本拍成結合卡通式的CGI和真人演出的電影。

「我一輩子都是個動畫師，」戴托羅堅持這麼說。「我的第一批電影是用超8攝影機拍攝的定格動畫。我喜歡這個媒介。」[14]

《皮諾丘》經歷了幾乎不可避免的漫長醞釀。他與長期合作夥伴兼導師馬修．羅賓斯進行劇本。羅賓斯是七〇年代影壇具開創性的「電影壞小子」（Movie Brat）的一員，與史匹柏、盧卡斯、以及柯波拉一起合作。他也曾執導深得戴托羅喜愛、帶有奇趣的奇幻片《屠龍記》（*Dragonslayer*）。羅賓斯曾受邀到瓜達拉哈拉為新進編劇主持一系列的工作坊，他回想當時，自己被分派指導這位「二十九歲的怪傢伙」，[15] 從此之後兩人變得無話不聊。

從《祕密客》開始，他們合作了十部劇本，其中包括了《皮諾丘》，當戴托羅還在紐西蘭籌拍《哈比人》的時候，羅賓斯已經開始著手劇本。按照羅賓斯的估算，「它大概是與迪士尼化的故事距離最遙遠的版本了。」[16]

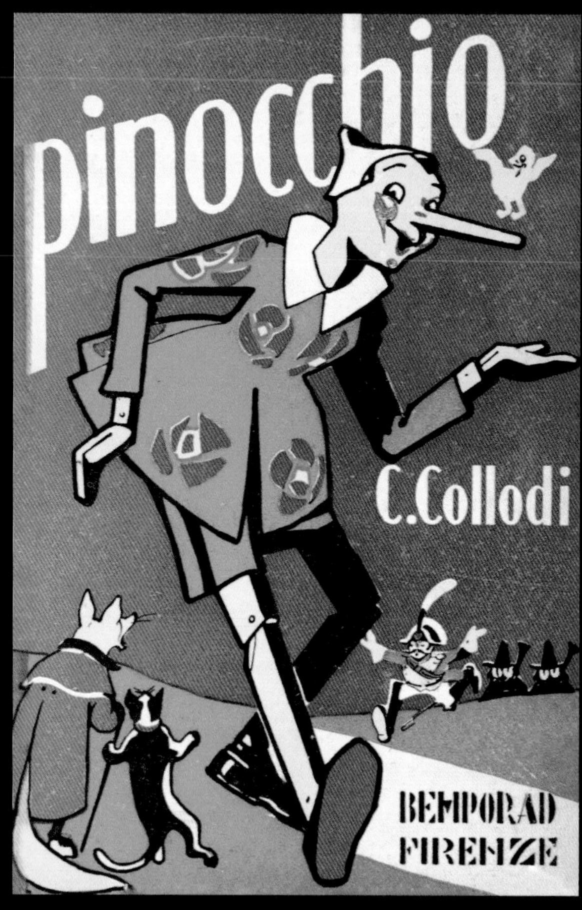

← | 帶給戴托羅的新版《皮諾丘》更多啟發的，是較超現實的源頭——卡羅．科洛迪原創的故事，它最早在1881年於雜誌上刊載，在1883年出版成書。

戴托羅把它看成是對1940年傳統動畫版的重新定位。戴托羅對華特．迪士尼並沒有半句抱怨。他說，「我相信他改變了我們說故事的方法，」[17] 而那些動畫經典盤據了他想像力的小小角落。迪士尼版本的《皮諾丘》是一趟經歷幻影世界的成年禮之旅。孩子變成驢子的段落令人如坐針氈。它傳達的是戴托羅心目中童話故事必要的「黑暗」。[18]

然而，他更想要努力挖掘的是卡羅．科洛迪（Carlo Collodi）1883年原著小說裡頭較為超現實的風格。「皮諾丘有些如清明夢境的奇特時刻，幾近乎幻覺……皮諾丘經歷許多不幸，包括一些瀕臨死亡的險境，還有更多的傷心時刻。」[19] 另外加上他一貫強調的，科洛迪作品裡的政治觀點。這部電影預告了1930年代法西斯主義在義大利出現的雛形。如羅賓斯所見，故事的潛文本是「自由的理念因為逾越而導致混亂」。[20]

這是對打破成規的創意安那其的一場禮讚：這個主題可追溯到《惡魔的脊椎骨》的叛逆男孩們，以及《羊男的迷宮》裡奧菲莉亞的自立自決。戴托羅要宣揚的是，不服從是一把兩面刃。

於是，適當程度的自我影射投入了這部電影。成長的過程讓他對皮諾丘有些親近感。「讓我很感興趣的是，他是否還能做自己，同時又被愛。他是否必須變成真正的男孩才會為人們所愛？」[21]

戴托羅想要讚頌不完美。

自然而然地，這是法蘭肯斯坦培養出那個醜陋而美麗的頭顱的方法——一個被創造出來的靈魂。「他是一位父親透過不自然的方法所造的創造物，他想脫離自己的身分，必須從失敗、苦痛、創傷、和孤寂中學習世界運作的方式，」[22] 戴托羅說，他很開心自己的觀點和其他人看待皮諾丘的方式有這麼大的不同。他的方式是自傳式的。

▶ 視覺風格設定 ◀

讓我們想想看。在故事裡，傑佩托製作了一個活出生命的玩偶。皮諾丘實際上是個玩偶，而不是假扮成有生命的玩偶。這是戴托羅電影生涯的虛構故事——它就是導演的工作過程。這裡存在雙重超現實的成分，它透過定格動畫來描述一個「有生命」的玩偶，而在定格動畫的世界裡，我們原本**就已被**要求把玩偶看成是活的東西。

這一切正好製造了讓電影公司投資卻步的矛盾和諷刺。不過戴托羅仍堅持己見。故事裡的人物都有著極端的性格。他希望達到手工精製的感覺，有栩栩如生的真材實料，即使這讓他得花掉三千五百萬美元。

「我走遍了好萊塢每家電影公司，」他強調，「他們全都說不。」[23] 最後是Netflix伸出援手。這個串流業的巨人顯然有冒險精神，新近製作了柯恩兄弟的《西部老巴的故事》（*The Ballad of Buster Scruggs*）和戴托羅老友阿方索．柯朗的《羅馬》。這兩部電影都讓戴托羅大為激賞。除此之外，他也已經與Netflix成功合製電視劇《巨怪獵人》（類似於《地獄怪客》，一個關於都市少年與怪物打鬥的故事）。即使他必須放棄在電影院上映，他還是可以拍他所選擇的電影，他這次借鏡日本的「文樂」人形劇，其中的人偶有著豐富的表情，而且臉色蒼白如鬼魅。此外還加上音樂劇元素：隨著羅賓斯的加入，派崔克．麥凱爾（Patrick McHale）又改寫了劇本來加入音樂，並由戴托羅和饒舌歌手卡茲（Katz）提供歌詞，由亞歷山卓．戴斯培（Alexandre Desplat）負責配樂。

電影開拍是在2020年1月31日，於奧勒岡州波特蘭的影子機器工作室（ShadowMachine Studios）——在工作室嚴格控管的條件下——不受疫情影響持續進行。定格動畫是辛苦的程序。每天只能完成幾秒鐘的影片。因此戴托羅找

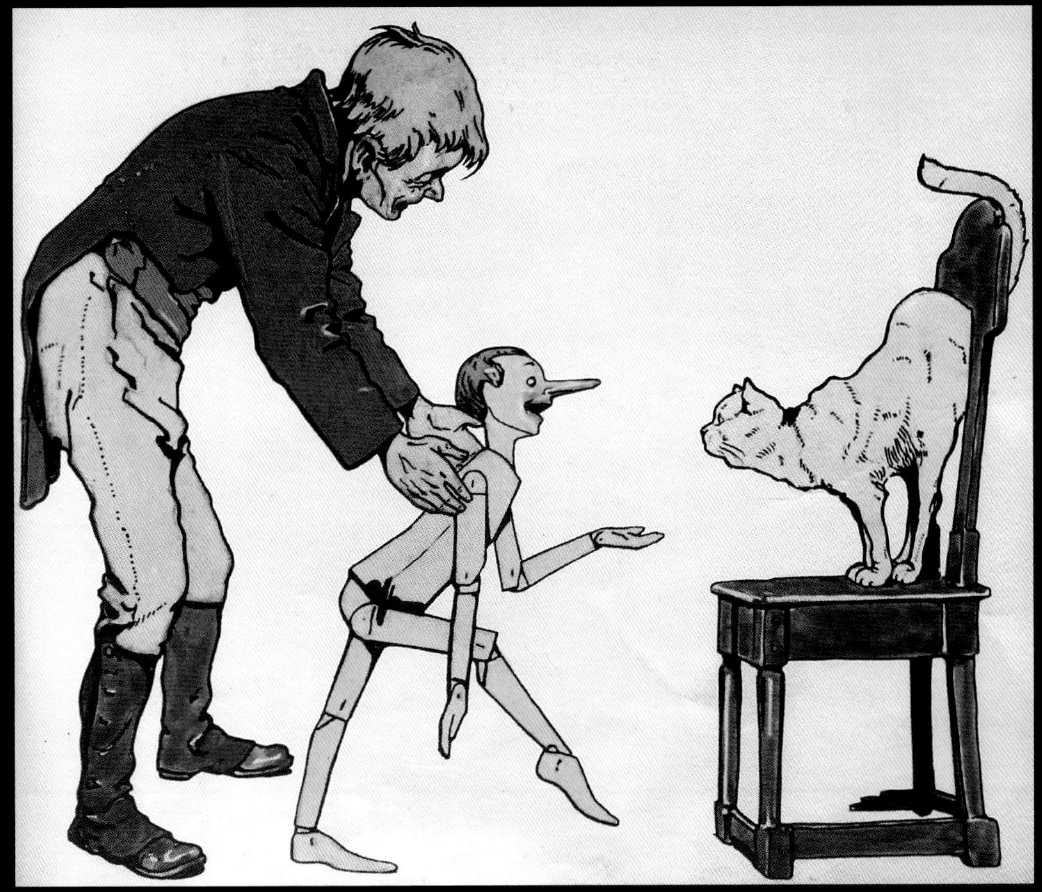

← | 在亞提里歐．穆西諾（Attilio Mussino）1911年著名的插畫裡，傑佩托向受到驚嚇的貓介紹皮諾丘。戴托羅參考了這個角色過去的許多形象，不過賦予他明確的個人風格。

來了共同導演馬克・古斯塔夫森（Mark Gustafson）來分擔這個耗時的任務。古斯塔夫森擅長傳達作者導演的古靈精怪，他曾經擔任魏斯・安德森的《超級狐狸先生》（*Fantastic Mr. Fox*）的動畫指導。

麥金儂和紹德斯有限公司（Mackinnon and Saunders Ltd.）則負責提供帶有哥德風的微型人物；他們曾經參與的影片如：《地獄新娘》（*Corpse Bride*）、《第十四道門》（*Coraline*）、以及《怪怪箱》（*The Boxtrolls*）。他們風格獨特的設計，依據的是童書作家和插畫家葛利斯・葛力姆利（Gris Grimly）的作品（之後他也將負責執導皮諾丘電影計畫的早期版本），他最為人稱道的，是以個人風格呈現愛倫・坡的《沉睡谷傳奇》（*The Legend of Sleepy Hollow*）以及科洛迪《皮諾丘》的2002年版電影。葛力姆利是另一位和導演興味相投的合作夥伴：他陰森恐怖的漫畫風格，讓人回想到查爾斯・亞當斯（Charles Addams）、愛德華・高栗（Edward Gorey）、提姆・波頓（Tim Burton）、以及德國表現主義如噩夢般的視覺意象。

皮諾丘（新加入的葛瑞格里・曼〔Gregory Mann〕）有著紡錘一樣的四肢和圓球形的頭顱，讓人回想起《羊男的迷宮》和《地獄怪客2：金甲軍團》裡頭吱吱喳喳的精靈。蟋蟀（吉米尼〔Jiminy〕是迪士尼版電影硬加上的名字）就是蟋蟀——由伊旺・麥奎格（Ewan McGregor）配音的會說話的昆蟲。傑佩托（大衛・布萊德利）戴著可樂瓶般的厚片眼鏡和飄逸八字鬍，就像《地獄怪客》的布魯教授，只是穿得比較寒酸。

配音卡司的亮眼陣容，是由戴托羅的老搭檔，和一些可預期將成為班底的新舊組合，包括了凱特・布蘭琪、蒂妲・史雲頓（Tilda Swinton）、提姆・布萊克・尼爾森（Tim Blake Nelson）、克里斯多夫・華茲（Christoph Waltz）、約翰・特托羅（John Turturro）、以及聲如雷鳴令人心安的朗・帕爾曼。

↙｜克里斯多夫・華茲同時擔任狐狸和貓的配音，在科洛迪原來的小說裡，這兩個騙子誘拐可憐的皮諾丘，並且試圖殺害他。

↓｜蒂妲・史雲頓以她絲絨般的嗓音為藍精靈配音——這個活了一千歲的精靈最後成為皮諾丘的救主。

↘｜大衛・布萊德利把他磁性的嗓音獻給了傑佩托先生，這位貧困的木匠用一截木頭創造出了皮諾丘。

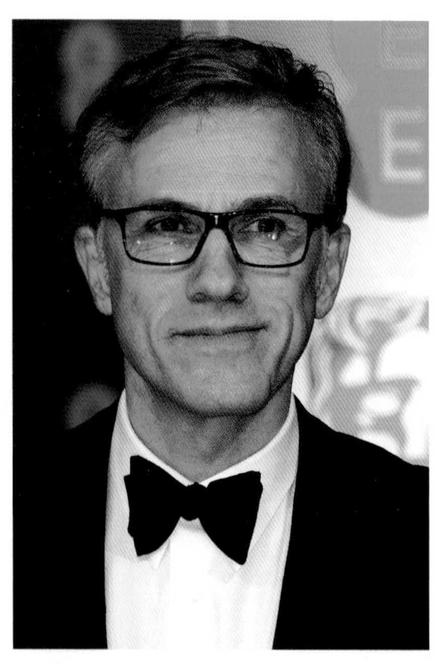

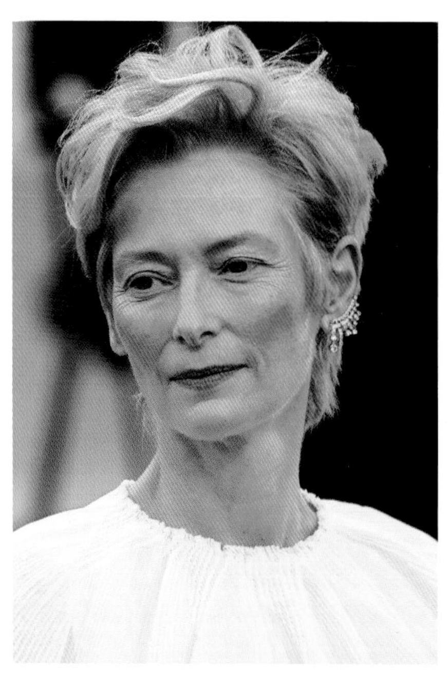

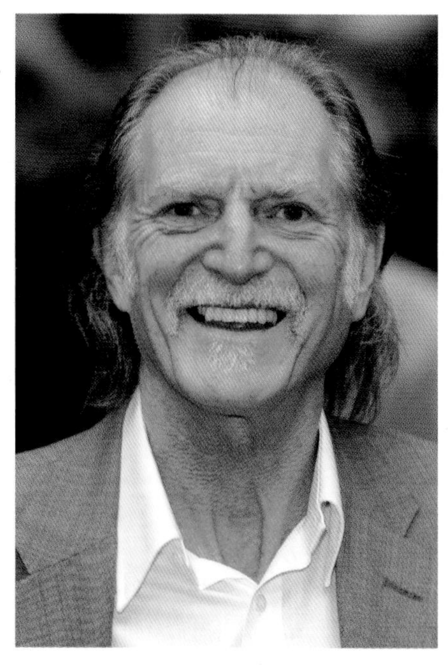

▶ 永遠保有自己的混搭 ◀

《夜路》最後在2020年12月14日殺青，預定安排在2021年12月3日上映[10]，信心滿滿安排在頒獎季之後。《皮諾丘》也排定在2021年上映，以總結戴托羅了不起的導演生涯裡最多產的一年。

年屆五十六歲，這位傑出的電影人，這個繼承了全世界的怪胎，很滿意於自己無法被歸類。「我不屬於任何安全的電影類別：太過怪異而不適合暑期檔，太熱愛流行文化而不適合藝術電影，太過艱澀深奧而無法吸引死忠影迷。眼前的事實是，每個我可以吸引人的前提，都潛藏了失敗的風險。我常自問為什麼我不能選一個比較容易的道路。」[24]

然而，正因為他遵循本能穿過奇異的迷宮，才得以成為現代電影中最獨特和最美妙的聲音之一。你可以說他是最不好萊塢的好萊塢導演，或者說最墨西哥的導演。他屬於一小隊關係緊密的導演，他們永遠會因為所選的題材和拍片方式，而受到熱切期待。每拍一部電影，我們都會為他瘋狂的創作而引頸期待：他有一點葛林姆、一點洛夫克拉夫特、一點布紐爾、一點馬克斯兄弟、一點柯曼、一點史匹柏，還有永遠有他自己。

解讀未來命運的紙牌，他有許多可以前進的方向，他的荒涼山莊光亮的書架上擺了腳本、論述、以及充滿各種想法的筆記本。不過他開發一個計畫、或接到一個優渥的提案、或是等待天神的指示，總有一件事他會牢記在心。

「我總是問自己，『如果我不拍的話，這部電影會存在嗎？』如果答案是會，我那就不拍了。」[25]

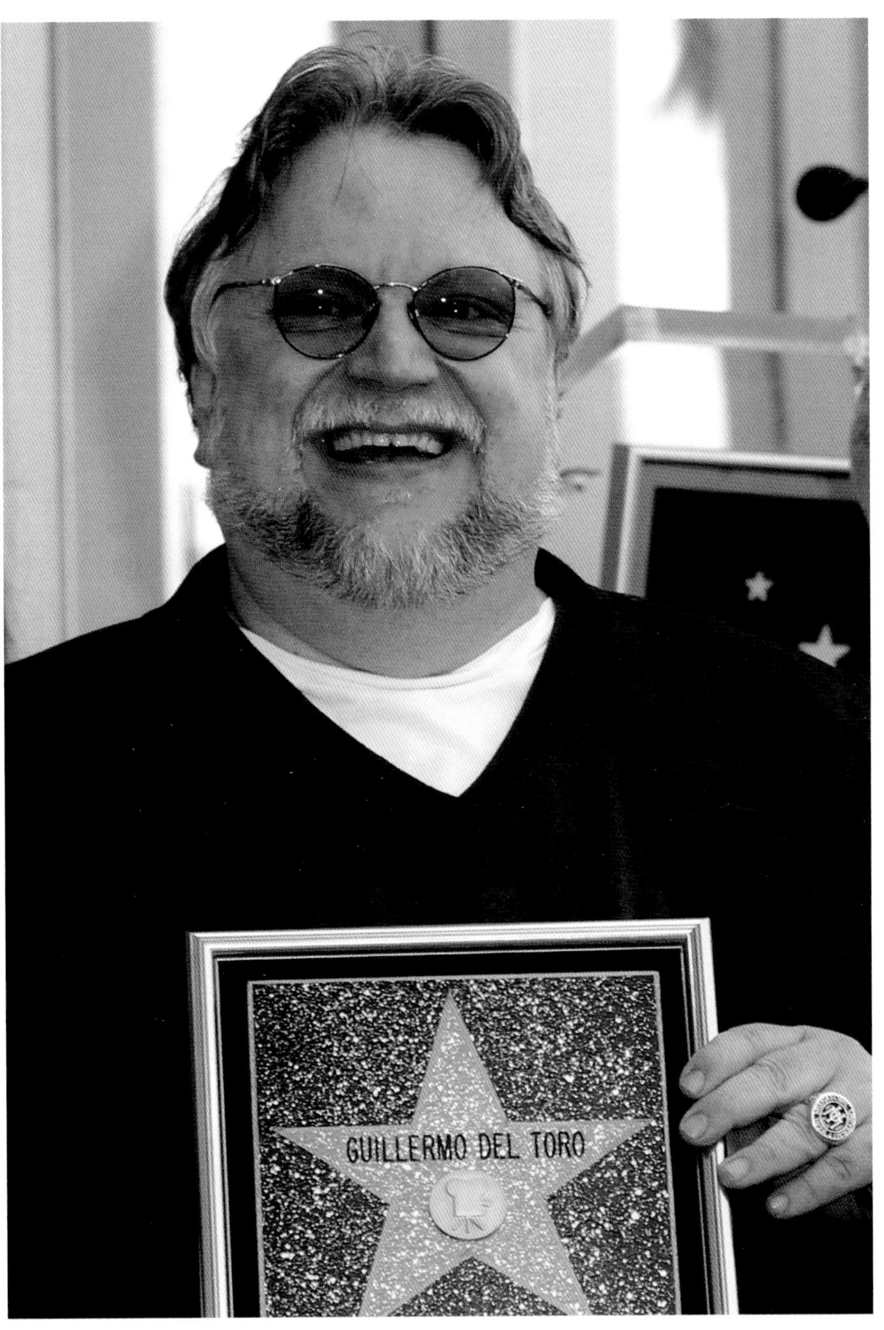

↑｜戴托羅在2019年成為好萊塢大道第2669顆星星。在接受這項榮譽時，他手裡緊抓墨西哥國旗，並放在唇邊親吻。

資料來源

前言

1. *The Merriam-Webster Dictionary*, Turtleback Books, 2016
2. *Guillermo del Toro – Cabinet of Curiosities: My Notebooks, Collections, and Other Obsessions*, Guillermo del Toro and Marc Scott Zicree, Titan Books, 2013
3. *10 Questions for Guillermo del Toro*, Gilbert Cruz, *Time*, 5 September 2011
4. *Guillermo del Toro's Pan's Labyrinth*, Nick Nunziata, Mark Cotta Vaz, and Guillermo del Toro, Titan Books, 2016

從前，在墨西哥

1. *Pan's Labyrinth Blu-ray Edition*, The Criterion Edition, 18 October 2016
2. *Guillermo del Toro – Guardian Interviews at the BFI*, Mark Kermode, 21 November 2006
3. *Guillermo del Toro's Pan's Labyrinth*, Nick Nunziata, Mark Cotta Vaz, and Guillermo del Toro, Titan Books, 2016
4. Ibid.
5. *Guillermo del Toro on Confronting Childhood Demons and Surviving a Real-life Horror Story*, Stephen Galloway, Hollywood Reporter, 3 November 2017
6. *Guillermo del Toro's Pan's Labyrinth*, Nick Nunziata, Mark Cotta Vaz, and Guillermo del Toro, Titan Books, 2016
7. *Guillermo del Toro – Cronos Interviews*, The Criterion Edition, 7 December 2010
8. *Guillermo del Toro Masterclass*, Lumière Festival, Lyon, France on 13 October 2018
9. *Guillermo del Toro – Guardian Interviews at the BFI*, Mark Kermode, *The Guardian*, 21 November 2006
10. *Guillermo del Toro – Cronos Interviews*, The Criterion Edition, 7 December 2010
11. Ibid.
12. *Pan's Labyrinth – BFI Film Classics*, Mar Diestro-Dópido, Bloomsbury, 2013
13. *Guillermo del Toro Interview – Blade II, Capture Magazine* via YouTube, 2012
14. *Guillermo del Toro's Pan's Labyrinth*, Nick Nunziata, Mark Cotta Vaz, and Guillermo del Toro, Titan Books, 2016
15. Ibid.
16. *Guillermo del Toro – Cabinet of Curiosities: My Notebooks, Collections, and Other Obsessions*, Guillermo del Toro and Marc Scott Zicree, Titan Books, 2013
17. *Guillermo del Toro's The Devil's Backbone*, Matt Zoller Seitz & Simon Abrams, Titan Books, 2017
18. *Guillermo del Toro – Cabinet of Curiosities: My Notebooks, Collections, and Other Obsessions*, Guillermo del Toro and Marc Scott Zicree, Titan Books, 2013
19. *Guillermo del Toro's The Devil's Backbone*, Matt Zoller Seitz & Simon Abrams, Titan Books, 2017
20. *Guillermo del Toro – Cabinet of Curiosities: My Notebooks, Collections, and Other Obsessions*, Guillermo del Toro and Marc Scott Zicree, Titan Books, 2013
21. *Guillermo del Toro's The Devil's Backbone*, Matt Zoller Seitz & Simon Abrams, Titan Books, 2017
22. *Show The Monster*, Daniel Zalewski, *The New Yorker*, 31 January 2011
23. *Guillermo del Toro – Cabinet of Curiosities: My Notebooks, Collections, and Other Obsessions*, Guillermo del Toro and Marc Scott Zicree, Titan Books, 2013
24. Ibid.
25. *The Craft of the Director: Guillermo del Toro, Directors Guild of America* via YouTube, 7 May 2018
26. *Guillermo del Toro – Cabinet of Curiosities: My Notebooks, Collections, and Other Obsessions*, Guillermo del Toro and Marc Scott Zicree, Titan Books, 2013
27. *Guillermo del Toro – Cronos Interviews*, The Criterion Edition, 7 December 2010
28. Ibid.
29. Ibid.
30. Ibid.
31. Ibid.
32. *Guillermo del Toro – Cronos Interviews*, The Criterion Edition, 7 December 2010
33. *Cronos Interview Part 1, Studiocanal* via YouTube, 11 May 2008
34. Ibid.
35. *Guillermo del Toro – Cabinet of Curiosities: My Notebooks, Collections, and Other Obsessions*, Guillermo del Toro and Marc Scott Zicree, Titan Books, 2013
36. Cronos interview via YouTube, 11 May, 2008
37. *Guillermo del Toro's Pan's Labyrinth*, Nick Nunziata, Mark Cotta
38. *Cronos Interview Part 1, Studiocanal* via YouTube, 11 May 2008
39. *Cronos: Alive With Charms Eternal*, Kenneth Turan, *The Los Angeles Times*, 22 April 1994
40. *Guillermo del Toro's Pan's Labyrinth*, Nick Nunziata, Mark Cotta Vaz, and Guillermo del Toro, Titan Books, 2016
41. Ibid.
42. *Guillermo del Toro – Cronos Interviews*, The Criterion Edition, 7 December 2010
43. *Guillermo del Toro's The Devil's Backbone*, Matt Zoller Seitz & Simon Abrams, Titan Books, 2017
44. *Cronos Interview Part 1, Studiocanal* via YouTube, 11 May 2008
45. *Guillermo del Toro – Cabinet of Curiosities: My Notebooks, Collections, and Other Obsessions*, Guillermo del Toro and Marc Scott Zicree, Titan Books, 2013
46. Ibid.
47. *Guillermo del Toro's The Devil's Backbone*, Matt Zoller Seitz & Simon Abrams, Titan Books, 2017
48. *Guillermo del Toro – Cronos Interviews*, The Criterion Edition, 7 December 2010
49. *Guillermo del Toro – Cabinet of Curiosities: My Notebooks, Collections, and Other Obsessions*, Guillermo del Toro and Marc Scott Zicree, Titan Books, 2013
50. *Cronos Interview Part 1, Studiocanal* via YouTube, 11 May 2008
51. *Guillermo del Toro – Cabinet of Curiosities: My Notebooks, Collections, and Other Obsessions*, Guillermo del Toro and Marc Scott Zicree, Titan Books, 2013
52. *Blu-ray Review: Guillermo del Toro's Cronos on the Criterion Collection*, Glenn Heath Jr., Slant, 10 December 2010
53. *Pan's Labyrinth – BFI Film Classics*, Mar Diestro-Dópido, Bloomsbury, 2013
54. *Guillermo del Toro - Interviews: Cronos*, The Criterion Edition, 7 December 2010
55. Ibid.
56. Ibid.
57. *Guillermo del Toro Q&A, deltorofilms.com*, 2003

隧道視野

1. *Guillermo del Toro Interview*, Geoffrey Macnab, *Independent*, 7 February 2018
2. *Down and Dirty Pictures*, Peter Biskind, Simon & Schuster, 2004
3. *Guillermo del Toro – Cabinet of Curiosities: My Notebooks, Collections, and Other Obsessions*, Guillermo del Toro and Marc Scott Zicree, Titan Books, 2013
4. Ibid.
5. *Guillermo del Toro's The Devil's Backbone*, Matt Zoller Seitz & Simon Abrams, Titan Books, 2017
6. *Down and Dirty Pictures*, Peter Biskind, Simon & Schuster, 2004
7. *The Faber Book of Mexican Cinema*, Jason Wood, Faber & Faber, 2006
8. *Guillermo del Toro 'Hated the Experience' of Working With Harvey Weinstein on 'Mimic'*, Zack Sharf, *IndieWire*, 12 October 2017
9. *Guillermo del Toro – Cabinet of Curiosities: My Notebooks, Collections, and Other Obsessions*, Guillermo del Toro and Marc Scott Zicree, Titan Books, 2013
10. Ibid.
11. *Guillermo del Toro – Guardian Interviews at the BFI*, Mark Kermode, *The Guardian*, 21 November 2006
12. *Guillermo del Toro's The Devil's Backbone*, Matt Zoller Seitz & Simon Abrams, Titan Books, 2017
13. *Down and Dirty Pictures*, Peter Biskind, Simon & Schuster, 2004
14. *Guillermo del Toro's The Devil's Backbone*, Matt Zoller Seitz & Simon Abrams, Titan Books, 2017
15. *Guillermo del Toro – Guardian Interviews at the BFI*, Mark Kermode, *The Guardian*, 21 November 2006
16. *Mimic review*, Owen Gleiberman, *Entertainment Weekly*, 7 September 2011
17. *Guillermo del Toro – Cronos Interviews*, The Criterion Edition, 7 December 2010
18. *Mimic review*, Roger Ebert, *Chicago Sun-Times*, 22 August 1997
19. *Guillermo del Toro interview* Nicholas Braccia, *Feo Armante's Horrorthriller.com*, undated
20. *Mimic Director's Cut Blu-ray review*, Chris Holt, *Starburst*, 11 May 2011
21. *Guillermo del Toro and Mira Sorvino interview*, Charlie Rose, *charlierose.com*, 11 August 1997
22. *Guillermo del Toro – Cabinet of Curiosities: My Notebooks, Collections, and Other Obsessions*, Guillermo del Toro and Marc Scott Zicree, Titan Books, 2013

23. Ibid.
24. Ibid.
25. *Guillermo del Toro's Pan's Labyrinth*, Nick Nunziata, Mark Cotta Vaz, and Guillermo del Toro, Titan Books, 2016
26. *Guillermo del Toro Interview*, Geoffrey Macnab, *Independent*, 7 February 2018

未竟之業

1. *Empire Meets Guillermo del Toro*, Chris Hewitt, *Empire*, 8 October 2015
2. *Guillermo del Toro's The Devil's Backbone*, Matt Zoller Seitz & Simon Abrams, Titan Books, 2017
3. *Guillermo del Toro – Cabinet of Curiosities: My Notebooks, Collections, and Other Obsessions*, Guillermo del Toro and Marc Scott Zicree, Titan Books, 2013
4. *Interview: No Mimic; Guillermo del Toro Declares His Independence with Devil's Backbone*, Anthony Kaufman, *IndieWire*, 27 November 2001
5. *Guillermo del Toro's The Devil's Backbone*, Matt Zoller Seitz & Simon Abrams, Titan Books, 2017
6. Ibid.
7. *Guillermo del Toro – Cabinet of Curiosities: My Notebooks, Collections, and Other Obsessions*, Guillermo del Toro and Marc Scott Zicree, Titan Books, 2013
8. *Guillermo del Toro interview – The Devil's Backbone*, Stephen Applebaum, *BBC.com*, archived 28 October 2014
9. *Pan's Labyrinth – Interview with Guillermo del Toro*, Michael Guillen, *Screen Anarchy*, 17 December 2006
10. *Guillermo del Toro's The Devil's Backbone*, Matt Zoller Seitz & Simon Abrams, Titan Books, 2017
11. Ibid.
12. Ibid.
13. *Guillermo del Toro – Cabinet of Curiosities: My Notebooks, Collections, and Other Obsessions*, Guillermo del Toro and Marc Scott Zicree, Titan Books, 2013
14. *The Devil's Backbone Blu-ray*, The Criterion Edition, 30 July 2013
15. *Guillermo del Toro interview*, Stephen Applebaum, *BBC.com*, archived 28 October 2014
16. *Guillermo del Toro's The Devil's Backbone*, Matt Zoller Seitz & Simon Abrams, Titan Books, 2017
17. Ibid.
18. Ibid.
19. Ibid.
20. Ibid.
21. *10 Questions for Guillermo del Toro*, Gilbert Cruz, *Time*, 5 September 2011
22. *Interview: No Mimic; Guillermo del Toro Declares His Independence with Devil's Backbone*, Anthony Kaufman, *IndieWire*, 27 November 2001
23. Ibid.
24. Ibid.
25. *Guillermo del Toro's The Devil's Backbone*, Matt Zoller Seitz & Simon Abrams, Titan Books, 2017
26. Ibid.
27. *Guillermo del Toro – Cabinet of Curiosities: My Notebooks, Collections, and Other Obsessions*, Guillermo del Toro and Marc Scott Zicree, Titan Books, 2013
28. *Guillermo del Toro's The Devil's Backbone*, Matt Zoller Seitz & Simon Abrams, Titan Books, 2017
29. *The Devil's Backbone review*, Kevin Thomas, *The Los Angeles Times*, 14 December 2001
30. *Guillermo del Toro's The Devil's Backbone*, Matt Zoller Seitz & Simon Abrams, Titan Books, 2017

熱血債張

1. *Guillermo del Toro interview – Blade II*, James Mottram, *BBC.com*, archived 24 September 2014
2. Ibid.
3. *Guillermo del Toro Interviewed – Pan's Labyrinth*, Steve 'Frosty' Weintraub, *Collider*, 3 January 2007
4. *Guillermo del Toro – Guardian Interviews at the BFI*, Mark Kermode, *The Guardian*, 21 November 2006
5. Ibid.
6. *Guillermo del Toro Interview – Blade II, Capture Magazine* via YouTube, 2012
7. *Show The Monster*, Daniel Zalewski, *The New Yorker*, 31 January 2011
8. *Guillermo del Toro Interviewed – Pan's Labyrinth*, Steve 'Frosty' Weintraub, *Collider*, 3 January 2007
9. Ibid.
10. *Guillermo del Toro Interview – Blade II, Capture Magazine* via YouTube, 2012
11. *Guillermo del Toro Interview, Daily Motion* via YouTube, 5 November 2011
12. *Jim Brown: the Fierce Life of an American Hero*, Mike Freeman, Harper Collins, 2007
13. *Guillermo del Toro interview – Blade II*, James Mottram, *BBC.com*, archived 24 September 2014
14. *Guillermo del Toro Interview – Blade II, Capture Magazine* via YouTube, 2012
15. *Guillermo del Toro – Guardian Interviews at the BFI*, Mark Kermode, *The Guardian*, 21 November 2006
16. Ibid.
17. *Guillermo del Toro's 15 Year Video Game Saga*, Nic Reuben, *The Face*, 4 October 2019
18. Ibid.
19. Ibid.
20. *Blade II Blu-ray*, Entertainment-video, 2007
21. *Guillermo del Toro interview – Blade II*, James Mottram, *BBC.com*, archived 24 September 2014
22. *Guillermo del Toro Interview – Blade II, Capture Magazine* via YouTube, 2012
23. Ibid.
24. Ibid.
25. *Guillermo del Toro – Guardian Interviews at the BFI*, Mark Kermode, 21 November 2006
26. *Guillermo del Toro – Cabinet of Curiosities: My Notebooks, Collections, and Other Obsessions*, Guillermo del Toro and Marc Scott Zicree, Titan Books, 2013
27. *Guillermo del Toro interview – Blade II*, James Mottram, *BBC.com*, archived 24 September 2014
28. *Guillermo del Toro – Cabinet of Curiosities: My Notebooks, Collections, and Other Obsessions*, Guillermo del Toro and Marc Scott Zicree, Titan Books, 2013
29. *Blade II review*, Roger Ebert, *Chicago Sun-Times*, 22 March 2002
30. *Blade II Blu-ray*, Entertainment-video, 2007
31. *Blade II review*, Roger Ebert, *Chicago Sun-Times*, 22 March 2002
32. *Guillermo del Toro's The Devil's Backbone*, Matt Zoller Seitz & Simon Abrams, Titan Books, 2017
33. *Blade II review*, Ed Gonzalez, Slant, 10 March 2002
34. *Guillermo del Toro Interview – Blade II, Capture Magazine* via YouTube, 2012
35. *Interview: Guillermo del Toro*, Paul Fischer, *Moviehole*, 2008
36. *Guillermo del Toro – Cabinet of Curiosities: My Notebooks, Collections, and Other Obsessions*, Guillermo del Toro and Marc Scott Zicree, Titan Books, 2013
37. Ibid.
38. *10 Questions for Guillermo del Toro*, Gilbert Cruz, *Time*, 5 September 2011
39. *Guillermo del Toro – Cabinet of Curiosities: My Notebooks, Collections, and Other Obsessions*, Guillermo del Toro and Marc Scott Zicree, Titan Books, 2013
40. Ibid.
41. *Guillermo del Toro – Guardian Interviews at the BFI*, Mark Kermode, *The Guardian*, 21 November 2006

專欄:墨西哥三兄弟

1. *Exclusive: Guillermo del Toro on Netflix, Roma, and Why He's Making Pinocchio*, Helen Barlow, *Collider*, 21 December, 2018
2. Ibid.
3. *BFI Screen Talk: Guillermo del Toro, BFI London Film Festival* via YouTube, 6 December 2017
4. *Exclusive: Guillermo del Toro on Netflix, Roma, and Why He's Making Pinocchio*, Helen Barlow, *Collider*, 21 December, 2018

大紅

1. *Pan's Labyrinth: A Story that Needed Guillermo del Toro*, unattributed, *Awardsdaily.com*, 2006
2. *Guillermo del Toro – Cabinet of Curiosities: My Notebooks, Collections, and Other Obsessions*, Guillermo del Toro and Marc Scott Zicree, Titan Books, 2013
3. Ibid.
4. *Guillermo del Toro: The Monster Man*, Jonathan Romney, *Independent*, 19 November 2006
5. *Guillermo del Toro's Pan's Labyrinth*, Nick Nunziata, Mark Cotta Vaz, and Guillermo del Toro, Titan Books, 2016
6. *Hellboy presentation*, Comic-Con 2002
7. *Guillermo del Toro Q&A, deltorofilms.com*, 2003
8. *How I Made Hellboy in My Image*, Guillermo del Toro, *The Guardian*, 27 July 2008
9. *Hellboy presentation*, Comic-Con 2002
10. *A Conversation with Guillermo del Toro*, Jeff Otto, *IGN*, 31 May 2012
11. *Guillermo del Toro – Cabinet of Curiosities: My Notebooks, Collections, and Other Obsessions*, Guillermo del Toro and Marc big Scott Zicree, Titan Books, 2013
12. *Hellboy presentation*, Comic-Con 2002
13. Ibid.
14. Ibid.
15. *Guillermo del Toro: What Allowed Hellboy Films to Be Made No Longer Exists*, Zack Sharf, 27 April 2020
16. Ibid.
17. *Guillermo del Toro Q&A, deltorofilms.com*, 2003
18. *Hellboy presentation*, Comic-Con 2002
19. *Guillermo del Toro – Cabinet of Curiosities: My Notebooks, Collections, and Other Obsessions*, Guillermo del Toro and Marc Scott Zicree, Titan Books, 2013
20. *Hellboy Blu-ray* 4K, Sony Pictures, 14 October 2019

21. *Guillermo del Toro's The Devil's Backbone*, Matt Zoller Seitz & Simon Abrams, Titan Books, 2017
22. Ibid.
23. *Guillermo del Toro – Cabinet of Curiosities: My Notebooks, Collections, and Other Obsessions*, Guillermo del Toro and Marc Scott Zicree, Titan Books, 2013
24. *Show The Monster*, Daniel Zalewski, *The New Yorker*, 31 January 2011
25. *A Conversation with Guillermo del Toro*, Jeff Otto, *IGN*, 31 May 2012
26. Ibid.
27. Ibid.
28. *Monster's Ball*, David Edelstein, *Slate*, 1 April 2004
29. *Guillermo del Toro Interview for The Book of Life: What is it With Mexicans and death?*, Horatia Harrod, *The Telegraph*, 25 October 2014
30. *Guillermo del Toro – Guardian Interviews at the BFI*, Mark Kermode, 21 November 2006
31. Ibid.
32. *Set Visit: Interview with Hellboy II Director Guillermo del Toro*, Jason Adams, *Joblo.com*, 4 February 2008
33. Ibid.
34. Ibid.
35. *How I Made Hellboy in My Image*, Guillermo del Toro, *The Guardian*, 27 July 2008
36. *Guillermo del Toro – Cabinet of Curiosities: My Notebooks, Collections, and Other Obsessions*, Guillermo del Toro and Marc Scott Zicree, Titan Books, 2013
37. *Mike Mignola on Hellboy's future – and Which Character Almost Debuted in Hellboy 2*, Rick Marshall, *mtv.com*, 18 April 2010
38. *Set Visit: Interview with Hellboy II Director Guillermo del Toro*, Jason Adams, *Joblo.com*, 4 February 2008
39. *Monster Mash*, Christopher Orr, *The New Republic*, 27 July 2004

成年禮

1. *Pan's Labyrinth*, Lisa Schwarzbaum, *Entertainment Weekly*, 1 January 2007
2. *In Gloom of War, a Child's Paradise*, A.O. Scott, *The New York Times*, 29 December 2006
3. *Pan's Labyrinth – BFI Film Classics*, Mar Diestro-Dópido, Bloomsbury, 2013
4. *Guillermo del Toro's Pan's Labyrinth*, Nick Nunziata, Mark Cotta Vaz, and Guillermo del Toro, Titan Books, 2016
5. Ibid.
6. *Harry Potter at 20: Guillermo del Toro Regrets Turning Down the Chance to Direct*, Hanna Flint, *Independent*, 26 June 2017
7. *Guillermo del Toro's The Devil's Backbone*, Matt Zoller Seitz & Simon Abrams, Titan Books, 2017
8. *Pan's Labyrinth Blu-ray Edition*, The Criterion Edition, 18 October 2016
9. *Guillermo del Toro Interviewed – Pan's Labyrinth*, Steve 'Frosty' Weintraub, *Collider*, 3 January 2007
10. *Pan's Labyrinth – BFI Film Classics*, Mar Diestro-Dópido, Bloomsbury, 2013
11. Ibid.
12. *Guillermo del Toro's Pan's Labyrinth*, Nick Nunziata, Mark Cotta Vaz, and Guillermo del Toro, Titan Books, 2016
13. *Guillermo del Toro – Guardian Interviews at the BFI*, Mark Kermode, *The Guardian*, 21 November 2006
14. Ibid.
15. *Guillermo del Toro's Pan's Labyrinth*, Nick Nunziata, Mark Cotta Vaz, and Guillermo del Toro, Titan Books, 2016
16. *Guillermo del Toro – Guardian Interviews at the BFI*, Mark Kermode, 21 November 2006
17. *Pan's Labyrinth – BFI Film Classics*, Mar Diestro-Dópido, Bloomsbury, 2013
18. *Guillermo del Toro Interviewed – Pan's Labyrinth*, Steve 'Frosty' Weintraub, *Collider*, 3 January 2007
19. *Guillermo del Toro's Pan's Labyrinth*, Nick Nunziata, Mark Cotta Vaz, and Guillermo del Toro, Titan Books, 2016
20. *Pan's Labyrinth – Interview with Guillermo del Toro*, Michael Guillen, *Screen Anarchy*, 17 December 2006
21. *Pan's Labyrinth Blu-ray Edition*, The Criterion Edition, 18 October 2016
22. *Guillermo del Toro Interviewed – Pan's Labyrinth*, Steve 'Frosty' Weintraub, *Collider*, 3 January 2007
23. *Pan's Labyrinth Blu-ray Edition*, The Criterion Edition, 18 October 2016
24. Ibid.
25. Ibid.
26. Ibid.
27. *Guillermo del Toro – Cabinet of Curiosities: My Notebooks, Collections, and Other Obsessions*, Guillermo del Toro and Marc Scott Zicree, Titan Books, 2013
28. Ibid.
29. *Guillermo del Toro Interviewed – Pan's Labyrinth*, Steve 'Frosty' Weintraub, *Collider*, 3 January 2007
30. *Guillermo del Toro's Pan's Labyrinth*, Nick Nunziata, Mark Cotta Vaz, and Guillermo del Toro, Titan Books, 2016
31. *Pan's Labyrinth Blu-ray Edition*, The Criterion Edition, 18 October 2016
32. *Pan's Labyrinth – BFI Film Classics*, Mar Diestro-Dópido, Bloomsbury, 2013
33. *Show The Monster*, Daniel Zalewski, *The New Yorker*, 31 January 2011
34. *Guillermo del Toro – Cabinet of Curiosities: My Notebooks, Collections, and Other Obsessions*, Guillermo del Toro and Marc Scott Zicree, Titan Books, 2013
35. *Girl Interrupted*, Mark Kermode, *Sight & Sound*, 2 December 2006
36. *Guillermo del Toro's The Devil's Backbone*, Matt Zoller Seitz & Simon Abrams, Titan Books, 2017
37. Ibid.
38. *Guillermo del Toro – Cabinet of Curiosities: My Notebooks, Collections, and Other Obsessions*, Guillermo del Toro and Marc Scott Zicree, Titan Books, 2013
39. *Pan's Labyrinth – Interview with Guillermo del Toro*, Michael Guillen, *Screen Anarchy*, 17 December 2006
40. *Guillermo del Toro – Cabinet of Curiosities: My Notebooks, Collections, and Other Obsessions*, Guillermo del Toro and Marc Scott Zicree, Titan Books, 2013
41. *Pan's Labyrinth – Interview with Guillermo del Toro*, Michael Guillen, *Screen Anarchy*, 17 December 2006
42. *Guillermo del Toro – Cabinet of Curiosities: My Notebooks, Collections, and Other Obsessions*, Guillermo del Toro and Marc Scott Zicree, Titan Books, 2013
43. *Guillermo del Toro Dazzles With The Shape of Water: 'Inspiration is a Mystery for Everyone'*, Dylan Kai Dempsey, *Nofilmschool.com*, 13 September 2017
44. *Guillermo del Toro's Pan's Labyrinth*, Nick Nunziata, Mark Cotta Vaz, and Guillermo del Toro, Titan Books, 2016
45. Ibid.
46. *The Craft of the Director: Guillermo del Toro, Directors Guild of America* via YouTube, 7 May 2018
47. *Guillermo del Toro – Cabinet of Curiosities: My Notebooks, Collections, and Other Obsessions*, Guillermo del Toro and Marc Scott Zicree, Titan Books, 2013
48. Ibid.
49. *Guillermo del Toro's Pan's Labyrinth*, Nick Nunziata, Mark Cotta Vaz, and Guillermo del Toro, Titan Books, 2016
50. Ibid.
51. *Pan's Labyrinth – BFI Film Classics*, Mar Diestro-Dópido, Bloomsbury, 2013
52. *Guillermo del Toro's Pan's Labyrinth*, Nick Nunziata, Mark Cotta Vaz, and Guillermo del Toro, Titan Books, 2016
53. *Pan's Labyrinth – Interview with Guillermo del Toro*, Michael Guillen, *Screen Anarchy*, 17 December 2006

高概念電影

1. *Guillermo del Toro – Cabinet of Curiosities: My Notebooks, Collections, and Other Obsessions*, Guillermo del Toro and Marc Scott Zicree, Titan Books, 2013
2. *Guillermo del Toro's The Devil's Backbone*, Matt Zoller Seitz & Simon Abrams, Titan Books, 2017
3. *The Den of Geek Interview: Guillermo del Toro*, Simon Brew, *Den of Geek*, 14 July 2008
4. *Guillermo del Toro – Cabinet of Curiosities: My Notebooks, Collections, and Other Obsessions*, Guillermo del Toro and Marc Scott Zicree, Titan Books, 2013
5. *Guillermo del Toro's Monte Cristo inspired project called The Left Hand of Darkness!*, Harry Knowles, *Aintitcool.com*, 5 July 2002
6. Ibid.
7. Ibid.
8. *The Den of Geek Interview: Guillermo del Toro*, Simon Brew, *Den of Geek*, 14 July 2008
9. *Guillermo del Toro's Frankenstein Monster was 'Hauntingly Beautiful,'* Says Doug Jones, Vinnie Mancuso, *Collider*, 29 October 2020
10. *Show The Monster*, Daniel Zalewski, *The New Yorker*, 31 January 2011
11. Ibid.
12. *The Den of Geek Interview: Guillermo del Toro*, Simon Brew, *Den of Geek*, 14 July 2008
13. *Anything You Can Imagine: Peter Jackson and the Making of Middle-earth*, Ian Nathan, Harper Collins, 2018
14. *Show The Monster*, Daniel Zalewski, *The New Yorker*, 31 January 2011
15. Ibid.
16. Ibid.
17. *Guillermo del Toro Interviewed – Pan's Labyrinth*, Steve 'Frosty' Weintraub, *Collider*, 3 January 2007
18. *Show The Monster*, Daniel Zalewski, *The New Yorker*, 31 January 2011
19. Ibid.
20. *Q&A: Guillermo del Toro On Why He Will Next Direct Pacific Rim After At The Mountains Of Madness Fell Apart*, Mike Fleming Jr., *Deadline*, 9 March 2011
21. *Guillermo del Toro: 'Madness has gone Dark'*, Daniel Zalewski, *The New Yorker*, 8 March 2011
22. *Guillermo del Toro Will Fight to His Grave to Get At t he Mountains of Madness Made*, Neeraj Chand, *Movieweb*, 2 July 2020

23. *Guillermo del Toro Explains What Happened To At The Mountains Of Madness, Pacific Rim Is Next*, Eric Eisenberg, *Cinemaweb*, 9 March 2011
24. *Pacific Rim: Man, Machines & Monsters*, David S. Cohen, Titan Books, 2013
25. *Guillermo del Toro interview: Pacific Rim, Monsters and More*, Ryan Lambie, *Den of Geek*, 12 July 2013
26. Ibid.
27. *Pacific Rim Blu-ray*, Warner Home Video, 11 November 2015
28. *Interview: Guillermo del Toro on the Future of Pacific Rim 2, His Dream to Make a Noir, and Why He Flipped the Gender Script for Crimson Peak*, Carolyn Cox, *The Mary Sue*, 15 October 2015
29. Ibid.
30. *Guillermo del Toro interview: Pacific Rim, Monsters and More*, Ryan Lambie, *Den of Geek*, 12 July 2013
31. Ibid.
32. *Guillermo del Toro Interviewed – Pan's Labyrinth*, Steve 'Frosty' Weintraub, *Collider*, 3 January 2007
33. *Inside Pacific Rim with Guillermo del Toro*, David S. Cohen, *Variety*, 29 May 2013
34. Ibid.
35. *Guillermo del Toro Talks Getting Back in the Director's Chair, the Evolution of the Script, Creating the World on a Giant Scale, and More on the Set of Pacific Rim*, Steve Weintraub, *Collider*, 19 June 2013
36. *Review: Pacific Rim*, Max Nelson, *Film Comment*, 11 July 2013
37. Ibid.
38. *Guillermo del Toro interview: Pacific Rim, Monsters and More*, Ryan Lambie, *Den of Geek*, 12 July 2013
39. *Pacific Rim*, Dana Stevens, *Slate*, 11 July 2013

專欄：待拍計畫

1. *Interview: No Mimic; Guillermo del Toro Declares His Independence with Devil's Backbone*, Anthony Kaufman, *IndieWire*, 27 November 2001
2. *Guillermo del Toro Talks Tarzan*, unattributed, *Comicbookmovie.com*, 15 February 2007

怪物之家

1. *Guillermo del Toro – Cabinet of Curiosities: My Notebooks, Collections, and Other Obsessions*, Guillermo del Toro and Marc Scott Zicree, Titan Books, 2013
2. *Crimson Peak Blu-ray*, Arrow Video, 2019
3. *The Guillermo del Toro Haunted Mansion Remake We Never Got To See*, Eric Betts, *Looper.com*, 25 September 2020
4. Ibid.
5. Ibid.
6. Ibid.
7. *Crimson Peak Blu-ray*, Arrow Video, 2019
8. *Guillermo del Toro Describes his Real-life Encounter with a Ghost*, Meredith Woerner, *Gizmodo*, 25 January 2013
9. Ibid.
10. *At the Mountains of Madness*, H.P. Lovecraft, 1931
11. *Exclusive: Crimson Peak 'Shockingly Different' for del Toro, Guillermo On Kinky Nature of Gothic Tale*, Ryan Turek, *Comingsoon.net*, 30 June 2013
12. *Interview: Guillermo del Toro on the Future of Pacific Rim 2, His Dream to Make a Noir, and Why He Flipped the Gender Script for Crimson Peak*, Carolyn Cox, *The Mary Sue*, 15 October 2015
13. Ibid.
14. *Gothic: The Dark Heart of Film*, BFI, 2013
15. Ibid.
16. *Guillermo del Toro on England giving him the creeps and setting Crimson Peak in the UK*, Tom Huddleston, *Time Out*, 13 October 2015
17. *The New Biographical Dictionary of Film*, David Thomson, Little Brown, 2002
18. *Exclusive: Crimson Peak 'Shockingly Different' for del Toro, Guillermo On Kinky Nature of Gothic Tale*, Ryan Turek, *Comingsoon.net*, 30 June 2013
19. *Crimson Peak: New Poster of the Guillermo del Toro Horror*, David Crow, *Den of Geek*, 5 August 2015
20. *'Guillermo's Got a Wonderfully Unhealthy Obsession with Insects': Screenwriter Matthew Robbins on Crimson Peak*, Matt Mulcahey, *Filmmaker*, 26 October 2015
21. *Guillermo del Toro Talks Crimson Peak, Pacific Rim 2*, Brendon Connelly, *Den of Geek*, 13 October 2015
22. Ibid.
23. *Gothic: The Dark Heart of Film*, BFI, 2013
24. Ibid.
25. *Interview: Guillermo del Toro on the Future of Pacific Rim 2, His Dream to Make a Noir, and Why He Flipped the Gender Script for Crimson Peak*, Carolyn Cox, *The Mary Sue*, 15 October 2015
26. *Guillermo del Toro Talks Crimson Peak, Building a Massive 3-Story House, Crafting a 'Kinky and Violent' Gothic Romance, Creating Ghosts, and More on Set*, Steve Weintraub, *Collider*, 17 July 2014
27. *Guillermo del Toro To Direct Crimson Peak; Could Mountains of Madness Happen?*, Sandy Schaeffer, *Screen Rant*, 4 December 2012
28. *Gothic: The Dark Heart of Film*, BFI, 2013
29. *Guillermo del Toro on Serenading Crews, Silent Hills and Crimson Peak*, Brad Miska, *Bloody Disgusting*, 7 October 2015
30. *Crimson Peak Blu-ray*, Arrow Video, 2019
31. *Guillermo del Toro on England giving him the creeps and setting Crimson Peak in the UK*, Tom Huddleston, *Time Out*, 13 October 2015
32. *Crimson Peak: a Gothic romance to Die For*, David Sims, *The Atlantic*, 16 October 2015
33. *Review: Crimson Peak*, Violet Lucca, *Film Comment*, 21 October 2015
34. *She's Leaving Home*, Stuart Klawans, *The Nation*, 5 November 2015

愛的海洋

1. *Guillermo del Toro Wins Best Director Award for Shape of Water at Oscars 2018*, Andrew Pulver, *The Guardian*, 5 March 2018
2. *Guillermo del Toro on his Oscar Wins and How to Push f or Inclusion in Hollywood*, Kristopher Tapley, *Variety*, 7 March 2018
3. *How Guillermo del Toro's Black Lagoon Fantasy Inspired Shape of Water*, Borys Kit, *The Hollywood Reporter*, 3 November 2017
4. *Guillermo del Toro Talks Frankenstein and The Creature from the Black Lagoon*, Joey Paur, *Greek Tyrant*, 2014
5. Ibid.
6. Ibid.
7. Guillermo del Toro on The Shape of Water, the Beauty of *Monsters, and Connecting with Lady Bird*, Christina Radish, *Collider*, 12 February 2018
8. Ibid.
9. *How Guillermo del Toro's Black Lagoon Fantasy Inspired Shape of Water*, Borys Kit, *The Hollywood Reporter*, 3 November 2017
10. Ibid.
11. Ibid.
12. *The Shape of Water with Guillermo del Toro, The New York Times Talks* via YouTube, 28 November 2017
13. *Beauty and the Beasts*, Rob Field, *DGA.org*, Winter 2014
14. Ibid.
15. *The Shape of Water: Creating a Fairy Tale for Troubled Times*, Gina McIntyre, Titan Books, 2017
16. *The Genre-Fluid Fantasy of the Shape of Water*, Anthony Lane, *The New Yorker*, 11 December 2017
17. Ibid.
18. *Guillermo del Toro's The Devil's Backbone*, Matt Zoller Seitz & Simon Abrams, Titan Books, 2017
19. *Guillermo del Toro on The Shape of Water, the Beauty of Monsters, and Connecting with Lady Bird*, Christina Radish, *Collider*, 12 February 2018
20. Ibid.
21. *The Shape of Water: Creating a Fairy Tale for Troubled Times*, Gina McIntyre, Titan Books, 2017
22. Ibid.
23. Ibid.
24. The Shape of Water with Guillermo del Toro, *The New York Times Talks* via YouTube, 28 November 2017
25. Ibid.
26. Ibid.
27. *Guillermo del Toro – Cabinet of Curiosities: My Notebooks, Collections, and Other Obsessions*, Guillermo del Toro and Marc Scott Zicree, Titan Books, 2013
28. *Like his Blue-collar Demon Hero Hellboy, Guillermo del Toro has a Few Issues with Authority*, unattributed, *The Scotsman*, 15 August 2008
29. *The Shape of Water: Creating a Fairy Tale for Troubled Times*, Gina McIntyre, Titan Books, 2017
30. Ibid.
31. *The Shape of Water Blu-ray*, 20th Century Fox, 2018
32. *The Shape of Water: Guillermo del Toro Defends the Full-Frontal Nudity of his Oscar-nominated Film*, Tom Butler, *Yahoo Movies*, 14 February 2018
33. *The Shape of Water with Guillermo del Toro, The New York Times Talks* via YouTube, 28 November 2017

織夢人

1. *Nightmare Alley*, William Lindsay Gresham, The New York Review of Books, 1976 edition
2. *Guillermo del Toro: The interview, Part II*, Ethan Gilsdorf, *Wired*, 23 August 2011
3. *Interview: Guillermo del Toro on the Future of Pacific Rim 2, His Dream to Make a Noir, and Why He Flipped the Gender Script for Crimson Peak*, Carolyn Cox, *The Mary Sue*, 15 October 2015
4. *Guillermo del Toro Talks Scary Stories, Nightmare Alley, and Bringing His Fantasies to Life*, Andrew Barker, *Variety*, 6 August 2019

5. *Guillermo del Toro Talks Nightmare Alley and Pinocchio*, Gary Collinson, *Flickering Myth*, 15 August 2019
6. Ibid.
7. *Tarot del Toro*, Guillermo del Toro & Tomas Hijo, Insight Editions, 2020
8. Ibid.
9. Ibid.
10. Ibid.
11. *Nightmare Alley*, William Lindsay Gresham, The New York Review of Books, 1976 edition
12. *Righting a Wrong*, Guillermo del Toro, *Twitter*, 9 October 2015
13. *Guillermo del Toro's Nightmare Alley Wraps Production with Cooper, Blanchett, Mara, and More*, Ryan Lattanzio, *IndieWire*, 12 December 2020
14. *Exclusive: Guillermo del Toro on Netflix, Roma, and Why He's Making Pinocchio*, Helen Barlow, *Collider*, 21 December 2018
15. *'Guillermo's Got a Wonderfully Unhealthy Obsession with Insects': Screenwriter Matthew Robbins on Crimson Peak*, Matt Mulcahey, *Filmmaker*, 26 October 2015
16. *Guillermo del Toro's Pinocchio 'As Far as You Can Get From the Disney-fied Version' Says One of Film's Writers*, Josh Weiss, *SyFy Wire*, 14 January 2021
17. *Guillermo del Toro – Cabinet of Curiosities: My Notebooks, Collections, and Other Obsessions*, Guillermo del Toro and Marc Scott Zicree, Titan Books, 2013
18. *Guillermo del Toro Working on Darker Version of Pinocchio*, Sandy Schaeffer, *Screen Rant*, 17 February 2011
19. Ibid.
20. *Guillermo del Toro's Pinocchio 'As Far as You Can Get From the Disney-fied Version' Says One of Film's Writers*, Josh Weiss, *SyFy Wire*, 14 January 2021
21. *Exclusive: Guillermo del Toro on Netflix, Roma, and Why He's Making Pinocchio*, Helen Barlow, *Collider*, 21 December 2018
22. *Marrakech: Guillermo del Toro Talks "Political" 'Pinocchio,' Confirms 'Terrified' Remake*, Rhonda Richford, *The Hollywood Reporter*, 1 December 2018
23. *Exclusive: Guillermo del Toro on Netflix, Roma, and Why He's Making Pinocchio*, Helen Barlow, *Collider*, 21 December 2018
24. *Guillermo del Toro's The Devil's Backbone*, Matt Zoller Seitz & Simon Abrams, Titan Books, 2017
25. *Guillermo del Toro Talks Scary Stories, Nightmare Alley, and Bringing His Fantasies to Life*, Andrew Barker, *Variety*, 6 August 2019

譯註

【1】多瑪斯．多凱馬達（Tomás de Torquemada，1420-1498），西班牙宗教裁判所的第一任大法官。

【2】麥高芬（MacGuffin）是電影用語，特指在電影中推展劇情進行的物件、人物、或目標。這裡指的自然是「魔鬼銀爪」這個裝置。

【3】倫菲爾德是《德古拉》小說中的角色，擔任德古拉的僕從。

【4】「桑提」原意為神聖的、被賜福的。

【5】原創作者和畫家的名字都湊巧和刀鋒戰士相稱，瑪威（Marv）拼音近似於漫威（Marvel），而沃夫曼（Wolfman）則讓人聯想到狼人。至於吉恩（Gene）則有基因的意思。

【6】Ken Adam，英國電影製片，最出名的作品包括1960年代至1970年代的龐德電影，以及《奇愛博士》。

【7】布勒哲爾與波希為活躍於十六世紀的荷蘭畫家，波克林為十九世紀的瑞士象徵主義畫家。

【8】這裡指的是星戰電影裡知名的摩斯艾斯利酒館（Mos Eisley cantina）。這個酒館以烈酒、音樂、和偶爾爆發令人震驚的暴力而知名，是許多星際飛行員來到塔圖因（Tatooine）的臨時落腳處。

【9】「被提」（Rapture）是基督教末世論中的一種概念，認為當耶穌再臨之時，已死的人將會被復活高升，活著的人也將會一起被送到天上的至聖所與基督相會。

【10】因為疫情延誤了製作，目前預計2022年12月於Netflix平台上映。

圖片版權

AA Film Archive / Alamy Stock Photo 09, 41, 91; AF archive / Alamy Stock Photo 08, 23, 55, 150, 156-157r, 158, 103; Album / Alamy Stock Photo 48b, 53b, 61a, 61b, 62, 68b, 85, 94, 102, 107, 154, 159a, 169; Sydney Alford / Alamy Stock Photo 166l; Allstar Picture Library Ltd. / Alamy Stock Photo 100, 136-137; Atlaspix / Alamy Stock Photo 66; BFA / Alamy Stock Photo 57, 98, 113; Matteo Chinellato / Alamy Stock Photo 170c; Collection Christophel / Alamy Stock Photo 22, 51b, 67b, 80bl, 99, 156a; Matthew Corrigan / Alamy Stock Photo 33l; EFE News Agency / Alamy Stock Photo 68a; Entertainment Pictures / Alamy Stock Photo 73, 82a, 82b, 88a, 101b, 108, 109; Everett Collection Inc / Alamy Stock Photo 16, 30, 44, 53a, 56, 67a, 86, 87, 88-89r, 162-163, 164; Raymond Fujioka 70, 72; Granger Historical Picture Archive / Alamy Stock Photo 129, 134; Chris Hellier / Alamy Stock Photo 168; Kathy Hutchins / Alamy Stock Photo 171; Moviestore Collection Ltd / Alamy Stock Photo 15, 25a, 25b, 32, 93, 97, 105; MRP / Alamy Stock Photo 170l; PA Images / Alamy Stock Photo 160; Doug Peters / Alamy Stock Photo 170r; Photo 12 / Alamy Stock Photo 11, 12r, 18, 37, 39b, 42, 81, 84, 92, 96, 104, 106, 141; Pictorial Press Ltd / Alamy Stock Photo 116l; PictureLux / The Hollywood Archive / Alamy Stock Photo 19, 73, 88b, 95, 165; propstore.com 28; The Protected Art Archive / Alamy Stock Photo 116r; Public Domain 112l; Retro AdArchives / Alamy Stock Photo 12l, 59l, 59r, 112r; REUTERS / Alamy Stock Photo 06-07, 24, 58; ScreenProd / Photononstop / Alamy Stock Photo 36; Sueddeutsche Zeitung Photo / Alamy Stock Photo 13; TCD/Prod.DB / Alamy Stock Photo 4-5, 17, 20, 21, 27, 31, 33r, 34, 35, 39a, 43, 45, 46, 47, 48a, 49, 50, 51a, 52, 54, 63a, 63b, 64-65, 74, 75, 76-77, 77r, 78, 80ar, 83, 110-111, 114-115, 117, 118-119, 120, 121, 122, 123a, 123b, 124-125, 126a, 126b, 127, 128, 130-131, 132, 133, 135, 138, 139, 140, 142, 143a, 143b, 144, 145, 147, 148, 149, 151, 152, 153, 155-156r, 156b159b, 161, 166r, 167; United Archives GmbH / Alamy Stock Photo 38, 60; Universal Pictures / Album / Alamy Stock Photo 146; UPI / Alamy Stock Photo 90; Joshua White / JWPictures.com 69, 71; Wikimedia Creative Commons 10, 26, 29; World History Archive / Alamy Stock Photo 14, 101a; ZUMA Press, Inc. / Alamy Stock Photo 40.

GATEFOLD

Cronos: TCD/Prod.DB / Alamy Stock Photo; *Mimic:* Everett Collection, Inc. / Alamy Stock Photo; *The Devil's Backbone:* AF archive / Alamy Stock Photo; *Blade II:* BFA / Alamy Stock Photo; *Hellboy:* Photo 12 / Alamy Stock Photo; *Pan's Labyrinth:* BFA / Alamy Stock Photo; *The Orphanage:* Everett Collection, Inc. / Alamy Stock Photo; *Hellboy II:* Everett Collection, Inc. / Alamy Stock Photo; *Splice:* Everett Collection Inc / Alamy Stock Photo; *Don't be Afraid of the Dark:* TCD/Prod.DB / Alamy Stock Photo; *Pacific Rim:* TCD/Prod.DB / Alamy Stock Photo; *Mama:* Album / Alamy Stock Photo; *Live. Die. Reapeat.:* Collection Christophel / Alamy Stock; Photo; *The Hobbit:* AF archive / Alamy Stock Photo; *The Strain:* Album / Alamy Stock Photo; *Crimson Peak:* Photo 12 / Alamy Stock Photo; *The Shape of Water:* TCD/Prod.DB / Alamy Stock Photo; *Scary Stories:* Album / Alamy Stock Photo; *The Witches:* BFA / Alamy Stock Photo; *Antlers:* Fox Searchlight Pictures.

致謝

隨著這系列叢書陸續推出，無需多言，我的靈感、歡樂、恐怖、（刻意的）反胃、驚悚、及思想盛宴的最重要來源，是偉大的人物本身——也就是吉勒摩．戴托羅。這個題目多麼宏大：他的電影，還有他對這些電影的記錄說明，揭示了暗藏的巨大深度。幾個月來我開心地迷失在這座迷宮裡。有可能，我再也回不去了。因此，我要對這位大師獻上毫無保留的感謝——*Nunca dejes que se aleje la luz.*（永遠不要讓這光亮消失。）我只希望這本書，對未來品鑑戴托羅必然繁多的書籍能有所貢獻。我也要感謝Quarto出版公司的編輯潔西卡．艾克斯（Jessica Axe）鼓勵的文字和堅定的引導；感謝喬．霍爾斯華斯（Joe Hallsworth）不討好的工作，提醒我交稿的最後期限；感謝校稿的尼克．弗瑞斯（Nick Freeth），他還多了額外負擔，標註每個拉丁字母的母音重音；還感謝石堡平面設計（Stonecastle Graphics）的蘇．普瑞斯里（Sue Pressley）提供了視覺的養分。我會永遠記住以各種巧妙方式提供我建議和協助的朋友。最後，我把愛和無盡的感謝獻給凱特（Kat），她從不相信精靈的存在。